Rapport final
de la quarantième
Réunion consultative
du Traité sur l'Antarctique

RÉUNION CONSULTATIVE
DU TRAITÉ SUR L'ANTARCTIQUE

Rapport final de la quarantième Réunion consultative du Traité sur l'Antarctique

Pékin, Chine
22 mai - 1er juin 2017

Volume I

Secrétariat du Traité sur l'Antarctique
Buenos Aires
2017

Publié par :

 Secretariat of the Antarctic Treaty
Secrétariat du Traité sur l' Antarctique
Секретариат Договора об Антарктике
Secretaría del Tratado Antártico

Maipú 757, Piso 4
C1006ACI Ciudad Autónoma
Buenos Aires - Argentina
Tel: +54 11 4320 4260
Fax: +54 11 4320 4253

Ce rapport est également disponible à : *www.ats.aq* (version numérique)
et exemplaires achetés en ligne

ISSN 2346-9889
ISBN (vol. I): 978-987-4024-51-0
ISBN (œuvre complète): 978-987-4024-48-0

Table des Matières

VOLUME I

VOLUME II

Acronymes et abréviations

PARTIE II – MESURES, DÉCISIONS ET RÉSOLUTIONS (suite)

4. Plans de gestion

PARTIE III – DISCOURS D'OUVERTURE ET DE CLÔTURE ET RAPPORTS

1. Discours d'ouverture et de clôture

2. Rapports des dépositaires et des observateurs

3. Rapports des Experts

PARTIE IV – DOCUMENTS SUPPLÉMENTAIRES DE LA XLe RCTA

1. Documents supplémentaires
Extrait de la conférence du SCAR

2. Liste des documents
Documents de travail
Documents d'information
Documents de contexte
Documents du Secrétariat

3. Liste des participants
Parties consultatives
Parties non consultatives
Observateurs, Experts et invités
Secrétariat du pays hôte
Secrétariat du Traité sur l'Antarctique

Acronymes et abréviations

ACAP	Accord sur la conservation des albatros et des pétrels
AMP	Aire marine protégée
ASOC	Coalition sur l'Antarctique et l'océan Austral
BP	Document de contexte
CCAMLR	Convention pour la conservation de la faune et de la flore marines de l'Antarctique et/ou Commission pour la conservation de la faune et de la flore marines de l'Antarctique
CCNUCC	Convention-cadre des Nations Unies sur les changements climatiques
COI	Commission océanographique intergouvernementale
COMNAP	Conseil des directeurs des programmes antarctiques nationaux
CPE	Comité pour la protection de l'environnement
CPPA	Convention pour la protection des phoques de l'Antarctique
CS-CAMLR	Comité scientifique de la CCAMLR
EGIE	Évaluation globale d'impact sur l'environnement
EIE	Évaluation d'impact sur l'environnement
EPIE	Évaluation préliminaire d'impact sur l'environnement
FIPOL	Fonds d'indemnisation pour les dommages dus à la pollution par les hydrocarbures
GCI	Groupe de contact intersessions
GIEC	Groupe d'experts intergouvernemental sur l'évolution du climat
GSPG	Groupe subsidiaire sur les plans de gestion
GSRCC	Groupe subsidiaire chargé de la réponse au changement climatique
IAATO	Association internationale des organisateurs de voyages dans l'Antarctique
IGP&I Clubs	Groupe international de clubs de protection et d'indemnisation
IP	Document d'information
MARPOL	Convention internationale pour la prévention de la pollution par les navires
OACI	Organisation de l'aviation civile internationale
OHI	Organisation hydrographique internationale
OMI	Organisation maritime internationale
OMM	Organisation météorologique mondiale
OMT	Organisation mondiale du tourisme
PNUE	Programme des Nations unies pour l'environnement

PTRCC	Programme de travail en réponse au changement climatique
RCBA	Régions de conservation biogéographiques de l'Antarctique
RCC	Centre de coordination des opérations de sauvetage
RCTA	Réunion consultative du Traité sur l'Antarctique
RETA	Réunion d'experts du Traité sur l'Antarctique
SAR	Recherche et sauvetage
SCAR	Comité scientifique pour la recherche en Antarctique
SEEI	Système électronique d'échange d'informations
SMH	Sites et monuments historiques
SOLAS	Convention internationale pour la sauvegarde de la vie humaine en mer
SOOS	Système d'observation de l'océan Austral
SP	Document du Secrétariat
STA	Système du Traité sur l'Antarctique ou Secrétariat du Traité sur l'Antarctique
UAV/RPAS	Véhicules aériens sans pilote / Systèmes aériens pilotés à distance
UICN	Union internationale pour la conservation de la nature
WP	Document de travail
ZGSA	Zone gérée spéciale de l'Antarctique
ZICO	Zones importantes pour la conservation des oiseaux
ZSPA	Zone spécialement protégée de l'Antarctique

PREMIÈRE PARTIE
Rapport final

1. Rapport final de la XLe RCTA

Rapport final de la quarantième Réunion consultative du Traité sur l'Antarctique

Pékin, Chine, 23 mai au 1er juin 2017

1. Conformément à l'article IX du Traité sur l'Antarctique, les représentants des Parties consultatives (Afrique du Sud, Allemagne, Argentine, Australie, Belgique, Brésil, Bulgarie, Chili, Chine, Espagne, Équateur, États-Unis d'Amérique, Finlande, France, Inde, Italie, Japon, Nouvelle-Zélande, Norvège, Pays-Bas, Pérou, Pologne, Fédération de Russie, République de Corée, République tchèque, Royaume-Uni de Grande-Bretagne et d'Irlande du Nord, Suède, Ukraine et Uruguay) se sont réunis à Pékin, du 23 mai au 1er juin 2017, afin d'échanger des informations, tenir des consultations, examiner et recommander à leurs gouvernements des mesures destinées à assurer le respect des principes et la réalisation des objectifs du Traité.

2. Ont également assisté à la Réunion des délégations des Parties contractantes au Traité sur l'Antarctique qui ne sont pas des Parties consultatives : le Bélarus, le Canada, la Colombie, le Danemark, le Kazakhstan, la République démocratique populaire de Corée, l'Islande, la Malaisie, Monaco, le Pakistan, le Portugal, la Roumanie, la Suisse, la Slovaquie, la Turquie, et le Venezuela.

3. Conformément aux articles 2 et 31 du Règlement intérieur, des observateurs représentant la Commission pour la conservation de la faune et de la flore marines de l'Antarctique (CCAMLR), le Comité scientifique pour la recherche en Antarctique (SCAR) et le Conseil des directeurs de Programmes antarctiques nationaux (COMNAP) ont également pris part à la Réunion.

4. Des experts des organisations internationales et non gouvernementales suivantes ont participé à la Réunion : la Coalition pour l'Antarctique et l'océan Austral (ASOC), l'Association internationale des tours opérateurs de l'Antarctique (IAATO), l'International Group of Protection and Indemnity Clubs (IGP&I Clubs), l'Organisation hydrographique internationale (OHI), les Fonds internationaux d'indemnisation des dommages dus à la pollution

par les hydrocarbures (FIPOL), l'Organisation maritime internationale (OMI), et l'Organisation météorologique mondiale (OMM).

5. La Chine, en sa qualité de pays hôte, s'est acquittée de ses obligations d'information à l'égard des Parties contractantes, des Observateurs et des Experts en diffusant les circulaires et correspondances du Secrétariat et en entretenant un site Internet consacré à la Réunion.

Point 1 : Ouverture de la Réunion

6. La Réunion a été officiellement ouverte le 23 mai 2017. Au nom du gouvernement du pays hôte, conformément aux articles 5 et 6 du Règlement intérieur, le responsable du Secrétariat du gouvernement du pays hôte, madame Guo Xiaomei, a ouvert la Réunion et a proposé la candidature de monsieur Liu Zhenmin, vice ministre des Affaires étrangères, au poste de Président de la XLe RCTA. La proposition a été acceptée.

7. Le président a souhaité la bienvenue en Chine à toutes les Parties, aux Observateurs et aux Experts. Le président a souligné la contribution de la Chine aux affaires antarctiques au cours des trente dernières années et a indiqué que c'était la première fois que la Chine accueillait la RCTA et le CPE. Le président a souhaité des débats fructueux aux délégués.

8. Les délégués ont observé une minute de silence en l'honneur du Dr Gordon Hamilton, du capitaine William Cranfield, de Malcolm MacFarlane, et du major Alistair McColl, récemment décédés. Le professeur Hamilton était un citoyen des États-Unis, glaciologue éminent, professeur à l'université du Maine et chercheur à son Institut pour le changement climatique.

9. Son Excellence Zhang Gaoli, vice Premier du Conseil d'État de la République démocratique de Chine, a participé à la Réunion. Le vice Premier Zhang a chaleureusement accueilli les délégués, soulignant que la Chine accueillait la Réunion pour la première fois. Il a mis en avant les caractéristiques géographiques et environnementales uniques de l'Antarctique et son importance pour le changement climatique mondial, ainsi que pour la survie et le développement humains. Il a salué le rôle que joue le Système du Traité sur l'Antarctique pour le maintien de la paix, de la stabilité et de la coopération en Antarctique. Prenant acte des résultats fructueux atteints par les différents pays par le biais de la coopération sous les conseils du système du Traité sur l'Antarctique, il a appelé toutes les Parties à porter l'esprit du Traité sur l'Antarctique et à déployer des efforts incessants afin de bâtir un

avenir meilleur pour l'Antarctique et le monde. Il a détaillé trois manières dont la Chine a joué un rôle dans et contribué à la construction d'un ordre antarctique pacifique, stable et respectueux de l'environnement ; elle a joué un rôle majeur dans la gouvernance de l'Antarctique, fortement contribué à la recherche scientifique de l'Antarctique et a constitué l'une des forces vives de la protection environnementale de l'Antarctique. Il a par ailleurs déclaré que depuis son adhésion au Traité en 1983, la Chine s'était engagée à défendre les objectifs et les principes du Traité et les intérêts généraux de la communauté internationale, à remplir ses droits et obligations en vertu du Traité, en promouvant toujours la cause de l'Antarctique et en apportant son savoir et sa force à la compréhension, à la protection et à l'utilisation de l'Antarctique par l'être humain.

10.   Appuyant le fait que la coopération antarctique constitue un moyen de promouvoir la paix et la prospérité, le vice Premier Zhang a proposé que la RCTA examine les cinq points suivants. Premièrement, il a mis l'accent sur la paix et la stabilité comme pré-requis fondamental à toute activité humaine en Antarctique. Il a encouragé les Parties à renforcer la confiance mutuelle et à davantage mutualiser la responsabilité, à intensifier le dialogue et les consultations, et à promouvoir l'établissement de plans conjoints et de solutions afin de relever les défis qui se posent dans la région. Deuxièmement, au vu de la réussite du système du Traité sur l'Antarctique, les Parties devraient continuer à promouvoir la gouvernance de l'Antarctique au sein du cadre existant, ainsi que le respect du principe de consensus. Troisièmement, le vice Premier Zhang a exhorté les Parties à étendre les domaines et la portée d'une gouvernance coopérative efficace en améliorant la consultation d'égal à égal et la coopération mutuelle. Quatrièmement, il a appuyé le maintien et la promotion de la liberté de la recherche scientifique en Antarctique, et a suggéré que la recherche sur les incidences du changement climatique et environnemental devrait constituer une priorité. Cinquièmement, il a insisté sur la nécessité de protéger l'environnement naturel de l'Antarctique et de préserver l'équilibre écologique et le développement durable dans la région. Il a, enfin, souhaité aux Parties une réunion fructueuse et les a encouragées à poursuivre leurs travaux visant à protéger l'Antarctique. Le texte complet reprenant les remarques du vice Premier Zhang sont disponibles dans la Partie III, Section 1.

Point 2 : Élection des responsables et mise sur pied des groupes de travail

11.   L'ambassadeur Mauricio Efrain Baus Palacios, chef de la délégation de l'Équateur, pays qui accueillera la XLIᵉ RCTA, a été élu vice-président de la

Réunion. Conformément à l'article 7 du Règlement intérieur, le Dr Manfred Reinke, Secrétaire exécutif du Secrétariat du Traité sur l'Antarctique, a fait office de Secrétaire de la Réunion. Madame Xiaomei Guo, responsable du Secrétariat du pays hôte, a fait office de Secrétaire adjointe. Ewan McIvor, d'Australie, a continué de présider le Comité pour la protection de l'environnement.

12.   Deux groupes de travail ont été mis sur pied :

  • Groupe de travail 1 : Questions politiques, juridiques et institutionnelles ;
  • Groupe de travail 2 : Fonctionnement, science et tourisme.

13.   Les personnes suivantes ont été élues pour présider les Groupes de travail :

  • Groupe de travail 1 :Therese Johansen, de Norvège ;
  • Groupe de travail 2 :Máximo Gowland, d'Argentine et Jane Francis, du Royaume-Uni.

Point 3 : Adoption de l'ordre du jour et répartition des points de l'ordre du jour

14.   L'ordre du jour suivant a été adopté :

  1. Ouverture de la Réunion
  2. Élection des membres du bureau et mise sur pied des groupes de travail
  3. Adoption de l'ordre du jour, répartition des points entre les groupes de travail et examen du Plan de travail stratégique pluriannuel
  4. Fonctionnement du Système du Traité sur l'Antarctique : Rapports des Parties, des Observateurs, et des Experts
  5. Rapport du Comité pour la protection de l'environnement
  6. Fonctionnement du Système du Traité sur l'Antarctique : Questions générales
  7. Fonctionnement du Système du Traité sur l'Antarctique : Questions liées au Secrétariat
  8. Responsabilité
  9. Prospection biologique en Antarctique
  10. Échange d'informations
  11. Questions éducatives
  12. Plan de travail stratégique pluriannuel
  13. Sécurité et opérations en Antarctique

14. Inspections effectuées en vertu du Traité sur l'Antarctique et du Protocole relatif à la protection de l'environnement

15. Questions scientifiques, coopération et facilitation scientifique

16. Défis futurs de la science en Antarctique

17. Répercussions du changement climatique sur la gestion de la zone du Traité sur l'Antarctique

18. Tourisme et activités non gouvernementales dans la zone du Traité sur l'Antarctique, y compris les questions relatives aux autorités compétentes

19. Nomination du Secrétaire exécutif

20. Préparation de la XLIᵉ réunion

21. Autres questions

22. Adoption du rapport final

23. Clôture de la Réunion

15. La Réunion a réparti les points de l'ordre du jour comme suit :

- Plénière : Points 1, 2, 3, 4, 5, 18, 19, 20, 21, 22.
- Groupe de travail 1 : Points 6, 7, 8, 9, 10, 11, 12.
- Groupe de travail 2 : Points 13, 14, 15, 16, 17.

16. En outre, la Réunion a décidé de confier les projets d'instruments émanant des activités du Comité pour la protection de l'environnement et des groupes de travail à un groupe de rédaction juridique pour en examiner les aspects institutionnels et juridiques.

Point 4 : Fonctionnement du Système du Traité sur l'Antarctique : Rapports des Parties, des Observateurs, et des Experts

17. Conformément à la Recommandation XIII-2, la Réunion a entendu des rapports des gouvernements dépositaires et des secrétariats.

18. En leur qualité d'État dépositaire du Traité sur l'Antarctique et de son Protocole relatif à la protection de l'environnement, les États-Unis ont rendu compte du statut de ces instruments à la Réunion (IP 158 rév. 2). Au cours de l'année écoulée, aucune adhésion n'a été enregistrée pour le Traité. Une adhésion a été enregistrée pour le Protocole au cours de l'année écoulée : La Malaisie a déposé son instrument d'adhésion au Protocole le 15 août 2016. La Suisse a fait savoir qu'elle y adhérerait d'ici le 1ᵉʳ juin 2017. Les États-Unis ont indiqué qu'au 1ᵉʳ juin 2017, il y avait 53 Parties au Traité et 39 Parties au Protocole.

19. En sa qualité d'État dépositaire de la Convention sur la conservation de la faune et de la flore marines de l'Antarctique (CCAMLR), l'Australie a fait savoir qu'aucune nouvelle adhésion à la Convention n'avait été enregistrée depuis la XXXIXᵉ RCTA. Elle a indiqué que la Convention comptait actuellement 36 Parties (IP 32).

20. En sa qualité d'État dépositaire de la Convention pour la protection des phoques de l'Antarctique (CCAS), le Royaume-Uni a fait savoir qu'aucune nouvelle demande d'adhésion à cette Convention, ni aucun instrument d'adhésion, n'avait été déposé depuis la XXXIXᵉ RCTA (IP 1 rév. 1). Le Royaume-Uni a remercié toutes les Parties qui ont établi un rapport pour cette année, et a encouragé toutes les parties contractantes à la CCAS à soumettre leur rapport dans les délais.

21. En sa qualité d'État dépositaire de l'Accord sur la conservation des albatros et des pétrels (ACAP), l'Australie a fait savoir qu'aucune nouvelle adhésion à l'Accord n'avait été enregistrée depuis la XXXIXᵉ RCTA, le nombre de Parties à l'Accord demeurant à 13 (IP 31). L'Australie a signalé que l'Accord partageait les objectifs de conservation du Système du Traité sur l'Antarctique et a invité toutes les Parties qui ne sont pas membres de l'ACAP à envisager de rejoindre l'Accord.

22. La CCAMLR a présenté un résumé des conclusions de la trente-cinquième réunion annuelle de la CCAMLR, qui s'est tenue à Hobart, en Australie, du 17 au 28 octobre 2016 (IP 11). Celle-ci était présidée par Vasily Titushkin (Fédération de Russie). Vingt-quatre membres, deux États en cours d'adhésion, un État observateur et onze observateurs représentant des organisations non gouvernementales ont participé. Parmi les principales conclusions présentant un intérêt pour la RCTA figurent notamment les initiatives actuelles visant à renouveler les modalités de la publication des données du système de suivi des navires (VMS) de la CCAMLR destinées à appuyer les efforts de recherche et de sauvetage (SAR) dans la zone couverte par la Convention de la CAMLR, une initiative qui a été lancée lors d'un atelier SAR, organisé de concert avec la XXXVIᵉ RCTA. Prenant acte du fait que les conclusions du Comité scientifique de la CCAMLR de 2016 ont été présentées lors du XXᵉ CPE, la CCAMLR a rendu compte de la récolte de légines et de krill dans les pêcheries réglementées par la CCAMLR au cours de la saison 2015-2016, des travaux permanents relatifs aux aires marines protégées (AMP), en particulier de l'adoption de l'AMP dans la région de la mer de Ross et l'adoption d'une mesure visant à établir des zones spéciales dédiées à la recherche scientifique dans des zones marines nouvellement exposées, à la suite de l'effondrement

de la banquise, du changement climatique et des initiatives de renforcement des capacités pour les jeunes scientifiques. La CCAMLR a également indiqué qu'une deuxième évaluation des performances de la CCAMLR avait été approuvée, et que les conclusions de celle-ci devraient être présentées à la XXXVIe CCAMLR, en octobre 2017.

23.   Le SCAR a présenté le document d'information IP 35 *Rapport annuel 2016-2017 du Comité scientifique pour la recherche antarctique à la XLe Réunion consultative du Traité sur l'Antarctique*. Le SCAR a attiré l'attention des Parties sur le nouveau format de leurs rapports, et l'accent qui y est mis sur le langage clair relatif aux rapports pour la réunion, et ce pour toutes les contributions. Le SCAR a fait savoir à la Réunion qu'il avait accueilli de nouveaux membres associés : l'Autriche, la Colombie, la Thaïlande et la Turquie, et qu'il avait initié un nouveau partenariat avec le Forum asiatique pour les sciences polaires. Le SCAR a mis en lumière diverses activités qu'il mène, notamment un haut niveau de participation aux réunions du XXXIVe SCAR et de la Conférence science ouverte (à Kuala Lumpur en Malaisie, du 20 au 30 août 2016), et de vastes efforts en matière d'éducation et de sensibilisation via une « wikibombe » permettant d'ajouter les biographies détaillées de 110 femmes scientifiques sur Wikipédia. Le SCAR a félicité le Dr Robert Dunbar (É.-U.), le Dr Heinrich Miller (Allemagne) et le Dr Francisco Herve (Chili) qui ont reçu d'importants prix lors de la réunion des délégués du SCAR et de la Conférence sur la science ouverte. Le SCAR a attiré l'attention de la Réunion sur le site web (*http://www/scar.org/*), où se trouvent davantage de détails relatifs aux activités en cours.

24.   Le COMNAP a présenté le document d'information IP 9 *Rapport annuel 2016-2017 du Conseil des directeurs des Programmes antarctiques nationaux*, et a indiqué la récente obtention du statut d'observateur du Programme national antarctique malaisien Le COMNAP a organisé deux ateliers lors de la période intersessions. Ceux-ci portaient sur la recherche et le sauvetage (IP 10) et sur le fait de « Surmonter les défis polaires », dont les résultats sont publiés et disponibles à tous. Le document IP 9 s'est arrêté sur deux projets : la base de données du COMNAP et le catalogue reprenant les stations COMNAP. Le COMNAP a indiqué que la base de données du COMNAP (IP 64) était un système d'information complet qui comprend les installations du Programme antarctique national, le navire et les coordonnées, et a signalé que la base de données documente une série de produits du COMNAP, notamment le Manuel d'information sur les vols en Antarctique, récemment révisé. Le COMNAP a noté qu'une grande partie des données avait été rendue publique par le biais du système interactif

d'informations géographique en ligne (SIG) sur le site Web du COMNAP et du catalogue reprenant les stations du COMNAP (IP 12).

25. La Réunion a entendu les rapports d'autres organisations internationales au titre de l'article III-2 du Traité sur l'Antarctique.

26. L'OHI a présenté le document d'information IP 4 *Rapport de l'Organisation hydrographique internationale (OHI) et Proposition de séminaire sur l'importance de l'hydrographie dans la région antarctique.* Le document porte sur les limites des connaissances en matière d'hydrographie en Antarctique et les risques qui en découlent pour les opérations scientifiques et maritimes. L'OHI estime que la recherche et les conclusions scientifiques sont mises en péril en raison du manque de données relatives à la topographie des fonds marins et à la profondeur, manque qui pose par ailleurs un risque sécuritaire. L'OHI a répété qu'elle considérait la mesure, l'enregistrement, et la représentation des données relatives à la profondeur comme une activité d'observation environnementale routinière qui devrait être entreprise de manière permanente, lorsque des navires sont en mer et qu'aucune restriction ne s'applique. L'OHI a invité la RCTA à intégrer un séminaire visant à examiner en détail l'incidence de l'état actuel des connaissances en matière d'hydrographie en Antarctique, particulièrement pour ce qui concerne la sécurité, les opérations, la protection environnementale, le changement climatique, la modélisation océanographique et la recherche dans la région à réaliser par l'OHI dans le cadre du programme pour la XLIᵉ RCTA en Équateur en 2018. L'organisation a exprimé le souhait de collaborer avec le SCAR, le COMNAP, la CCAMLR et l'IAATO afin de contribuer à combler les lacunes en termes de données. Elle a également exhorté les Parties à inciter, dans les politiques et/ou réglementations portant sur les opérations de navire, à ce que des mesures, enregistrements et représentations des données liées à la profondeur fassent désormais partie de l'activité d'observation environnementale opérée de manière quotidienne lors des opérations en mer, à moins que des restrictions ne s'appliquent.

27. L'OMI a présenté le document d'information IP 139 rév. 1, intitulé *« An overview of the International Code for Ships Operating in Polar Waters »* [Aperçu du Code international pour les navires opérant dans les eaux polaires]. Rappelant un document soumis en 2009, l'OMI a déclaré que le document avait été préparé en vue d'informer la Réunion sur les travaux de l'OMI. Le document reprend les exigences du Code international pour les navires opérant dans les eaux polaires, aussi connu sous le nom de « Code polaire », relatives à la sécurité maritime et à la protection de l'environnement

marin. Il traite aussi de la place du Code polaire dans le cadre mondial qui régit actuellement le transport maritime international. L'OMI a mentionné les exigences associées en matière de formation et de certification pour les responsables et l'équipage qui opèrent sur les navires naviguant dans les eaux polaires, comme repris dans la Convention internationale sur les normes de formation des gens de mer, de délivrance des brevets et de veille (STCW). Elle a en outre examiné les mesures supplémentaires à prendre afin de garantir la sécurité du transport maritime pour tous les navires, en tenant compte des discussions permanentes à l'OMI.

28.   L'OMM a présenté le document d'information IP 112 *Rapport annuel de l'OMM 2016-2017*, qui décrit les activités qu'elle a menées depuis la XXXIXe RCTA. Dans celui-ci, l'OMM explique que l'activité prioritaire des régions polaires et de haute montagne reprise dans le plan stratégique 2016-2019 de l'OMM favorise et coordonne les observations pertinentes, la recherche et les services effectués en Antarctique, en Arctique, ainsi que dans les régions arctiques et de haute montagne par des pays et des groupes de pays. L'OMM a indiqué que l'Année de la prédiction polaire (APP) couvrait la période 2017 à 2019 et qu'une période spéciale d'observation était prévue ; celle-ci s'étendra du 16 novembre 2018 au 15 février 2019 (IP 116). Elle a également fait référence aux systèmes intégrés mondiaux d'observation de l'OMM, au réseau d'observation antarctique (AntON) (IP 117), au groupe de travail de l'OMM chargé de l'espace polaire (IP 114), à la Veille mondiale de la cryosphère (IP 113), au Programme mondial de recherche sur le climat (WCRP), et au développement d'un réseau de centres régionaux polaires antarctiques sur le climat (PRCC) (IP 118). L'OMM a indiqué s'être investie dans un dialogue positif et mutuellement bénéfique avec les Parties au Traité pour la météorologie en Antarctique et l'observation climatique, les services et la recherche.

29.   Les FIPOL ont présenté le document d'information IP 88, intitulé « *The International Oil Pollution Compensation Funds* » [Le Fonds international d'indemnisation pour les dommages dus à la pollution par les hydrocarbures], qui détaille le fonctionnement des FIPOL afin de faciliter la comparaison avec le mécanisme envisagé dans l'Annexe VI au Protocole au Traité sur l'Antarctique relatif à la protection de l'environnement. Les FIPOL ont rappelé leur mission à la Réunion ; fournir une indemnisation financière pour les dommages causés par une pollution aux hydrocarbures survenant dans ses États membres, suite à des déversements d'hydrocarbures permanents issus de pétroliers. Les FIPOL ont noté qu'au 22 avril 2017, le Fonds de 1992 comptait 114 États membres et que le Fonds complémentaire comptait

31 États membres, et a répété que le directeur et le secrétaire des FIPOL seraient ravis de partager leurs expériences et d'aider davantage la RCTA pour l'établissement du Fonds auquel il est fait référence dans l'article 12.

30. Le IGP&I Clubs a présenté le document d'information IP 87, intitulé « *Liability Annex: Financial Security* » [Annexe Responsabilité : Sécurité financière], et a informé la Réunion que les principales associations souscriptrices qui forment le IGP&I Clubs fournissent une assurance responsabilité civile qui couvre environ 90 % du tonnage en transit sur les océans. Le IGP&I Clubs a déclaré que la couverture d'assurance fournie par le Clubs est complète, et couvre la plupart des responsabilités qu'un propriétaire de navire est susceptible de rencontrer dans le cadre des opérations dudit navire. Il a noté que la protection juridique en matière de pollution inclut les dommages causés par la pollution par hydrocarbures parmi les responsabilités couvertes. Le IGP&I Clubs a été ravi d'être invité à participer à la RCTA, et de fournir des avis pertinents.

31. L'ASOC a présenté le document d'information IP 146 *Rapport de la Coalition pour l'Antarctique et l'océan Austral* qui décrit brièvement les travaux menés par l'ASOC au cours de l'année écoulée, ainsi que des questions d'importance pour la présente RCTA. Elle a souligné que l'an dernier, l'ASOC et les représentants de ses groupes membres avaient activement participé aux discussions intersessions des forums de la RCTA et du CPE, ainsi qu'à d'autres réunions internationales. L'ASOC a présenté ses trois grandes priorités pour la RCTA : les zones protégées, la gestion prudente des activités humaines, et le changement climatique. L'ASOC a recommandé aux Parties au Traité sur l'Antarctique de prendre des actions afin de promouvoir ces priorités : lancer la planification systématique de la conservation afin d'élargir le réseau de ZSPA ; continuer à opérer une gestion prudente des activités touristiques et autres, en particulier en appui à la Phase 2 du Code polaire ; et élaborer une réponse donnée par la RCTA au changement climatique. L'ASOC a initié un dialogue avec de nombreuses organisations présentes dans le Système du Traité sur l'Antarctique, notamment l'IAATO, le SCAR, la Coalition d'opérateurs de légines légaux (COLTO), et le Fond pour la recherche sur la vie sauvage antarctique (AWR) au cours de l'année écoulée, afin de tenter d'identifier les forces et les faiblesses des procédures et des pratiques du Système du Traité sur l'Antarctique, et de suggérer des solutions pour combler les éventuelles lacunes. Dans l'ensemble, l'ASOC encourage la RCTA à faire preuve de proactivité sur les questions qui ont une influence significative sur les valeurs de l'Antarctique et à passer à l'action.

32.	L'IAATO a présenté le document d'information IP 162 *Rapport 2016-17 de l'Association internationale des organisateurs de voyages dans l'Antarctique (IAATO)*. L'IAATO a réaffirmé sa mission visant à défendre et à promouvoir des visites responsables et sûres d'un point de vue environnemental dans la zone du Traité sur l'Antarctique, et a salué les possibilités de collaboration avec d'autres organisations. Depuis 2010, l'IAATO représente tous les bateaux de passagers qui naviguent dans les eaux de l'Antarctique, en vertu de la Convention internationale pour la sauvegarde de la vie humaine en mer (SOLAS). Une exception a été notée au cours de la saison 2016-2017 : le navire, exclusivement de croisière, japonais *Ocean Dream* en 2016-2017. L'IAATO a fait savoir que sur la saison 2016-2017, 44 367 visiteurs au total se sont rendus en Antarctique, ce qui représente une augmentation de 15 % par rapport à la saison précédente. L'IAATO a indiqué que le nombre record de débarquements de visiteurs était établi à 39 000 pour la saison 2016-2017, et que ce nombre constituait par ailleurs un record absolu. Elle a également attiré l'attention de la Réunion sur les travaux menés conjointement avec le SCAR en vue de lancer une initiative de planification systématique de la conservation ; de travailler sur le Code polaire ; et de développer le programme des ambassadeurs de l'Antarctique. Enfin, l'IAATO a présenté son directeur exécutif, fraîchement nommé, le Dr Damon Stanwell-Smith.

Point 5 : Rapport du Comité pour la protection de l'environnement

33.	Ewan McIvor, président du Comité pour la protection de l'environnement, a présenté le rapport du XXe CPE. Le Comité a examiné 30 documents de travail et 67 documents d'information. En outre, 5 documents du Secrétariat et 6 documents de contexte ont été soumis à des points de l'ordre du jour du CPE. Le président du CPE a mis l'accent sur les points pour lesquels le CPE a accepté de fournir des avis spécifiques à la RCTA, mais a encouragé les Parties à examiner toutes les sections du Rapport du CPE.

Ouverture de la Réunion (Point 1 de l'ordre du jour du CPE)

34.	Le Président du CPE s'est associé au CPE pour souhaiter la bienvenue à la Malaisie en sa qualité de nouveau Membre et s'est réjoui de pouvoir bientôt accueillir la Suisse et la Turquie parmi les Membres du CPE. Il a également reconnu, au nom du CPE, le travail des nombreux représentants de Membres et Observateurs actuels et anciens du CPE au cours de ces vingt dernières années, et a rendu un hommage particulier aux représentants participant au XXᵉ CPE qui avaient entretenu un lien proche avec le Comité depuis sa première réunion à Tromsø, en Norvège, en 1998.

Débats stratégiques sur les travaux futurs du CPE (Point 3 de l'ordre du jour du CPE)

35.   Le Président du CPE a indiqué que le Comité avait actualisé son plan de travail quinquennal afin d'y intégrer des actions qui ont émergé lors de la réunion.

Fonctionnement du CPE (Point 4 de l'ordre du jour du CPE)

36.   Le Président du CPE a indiqué que le Comité avait discuté d'un document soumis par le Président du CPE portant sur les différentes manières de garantir que le Comité reste bien placé pour appuyer les efforts déployés par les Parties afin de protéger l'environnement antarctique de manière complète.

37.   Le Comité était convenu d'informer la RCTA que l'élaboration d'une liste des besoins scientifiques contribuerait à promouvoir et à soutenir la science pour mieux comprendre et relever les défis environnementaux de l'Antarctique. Une liste qui présenterait une utilité tant pour les travaux du Comité que pour les discussions de la RCTA sur les priorités scientifiques de l'Antarctique. À cet égard, le Comité procédera à la révision, lors du XXIᵉ CPE, de la liste des besoins scientifiques du CPE figurant dans le document de travail WP 34. Il avait par ailleurs reconnu la nécessité de créer des mécanismes complémentaires pour aider le CPE à gérer sa charge de travail en constante augmentation, et était convenu, éventuellement, de renforcer ses travaux par l'obtention d'un appui financier modeste. À cet égard, le Comité a salué la proposition formulée par le Président du CPE consistant à entreprendre des travaux supplémentaires en période intersessions, en concertation avec le Secrétariat et les Membres intéressés, en vue d'analyser les options possibles pour obtenir et gérer un éventuel financement du CPE.

38.   Concernant le développement par le CPE d'une liste des besoins scientifiques, les Parties sont convenues qu'il s'agissait d'une initiative utile et que cette liste constituerait un outil précieux, tant pour les discussions du CPE que de la RCTA, indiquant que ce point était en droite ligne avec les discussions de la RCTA relatives aux futurs défis et priorités scientifiques de l'Antarctique. La Réunion s'est réjouie de recevoir d'autres conseils du CPE par rapport aux options disponibles pour apporter un soutien financier modeste aux travaux du CPE. Les Parties ont fait savoir que les demandes de financement adressées à la RCTA devraient être spécifiques et ciblées.

39. Le Président du CPE a communiqué que le Comité avait également examiné un document soumis par l'Australie, le Japon, la Nouvelle-Zélande, la Norvège, le SCAR et les États-Unis, qui rend compte du fonctionnement du Portail des environnements de l'Antarctique. Le Comité avait appuyé la décision prise par la Réunion des délégués du SCAR de 2016 visant à explorer des options sans incidence financière pour que le SCAR reprenne la gestion opérationnelle du Portail après 2018, et consenti à envisager d'autres manières de soutenir la gestion du Portail par le SCAR. Le Comité avait salué la traduction en français du contenu du Portail par la France et la proposition néerlandaise faite lors de la réunion d'apporter un soutien financier à l'avenir. Le Comité avait aussi exprimé son soutien général au Plan de gestion du contenu du Portail.

40. La Réunion a remercié les coauteurs du document et a reconnu l'importance du Portail en tant que source permettant un accès aisé à des informations scientifiques actualisées pour le CPE et la RCTA, ainsi que pour les activités pédagogiques et de sensibilisation menées auprès du grand public. La Réunion est convenue que le Portail devrait rester une source d'informations scientifiques apolitique, fondée sur une science revue par les pairs, et a souligné le rôle du panel éditorial afin de garantir que les articles publiés sont bien indépendants. La Réunion a salué l'accord de principe du SCAR de reprendre la gestion du Portail après 2018, ainsi que le soutien permanent apporté par la France, et la proposition des Pays-Bas de fournir un appui financier. La Norvège, qui encourage les décideurs politiques et les dirigeants à utiliser toutes les ressources du Portail, a par ailleurs indiqué qu'elle comptait examiner les différentes manières de contribuer financièrement au fonctionnement régulier du Portail.

Collaboration avec d'autres organisations (Point 5 de l'ordre du jour du CPE)

41. Le Président a indiqué que le Comité avait rappelé l'avis qu'il avait rendu à la XXXIXᵉ RCTA d'adopter les recommandations découlant de l'atelier conjoint CPE/CS-CAMLR sur le changement climatique et son suivi qui s'était tenu à Punta Arenas, au Chili, en mai 2016 et qu'elle reconnaisse l'importance de suivre l'avancée de la mise en œuvre de ces recommandations. Prenant acte du fait que le plan de travail stratégique pluriannuel de la RCTA comprend une action dans laquelle la XLᵉ RCTA examine les conclusions de l'atelier conjoint, le Comité s'accorde à informer la RCTA que : le CS-CAMLR avait également favorablement accueilli le rapport sur l'atelier, et qu'il avait adopté les recommandations qui y apparaissaient, les actions menées

par le CPE en vue de promouvoir les recommandations suivant l'atelier ont été largement abordées dans le cadre des discussions relatives à la mise en œuvre du PTRCC ; et, en référence à la Recommandation 16, le Comité est convenu d'actualiser son plan de travail quinquennal afin d'y inclure une action relative à la planification d'un futur atelier conjoint, notamment un examen de la mise en œuvre des recommandations de l'atelier de 2016.

42. La Réunion a favorablement accueilli les informations fournies par le Comité sur ses travaux visant à traiter les recommandations issues de l'atelier conjoint, et a par ailleurs salué l'interaction accrue entre le CPE et le CS-CAMLR comme une contribution importante à l'amélioration de la cohérence entre les différents organes du Système du Traité sur l'Antarctique. La Réunion a noté que le Président du CPE représenterait le CPE dans le panel chargé d'entreprendre une deuxième évaluation des performances de la CCAMLR, et que cela permettrait de renforcer la collaboration entre les deux comités.

Réparation et réhabilitation des dommages causés à l'environnement (Point 6 de l'ordre du jour du CPE)

43. Le Président du CPE a indiqué que le Comité avait accepté de mettre sur pied un GCI chargé de réviser le Manuel de nettoyage de l'Antarctique, annexé à la Résolution 2 (2013).

Conséquences du changement climatique pour l'environnement : Approche stratégique (Point 7 de l'ordre du jour du CPE)

Mise en œuvre et examen du programme de travail en réponse au changement climatique

44. Le Président du CPE a informé que le Comité avait examiné un rapport sur les travaux intersessions menés par la Nouvelle-Zélande sur la mise en œuvre du Programme de travail en réponse du changement climatique (PTRCC) et un document qui décrit la recherche affiliée au SCAR pertinent au PTRCC.

45. Prenant acte de la requête formulée par la RCTA dans la Résolution 4 (2015) consistant à recevoir des mises à jour annuelles de la part du CPE sur la mise en œuvre du PTRCC, le Comité a demandé à la RCTA de : approuver la mise sur pied d'un groupe subsidiaire sur la réponse au changement climatique (GSRCC) en vertu de l'article 10 du Règlement intérieur du CPE qui soutiendrait la mise en œuvre du PTRCC, comme indiqué dans l'Annexe

2 au Rapport final du XXe CPE ; et de chercher le soutien du Secrétariat pour la traduction des principaux textes et pour l'aspect technique de la coordination et de la communication des mises à jour afin d'appuyer une participation forte et une gestion du travail efficace.

46. Le CPE avait par ailleurs demandé à la RCTA de : noter qu'il avait apprécié le rapport détaillé du SCAR reprenant les travaux de ses groupes subsidiaires et affiliés pertinents par rapport aux problèmes et aux besoins identifiés dans le PTRCC. Ce rapport indique clairement que les groupes du SCAR sont bien placés pour apporter une contribution, et il a également salué une proposition émise par l'OMM de fournir un rapport au XXIe CPE sur les activités qu'elle mène et qui présentent un intérêt pour le PTRCC.

47. Le Président du CPE a fait savoir que le Comité avait aussi examiné les recommandations émises par la RETA de 2010 sur le changement climatique et ses implications pour la gestion et la gouvernance de l'Antarctique et qu'il était convenu que : les recommandations liées aux travaux du CPE soient intégrées dans le PTRCC, à l'exception des recommandations 18 et 29, qui sont réservées aux travaux à venir du GSRCC proposé ; la mesure de conservation CM-24-04 CCAMLR portant sur l'établissement temporaire de zones spéciales destinées à l'étude scientifique dans les aires marines nouvellement exposées à la suite d'un recul ou d'un effondrement de la banquise dans la région de la péninsule antarctique était une contribution positive pour réaliser la Recommandation 26 de la RETA ; et de nouvelles mises à jour du Secrétariat sur les actions prises suite aux recommandations de la RETA n'étaient pas nécessaires pour le CPE, tout en indiquant que la RCTA pourrait toutefois souhaiter recevoir des informations sur les avancées réalisées par rapport aux recommandations, en particulier les recommandations 1-17.

48. La Réunion a félicité le CPE pour son travail de longue haleine relatif aux conséquences environnementales du changement climatique. Elle a noté que le GSRCC serait un mécanisme utile au CPE pour soutenir la mise en œuvre du PTRCC. La Réunion a également remercié le SCAR et l'OMM pour leurs contributions utiles en matière de recherche sur le changement climatique et ses effets, et a encouragé les deux organisations à continuer d'informer le CPE et la RCTA de leurs avancées dans le domaine.

49. La Norvège a rappelé que dix ans s'étaient écoulés depuis les premières discussions portant spécifiquement sur le changement climatique au CPE et à la RCTA, lesquelles ont mené à la RETA de 2010 sur les conséquences du changement climatique pour la gouvernance, qui a été organisée de concert

par le Royaume-Uni et la Norvège. Elle a rappelé que les recommandations émises par la RETA comprenaient la proposition de développer un PTRCC. Elle a salué l'adoption récente par le CPE et la RCTA du PTRCC et sa mise en œuvre continue par le CPE, et a noté que le GSRCC jouerait un rôle important dans ce contexte. Le Royaume-Uni a approuvé les commentaires formulés par la Norvège. L'Argentine a encouragé les Parties à participer largement au GSRCC, et est revenue sur l'importance de traduire les documents pertinents dans les quatre langues officielles du Traité, puisque cela peut avoir des conséquences sur les politiques adoptées.

50.   La Réunion a approuvé la mise sur pied du GSRCC, conformément au mandat présenté dans l'Annexe 2 du Rapport final du XXe CPE, et s'est réjouie de recevoir des mises à jour régulières de la part du CPE sur les avancées qu'il fera à l'avenir. La Réunion a adopté la Décision 1 (2017) *Groupe subsidiaire du Comité pour la protection de l'environnement sur la réponse au changement climatique (GSRCC)*.

Évaluation d'impact sur l'environnement (EIE) (Point 8 de l'ordre du jour du CPE)

Autres questions relatives aux EIE

51.   Le Président du CPE a indiqué que le Comité avait examiné un rapport sur les discussions intersessions, dirigées par le Royaume-Uni, visant à examiner les questions de politique plus larges identifiées au cours de ses travaux intersessions antérieurs pour examiner les *Lignes directrices pour l'évaluation des impacts environnementaux dans l'Antarctique* (les lignes directrices EIE). Le Comité avait décidé de mettre à jour les *Procédures d'examen intersessions par le CPE des projets EIE* adopté au XVIIIe CPE pour inclure un mandat additionnel pour savoir « si l'EIE : i) a identifié tous les impacts environnementaux de l'activité proposée ; et ii) suggéré des méthodes appropriées d'atténuation (réduire ou éviter) de ces effets ». Il a également ajouté plusieurs actions sur les questions d'EIE à son Plan de travail quinquennal.

52.   Le Président du CPE a fait savoir que, puisque le plan de travail stratégique pluriannuel de la RCTA comprend une action pour la XLe RCTA de « considérer les avis du CPE et de discuter d'aspects politiques de la révision des lignes directrices pour l'évaluation d'impact sur l'environnement (EIE) », le Comité était convenu d'informer la RCTA qu'il recommandait que toutes les Parties fournissent des informations requises en vertu de la Résolution

1 (2005) de manière appropriée et opportune. Le Comité avait également demandé des avis à la RCTA sur la nécessité pour le CPE d'entamer des travaux sur : la création d'une méthode adaptée et efficace dans le Système du Traité sur l'Antarctique pour prévenir un déroulement dommageable à l'environnement d'un projet ; l'éventuelle application pour l'Antarctique de procédures de « vérification et exploration » communément appliquées dans le cadre des procédures d'EIE pour les grands projets dans d'autres régions du monde ; et les processus pour une évaluation indépendante régulière d'activités menées au niveau EEC (notamment l'évaluation du respect des conditions de délivrance de permis imposées par l'autorité compétente).

53. La Réunion a souligné l'importance des procédures d'EIE en tant qu'outil fondamental du Protocole sur l'environnement, et d'envisager des manières de maintenir les procédures à jour afin de refléter les bonnes pratiques. La Réunion a par ailleurs réaffirmé qu'il était important que les Parties adhèrent à la Résolution 1 (2005).

54. Les Parties ont avancé une série d'arguments relativement aux sujets repris dans les demandes émises par le CPE pour obtenir des avis de la RCTA, notant notamment que : les Parties avaient à leur disposition une série d'outils précieux permettant de garantir que les activités menées en Antarctique ont été conduites en conformité avec l'Annexe I ; le CPE et la RCTA ont poursuivi la révision et la mise à jour de ses lignes directrices pour l'évaluation des procédures d'EIE ; il convient peut-être d'aborder le mécanisme visant à empêcher les activités avec prudence ; la RCTA devrait attirer l'attention des Parties sur la nécessité d'accélérer la transposition du Protocole sur l'environnement et ses dispositions relatives aux EIE dans leur législation nationale ; les procédures d'EIE en Antarctique devraient constituer une référence absolue ; les révisions des EGIE effectuées par des organisations externes ne sont peut-être pas souhaitables ; et qu'il pourrait être utile d'établir clairement des valeurs seuils pour déterminer l'impact environnemental.

55. Répétant qu'il était nécessaire de disposer de procédures solides et pratiques en matière d'EIE, et de respecter les procédures correspondant aux bonnes pratiques afin de protéger l'environnement, la Réunion a favorablement accueilli la proposition du Comité de poursuivre les travaux liés aux EIE, notamment en intégrant certaines réalisations dans le Plan de travail quinquennal, et qu'elle se réjouissait de discuter la question plus avant.

Plans de gestion et de protection des zones (Point 9 de l'ordre du jour du CPE)

9a. Plans de gestion

56. Le Président du CPE a indiqué que le Comité examinait sept plans de gestion révisés pour les Zones Spécialement Protégées de l'Antarctique (ZSPA) et un plan de gestion révisé pour les Zones Gérées Spéciales de l'Antarctique (ZGSA), et qu'il avait accepté de transmettre chaque plan de gestion révisé à la RCTA pour que celle-ci les adopte, par le biais d'une mesure.

57. Acceptant l'avis du CPE, la Réunion a adopté les Mesures suivantes sur les ZSPA et les ZGSA

  - Mesure 1 (2017) *Zone Spécialement Protégée de l'Antarctique n° 109 (Île Moe, îles Shetland du Sud) : Plan de gestion révisé.*
  - Mesure 2 (2017) *Zone Spécialement Protégée de l'Antarctique n° 110 (Île Lynch, îles Orcades du Sud) : Plan de gestion révisé.*
  - Mesure 3 (2017) *Zone Spécialement Protégée de l'Antarctique n° 111 (Île Powell du Sud et îles adjacentes, îles Shetland du Sud) : Plan de gestion révisé.*
  - Mesure 4 (2017) *Zone Spécialement Protégée de l'Antarctique n° 115 (Île Lagotellerie, baie Marguerite, terre Graham) : Plan de gestion révisé.*
  - Mesure 5 (2017) *Zone Spécialement Protégée de l'Antarctique n° 129 (Pointe Rothera, île Adélaïde) : Plan de gestion révisé.*
  - Mesure 6 (2017) *Zone Spécialement Protégée de l'Antarctique n° 140 (Parties de l'île de la Déception, îles Shetland du Sud) : Plan de gestion révisé.*
  - Mesure 7 (2017) *Zone Spécialement Protégée de l'Antarctique n° 165 (Pointe Edmonson, baie Wood, mer de Ross) : Plan de gestion révisé.*
  - Mesure 8 (2017) *Zone Gérée Spéciale de l'Antarctique n° 5 (Station du pôle sud Amundsen-Scott, pôle sud) : Plan de gestion révisé.*

58. Le Président du CPE a par ailleurs souligné que le Comité avait examiné un rapport sur les discussions intersessions informelles sur les options de gestion pour protéger les valeurs scientifiques et environnementales de la région du Dôme A, et avait accueilli favorablement l'offre de la Chine de rédiger un Code de conduite pour le Dôme A et de mener les discussions intersessions basées sur ce projet.

9b. Sites et monuments historiques

59.   Le Président du CPE a indiqué que le Comité avait accueilli favorablement un rapport de la Norvège et du Royaume-Uni sur les progrès du GCI créé au XIXᵉ CPE quant à l'élaboration d'orientations pour des approches de conservation pour la gestion des objets patrimoniaux de l'Antarctique. Il a convenu que le GCI poursuivrait ses travaux, en vue d'élaborer des documents d'orientation à étudier pour le XXIᵉ CPE.

60.   Les Parties ont salué l'information communiquée par le CPE selon laquelle le GCI poursuivrait ses travaux et produirait de nouvelles orientations qui seront soumises au XXIᵉ CPE. L'Argentine a déclaré que certains concepts liés au patrimoine n'étaient pas précisément définis dans le Système du Traité sur l'Antarctique, par exemple l'universalité, qui peut avoir une incidence sur les histoires nationales des Parties individuelles. Elle a dès lors insisté pour que les participants aux discussions du CPE se reposent sur des experts nationaux concernés.

9c. Lignes directrices pour les visites de sites

61.   Concernant les travaux du Comité relatifs aux Lignes directrices pour les visites de sites, le Royaume-Uni a indiqué que des avancées notables avaient été effectuées afin de développer des lignes directrices pour les sites les plus fréquentés, mais qu'il convenait de procéder à une révision continue des Lignes directrices pour les visites de sites et de développer des lignes directrices complémentaires, le cas échéant.

9d. Gestion et protection de l'espace marin

62.   La Réunion a salué le fait que le Comité avait noté qu'il pourrait s'avérer utile à l'avenir d'envisager et de discuter des moyens et des opportunités d'examiner le lien entre l'océan et la terre et d'analyser si, et comment, les mesures complémentaires figurant dans le Protocole relatif à la protection de l'environnement, en particulier dans l'Annexe V, pourraient soutenir et renforcer les initiatives de protection marine. Il a été indiqué que les désignations de zones protégées devraient être fondées sur une science solide, et que toute décision prise par la CCAMLR ne devrait pas automatiquement requérir des actions complémentaires de la part des Parties, mais qu'il convenait d'examiner l'utilité de prendre des mesures au cas par cas. La Norvège a fait remarquer qu'il serait logique que la RCTA, dans ces cas, demande au CPE de se pencher sur ceux-ci et d'émettre des avis quant à

l'exhaustivité des mesures existantes sur la partie terrestre dans une zone liée à une AMP. Il a en outre été noté qu'il n'existait aucune délimitation géographique entre les zones d'intérêt et de responsabilité des parties qui composent le Système du Traité sur l'Antarctique.

9e. Autres questions relevant de l'Annexe V

63. Le Président du CPE a indiqué que le Comité avait examiné les résultats des travaux menés par le Groupe subsidiaire sur les plans de gestion (GSPG) destinés à élaborer des orientations pour les Zones Gérées Spéciales de l'Antarctique, et qu'il était convenu d'informer la RCTA qu'il avait approuvé les *Lignes directrices pour évaluer une zone en vue d'une désignation éventuelle en Zone gérée spéciale de l'Antarctique et les Lignes directrices pour l'élaboration de plans de gestion des ZGSA*. Il est également convenu de soumettre à l'approbation de la RCTA un projet de Résolution encourageant leur diffusion et leur utilisation.

64. Acceptant les informations fournies par le CPE, la Réunion a adopté la Résolution 1 (2017) *Lignes directrices pour les désignations en Zone gérée spéciale de l'Antarctique (ZGSA)*.

65. Le Président du CPE a indiqué que le Comité avait examiné des documents présentant le *Code de conduite du SCAR pour l'exploration et la recherche dans des environnements aquatiques sous-glaciaires* et le *Code de conduite du SCAR pour la recherche scientifique de terrain en zone continentale en Antarctique*. Ces documents ont été soumis à la suite de l'approbation du Comité lors du XIXᵉ CPE pour encourager la diffusion et l'utilisation d'autres Codes de conduites du SCAR via une Résolution par la RCTA. Le Comité avait apprécié la volonté du SCAR de poursuivre les consultations sur le *Code de conduite pour la recherche scientifique de terrain en zone continentale en Antarctique*, en vue de présenter une nouvelle révision au XXIᵉ CPE. Le Comité avait approuvé le *Code de conduite du SCAR pour l'exploration et la recherche dans des environnements aquatiques sous-glaciaires*, et était convenu de le soumettre à l'approbation de la RCTA au moyen d'un projet de Résolution pour encourager sa diffusion et son utilisation.

66. Acceptant les informations fournies par le CPE, la Réunion a adopté la Résolution 2 (2017) *Code de conduite pour l'exploration et la recherche dans des environnements aquatiques sous-glaciaires*.

67.   Le Comité a examiné les résultats des travaux intersessions menés par le Royaume-Uni et la Norvège pour la préparation d'un modèle révisé pour résumer l'évaluation préalable d'une ZSPA, conformément aux *Lignes directrices : Processus d'évaluation préalable pour la désignation des ZSPA et ZGSA*, adoptées lors du XVIIIe CPE. Le Comité était convenu d'informer la RCTA de sa mise à jour des *Lignes directrices : Processus d'évaluation préalable pour la désignation des ZSPA et des ZGSA* adopté au XVIIIe CPE, de manière à inclure un modèle de formulaire d'évaluation préalable facultatif pour la désignation des ZSPA, lequel vise à faciliter la communication d'informations en conformité avec les Lignes directrices. Cette nouvelle version des Lignes directrices remplace la version qui avait été jointe au rapport final du XVIIIe CPE en 2015.

68.   Le Président du CPE a fait savoir que le Comité avait examiné un document soumis par l'Australie, la Nouvelle-Zélande et le SCAR, qui résume une révision récente des Régions de conservation biogéographiques de l'Antarctique (RCBA) adoptées en vertu de la Résolution 6 (2012). La révision reflétait les évolutions des couches spatiales sous-jacentes, y compris la dernière représentation des zones libres de glace de l'Antarctique. Elle incluait également une nouvelle (16ème) zone biologiquement distincte. Afin de s'assurer que le travail du CPE et des Parties s'appuie sur la compréhension de la distribution spatiale de la biodiversité terrestre antarctique la plus à jour, le Comité est convenu de recommander que la RCTA adopte les Régions de conservation biogéographiques de l'Antarctique révisées (RCBA Version 2) et a soumis un projet de Résolution à la RCTA en vue de son adoption pour remplacer la Résolution 6 (2012).

69.   Acceptant les informations fournies par le CPE, la Réunion a adopté la Résolution 3 (2017) *Régions de conservation biogéographiques de l'Antarctique (RCBA Version 2)*.

70.   Le Président du CPE a également fait remarquer que le Comité avait rappelé la Résolution 5 (2015) sur les Zones importantes pour la conservation des oiseaux (ZICO) en Antarctique, et qu'il avait soutenu une proposition émise par le Royaume-Uni, l'Australie, la Nouvelle-Zélande, la Norvège et l'Espagne d'entreprendre des travaux intersessions visant à développer des critères destinés à évaluer l'opportunité de désigner une colonie d'oiseaux comme ZSPA, et de recommander aux Comités des ZICO qui répondent à ces critères.

Conservation de la faune et de la flore de l'Antarctique (Point 10 de l'ordre du jour du CPE)

10a. Quarantaine et espèces non indigènes

71. Le Président du CPE a fait savoir que le Comité avait trouvé un accord sur une procédure pour la mise à jour du Manuel des espèces non indigènes, et demandé au Secrétariat d'actualiser la version en ligne afin d'intégrer le *Code de conduite du SCAR pour l'exploration et la recherche dans des environnements aquatiques sous-glaciaires*, la version révisée des Régions de conservation biogéographiques, ainsi qu'un manuel préparé par l'Argentine visant à éviter l'introduction des espèces non indigènes grâce aux activités des Programmes antarctiques nationaux.

10c. Autres questions relevant de l'Annexe II

72. Le Président du CPE a indiqué que le Comité avait examiné plusieurs documents contenant des informations pertinentes pour la compréhension et la gestion des aspects environnementaux de l'utilisation des véhicules aériens sans pilotes (UAV) / des systèmes aériens pilotés à distance (RPAS) en Antarctique, notamment un rapport détaillé rédigé par le SCAR sur l'état des connaissances relatives aux réactions des espèces sauvages.

73. Prenant acte que le Plan de travail stratégique pluriannuel de la RCTA incluait une action consistant à examiner les avis du Comité relatifs aux UAV/RPAS, le Comité était convenu d'informer le RCTA qu'il avait : encouragé la diffusion et l'utilisation des lignes directrices de bonnes pratiques préventives pour l'utilisation d'UAV/RPAS à proximité des espèces sauvages en Antarctique, comme mentionné dans le document de travail WP 20 ; convenu du fait que les nouvelles études portant sur la réaction de la faune sauvage aux UAV/RPAS devraient tenir compte des questions identifiées dans ce même document ; et accepté de mettre sur pied un GCI chargé de développer des lignes directrices pour les aspects environnementaux de l'utilisation des UAV/RPAS en Antarctique pour les soumettre au XXIe CPE.

74. La Réunion a salué l'accord du Comité de développer des orientations portant sur les aspects environnementaux des UAV/RPAS, et a remercié l'Allemagne d'avoir accepté de mener le GCI. Il a été noté qu'il convenait d'adopter une approche prudente de l'utilisation des UAV/RPAS et que les approches envisagées devraient tenir compte des spécificités des sites et des espèces.

La Bulgarie a suggéré que la RCTA envisage d'allier les lignes directrices du COMNAP sur les questions opérationnelles et de sécurité aux orientations qui seront élaborées par le CPE sur les questions environnementales, afin que les opérateurs ne disposent que d'un seul règlement.

75. Le Président du CPE a indiqué que le Comité avait examiné un document présenté par l'Argentine, dans lequel elle propose d'évaluer différents mécanismes destinés à protéger la colonie de manchots empereurs de l'île Snow Hill, dans le contexte actuel des changements climatiques et des pressions anthropiques. Il a par ailleurs soutenu la poursuite de travaux destinés à examiner et développer des mécanismes de protection pour la colonie par l'Argentine et autres Membres et Observateurs intéressés. Le Comité a informé la RCTA qu'il avait accueilli favorablement le document soumis par l'Argentine et consenti à recommander l'entrée en vigueur des *Lignes directrices sur le comportement à adopter à proximité de la colonie de manchots empereurs de l'île Snow Hill* en tant que mesure provisoire jusqu'à ce que des mécanismes de protection plus restrictifs soient examinés.

76. L'Argentine a mentionné la discussion du Comité portant sur un document soumis par le SCAR, Monaco et la Belgique, lequel résume les conclusions de la réunion qui s'est tenue en juin 2015 en vue d'évaluer la biodiversité de l'Antarctique et de l'océan Austral ainsi que leur statut de conservation dans le contexte du Plan stratégique pour la biodiversité 2011-2020 de la Convention pour la diversité biologique et des objectifs d'Aichi qui y sont associés (document de travail WP 13). L'Argentine a fait part de certaines préoccupations relativement aux évaluations de la biodiversité, sur la base des objectifs et des paramètres développés dans les forums des Nations Unies. Bien qu'il ait été compris que la biodiversité antarctique devrait être reflétée dans les aperçus préparés, l'Argentine a souhaité attirer l'attention sur deux problèmes :

a) D'un point de vue technique, les objectifs et les buts adoptés dans les forums multilatéraux, comme les objectifs d'Aichi en matière de biodiversité, peuvent ne pas être adéquats pour les zones du Traité sur l'Antarctique et de la CCAMLR, notamment parce qu'aucune des deux zones n'a été prise en compte lors de l'élaboration de ces buts et objectifs. Dès lors, leur application serait susceptible de biaiser les conclusions du document de travail WP 13.

b) D'un point de vue juridico-politique, même si le Traité sur l'Antarctique promeut la coopération avec les agences spécialisées des Nations Unies, il est clair que le cadre réglementaire qui régit la zone couverte par le Traité sur l'Antarctique est le Traité sur l'Antarctique. C'est pourquoi il convient d'adopter une approche prudente dans les cas qui partent d'une approche réglementaire mais ont des objectifs, des buts, des mesures et des indicateurs différents.

77. L'Argentine a insisté sur la nécessité de présenter les conclusions des ateliers au CPE et que le Comité examine largement cette question.

78. Notant l'importance de la coopération et de l'établissement d'un dialogue avec les organisations internationales et les accords internationaux, certaines Parties ont souligné que l'élaboration d'une stratégie en matière de biodiversité menée par le Système du Traité sur l'Antarctique qui contribuerait à une évaluation au niveau mondial constituait une occasion de faire preuve de leadership par les Parties dans le domaine de la biodiversité en Antarctique et dans l'océan Austral.

79. Rappelant que les révisions de l'Annexe II étaient entrées en vigueur au cours de la période intersessions, le Royaume-Uni a indiqué que parmi les amendements figurait la protection des espèces présentes naturellement dans la zone couverte par le Traité sur l'Antarctique des suites de migrations, et qu'il était nécessaire de développer des procédures et des critères permettant de désigner des espèces à protéger de manière spéciale. En ce sens, le Royaume-Uni a estimé important de garantir que ces amendements se reflètent dans les outils utilisés par les Parties pour la conservation de la faune et de la flore.

Surveillance de l'environnement et rapport (point 11 de l'ordre du jour du CPE)

80. Le Président du CPE a indiqué que le Comité avait pris acte que les travaux permanents visant à élaborer une méthodologie pour l'évaluation de la sensibilité des sites fréquentés par des visiteurs, mis en avant dans un document présenté par l'Australie, la Nouvelle-Zélande, la Norvège et les États-Unis, contribueraient à promouvoir les Recommandations 3 et 7 de l'étude du CPE de 2012 relative au tourisme. Rappelant que la XXXIXe RCTA avait chargé le CPE de développer une série de seuils de déclenchement fondés sur les meilleures estimations disponibles afin d'orienter les efforts de suivi, comme indiqué dans la Recommandation 7 issue de l'étude relative au tourisme, le Comité a communiqué à la RCTA qu'il avait examiné un rapport sur les travaux permanents, conformément à la Recommandation 3, visant à mettre au point une méthodologie pour évaluer la sensibilité des sites aux visites des touristes, et a indiqué que ces travaux seraient également utiles relativement à la Recommandation 7.

Rapports d'inspection (Point 12 de l'ordre du jour du CPE)

81. Le Président du CPE a fait savoir que, au titre de ce point de l'ordre du jour, le Comité avait examiné des documents rendant compte d'inspections menées par l'Argentine et le Chili en janvier et février 2017, et d'inspections séparées menées par l'Australie en décembre 2016. Le Comité avait salué les conclusions générales selon lesquelles les trois stations inspectées respectaient le Protocole relatif à la protection de l'environnement, et la ZGSA inspectée parvenait à atteindre les objectifs de gestion pour lesquels elle a été désignée.

Questions diverses (point 13 de l'ordre du jour du CPE)

82. Le Président du CPE a déclaré que le Comité avait examiné un document soumis par la Chine et plusieurs autres coauteurs. Celui-ci présente le concept d'« expédition verte », lequel fait référence à la promotion d'activités respectueuses de l'environnement en Antarctique par les personnes qui planifient et conduisent ces activités, notamment en appliquant les méthodes et les orientations formulées dans les résolutions actuelles et au cours des discussions du CPE/de la RCTA, et grâce à toute nouvelle méthode développée suite aux récentes avancées réalisées dans le domaine de la gestion et des technologies modernes.

83. Le CPE a accepté de transmettre à la RCTA un projet de résolution pour adoption, qui encourage et promeut le concept des « expéditions vertes ».

84. La Chine a remercié les coauteurs du document pour leur participation, et a remercié le Comité d'avoir accepté de transmettre le nouveau concept à la RCTA, afin qu'elle l'examine.

85. Acceptant l'avis du CPE, la Réunion a adopté la Résolution 4 (2017) *Expédition verte en Antarctique.*

Élection des membres du Bureau (point 14 de l'ordre du jour du CPE)

86. Le Président du CPE a indiqué que le Comité avait chaleureusement remercié le Dr Polly Penhale des États-Unis pour son excellent travail et ses contributions significatives dans le cadre de son mandat de vice-présidente du CPE. Le Comité a par ailleurs élu le Dr Kevin Hughes, originaire du Royaume-Uni, au poste de vice-président, pour un mandat de deux ans.

87. La Réunion a chaleureusement remercié le Dr Polly Penhale pour son implication et le travail remarquable accompli en tant que vice-présidente du CPE, et félicité le Dr Kevin Hughes pour son élection.

Préparation de la Réunion suivante (point 15 de l'ordre du jour du CPE)

88. Le Président du CPE a indiqué que le Comité avait adopté un ordre du jour provisoire pour le XXIᵉ CPE, fondé sur l'ordre du jour du XXᵉ CPE.

89. La Réunion a remercié le CPE, prenant acte de l'importance des avis et des recommandations fournis par le Comité aux Parties relativement à la mise en œuvre et au fonctionnement du Protocole relatif à la protection de l'environnement. Les Parties ont reconnu qu'il était essentiel de s'assurer que suffisamment de temps était réservé à l'examen par la RCTA des avis du CPE, notamment en prévoyant des sessions du CPE et de la RCTA.

90. La Réunion a remercié M. McIvor pour son rapport détaillé sur les travaux du CPE, et pour sa gestion du CPE.

Point 6 : Fonctionnement du Système du Traité sur l'Antarctique : Questions diverses

91. L'Uruguay a présenté le document de travail WP 3 *Rapport du Groupe de contact intersessions (GCI) sur les critères d'admission au statut consultatif*, préparé conjointement avec le Chili et la Nouvelle-Zélande. Le document détaille les principaux points soulevés lors des consultations du GCI.

92. La Réunion a indiqué qu'il pourrait se révéler bénéfique de disposer de lignes directrices claires relatives au statut consultatif, tant pour les éventuelles Parties consultatives que pour ceux qui examinent les demandes d'obtention du statut consultatif. Il a été noté que les lignes directrices proposées ne cherchaient pas à créer de nouvelles exigences pour les Parties au Traité qui souhaitent obtenir le statut consultatif, mais qu'elles visaient à aider celles-ci, ainsi que la RCTA, à préciser le type d'informations désirées pour arriver à une décision en la matière.

93. À la suite des débats, la Réunion a adopté la Décision 2 (2017) *Lignes directrices sur la procédure à suivre pour obtenir le statut des Parties consultatives*.

94. Le Secrétaire exécutif a présenté le document de secrétariat SP 3 *Liste des Mesures portant la mention « Pas encore en vigueur »*. Il a fait savoir que,

selon les informations reprises dans la base de données du STA, plusieurs Mesures n'étaient pas encore en vigueur. Le Royaume-Uni a déclaré qu'il serait utile qu'une telle liste soit établie et présentée tous les ans par le Secrétariat. Notant que certaines des Mesures reprises dans le SP 3 ont été retirées ou remplacées par d'autres mesures, la Réunion a adopté la Décision 3 (2017) *Mesures retirées.*

95.   Les États-Unis ont présenté le document de travail WP 6 *Approbation des Observateurs auprès du CPE*, qui propose deux nouvelles règles à ajouter au Règlement intérieur de la RCTA afin de permettre à la RCTA d'approuver des organisations scientifiques, environnementales et techniques en tant qu'observateurs auprès du CPE. Le document indique que le Règlement intérieur actuel de la RCTA ne l'autorise pas clairement à approuver des Observateurs auprès du CPE qui n'étaient pas des « organisations internationales », malgré le fait que l'article 11 (4) du Protocole et du Règlement intérieur du CPE ait ouvert le statut d'observateur à toute « organisation scientifique, environnementale et technique appropriée ».

96.   La Réunion a remercié les États-Unis pour ce document, et pour avoir attiré l'attention sur l'éventuelle nécessité d'apporter des précisions au Règlement intérieur de la RCTA relativement à l'approbation d'Observateurs auprès du CPE. Indiquant que cette question pourrait être alimentée par de nouvelles consultations, ainsi que par des contributions du CPE, les États-Unis sont convenus de mener d'autres consultations informelles lors de la période intersessions et d'en rendre compte à la XLIᵉ RCTA.

97.   L'Australie a présenté le document de travail WP 27 *Nomination des Présidents des groupes de travail de la RCTA*, préparé conjointement avec l'Argentine, la Norvège et le Royaume-Uni. Ce document rappelle que la XXXIXᵉ RCTA était convenue d'élaborer des procédures régissant l'élection des présidents et co-présidents des groupes de travail de la RCTA. L'Australie a indiqué que le processus proposé pour la nomination des présidents des groupes de travail de la RCTA présenté dans le document se fondait sur les pratiques d'usage pour l'élection des membres du Bureau dans le cadre du CPE, et qu'il visait à garantir davantage de transparence, d'efficience et d'efficacité dans le fonctionnement de la RCTA. Suite à de courtes discussions, la RCTA a adopté la Décision 4 (2017) *Procédure de désignation des Présidents des groupes de travail de la Réunion consultative du Traité sur l'Antarctique.*

98.   La Nouvelle-Zélande a présenté le document de travail WP 32 *Création de l'Aire marine protégée de la région de la mer de Ross par la CCAMLR,*

préparé conjointement avec les États-Unis, l'Argentine, le Chili et la France. Le document indique que la CCAMLR a adopté sa première aire marine protégée (AMP) à grande échelle, l'aire marine protégée de la région de la mer de Ross (AMPRAR), lors de la 35ᵉ Réunion de la CCAMLR, qui s'est tenue en octobre 2016. Avec ses 1,55 million de kilomètres carrés (598 200 miles carrés), cette AMPRAR est la plus vaste AMP au monde.

99. La Nouvelle-Zélande a déclaré que cette nouvelle AMP, conçue pour répondre à des objectifs de conservation et de recherche scientifique, constituait une étape importante dans la création d'un large système représentatif d'AMP dans l'océan Austral visée par la CCAMLR. Il s'agit également d'un accomplissement significatif pour le Système du Traité sur l'Antarctique. Cette mesure vient en effet renforcer le pouvoir décisionnel relatif à la conservation marine fondée sur la science, fer de lance de la Convention de la CCAMLR.

100. Plusieurs Parties ont estimé que la RCTA et le CPE devraient envisager des mesures supplémentaires pour compléter et encourager les efforts de la CCAMLR en matière de conservation. Il a été suggéré que la RCTA demande l'avis du CPE sur le lien entre l'océan et la terre de l'Antarctique, et sur l'opportunité d'adopter des mesures complémentaires afin de soutenir les initiatives de protection marine par la mise en œuvre de l'Annexe V.

101. De nombreuses Parties ont remercié les auteurs du projet de la résolution portant sur l'AMP de la région de la mer de Ross, et ont encouragé la CCAMLR à poursuivre l'établissement d'un système d'AMP représentatif dans l'océan Austral. La Suède a souligné l'importance que revêtent ces travaux. L'ASOC s'est déclarée en faveur de l'adoption de la résolution et est convenue que la RCTA devrait entreprendre de nouveaux travaux qui viendront compléter les efforts de la CCAMLR.

102. Après avoir remercié les auteurs de la Résolution, plusieurs Parties ont attiré l'attention sur le fait que la RCTA ne devait pas juger d'avance la manière d'agir de la CCAMLR dans le cadre de ses prérogatives.

103. D'autres Parties ont estimé que l'établissement de nouvelles ZGSA et ZSPA devait s'appuyer sur une évaluation scientifique sérieuse, conformément aux procédures standards du CPE et de la RCTA en matière de désignation.

104. La Réunion a adopté la Résolution 5 (2017) *Création de l'aire marine protégée de la région de la mer de Ross.*

105. L'Afrique du Sud a présenté le document d'information IP 33, intitulé « *Gateway Access: Transit Visa Developments in South Africa* » [Accès passerelle: évolution des visas de transit en Afrique du Sud], qui répond aux inquiétudes formulées à l'occasion de la XXXIXᵉ RCTA concernant les difficultés rencontrées par les ressortissants étrangers pour l'obtention de visas de transit lorsqu'ils voyagent depuis et vers l'Antarctique en passant par Le Cap. Le ministère de l'Intérieur de l'Afrique du Sud a délivré une « dérogation spéciale » pour les « chercheurs, spécialistes et équipes d'expéditions qui utilisent Le Cap comme voie de passage depuis et vers l'Antarctique ». L'Afrique du Sud a déclaré espérer que la question était désormais résolue de manière satisfaisante et qu'elle restait fermement engagée à faciliter l'accès à l'Antarctique à des fins scientifiques.

106. La Fédération de Russie a remercié l'Afrique du Sud pour son document, et pour sa prise en charge rapide et efficace des questions qui avaient été soulevées lors de la XXXIXᵉ RCTA. Elle a souligné l'excellente coopération entre l'Afrique du Sud et les autorités russes au cours de la période intersessions, et y voit un exemple de l'esprit de coopération qui constitue l'un des principes centraux du Système du Traité sur l'Antarctique.

107. Ainsi que cela figure dans le document, le Chili et l'Argentine ont remercié l'Afrique du Sud d'avoir partagé ses expériences, en notant qu'ils avaient également connu des problèmes similaires et qu'ils s'employaient à les résoudre. Le Chili a déclaré qu'il s'en occupait actuellement au cas par cas, tandis que l'Argentine a expliqué qu'elle travaillait à une nouvelle réglementation en matière d'immigration, qui était sur le point d'entrer en vigueur et qui résoudrait ces questions. L'IAATO a fait remarquer qu'il était utile de savoir que des membres de son personnel de terrain pouvaient être logés lors de leur passage dans des ports passerelle *(Gateway)*.

108. La Turquie a présenté le document d'information IP 94, intitulé « *Ratification of Protocol on Environmental Protection to the Antarctic Treaty by Turkey* » [Ratification du Protocole au Traité sur l'Antarctique relatif à la protection de l'environnement par la Turquie]. Elle a signalé que la Grande Assemblée nationale de Turquie avait ratifié le Protocole sur l'environnement, ainsi que toutes ses annexes, le 14 février 2017. Elle a précisé que la loi relative à la ratification du Protocole sur l'environnement avait atteint sa version définitive et avait été publiée dans son journal officiel. La Réunion a félicité la Turquie pour sa ratification du Protocole sur l'environnement.

109. L'Islande a présenté le document d'information IP 169, intitulé « *Statement by Iceland* » [Déclaration de l'Islande]. Elle a déclaré que le motif de son

adhésion au Système du Traité sur l'Antarctique en octobre 2015 tenait à l'importance des travaux scientifiques qui portent sur les océans, les changements climatiques et la protection de l'environnement. Elle a noté que tous les États du Conseil de l'Arctique étaient désormais des Parties consultatives ou non consultatives au Traité sur l'Antarctique.

110. En ce qui concerne les consultations intersessions, la Réunion est convenu que chaque Partie aviserait le Secrétaire exécutif de ses représentants et de tout éventuel suppléant dans un délai de deux semaines suivant la clôture de la RCTA, conformément à l'article révisé 46(a) du Règlement intérieur.

111. La Chine a présenté le document d'information IP 175 rév.2, intitulé *« Chair's summary of the Special Meeting "Our Antarctica : Protection and Utilisation" »* [Résumé du président de la réunion spéciale « Notre Antarctique: protection et utilisation »], qui rend compte de la réunion spéciale qui s'est tenue dans le pays hôte le 23 mai 2017, et qui ne constituait pas officiellement un point de l'ordre du jour de la RCTA. La Chine a indiqué que cette réunion spéciale avait été présidée par Son Excellence M. Liu Zhenmin, vice-ministre des Affaires étrangères de la Chine, qui a souligné le rôle prépondérant du Système du Traité sur l'Antarctique et noté que des mesures coordonnées étaient nécessaires au regard des défis mondiaux que l'Antarctique devra relever. La Chine a signalé que S. E. M. Liu Zhenmin, vice-ministre des Affaires étrangères de la Chine, avait prononcé une allocution, développant ses observations sur la relation entre la protection et l'utilisation de l'Antarctique. La Chine a par ailleurs signalé que huit autres orateurs originaires de Fédération de Russie, Pologne, Argentine, États-Unis, Chine, Royaume-Uni, Chili et Australie ont été invités par la Chine à partager leur point de vue sur un éventail de sujets liés à la science et à la gestion de l'Antarctique. La Chine a orienté les Parties vers le document IP 175 rév.2 pour le résumé du Président de la réunion spéciale.

112. Les États-Unis ont rappelé à la Réunion le droit de désigner jusqu'à trois arbitres en vertu de l'Article 2 du programme du Protocole au Traité sur l'Antarctique relatif à la protection de l'environnement. Les nominations doivent être organisées par le secrétaire général de la Cour permanente d'arbitrage.

113. Le document de contexte suivant a été soumis sous ce point de l'ordre du jour :

   • BP 23, intitulé *« Ingreso no Autorizado a la Estación Machu Picchu Período 2016-2017 »* [Accès non autorisé à la station Machu Picchu, saison 2016-2017] (Pérou).

Point 7 : Fonctionnement du Système du Traité sur l'Antarctique : Questions liées au Secrétariat

114. La Turquie a présenté le document d'information IP 89, intitulé « *Antarctic Treaty Secretariat Internship Grant for Republic of Turkey* » [Bourse de stage du Secrétariat du Traité sur l'Antarctique pour la République de Turquie], qui décrit un stage de quatre semaines au Secrétariat du Traité sur l'Antarctique pour le conseiller juridique du Centre de recherches polaires de l'Université technique d'Istanbul, M. Onur Sabri Durak. Ce stage a permis à la Turquie d'approfondir sa compréhension des mécanismes et des fonctions du Secrétariat du Traité sur l'Antarctique.

115. Le Secrétaire exécutif a présenté le document du secrétariat SP 4 rév. 4 *Rapport du Secrétariat 2016/2017*, qui fournit des détails sur les activités du Secrétariat durant l'exercice fiscal 2016-2017 (du 1er avril 2016 au 31 mars 2017). Il a remercié l'ambassade de Chine à Buenos Aires, et l'ambassade d'Espagne et son programme « *Antártida Educa* » [« l'Antarctique éduque »], ainsi que l'Instituto Fueguino de Turismo pour sa coopération avec le Secrétariat dans l'organisation d'un concours artistique ouvert aux étudiants d'écoles d'Argentine et du Chili à l'occasion de la commémoration du 25ème anniversaire de la signature du Protocole sur l'environnement. Une publication portant sur le 25ème anniversaire de l'adoption du Protocole a été éditée par le Secrétariat le 4 octobre 2016 et mise à disposition sur son site internet dans les quatre langues officielles du Traité, ainsi qu'en version papier par l'intermédiaire d'un détaillant en ligne.

116. Le Secrétaire exécutif a informé la Réunion de questions liées à la coordination et aux contacts, aux technologies de l'information, à la publication du rapport final de la XXXIXe RCTA, aux informations publiques, aux questions financières et au personnel. Il a précisé qu'aucun changement n'était intervenu dans les membres du personnel du Secrétariat. Le Secrétaire exécutif a déclaré que des changements et des améliorations avaient été apportés au Système électronique d'échange d'informations (SEEI) à l'issue des résultats du GCI chargé d'examiner les exigences en matière d'échange d'informations ainsi que d'autres débats tenus lors de la dernière XXXIXe RCTA. Il a réaffirmé que le Secrétariat continuerait à alimenter ses bases de données de documents en ligne, avec des traductions de tous les documents.

117. Le Secrétaire exécutif a présenté le document du Secrétariat SP 5 rév. 2 *Programme du Secrétariat pour l'exercice 2017/2018*, qui fait état des

activités proposées au Secrétariat pour l'exercice fiscal 2017-2018 (du 1er avril 2017 au 31 mars 2018). Le Secrétaire exécutif a noté que le coût de la vie en Argentine avait connu une nouvelle hausse en 2016, et a proposé d'octroyer une augmentation de six pour cent au personnel général afin de compenser cette tendance. Le personnel exécutif ne bénéficiera d'aucune augmentation.

118. Le Secrétaire exécutif a également présenté le document du Secrétariat SP 6 rév. 1 *Projet du profil budgétaire quinquennal prévisionnel 2017-2018 à 2021-2022*. Tout en observant que le profil budgétaire prévoit une hausse modérée des coûts en dollars des États-Unis, le profil budgétaire ne laisse pas présager de profonds changements pour les années 2017-2018 à 2021-2022, et maintiendra une augmentation nominale nulle des contributions pendant cette période.

119. La Réunion a remercié le Secrétaire exécutif pour ces rapports détaillés, et a salué les travaux importants réalisés par le Secrétariat. La Chine a remercié le Secrétariat du soutien précieux dont elle a bénéficié pour la préparation de la XLe RCTA.

120. Après davantage de débats, la Réunion a adopté la Décision 5 (2017) *Rapport, programme et budget du Secrétariat*. La Réunion a demandé au Secrétaire exécutif de rédiger un document du Secrétariat distinct qui traite de la politique en matière de ressources humaines pour le personnel du Secrétariat du Traité sur l'Antarctique.

121. La Réunion a estimé qu'il serait souhaitable que le prochain Secrétaire exécutif examine le site internet et envisage les modifications nécessaires afin de le rendre plus convivial aux utilisateurs, et qu'il présente ensuite un rapport à la RCTA.

Point 8 : Responsabilité

122. Comme convenu lors de la XXXIXe RCTA, le Secrétaire exécutif a indiqué que le Secrétariat avait renouvelé l'invitation de la Réunion aux FIPOL, au Groupe international des clubs de protection et d'indemnisation (IGP&I Clubs) ainsi qu'à l'OMI afin de fournir des conseils sur les questions liées à l'Annexe VI du Protocole. La Réunion a favorablement accueilli la participation de ces groupes.

123. Les Parties consultatives ont fourni des informations mises à jour sur le statut de leur approbation de l'Annexe VI et sur la transposition de l'Annexe

VI dans leur législation nationale. Parmi les Parties qui avaient approuvé l'Annexe VI (Afrique du Sud, Australie, Équateur, Espagne, Fédération de Russie, Finlande, Italie, Norvège, Nouvelle-Zélande, Pays-Bas, Pérou, Pologne, Royaume-Uni et Suède), cinq ont indiqué qu'elles appliquaient la législation nationale mettant en œuvre l'Annexe VI, dans l'attente de l'entrée en vigueur de l'Annexe VI (Fédération de Russie, Finlande, Norvège, Pays-Bas, Suède). D'autres Parties ont indiqué que leur législation entrerait en vigueur lorsque l'Annexe VI entrerait elle-même en vigueur.

124. Plusieurs parties ont expliqué qu'elles étaient en cours de transposition de l'Annexe VI dans leur législation nationale ; pour certaines, la mise en œuvre sera potentiellement achevée pendant la période législative actuelle. L'Allemagne a indiqué que sa procédure de ratification devait avoir entrer en vigueur ultérieurement cette année.

125. Parmi les Parties non consultatives, la Turquie a annoncé avoir ratifié l'Annexe VI le 14 février 2017.

126. Les Parties n'ayant pas encore approuvé l'Annexe VI furent encouragées à faire de cette démarche une priorité. Il a été noté que la mi-parcours était désormais atteinte (14 approbations sur les 28 nécessaires) alors que l'Annexe a été adoptée il y a maintenant 12 ans.

127. La Réunion est convenue de poursuivre le suivi de la mise en œuvre de l'Annexe VI.

128. Les Parties ayant d'ores et déjà approuvé l'Annexe VI au Protocole ont proposé de partager leur expérience avec d'autres Parties.

129. Les FIPOL ont présenté le document d'information IP 88, intitulé « *The International Oil Pollution Compensation Funds* » [Le fonds international d'indemnisation des dommages dus à la pollution par les hydrocarbures], qui a pour but de donner une vue d'ensemble de la fonction des FIPOL afin de faciliter une comparaison avec le mécanisme visé à l'Article 12 de l'Annexe VI au Protocole sur l'environnement. Les FIPOL fournissent une indemnisation financière pour les dommages dus à la pollution survenus dans ses États membres, suite à des déversements d'hydrocarbures persistants provenant de pétroliers. Tout en déclarant que le transport maritime avait connu moins d'incidents ces dernières années, ils confirment que le risque d'un déversement de grande envergure reste présent, puisque près de 1 800 millions de tonnes d'hydrocarbures sont transportés par voie maritime chaque année. Ils ont signalé que 114 États avaient adhéré au Fonds de 1992 en tant que membres, tandis que 31 États ont rejoint le Fonds complémentaire,

lequel fournit des indemnisations pour les plus grands déversements. Depuis leur création, le Fonds de 1992 et son prédécesseur, le Fonds de 1971, sont intervenus dans plus de 150 sinistres d'envergure diverse à travers le monde. À ce jour, aucun incident n'a imposé ou ne fut susceptible d'imposer un recours au Fonds complémentaire.

130. Les FIPOL ont présenté la manière dont fonctionne leur système d'indemnisation. Ils ont indiqué que le propriétaire du navire portait l'entière responsabilité de tout éventuel dommage provoqué par des hydrocarbures, et qu'il pouvait généralement restreindre sa responsabilité financière à un montant déterminé par le tonnage du navire. Ce montant est garanti par l'assurance responsabilité civile du propriétaire du navire. Si la perte est plus conséquente que ce qui est couvert par cette assurance, les FIPOL fournissent une indemnisation à ceux qui pourraient perdre. Les FIPOL sont financés par le secteur de l'industrie des hydrocarbures, et gérés par les gouvernements. Les organes de gouvernance des organisations, composés de tous les États membres du fonds, se réunissent deux fois par an afin de prendre des décisions au sujet des versements d'indemnisations, des questions politiques et budgétaires, notamment les montants à prélever au titre des cotisations. Ils ont précisé que l'Article 3 de la Convention du Fonds de 1992 stipulait que la Convention s'appliquait exclusivement aux dégâts provoqués par des pollutions sur le territoire de l'État partie (y compris son territoire maritime) ainsi que dans sa Zone économique exclusive (ZEE).

131. Les FIPOL ont expliqué qu'un incident de pollution par hydrocarbures donnait généralement lieu à des réclamations pour cinq types de dommages dus à la pollution: dommages sur une propriété; dépenses liées aux opérations de nettoyage en mer et sur les côtes; pertes économiques pour les pêcheurs ou les acteurs de la mariculture; pertes économiques pour le secteur du tourisme; et coûts liés à la remise en état de l'environnement. Les dommages dus à la pollution ont été définis en tant que coût des mesures raisonnables de remise en état effectivement entreprises, ou devant être entreprises, ainsi que le coût des mesures préventives et les pertes ou dommages supplémentaires provoqués par ces mesures préventives. Les mesures de prévention ont ensuite été définies comme toute mesure raisonnable prise par n'importe quelle personne à l'issue d'un incident, dans le but d'éviter ou de réduire au maximum les dégâts liés à la pollution. Les FIPOL ont précisé que si des indemnisations peuvent être versées pour compenser les dépenses liées à des mesures de restauration raisonnables visant à une récupération naturelle des dommages causés à l'environnement, elles ne sont toutefois pas versées à titre de dommages et intérêts en guise de sanction, en fonction du degré

de la faute commise par l'auteur du dommage. L'objectif des fonds est de travailler avec les assureurs afin de fournir rapidement une aide financière aux victimes. Les membres des FIPOL ont mis en place une politique de réclamations reprise dans le Manuel de demandes d'indemnisation du Fonds de 1992; avec d'autres publications, ces politiques formulent la définition du dommage par pollution et du processus de demandes d'indemnisation dans ses aspects pratiques.

132. Les FIPOL ont présenté la manière dont le fonds était géré, en précisant que le fonds général couvre les dépenses administratives des fonds respectifs, notamment les coûts de fonctionnement du Secrétariat et, en ce qui concerne le Fonds de 1992, les versements d'indemnisations et les dépenses liées aux demandes. Des fonds distincts pour les réclamations ont été établis pour les incidents graves. Ils ont expliqué que les fonds pour les réclamations étaient financés par les entités qui reçoivent des hydrocarbures, et non par le gouvernement, dans l'État membre où l'incident a eu lieu. Ils ont souligné que les FIPOL étaient financés par les cotisations prélevées chez toute entité ayant reçu plus de 150 000 tonnes d'hydrocarbures donnant lieu à contribution, au cours de l'année civile en question. Ces cotisations sont calculées en fonction de la quantité d'hydrocarbures reçue. Les gouvernements des États membres sont tenus de signaler tout incident.

133. Les FIPOL ont indiqué avoir fourni différents services aux parties prenantes afin de garantir une indemnisation rapide et équitable. Plus spécifiquement, ils ont : contribué à la mise en œuvre appropriée des Conventions ; organisé des ateliers nationaux et régionaux portant sur le régime international de responsabilité et d'indemnisation ; dispensé un cours annuel de courte durée en collaboration avec l'OMI et l'IGP&I Clubs ; et organisé des activités d'éducation et de sensibilisation, notamment des exposés de conférence et des expositions dans des institutions.

134. Les FIPOL ont expliqué faire partie d'un régime international de responsabilité et d'indemnisation qui a fait ses preuves et fait montre de son efficacité et de son utilité depuis 40 ans. Les FIPOL ont proposé de partager leur expérience avec les Parties et d'apporter leur contribution à la création du Fonds prévu à l'Article 12, Annexe VI.

135. Faisant suite à une demande formulée par l'Espagne ayant trait au montant maximal du paiement en cas d'accident très grave, les FIPOL ont informé la Réunion que, sur la base de la Convention sur la responsabilité civile (1992), de la Convention FIPOL (1992) et du Protocole relatif au fonds complémentaire (2003), la responsabilité civile pour un gros pétrolier était

limitée à environ 90 millions de DTS ou 130 millions de dollars américains. Le paiement maximal autorisé au titre du régime d'indemnisation s'élevait à environ un milliard de dollars américains. Ils ont noté que la première tranche du paiement dérivait du paiement des primes du propriétaire du navire par le biais de l'IGP&I Clubs (90 millions DTS), et que le restant était financé par le secteur pétrolier des États membres, et non pas les États membres eux-mêmes. Les FIPOL ont déclaré que selon leurs 40 ans d'expérience, un milliard de dollars suffirait à couvrir les coûts liés à tous les déversements ayant eu lieu jusqu'à présent.

136. Faisant suite à une demande formulée par les Pays-Bas, les FIPOL ont déclaré n'avoir aucune expérience en matière de mesures de remise en état de l'environnement dans les régions polaires, étant donné qu'aucun déversement n'a eu lieu dans ces régions. Les FIPOL ont noté que les déversements dans les régions polaires faisaient l'objet d'un débat animé dans plusieurs forums. Ils ont noté qu'il serait extrêmement compliqué de nettoyer des déversements d'hydrocarbures dans un environnement couvert de glace.

137. En réponse à une question formulée par les États-Unis relative aux « mesures de remise en état raisonnable » visant à accélérer la restauration naturelle des dommages causés à l'environnement en général, les FIPOL ont émis deux observations. Premièrement, le fait que l'expression « remise en état raisonnable » avait la même signification que le terme « restauration », et qu'ils pouvaient être utilisés de façon interchangeable. Deuxièmement, le fait que malgré le manque d'expérience concrète en matière de mise en œuvre de « mesures de remise en état raisonnable » dans des zones polaires, le caractère raisonnable de la restauration environnementale serait fondé sur la science. Lorsqu'on leur a demandé de fournir des exemples de cas dans lesquels la restauration ne serait ni nécessaire ni faisable, les FIPOL a déclaré qu'aucune réponse de restauration ne serait entièrement fondée sur des circonstances factuelles. Les FIPOL ont fourni différents exemples illustrant la flexibilité d'une telle réponse en fonction de l'environnement, y compris les situations dans lesquelles les processus naturels étaient jugés moins nocifs pour l'environnement par rapport à des stratégies plus interventionnistes.

138. Les Parties ont remercié les FIPOL pour leur présentation utile et instructive.

139. L'IGP&I Clubs a présenté le document d'information IP 87, intitulé « *Liability Annex : Financial Security* » [Annexe sur la responsabilité : sécurité financière], qui décrit les dispositions relatives à la sécurité

financière et l'étendue de la couverture de responsabilité des tiers fournie par ses membres. Le document explique que chaque club constitue une entité mutuelle dans laquelle les assurés constituent, collectivement, l'assureur. Les assurés font partie du club, auquel ils paient des primes, et celui-ci n'opère pas à perte ou dans un but lucratif. Les fonds excédentaires seront rendus aux membres ou peuvent être placés dans un fonds de réserve, tandis que les déficits au fonds sont comblés en exigeant des membres le versement de primes supplémentaires. Tout en reconnaissant que chaque club fournissait une couverture d'assurance disposant de ses propres règles, l'IGP&I Clubs a fait remarquer qu'il existait peu de différences entre les règles des différents clubs et que ceux-ci se concentraient principalement sur les questions relatives à la sécurité et à la prévention des pertes liées à l'utilisation des navires.

140.   L'IGP&I Clubs a déclaré que l'éventail des responsabilités couvertes par chaque Club était complet et incluait la plupart des responsabilités qu'un propriétaire de navire est susceptible de devoir assumer dans le cadre de l'opération de son navire, notamment : la responsabilité liée à la pollution, à l'équipage, aux collisions, aux dommages matériels et à l'enlèvement de l'épave. Il a fait observer que les responsabilités ayant trait à la pollution et à l'enlèvement de l'épave pouvaient s'apparenter à une situation critique pour l'environnement, selon la définition figurant dans l'Annexe VI. L'IGP&I Clubs a informé les Parties que la couverture protection et indemnité (P&I) fournie par les Clubs venait étayer le régime de responsabilité et d'indemnisation mis en place par l'Organisation maritime internationale (OMI) pour les dommages dus à la pollution causée par les navires. En référence à la Convention internationale de 1992 sur la responsabilité civile pour les dommages dus à la pollution par les hydrocarbures et la Convention internationale de 2001 pour les dommages dus à la pollution par les hydrocarbures de soute, il a noté que ces dernières étaient actuellement en vigueur dans respectivement 136 et 83 États. Il a également noté que de nombreux navires non gouvernementaux opérant dans les eaux antarctiques maintenaient la couverture P&I avec un membre de l'IGP&I Clubs.

141.   L'IGP&I Clubs a rappelé que l'Annexe VI s'appliquait aux « situations critiques pour l'environnement », définies comme étant les évènements accidentels qui résultent en ou menacent de résulter, de manière imminente, en un impact significatif et nuisible sur l'environnement en Antarctique. Il a laissé entendre que les obligations et les responsabilités au titre de l'Annexe VI présentaient trois aspects majeurs, qui tiennent compte des obligations et responsabilités figurant dans le Protocole relatif à la protection

de l'environnement lui-même : la prévention et l'atténuation des situations critiques pour l'environnement ; la réponse à ces situations critiques ; et l'attribution de la responsabilité pour la prise en charge des coûts liés à la réponse. L'IGP&I Clubs a également déclaré que l'Article 6 de l'Annexe rendait un opérateur qui ne prendrait pas les mesures de réponse nécessaires strictement responsable des coûts liés aux mesures prises par les Parties. Il a souligné que lorsqu'un opérateur aurait dû prendre des mesures en vue de réagir de manière rapide et efficace, mais ne l'a pas fait, et qu'aucune Partie n'a pris de mesure d'urgence, l'opérateur est tenu de payer à un fonds administré par le Secrétariat du Traité sur l'Antarctique les coûts estimés des mesures qui auraient dû être prises.

142. Du point de vue de l'assurance, l'IGP&I Clubs a fait observer que les Parties demandent à leurs opérateurs de disposer d'une assurance adéquate ou de toute autre sécurité financière dans les limites applicables figurant dans l'Annexe VI. Cette dernière devrait couvrir : leur responsabilité vis-à-vis des Parties qui interviennent pour prendre les mesures nécessaires ; leur responsabilité de verser une contribution au Fonds ; ou leur responsabilité lorsqu'une Partie prend des mesures d'exécution contre les opérateurs alors qu'aucune Partie n'intervient afin de résoudre la situation critique. Notant que les limites prescrites par l'Annexe VI sont identiques à celles relatives aux dommages matériels figurant dans le Protocole de 1996 portant modification à la Convention internationale sur la limitation de la responsabilité en matière de créances maritimes, l'IGP&I Clubs a fait part de son inquiétude quant au fait que l'Annexe pourrait avoir comme effet que, dans une juridiction où les enlèvements d'épaves sont exclus du régime de limitation, le propriétaire du navire ou l'opérateur pourrait voir sa responsabilité engagée de manière illimitée pour le coût estimé d'un enlèvement d'épave en Antarctique.

143. L'IGP&I Clubs a déclaré que la couverture d'assurance devrait, en principe, correspondre aux responsabilités d'un « opérateur commercial », tel que défini dans l'Article 6 de l'Annexe VI. La définition du terme « opérateur » figurant dans l'Article 2 (c) de l'Annexe VI était bien plus vaste et englobait toute « personne physique ou morale, de nature gouvernementale ou non, qui organise des activités devant être conduites dans la zone du Traité sur l'Antarctique ». Cette définition pourrait englober des acteurs autres que le propriétaire du navire et pourrait inclure des parties qui ne disposent pas d'une couverture P&I avec l'IGP&I Clubs. Il a observé que la disposition relative aux assurances contenue dans l'Article 11 de l'Annexe VI exigeait

des parties qui répondent à la définition d'« opérateur » qu'elles disposent d'une assurance ou de toute autre sécurité financière adéquate.

144. L'IGP&I Clubs a noté que les certificats d'assurance (également appelés « certificats d'entrée ») délivrés par l'IGP&I Clubs à tous les navires disposant de la couverture P&I devraient constituer une preuve suffisante du fait qu'un navire dispose d'une assurance répondant aux critères de l'Annexe VI. Sur la base de la disposition relative à l'assurance obligatoire ne prévoit pas un droit d'action direct contre le fournisseur d'assurance, ou n'exige pas des assureurs qu'ils renoncent aux moyens de défense vis-à-vis des politiques contenues dans les règles des Clubs, l'IGP&I Clubs a noté que les assureurs seraient en mesure d'invoquer les moyens de défense contenus dans les Règles du Club ainsi que ceux mis à disposition de l'assuré dans l'Article 8 de l'Annexe VI.

145. Notant que les limites de responsabilité contenues dans l'Article 9 de l'Annexe VI semblaient correspondre à une exigence minimale, l'IGP&I Clubs a suggéré de remplacer les juridictions avec les limites les plus basses par les limites de l'Annexe VI et de faire prévaloir les juridictions avec les limites les plus élevées.

146. L'IGP&I Clubs a également ajouté qu'il y avait un manque de clarté quant à la manière dont les Articles 7 et 9 (2) de l'Annexe VI pouvaient agir de concert avec les régimes internationaux de responsabilité limitée en place. Observant que l'Article 9 (2) de l'Annexe VI prévoyait que l'Annexe n'ait aucune incidence sur la responsabilité ou le droit de limiter la responsabilité en vertu de toute limitation internationale applicable du traité sur la responsabilité, l'IGP&I Clubs a noté qu'il se référait principalement aux régimes internationaux de responsabilité limitée en place qui étaient en vigueur, et que les régimes en place ne contenaient pas de clauses de juridiction. Il a également noté que l'Article 7 de l'Annexe VI traitait du commencement des mesures, mais que le lien avec l'Article 9 (2) et les régimes internationaux de responsabilité limitée en place était flou.

147. En conclusion, l'IGP&I Clubs a fait observer que l'Article 12 faisait usage du terme « coûts raisonnables et justifiés » dans le cadre d'une demande de remboursement présentée au Fonds, mais la manière dont ce remboursement serait utilisé et comment l'on évaluerait ces « coûts raisonnables et justifiés » n' pas été précisé, ce qui serait source de préoccupations.

148. La Réunion a remercié l'IGP&I Clubs pour sa participation et pour sa contribution utile et détaillée.

149. Plusieurs Parties ont accueilli favorablement la confirmation de la disponibilité de l'assurance P&I requise au titre de l'Annexe VI figurant dans le rapport. Certaines Parties ont noté que l'assurance était un sujet compliqué qu'il serait opportun d'approfondir, et qui pourrait même aller au-delà de la portée de la Réunion et exiger d'être examiné après l'entrée en vigueur de l'Annexe VI. Elles ont noté que ce document et le canal de dialogue avec l'IGP&I Clubs pourraient contribuer aux discussions internes au sein des administrations nationales.

150. Du point de vue des opérateurs de l'Antarctique, l'IAATO a noté que l'assurance P&I décrite par l'IGP&I Clubs couvrait les propriétaires du navire et non nécessairement les opérateurs autorisés par les Parties de la RCTA à voyager en Antarctique. Elle a noté qu'il serait important de préciser si la couverture pour le navire et les propriétaires de navires s'étendait également aux opérateurs autorisés.

151. Alors que la Fédération de Russie a indiqué avoir déjà mis en œuvre l'Annexe VI, et que les navires liés aux expéditions nationales russes en Antarctique étaient assurés depuis 15-20 ans par BNI Services, elle a fait remarquer que la question de l'assurance de l'équipement et des installations présents en Antarctique persistait. D'après sa propre expérience, elle a noté qu'il était difficile de trouver des compagnies d'assurance disposées à proposer une assurance en Antarctique en raison du fait qu'elles ne disposent pas des compétences ou des capacités nécessaires et savent qu'elles vont devoir s'appuyer sur l'expertise des Programmes antarctiques nationaux.

152. En réponse aux commentaires de l'IAATO et de la Fédération de Russie relatifs aux opérateurs non-propriétaires de navires, le Royaume-Uni a noté que, selon sa définition, l'« opérateur » était l'organisation recevant l'autorisation et que, dans le cas des activités liées aux navires, il ne délivrerait une autorisation après l'entrée en vigueur de l'Annexe VI que si l'opérateur utilise un navire disposant d'une assurance appropriée. En ce qui concerne les activités n'étant pas liées aux navires, le Royaume-Uni a indiqué avoir eu d'amples discussions avec le marché des assurances basé au Royaume-Uni afin de discuter des implications de l'Annexe VI. Le secteur des assurances était ouvert à la possibilité de développer les produits d'assurance susmentionnés, mais attendait que l'Annexe VI entre en vigueur à l'échelle internationale afin de mieux comprendre les exigences en matière de responsabilité dans le détail, sans quoi il serait difficile de procéder aux évaluations des risques nécessaires et sur lesquelles seraient fondés les produits d'assurance.

153. En réponse à une question formulée par les États-Unis portant sur la responsabilité de l'opérateur de veiller à ce que tout navire engagé dans ses opérations dispose de la couverture d'assurance nécessaire, l'IGP&I Clubs a noté que l'assurance pourrait être conclue au nom du propriétaire du navire, tandis que l'opérateur pourrait être co-assuré, au même niveau de responsabilité que le propriétaire. Il a toutefois été indiqué que, si l'opérateur est également l'affréteur d'un navire, il ne répond pas aux critères pour être co-assuré dans le contrat d'assurance du propriétaire proposé par l'IGP&I Clubs et devra dès lors contracter une autre assurance en sa qualité d'affréteur.

154. Les FIPOL ont mis en garde les Parties contre le fait que de nombreux navires pourraient ne pas être assurés correctement/adéquatement s'ils n'étaient pas assurés par un membre de l'IGP&I Clubs. Les FIPOL ont clarifié les trois situations dans lesquelles son fonds verserait une indemnisation : lorsque le propriétaire est exempt de toute responsabilité ; lorsque le titulaire de l'assurance ou le propriétaire du navire est en mesure de payer ; et, le cas le plus courant, lorsque les dommages dépassent l'assurance et la responsabilité.

155. Rappelant que l'Annexe VI n'était toujours pas entrée en vigueur douze ans après sa création, l'OMI s'est dite disponible pour fournir des conseils pratiques pouvant contribuer à l'élaboration de questions relatives à la responsabilité dans le cadre du Système du Traité sur l'Antarctique. L'OMI a noté un lien entre ce qui était faisable en Antarctique, ce qui était déjà disponible sur le marché et ce qui était requis au titre des Conventions en place qui sont entrées en vigueur. Elle a noté que la Convention internationale pour les dommages dus à la pollution par les hydrocarbures de soute (la convention « Hydrocarbures de soute ») adoptée par l'OMI en 2001 comptait 84 États contractants, et que la Convention internationale de Nairobi sur l'enlèvement des épaves de 2007 comptait 35 États contractants.

156. L'OMI a insisté sur le fait que la communauté internationale du transport maritime s'appuyait sur les régimes de responsabilité en place, et que le succès de ces régimes dépendait d'un vaste soutien de la part du secteur et des gouvernements. Elle a observé que la mise en place de ces régimes nécessitait le soutien des États comme du secteur. Tout en reconnaissant le fait que le Secrétariat de l'OMI n'était pas tenu d'interpréter les régimes internationaux de responsabilité ou leurs éventuels chevauchements, elle a suggéré qu'il serait utile d'examiner les différences entre les attentes des Parties vis-à-vis

de l'Annexe VI et les conventions en matière de responsabilité négociées dans le cadre de l'OMI.

157. L'OMI a noté que les ravages causés par le grand déversement du *Torrey Canyon* en 1967 ont mis en exergue la nécessité de disposer d'une assurance adéquate offrant un régime d'indemnisation et de responsabilité adéquat. L'OMI a expliqué que bien que les fournisseurs d'assurances spécifiques, notamment l'IGP&I Clubs, étaient autorisés à recourir à certains moyens de défense pour prévenir le paiement des indemnités, les conventions pertinentes de l'OMI ne les autorisaient pas à différer le paiement des indemnités pour l'enlèvement d'une épave ou des hydrocarbures de soute uniquement après paiement par le propriétaire du navire.

158. L'OMI s'est dite impatiente de voir l'adoption de l'Annexe VI progresser et a attiré l'attention des Parties sur l'extension réussie du Code polaire volontaire en un outil obligatoire au titre des conventions SOLAS et MARPOL, qui couvrent également l'Antarctique. Elle a également fait observer le succès de l'élargissement de l'interdiction de la convention MARPOL au fioul lourd, à la fois en tant que carburant et cargaison, en Antarctique. Elle a suggéré qu'une approche similaire visant à étendre les conventions de responsabilité déjà en vigueur dans les eaux antarctiques au titre de l'OMI pourrait couvrir efficacement l'Antarctique si l'Annexe VI devait ne pas être adoptée.

159. En réponse à une question formulée par la Fédération de Russie, l'IGP&I Clubs a informé les Parties que l'équipement d'intervention en cas de déversement était généralement fourni par les États et pouvait être stocké par les compagnies pétrolières. Il a noté que le gouvernement organisait souvent de la réponse au déversement, et que le propriétaire du navire payait le coût raisonnable de la réponse. Il a expliqué que généralement, toutefois, le Clubs ne couvrait pas les coûts liés à l'achat de l'équipement de réponse, puisque les coûts liés à la préparation à répondre à un déversement d'hydrocarbures ne sont pas considérés comme un risque P&I du propriétaire, ou une responsabilité découlant de l'incident.

160. L'IGP&I Clubs a confirmé que, de manière générale, les obligations contenues dans l'Annexe VI correspondaient à la couverture fournie, mais a indiqué un certain nombre de défenses du Clubs, comme la faute intentionnelle des assurés, ou l'incapacité d'un navire à naviguer au sein de la connexité des assurés, l'opération imprudente et les violations relativement statutaires, qui empêcheraient de procurer une couverture d'assurance.

161. Les Parties ont chaleureusement remercié l'IGP&I Clubs, l'OMI et les FIPOL pour leur participation à la XLe RCTA et pour avoir contribué à clarifier différents éléments de l'Annexe VI. Certaines Parties ont noté que les discussions avec l'IGP&I Clubs, l'OMI et les FIPOL devraient se poursuivre et qu'il pourrait également se révéler utile pour les Parties d'entamer un dialogue avec les propriétaires des navires et d'autres experts opérationnels pendant la mise en œuvre de l'Annexe VI.

162. Les FIPOL, l'IGP&I Clubs et l'OMI ont fait part de leur volonté de mettre à disposition leur expertise et de contribuer aux discussions de la RCTA en matière de responsabilité à l'avenir. La Réunion a demandé au Secrétaire exécutif de renouveler son invitation aux FIPOL, à l'IGP&I Clubs et à l'OMI à participer aux futures RCTA et d'informer ces organismes du fait que la RCTA accueillerait favorablement leurs contributions et leurs conseils relatifs aux questions en matière d'assurance en vertu de l'Annexe VI du Protocole.

163. La Fédération de Russie a présenté le document d'information IP 144, intitulé *« Russian legislation on regulation of activities in the Antarctic »* [Législation russe sur la régulation des activités en Antarctique], qui traite de la loi fédérale n° 50 relative à la « Régulation des activités des citoyens et des entités juridiques russes en Antarctique ». Cette loi nationale a adopté l'Annexe VI du Protocole relatif à la protection de l'environnement. La Fédération de Russie a indiqué avoir fourni une traduction de la loi fédérale n° 50 afin de partager son expérience de la mise en œuvre de l'Annexe VI. La Fédération de Russie a affirmé que les Parties devraient continuer à s'informer mutuellement des approches et solutions mises en place par chacune d'entre elles afin de relever les défis et de s'acquitter de leurs tâches dans la région antarctique.

164. Remerciant la Fédération de Russie pour la traduction de ladite loi, les Parties ont noté que le partage d'informations relatives à la mise en œuvre de l'Annexe VI était considéré comme un outil précieux pour ceux qui devaient encore mettre en œuvre l'Annexe VI. Certaines Parties ont noté que leur législation et leurs réglementations nationales avaient déjà été communiquées à travers le SEEI ou les documents d'information précédents.

165. Plusieurs Parties ont déclaré qu'il serait utile que le Secrétariat crée une page Internet spécifique sur laquelle les Parties pourraient contribuer sur une base volontaire en incluant la législation ayant trait à la mise en œuvre de l'Annexe VI. Le Secrétariat est convenu de rassembler les informations dont il dispose actuellement sur la mise en œuvre nationale de l'Annexe VI dans un endroit central. Les Parties ne l'ayant pas encore fait ont été

encouragées à communiquer leur législation nationale et autres instruments pertinents au Secrétariat.

166.   La Fédération de Russie a également présenté le document d'information IP 145, intitulé « *Approximate list, scope and character of response actions* » [Liste approximative, étendue et teneur des mesures de réponse], qui rappelle aux Parties leurs obligations au titre de l'Article 15 du Protocole relatif à la protection de l'environnement et de l'Article 5 de l'Annexe VI traitant des mesures d'urgence. Elle a encouragé les Parties à envisager de discuter de l'élaboration d'une liste approximative de l'étendue et de la teneur des mesures de réponse avant l'entrée en vigueur de l'Annexe VI. Cela aiderait le gouvernement russe, qui était dans l'obligation de le faire en vertu de sa législation nationale de mise en œuvre. Elle a noté que cela fournirait aux Parties ayant mis en œuvre l'Annexe VI une base juridique plus solide pour la mise en œuvre, en plus d'être utile aux Parties n'ayant pas encore approuvé l'Annexe VI.

167.   La Fédération de Russie a informé la Réunion de son intention de fournir une liste approximative de l'étendue et de la teneur des mesures de réponse requises de la part des opérateurs en cas de situation critique pour l'environnement dans le cadre de leurs activités futures en Antarctique.

168.   D'autres Parties ayant adopté des mesures législatives visant à mettre en œuvre l'Annexe VI ont indiqué que leur législation n'exigeait pas l'élaboration d'une liste de mesures. Il a également été noté que dans certains systèmes nationaux, l'interprétation des dispositions pertinentes, notamment celles relatives à l'étendue d'une mesure de réponse raisonnable, serait du ressort des tribunaux. Les Parties sont convenues de continuer à avoir des discussions utiles et ouvertes en matière de mise en œuvre nationale de l'Annexe VI.

Point 9 : Prospection biologique en Antarctique

169.   Les Pays-Bas ont présenté le document d'information IP 168, intitulé « *An Update on Status and Trends Biological Prospecting in Antarctica and Recent Policy Developments at the International Level* » [Mise à jour du statut et des tendances de la prospection biologique en Antarctique et évolutions politiques récentes au niveau international]. Les Parties ont échangé leurs opinions sur les progrès enregistrés par les Pays-Bas.

170.   Les Pays-Bas ont également porté à l'attention des Parties le statut du processus d'élaboration d'un outil international, juridiquement contraignant

au titre de la Convention des Nations Unies sur le droit de la mer (CNUDM), relatif à la conservation et à l'utilisation durable de la diversité biologique marine des zones situées au-delà de la juridiction nationale. La Réunion a réaffirmé que le Système du Traité sur l'Antarctique constituait le cadre compétent dans lequel la conservation et l'utilisation durable de la biodiversité de la région antarctique devaient être traitées.

171. L'ASOC a noté que les activités relatives à la prospection biologique étaient pertinentes dans le cadre de la protection de l'environnement et qu'il conviendrait de discuter de la prospection biologique de manière transparente.

172. La Réunion est convenue de la nécessité d'approfondir tous les aspects de ce thème lors de la RCTA et a inclus celui-ci dans le Programme de travail stratégique pluriannuel. Elle a noté l'importance du Système du Traité sur l'Antarctique et les progrès déjà réalisés, notamment la Résolution 7 (2005), la Résolution 9 (2009) et la Résolution 6 (2013), et est convenue de continuer ces travaux l'année prochaine, à l'occasion de la XLIᵉ RCTA. La Réunion a encouragé les Parties à soumettre des documents de travail pertinents afin de poursuivre ces travaux.

173. À la demande de certaines Parties consultatives, le Secrétaire exécutif a présenté un compte-rendu des invitations reçues des Nations Unies, plus récemment liées à la prochaine réunion qui se tiendra en juillet prochain. La Réunion est convenue que si le Secrétariat devait recevoir des invitations supplémentaires de la part du Secrétariat des Nations Unies ayant trait au processus figurant dans la Résolution 69/292 de l'Assemblée générale, le Secrétariat ferait immédiatement parvenir l'invitation à toutes les Parties. Il a été convenu que, en l'absence d'objection dans les 14 jours à compter de la communication, le Secrétariat répondrait comme suit :

Madame, Monsieur,

J'ai le plaisir d'accuser réception de votre lettre du (X DATE), qui a été transmise aux Parties consultatives du Traité sur l'Antarctique. Je vous remercie pour votre aimable invitation. Je saisis cette occasion pour rappeler que le Système du Traité sur l'Antarctique constitue le cadre compétent dans lequel la conservation et l'utilisation durable de la biodiversité de la région antarctique doivent être traitées.

Secrétaire exécutif
Secrétariat du Traité sur l'Antarctique

174. La Réunion a noté que répondre aux lettres adressées directement au Secrétariat du Traité constituait un sujet délicat.

Point 10 : Échange d'informations

175. Le COMNAP a présenté le document d'information IP 12, intitulé « *Operational information – national expeditions: Facilities & SAR categories* » [Informations opérationnelles - expéditions nationales : installations et catégories SAR], en réponse à deux demandes d'informations relatives à l'échange d'informations formulées à l'occasion de la XXXIXe RCTA (Rapport final, Annexe 4). Le COMNAP a informé la Réunion des catégories d'installations que les Membres du COMNAP sont convenus d'utiliser parmi une gamme de produits et d'outils, notant que les catégories convenues et leurs définitions étaient utilisées de longue date.

176. Le COMNAP a également présenté le document d'information IP 64, intitulé « *Advances to the COMNAP database* » [Progrès relatifs à la base de données du COMNAP], qui décrit la récente restructuration du système de la base de données du COMNAP afin de soutenir les travaux des Programmes antarctiques nationaux. La base de données contient des informations sur une gamme de produits, parmi lesquels le Manuel d'information sur les vols en Antarctique (AFIM) du COMNAP, et vient étayer le projet du catalogue des infrastructures du COMNAP. Le COMNAP a informé la Réunion que la base de données était complète et a invité la RCTA à examiner la manière dont les données y figurant pourraient contribuer à réduire les dédoublements d'efforts visant à remplir les données à travers les plateformes et comment cela pourrait contribuer à garantir la cohérence et l'actualité des données sur ces plateformes. Le COMNAP a lancé une interface SIG accessible au public sur son site Internet comme outil permettant de véhiculer les informations à partir de la base de données.

177. Le Secrétariat a présenté le SP 10 *Rapport d'étude sur le fonctionnement du Système électronique d'échange d'informations (SEEI)*. Le Secrétariat a présenté plusieurs améliorations et changements proposés pour le SEEI, parmi lesquels l'examen de l'interface ; l'échange de données avec d'autres systèmes ; l'examen des autorisations et des publications ; ainsi que l'utilisation des données du SEEI pour la présentation de rapports interparties et intersaisons, y compris l'élaboration d'une nouvelle synthèse des rapports permettant d'extraire les informations utiles du système. Il a noté que l'interface pourrait être disponible dans les langues du Traité et

qu'il serait également possible d'examiner d'autres moyens d'échanger des données entre le SEEI et la base de données du COMNAP.

178.	Le Bélarus a souligné l'importance d'une interface intuitive ainsi que l'utilité de pouvoir remplir les formulaires électroniques dans le SEEI dans toutes les langues du Traité.

179.	La Réunion a invité le Secrétariat du Traité sur l'Antarctique et le Secrétariat du COMNAP à coopérer pendant la période intersessions et à examiner différentes manières de réduire les dédoublements d'efforts et de renforcer la compatibilité entre leurs bases de données, notamment par rapport aux informations permanentes fournies par les Parties. Le COMNAP a confirmé être prêt à examiner, avec le Secrétariat du Traité sur l'Antarctique, les possibilités pratiques et techniques ainsi que l'utilité du partage des données à travers les plateformes organisationnelles.

180.	La Réunion a également demandé au Secrétariat du Traité sur l'Antarctique de continuer à améliorer le SEEI pendant la prochaine période intersessions, notamment en rendant l'interface du site Internet disponible dans les quatre langues du Traité.

181.	Le Secrétariat s'est vu demander d'envisager de publier en ligne une compilation de photographies des RCTA précédentes. Il est convenu d'étudier cette demande.

Point 11 : Questions éducatives

182.	La Bulgarie a présenté le document de travail WP 24 *Deuxième rapport du Groupe de contact intersessions sur l'éducation et la sensibilisation*, préparé conjointement avec la Belgique, le Brésil, le Chili, l'Espagne, le Portugal et le Royaume-Uni. Le GCI demande à la RCTA de : reconnaître l'utilité du Forum sur l'éducation et la sensibilisation ; conseiller aux Parties de continuer à encourager l'utilisation du Forum pour fournir des informations sur leurs activités liées à l'éducation et à la sensibilisation ; évaluer les activités/évènements internationaux liés à l'éducation et à la sensibilisation que les Parties peuvent entreprendre ; et conseiller aux Parties de continuer à promouvoir non seulement l'Antarctique et la recherche en Antarctique par le biais de leurs activités d'éducation et de sensibilisation, mais également le Traité sur l'Antarctique et le Protocole relatif à la protection de l'environnement.

183. La Bulgarie a remercié toutes les Parties ayant participé au GCI et a noté que ses activités ont été menées à l'échelle nationale et internationale. Les activités du GCI comprenaient notamment : la célébration du 25e anniversaire du Protocole relatif à la protection de l'environnement, la Journée internationale de l'Antarctique en décembre, les semaines polaires bisannuelles, et l'organisation d'un troisième atelier international des éducateurs polaires.

184. La Réunion a remercié la Bulgarie d'avoir dirigé le GCI et a souligné l'importance des activités en matière d'éducation et de sensibilisation. L'IAATO a remercié les Parties de l'avoir invitée à prendre part au GCI et a noté que ce forum n'était pas seulement important en termes d'échange d'informations et d'idées en matière d'éducation et de sensibilisation, mais également eu égard à la promotion générale de la coordination et de la collaboration pour le traitement des questions liées à l'Antarctique. La Réunion est convenue de soutenir la poursuite du GCI et a encouragé ce dernier à présenter une proposition d'action concrète l'année prochaine. La Réunion a réaffirmé que la section du site Internet du Secrétariat consacrée à l'éducation et à la sensibilisation présenterait un lien renvoyant aux sites Internet des Parties et qu'elle ne contiendrait pas elle-même le matériel des Parties.

185. La Réunion est convenue de poursuivre le GCI sur l'éducation et la sensibilisation pour une autre période intersessions et a approuvé le mandat suivant :

    • encourager la collaboration en matière d'éducation et de sensibilisation aux niveaux national et international ;

    • identifier les activités/évènements internationaux liés à l'éducation et à la sensibilisation en vue d'une éventuelle participation des Parties du Traité sur l'Antarctique ;

    • partager les résultats des initiatives en matière d'éducation et de sensibilisation qui témoignent du travail de gestion des Parties au Traité sur l'Antarctique ;

    • souligner les initiatives en cours en matière de protection de l'environnement qui s'appuient sur les observations et les résultats scientifiques, afin de renforcer l'importance du Traité sur l'Antarctique et de son Protocole relatif à la protection de l'environnement ;

    • promouvoir les activités liées à l'éducation et à la sensibilisation menées par des Experts et des Observateurs et promouvoir la coopération entre ces groupes ;

- discuter de la possibilité de créer une section relative à l'éducation et à la sensibilisation sur le site Internet du STA ;

186. Par ailleurs, il a été convenu que :

- les Observateurs et les Experts qui participent à la RCTA seraient invités pour apporter leurs commentaires ;
- le Secrétaire exécutif ouvrirait le Forum de la RCTA au GCI et apporterait son appui au GCI ; et que
- la Bulgarie serait responsable du GCI et ferait rapport des avancées réalisées au sein du groupe à la prochaine RCTA.

187. Le Venezuela a présenté le document d'information IP 19, intitulé « *Material divulgativo/educativo: Juega y aprende con el Tratado Antártico* » [Documents éducatifs / de vulgarisation : Apprendre et s'amuser avec le Traité sur l'Antacrtique], qui porte sur le matériel d'éducation et de sensibilisation « Jouer et apprendre avec le Traité sur l'Antarctique ». Ce matériel visait à intégrer les connaissances de base du Système du Traité sur l'Antarctique dans le système éducatif vénézuélien.

188. Le Venezuela a présenté le document d'information IP 28, intitulé « *Enlace web de divulgación y educación: Antártida en la escuela* » [Lien Internet pour l'éducation et la vulgarisation : l'Antarctique à l'école] Ce document comprenait les informations relatives au lien Internet vers le projet d'éducation et de sensibilisation « l'Antarctique à l'école », visant à fournir des informations au grand public.

189. L'Afrique du Sud a présenté le document d'information IP 51, intitulé « *Creating Awareness : the Role of the Antarctic Legacy of South Africa (ALSA)* » [Sensibiliser : le Rôle de l'héritage antarctique de l'Afrique du Sud (ALSA)], qui fournit un compte-rendu du projet ALSA, notamment sa création, son développement et sa transformation en dépositaire principal de l'héritage antarctique et subantarctique de l'Afrique du Sud et ses initiatives en matière d'éducation et de sensibilisation.

190. La Colombie a présenté le document d'information IP 60, intitulé « *Campaña de Educación "Todos Somos Antártica" Actividades 2016-2017* » [Campagne éducative "Todos Somos Antártica" (Nous sommes tous l'Antarctique) - Activités 2016-2017]. Ce document présente les activités de la campagne d'éducation et de sensibilisation de la Colombie « Nous sommes tous l'Antarctique » en 2016 et 2017. La campagne a contribué à faire connaître l'Antarctique en Colombie. Les activités prévoyaient des séminaires, des

présentations, des évènements spéciaux de sensibilisation, des documentaires et des cours.

191. La Colombie a également présenté le document d'information IP 61, intitulé « *Aportes de Colombia al Conocimiento de la Cultura y Adaptación Antárticas* » [Contributions de la Colombie aux connaissances sur la culture et l'adaptation de l'Antarctique], qui fait état des principales activités de recherche dans le cadre de la troisième expédition scientifique colombienne en 2016-2017. L'expédition comptait 27 projets de recherche. La Colombie a remercié l'Argentine, l'Espagne, le Chili et les États-Unis pour leur soutien.

192. Le Chili a présenté le document d'information IP 96, intitulé « *Programa de Educación Antártica* » [Programme éducatif pour l'Antacrtique] qui présente les différents niveaux des activités pédagogiques entreprises au Chili.

193. L'Argentine a présenté le document d'information IP 99, intitulé « *Commemoration of the 25th Anniversary of the Protocol on Environmental Protection to the Antarctic Treaty – Presentation of Postage Stamps* » [Commémoration du 25ᵉ anniversaire de la signature du Protocole relatif à la protection de l'environnement du Traité de l'Antarctique - Présentation des timbres postaux]. L'Argentine a commémoré le 25ᵉ anniversaire de la signature du Protocole relatif à la protection de l'environnement du Traité de l'Antarctique en émettant deux timbres postaux commémoratifs le 4 octobre 2016. Le document contenait des informations relatives aux timbres.

194. L'Équateur a présenté le document d'information IP 129, intitulé « *Primeras Jornadas Antárticas, 2016* » [Premiers jours de travail antarctique 2016] qui indique les activités pédagogiques et de sensibilisation que l'Équateur considère comme étant importantes pour toutes les générations. L'Équateur étant un pays tropical, les problèmes liés à l'Antarctique sont particulièrement difficiles à faire connaître. Pour résoudre ce problème, l'Équateur a organisé des conférences portant sur l'éducation et la science de l'Antarctique ainsi que des événements portant sur le 30ᵉ anniversaire de la première expédition équatorienne en Antarctique.

195. Le Pérou a présenté le document d'information IP 134, intitulé « *Actividades del Programa Nacional Antártico de Perú Período 2016-2017* » [Activités du programme national péruvien – saison 2016-2017] qui fournit des informations sur les activités du Programme antarctique national péruvien pendant la période 2016-2017.

196. La Bulgarie et la Turquie ont présenté le document d'information IP 138, intitulé « *Polar Scientific and Outreach Cooperation Between Bulgaria*

and Turkey » [Coopération scientifique et de sensibilisation polaire entre la Bulgarie et la Turquie] qui fournit des informations relatives à la signature d'un Protocole d'entente entre l'Institut antarctique bulgare et le Centre de recherches polaires de l'université technique d'Istanbul en octobre 2016. Ce document a également mis en exergue l'événement qui s'est tenu à Istanbul à l'occasion de l'atelier du Programme turc sur la science polaire, au cours duquel l'Institut antarctique bulgare a présenté une exposition de cartes historiques de l'Antarctique préparée pour le 25ᵉ anniversaire de la signature du Protocole relatif à la protection de l'environnement.

197. L'ASOC a présenté le document d'information IP 148, intitulé *« Collaborating on Antarctic Education and Outreach »* [Collaborer à l'éducation et la sensibilisation sur l'Antarctique], préparé conjointement avec l'IAATO, qui présente un compte-rendu sur les activités en matière d'éducation et de sensibilisation auxquelles ils ont collaboré pendant la période intersessions 2016-2017. Ces activités comprenaient la réalisation d'une affiche par l'ASOC, l'IAATO et le WWF pour le Congrès mondial sur la conservation de l'UICN de 2016 ; la célébration avec la communauté du Système du Traité sur l'Antarctique du 25ᵉ anniversaire du Protocole relatif à la protection de l'environnement le 4 octobre 2016 à travers le hashtag #AntarcticaProtected ; et la collaboration à la campagne sur les réseaux sociaux pour la Saint Valentin visant à attirer l'attention sur les espèces antarctiques les moins connues, en particulier les invertébrés. L'ASOC a noté que les projets coordonnés et collaboratifs, ainsi que les campagnes médiatiques constituaient un moyen efficace de mettre en avant les messages clés et de toucher un public plus vaste. L'ASOC et l'IAATO espèrent que leur travail commun servira d'exemple afin de renforcer les efforts conjoints avec les Parties au Traité sur l'Antarctique, ainsi que les Observateurs et les Experts de la RCTA afin d'accroître la visibilité du Système du Traité sur l'Antarctique.

198. La Roumanie a présenté le document d'information IP 171, intitulé *« Romanian Antarctic Education and Outreach Activities during 2015-2017 »* [Activités de la Roumanie en matière d'éducation et de sensibilisation pendant la période 2015-2017] qui décrit une série d'événements liés à sa participation au GCI sur l'éducation et la sensibilisation. Ces activités comprenaient : la célébration du 25ᵉ anniversaire du Protocole relatif à la protection de l'environnement ; la participation aux événements de la Journée de l'Antarctique et la semaine polaire de l'APECS ; la publication d'un livre et d'un documentaire sur l'éminent scientifique polaire roumain Emil Racovita ; des événements médiatiques ; un événement à l'ambasade

roumaine de Canberra consacré aux célèbres explorateurs Racovita et Negoita ; ainsi que des séminaires.

199. Les documents de contexte suivants ont été présentés sous ce point de l'ordre du jour :

- BP 9, intitulé *« Piloto Luis Pardo Villalón: Rescatando del olvido a un héroe Chileno »* [Pilote Luis Pardo Villalón : un ancien héros chilien refait surface] (Chili).

- BP 10, intitulé *« Celebración de la Semana Antártica en Punta Arenas »* [Célébration de la semaine de l'Antarctique à Punta Arenas] (Chili).

- BP 13, intitulé *« The practice of holding international scientific and practical conferences on the problems of Antarctica in the Republic of Belarus »* [La pratique des conférences internationales scientifiques et pratiques sur les problèmes relatifs à l'Antarctique dans la République de Bélarus] (Bélarus).

Point 12 : Plan de travail stratégique pluriannuel

200. La Réunion a examiné le Plan de travail stratégique pluriannuel adopté à la XXXIXe RCTA. Elle a abordé les points prioritaires et s'est penchée sur la possibilité de supprimer des priorités actuelles pour les remplacer par des nouvelles.

201. À la suite des débats, la Réunion a mis à jour le Plan de travail stratégique pluriannuel et adopté la Décision 7 (2017) *Plan de travail stratégique pluriannuel pour la Réunion consultative du Traité sur l'Antarctique.*

Point 13 : Sécurité et opérations en Antarctique

Opérations : Air

202. Le SCAR a présenté le document de travail WP 20, intitulé *État des connaissances sur les réactions de la faune sauvage aux systèmes aériens pilotés à distance (RPAS)* et a mentionné le document BP 1, intitulé *« Best Practice for Minimising Remotely Piloted Aircraft System Disturbance to Wildlife in Biological Field Research »* [Bonnes pratiques pour réduire au maximum les perturbations causées aux espèces sauvages par les systèmes aériens pilotés à distance dans le domaine de la recherche biologique]. En réponse à une demande formulée à l'occasion du XVIIIe CPE, le document a présenté une synthèse de 23 articles de recherche scientifique publiés

au sujet des réactions des espèces sauvages aux systèmes aériens pilotés à distance (RPAS). Le SCAR a noté que les réactions aux RPAS n'étaient pas uniformes en fonction des espèces, des paramètres de trajectoire de vol ou du type de RPAS, et a déploré un manque de données sur les effets démographiques. Le SCAR a noté que cette évaluation confirmait qu'il n'y aurait pas de solution unique à l'atténuation des réactions de la faune sauvage aux RPAS. Par conséquent, le SCAR a indiqué qu'il faudrait que les Lignes directrices soient spécifiques au site et aux espèces, et prennent en compte à la fois le type de RPAS utilisé et les émissions sonores. Le SCAR a recommandé que le CPE mette en œuvre des Lignes directrices préliminaires pour les bonnes pratiques, comme décrit dans le document, et que les prochaines études sur les réactions de la faune sauvage aux RPAS en Antarctique prennent en considération un éventail d'espèces, de réactions et de variables, comme décrit dans le document.

203. La Réunion a remercié le SCAR pour ses travaux et est convenue que la définition de Lignes directrices spécifiques au site, aux espèces et à l'équipement serait probablement nécessaire à la bonne gestion de l'utilisation des RPAS à proximité d'espèces sauvages.

204. Le COMNAP a présenté le document IP 77, intitulé *« Update from the COMNAP Unmanned Aerial Systems Working Group (UAS-WG) »* [Mise à jour par le groupe de travail sur les systèmes aériens sans pilotes] et noté l'évolution rapide de la technologie des RPAS, notamment, comme l'a noté le Royaume-Uni, de la technologie de surveillance dépendante automatique en mode diffusion (Automatic Dependent Surveillance-Broadcast, ADS-B), qui apporte une contribution précieuse à la sécurité des opérations aériennes. Le document contient également le compte-rendu du résultat d'une enquête menée par le COMNAP sur l'utilisation des RPAS par les Programmes antarctiques nationaux sur une période de 12 mois. Les résultats indiquent que la majorité des RPAS sont utilisés à des fins scientifiques.

205. La Réunion a remercié le SCAR et le COMNAP pour leurs contributions utiles.

206. Les Pays-Bas ont noté que les *Principes généraux du tourisme en Antarctique* (2009) affirment qu'« en l'absence d'informations adéquates sur ses incidences potentielles, les décisions relatives au tourisme devraient reposer sur une approche pragmatique et de précaution qui comprend également une évaluation des risques ». Par conséquent, et en tenant compte des lacunes en matière de connaissances ainsi que de la décision de l'IAATO d'interdire temporairement l'utilisation des RPAS pour des activités de loisir dans les

zones côtières riches en faune sauvage, les Pays-Bas s'attendaient à ce que la RCTA adopte l'approche de l'IAATO jusqu'à ce que de nouvelles connaissances soient disponibles.

207. La Réunion a noté que le Président du CPE avait indiqué que le Comité n'était pas parvenu à un consensus au sujet d'une proposition formulée par les Pays-Bas à l'occasion de la réunion du CPE visant à interdire l'utilisation des UAV/RPAS à des fins de loisir, et que le GCI mis sur pied par le CPE afin d'élaborer des lignes directrices relatives aux aspects environnementaux des UAV/RPAS examinerait ultérieurement l'utilisation de ces dispositifs à toutes fins.

208. La Réunion a soutenu les recommandations fournies par le CPE en matière d'utilisation des UAV/RPAS à proximité de la faune sauvage en Antarctique. Elle a accueilli favorablement l'indication du COMNAP selon laquelle il continuerait à examiner les aspects sécuritaires et environnementaux de l'opération des UAV et des RPAS. Elle est convenue d'inclure les UAV/RPAS dans les discussions portant sur les opérations aériennes à l'occasion de la XLIe RCTA.

209. La Norvège a présenté le document de travail WP 46, intitulé *Infrastructures des opérateurs non gouvernementaux et activités liées aux opérations aériennes : impacts potentiels sur les programmes antarctiques nationaux*, préparé conjointement avec le Royaume-Uni et l'Australie. Le document notait qu'alors que le trafic aérien en Antarctique était, en règle générale, géré par les Programmes antarctiques nationaux, les opérateurs non gouvernementaux manifestaient un intérêt croissant pour les vols en direction et au sein de l'Antarctique. La Norvège, l'Australie et le Royaume-Uni ont proposé à la RCTA d'examiner les défis qui pourraient se manifester par rapport à l'augmentation du trafic aérien en Antarctique et sont convenus d'intégrer la question des opérations aériennes dans le Plan stratégique pluriannuel de la RCTA afin de l'étudier plus en profondeur lors de la XLIe RCTA en 2018.

210. La Réunion est convenue de l'importance de la question de l'augmentation du trafic aérien non gouvernemental en Antarctique et de ses implications en termes de sécurité et de protection de l'environnement. Certaines Parties ont souligné l'importance d'un débat politique plus large, notamment la nécessité d'avoir un débat de fond sur la croissance du secteur aérien non gouvernemental.

211. La Fédération de Russie a indiqué à la Réunion qu'en raison du grand nombre d'opérations non gouvernementales s'appuyant sur un Programme antarctique national, son système national d'autorisations exigeait des opérateurs qu'ils disposent d'une éducation et d'une formation appropriées afin de veiller à ce que leurs activités soient menées conformément au Manuel d'information sur les vols en Antarctique (AFIM) du COMNAP.

212. En réponse, l'IAATO a indiqué que certains de ses opérateurs étaient indépendants, menant et approvisionnant leurs opérations aériennes en Antarctique en toute sécurité et sans l'aide des Programmes antarctiques nationaux. L'IAATO a remercié le COMNAP pour les travaux relatifs à l'AFIM et aux systèmes de suivi des aéronefs qui contribuent grandement à la sécurité aérienne.

213. La Réunion est convenue que l'augmentation du trafic aérien non gouvernemental était une question importante qui méritait d'être approfondie, et qu'elle souhaitait l'intégrer dans le Plan de travail stratégique pluriannuel.

214. L'Allemagne a présenté le document d'information IP 42, intitulé « *DROMLAN - Dronning Maud Land Air Network* » [DROMLAN - Réseau aérien de la Terre de la Reine-Maud]. L'Allemagne a noté que ce document visait à renforcer la transparence relative aux activités menées au sein du Réseau aérien de la terre de la Reine-Maud (DROMLAN). Elle a noté que le DROMLAN était un projet coopératif international à but non lucratif des Programmes antarctiques nationaux de l'Afrique du Sud, l'Allemagne, la Belgique, la Finlande, l'Inde, le Japon, la Norvège, les Pays-Bas, le Royaume-Uni, la Russie et la Suède qui possèdent des stations et portent un intérêt scientifique dans la zone élargie de la terre de la Reine-Maud (DML). Elle a expliqué que, avec le consentement de tous les participants au DROMLAN, *l'Antarctic Logistics Center International* (PTY) Ltd. (ALCI) du Cap était responsable de la majorité des opérations aériennes et travaillait en étroite collaboration avec le Comité directeur du DROMLAN pour leur gestion. L'Allemagne a affirmé que l'utilisation du DROMLAN a permis de faciliter et d'intensifier l'accès à la DML, et a amélioré significativement les normes de sécurité relatives aux expéditions scientifiques et aux opérations logistiques au sein de la DML.

215. La Réunion a remercié l'Allemagne pour sa présentation, et a salué le succès du DROMLAN.

216.   La Fédération de Russie a présenté le document d'information IP 143, intitulé *« On use of the blue ice area in the vicinity of Romnaes Mount as a reserve airstrip »* [De l'utilisation de la zone de glace bleue à proximité du Mont Romnaes comme une piste d'atterrissage de réserve] qui décrit la nécessité et l'utilisation d'une piste d'atterrissage de secours pour les aéronefs accédant à la station Novolazarevskaya pour des raisons de sécurité. La Fédération de Russie a noté que l'ALCI basée en Afrique du Sud avait préparé une évaluation préliminaire d'impact sur l'environnement (EPIE) relative à la construction et à l'utilisation de la piste d'atterrissage qui avait été soumise à l'examen de l'Afrique du Sud. La Fédération de Russie a expliqué que l'Afrique du Sud n'avait pas mis à jour les procédures juridiques établies afin d'approuver une autorisation, et qu'elle n'était donc pas en mesure d'approuver l'EPIE de l'ALCI. Elle a informé la Réunion qu'ALCI Nord, une société russe, avait présenté une demande d'autorisation aux autorités russes afin d'entamer les travaux de la piste d'atterrissage et que cette autorisation avait été récemment accordée.

217.   Le document suivant a également été soumis et considéré comme présenté sous ce point :

*   Document d'information IP 27, intitulé *« Procedures for Safe use of Unmanned Aerial Systems in Antarctica »* [Procédures pour une utilisation en toute sécurité des systèmes aériens sans pilote en Antarctique] (Nouvelle-Zélande). Le document rend compte de la rédaction d'un manuel sur les systèmes aériens sans pilote (UAS) pour les vols d'UAS dans la région antarctique de la mer de Ross et du détroit de McMurdo. S'appuyant sur le Manuel des opérateurs des UAS du COMNAP, le manuel établit les procédures à suivre, notamment l'évaluation préalable, ainsi que les procédures opérationnelles au sol.

Opérations : Maritime

218.   Le Royaume-Uni a fait référence au document d'information IP 139 rév. 1, intitulé *« An overview of the International Code for Ships Operating in Polar Waters »* [Aperçu du code international pour les navires opérant en eaux polaires] de l'OMI. Le Royaume-Uni a donné un aperçu, du point de vue d'un opérateur, des exigences du Code international pour les navires opérant en eaux polaires (le Code polaire) en ce qui concerne la sécurité maritime et la protection du milieu marin, et a examiné la place du Code polaire dans le cadre mondial actuel de régulation du transport maritime international.

Le Royaume-Uni a expliqué l'importance du Manuel d'exploitation dans les eaux polaires, en soulignant la manière dont le Système d'indexation du risque d'évaluation des limitations opérationnelles dans les eaux polaires (POLARIS) est utilisé pour prendre des décisions. Le Royaume-Uni a noté que le document de l'OMI décrit les exigences en matière de formation et de certification pour les officiers et l'équipage servant à bord de navires opérant en eaux polaires, telles qu'inscrites dans la Convention internationale sur les normes de formation des gens de mer, de délivrance des brevets et de veille (STCW). En outre, le document de l'OMI examine ce qui peut être fait en plus pour assurer la sécurité en navigation polaire, compte tenu des discussions en cours à l'OMI. Le Royaume-Uni a également noté que l'OMI envisage d'élargir l'applicabilité du Code polaire à des navires qui ne sont pas actuellement inclus dans la Convention SOLAS, comme les navires de pêche et les yachts.

219. L'ASOC a présenté le document d'information IP 151, intitulé « *Managing non-SOLAS vessels in the Southern Ocean* » [Gestion de navires non SOLAS dans l'océan Austral], qui décrit brièvement la navigation dans l'océan Austral et l'entrée en vigueur du Code polaire. Elle estime que le Code polaire n'est susceptible d'être pertinent que pour moins de la moitié des navires opérant dans la Zone du Traité sur l'Antarctique sur une base annuelle, puisque le Code n'est actuellement pas applicable aux navires « non SOLAS » tels que les navires de pêche, les bateaux de plaisance privés et les petits bateaux à marchandises. L'ASOC souligne qu'une action concertée de la part des Parties est nécessaire pour obtenir les meilleurs résultats lors de la réunion du Comité de la sécurité maritime de l'OMI en juin 2017. L'ASOC recommande que les Parties reconnaissent que les travaux réalisés sur le Code polaire ne s'appliquent pas à près de la moitié des navires opérant dans l'océan Austral ; adoptent une Décision sur la nécessité d'une action concertée de l'OMI pour assurer que la Phase 2 des travaux sur les navires non SOLAS à l'OMI commence de toute urgence ; et conviennent de donner leur avis sur les normes de sécurité pour les navires non SOLAS si l'OMI ne parvient pas à ajouter les résultats convenus précédemment, « application du code obligatoire aux navires non-SOLAS en eaux polaires » dans son ordre du jour.

220. La Finlande a présenté le document d'information IP 123, intitulé « *The Polar Code – Finnish Views* » [Code polaire – avis de la Finlande], qui rend compte des activités entreprises et programmées par la Finlande en lien avec l'entrée en vigueur du Code polaire. En tant que Présidente du Conseil de l'Arctique en 2017-2019, la Finlande a souligné que tous les États arctiques

avaient négocié activement et conjointement sur le Code polaire à l'OMI. La Finlande a salué l'entrée en vigueur du Code polaire le 1er janvier 2017 et a encouragé toutes les Parties à soutenir une mise en œuvre efficace du Code polaire dans les eaux antarctiques.

221. La Finlande a aussi noté que les navires renforcés conformément aux Règles relatives à la catégorie finno-suédoise de résistance aux glaces (FSICR) et aux règles sur les catégories de glaces équivalentes de sociétés de classification, naviguent sans encombre dans les eaux arctiques et antarctiques depuis des décennies, et que conformément au Code polaire (Résolution MSC.385 (94), sections 3.3.2 et 6.3.3), les brise-glaces et autres navires renforcés conformément aux FSICR peuvent être utilisés dans les eaux polaires dans des conditions de glaces pertinentes à l'avenir. La Finlande a noté qu'elle organiserait une Conférence internationale sur une mise en œuvre harmonisée du Code polaire en février 2018 à Helsinki, en Finlande, invitant les Parties, Observateurs et Experts intéressés à y participer.

222. La Nouvelle-Zélande a noté qu'il sera question du Code polaire lors de la prochaine réunion de l'OMI, invitant les Parties à parler à leurs délégués nationaux de l'OMI afin d'exprimer leur soutien à la progression de la Phase 2 du Code polaire, qui règlementera les navires non SOLAS dans les eaux polaires.

223. Le Royaume-Uni a suggéré que la RCTA et la CCAMLR bénéficieraient grandement de l'application et de la poursuite de l'élaboration du Code polaire, afin d'améliorer la sécurité de tous les navires opérant dans les eaux antarctiques. Les États-Unis ont souligné que l'expérience pratique acquise à travers la mise en œuvre du Code polaire serait bénéfique, particulièrement si les travaux effectués constituent la base de la Phase 2. En outre, en reconnaissant les différences entre l'exploitation de navires non-SOLAS dans la zone du Traité sur l'Antarctique et dans les eaux arctiques, les États-Unis ont noté que l'OMI pourrait envisager un Plan de travail axé sur l'élaboration de directives volontaires pour les navires non-SOLAS opérant dans les eaux antarctiques.

224. Tout en exprimant son soutien envers la progression de la Phase 2 du Code polaire, l'IAATO a averti que, dans la mesure où POLARIS repose sur un système arctique, il restait beaucoup à faire pour assurer qu'il soit appliqué en Antarctique de façon équitable et pratique. L'IAATO a noté qu'elle travaillait avec POLARVIEW et l'Association internationale des sociétés de classification (IACS) au renforcement de POLARIS en Antarctique,

encourageant toute collaboration susceptible de mener à une efficacité à long terme du Code polaire en eaux antarctiques.

225. L'OMM a rappelé qu'elle recueillait les observations météorologiques de navires sur une base volontaire. La collecte de davantage de données sur l'Antarctique, une région pour lesquelles les données sont rares, et particulièrement en provenance de navires dans la région, pourrait améliorer les services des applications de l'OMM, comme la surveillance du climat, la prévision numérique du temps et les services maritimes. Elle a invité la RCTA et les Parties à envisager que la collecte et l'établissement de rapports sur les données climatologiques deviennent obligatoires dans le Code polaire.

226. La Réunion a remercié les Parties pour les documents relatifs au Code polaire, notant une volonté forte de poursuivre des discussions. Elle a reconnu l'importance de la prochaine réunion de l'OMI, qui examinera les moyens d'approfondir la question des navires non-SOLAS et du Code polaire.

227. L'Organisation hydrographique internationale (OHI) a présenté le document d'information IP 4 *Rapport de l'Organisation hydrographique internationale (OHI) et Proposition de séminaire sur l'importance de l'hydrographie dans la région antarctique*. Il porte sur les limitations en matière de connaissances hydrographiques en Antarctique et les risques correspondants pour les opérations scientifiques et maritimes. L'OHI a rappelé que plus de 90 pour cent des eaux antarctiques demeurent non hydrographiées, ce qui engendre des risques accrus d'incidents maritimes. L'OHI a exhorté les Parties à s'assurer que tous leurs navires utilisent des capteurs de profondeur, et que ces informations sont communiquées aux bureaux hydrographiques afin d'améliorer la cartographie hydrographique. Rappelant qu'à la XXXIXᵉ RCTA, la Réunion avait inséré une priorité dans le Plan de travail stratégique pluriannuel sur les levés hydrographiques en Antarctique, l'OHI a proposé d'organiser un séminaire sur l'état et les incidences de l'hydrographie en Antarctique dans le cadre du programme pour la XLIᵉ RCTA qui se tiendra en Équateur en 2018. En outre, l'OHI a exhorté la RCTA à encourager la mesure, l'enregistrement et l'interprétation de données sur la profondeur en mer à tout moment dans le cadre de ses activités régulières d'observation de l'environnement, sauf en cas de restrictions spécifiques.

228. La Réunion a souligné l'importance des cartes nautiques en Antarctique pour garantir une navigation sûre, reconnaissant la charge financière et logistique pour les Parties effectuant des études hydrographiques. Les Parties ont été

invitées à communiquer à l'OHI toutes les données bathymétriques collectées sur leurs navires à des fins hydrographiques.

229. La Réunion a remercié l'OHI pour son document et pour ses efforts continus pour soutenir la sécurité de la navigation et les activités hydrographiques en Antarctique. Les Parties ont accueilli favorablement la proposition de l'OHI d'organiser un séminaire sur l'importance de l'hydrographie dans la région antarctique lors de la XLIᵉ RCTA.

230. L'Argentine a présenté le document d'information IP 132, intitulé *« Ayudas a la navegación, balizamiento y cartografía antártica (2016-2017) »* [Aides à la navigation, bornes et cartographie antarctique], qui fait rapport des activités récentes de l'Argentine concernant son Service hydrographique naval. Le document fait état des activités qui ont favorisé la sécurité de la navigation en eaux antarctiques par le biais de travaux d'entretien, d'études et d'enquêtes.

231. L'Argentine a présenté le document d'information IP 133, intitulé *« Informe sobre la instalación de Ayudas a la Navegación en el Continente Antártico »* [Rapport sur l'installation d'aides à la navigation sur le continent antarctique], qui décrit les plans d'installation d'aides à la navigation principalement dans la région de la péninsule antarctique, avec pour objectif d'améliorer la sécurité de la navigation, et par conséquent la sauvegarde des vies humaines en mer et la protection de l'environnement.

232. Les documents suivants ont également été présentés sous ce point de l'ordre du jour :

- Document d'information IP 167, intitulé *« New IAATO Guidelines for Submersibles and Remote Operated Vehicle activities »* [Nouvelles Lignes directrices de l'IAATO concernant les activités de submersibles et de véhicules télécommandés] (IAATO), qui présente les Lignes directrices préparées par le Comité des opérations sur le terrain de l'IAATO adoptées lors de la Réunion de l'IAATO en mai 2017. Dans sa description des activités actuelles et potentielles des submersibles et des véhicules télécommandés, l'IAATO a anticipé que les progrès technologiques récents entraîneraient une activité submersible accrue à l'avenir.

- Document d'information IP 56, intitulé *« Contribución de Colombia a la Seguridad Marítima en la Antártida »* [Contribution de la Colombie à la sécurité maritime en Antarctique] (Colombie). Ce document rend compte des activités de la Colombie durant la saison 2016-2017 visant à obtenir des données hydrographiques et à recueillir des données physiques, chimiques et biologiques. Il met en outre en avant des projets qui comprennent la simulation de navigation en eaux antarctiques et les travaux sous-marins techniques dans des eaux extrêmement froides.

- Document d'information IP 100, intitulé *« Fildes Bay Environmental Monitoring. Coastal Environment Observation Programme Chile (P.O.A.L.) »* [Suivi environnemental de la baie de Fildes. Programme d'observation de l'environnement côtier (POAL)] (Chili), qui fait état des travaux de surveillance environnementale de la marine chilienne dans le cadre du Programme d'observation de l'environnement côtier, lequel vise à évaluer les évolutions en matière d'éléments polluants.

- Document d'information IP 101, intitulé *« Support to Antarctic Campaigns Meteorological Service of the Navy »* [Soutien au service météorologique des campagnes antarctiques de la marine chilienne] (Chili), qui décrit le soutien de la marine chilienne aux campagnes antarctiques par le biais de ressources techniques, notamment des informations satellites, des croisières de formation, des activités de recherche, des observations en navires océanographiques et des données météorologiques obtenues dans ses stations et centres.

- Document d'information IP 102, intitulé *« Maintenance of Aids to Navigation in Antarctica, Summer Season 2016-2017 »* [Entretien des aides à la navigation en Antarctique, saison d'été 2016-2017] (Chili), qui dresse l'état du réseau de 70 aides à la navigation gérées et entretenues par le Chili. Ces aides étaient principalement concentrées dans la région de la péninsule antarctique, et venaient en appui à la sécurité de la navigation pour tous les navires visitant cette région.

- Document d'information IP 104, intitulé *« Production of an Antarctic Nautical Chart by the Hydrographic and Oceanographic Service of the Chilean Navy: Nautical Chart 15350 (Int 9104) "Estrecho de Gerlache - Islote Useful a Isla Wednesday" »* [Création d'une carte nautique par le Service hydrographique et océanographique de la marine chilienne : Carte nautique 15350 (Int. 9104) « Détroit de Gerlache - de l'îlot Useful à l'île Wednesday »] (Chili). Ce document constate que les études hydrographiques menées ainsi que l'échange d'informations avec les autres services hydrographiques ont rendu possible la création de produits cartographiques tels que la carte nautique du SHOA 15350 (INT 9104) « Détroit de Gerlache - de l'îlot Useful à l'île Wednesday », publiée en 2016.

Activités : Stations

233. Le Bélarus a présenté le document d'information IP 2 *Station de recherche antarctique bélarussienne: l'étape actuelle de sa création et les perspectives du développement*. Le Bélarus a informé la Réunion de la création de son

infrastructure de station scientifique en Antarctique. Le Bélarus a noté qu'elle construisait une station de recherche modulaire près du mont Vechernyaya, en terre d'Enderby, en Antarctique oriental, et qu'avec l'aide logistique de la Fédération de Russie, elle avait construit son premier module en décembre 2015 et commencé la construction du deuxième module et d'autres installations qui devraient s'achever au cours de la saison 2017-2018. Une fois la première phase de la construction terminée, la République du Bélarus compte mener sa première expédition de recherche d'une année complète en 2019-2020. Le Bélarus a informé la Réunion qu'une deuxième phase de construction aurait lieu de 2021 à 2025 pour mettre en œuvre une série de mesures visant à réduire les émissions polluantes et les rejets d'eaux usées, à prévenir les fuites de carburant, à planifier des voies de recherche et à éliminer les déchets d'infrastructures et autres déchets issus d'installations antérieures.

234. L'ASOC a présenté le document d'information IP 159, intitulé « *Decarbonizing Antarctic Operations* » [Décarbonisation des opérations antarctiques] (ASOC), qui donne un aperçu actualisé des progrès accomplis par les Parties pour réduire leur consommation d'énergie et remplacer les systèmes de combustibles fossiles par des énergies renouvelables dans les opérations antarctiques. L'ASOC a recommandé que les Parties prennent note des expériences positives d'opérateurs ayant introduit l'énergie propre dans leurs opérations antarctiques, et a encouragé les Parties à mettre en œuvre des mesures plus complètes en matière d'énergie renouvelable et d'efficacité énergétique en Antarctique.

235. La Nouvelle-Zélande a remercié l'ASOC pour le document d'information IP 159 et a noté qu'elle était engagée à gérer et à réduire ses émissions dans le cadre du Système certifié de mesure et de réduction des émissions (Certified Emissions Measurement and Reduction Scheme, CEMARS), qu'elle continuerait d'utiliser en tant que mesure de réussite dans la décarbonisation de ses opérations.

236. Les documents suivants ont également été présentés sous ce point :

- Document d'information IP 40, intitulé « *Refurbishment and Modernization of the German Antarctic Receiving Station GARS O'Higgins* » [Rénovation et modernisation de la station antarctique allemande de réception GARS O'Higgins] (Allemagne), qui décrit les installations, l'état et les activités entreprises à la station GARS O'Higgins, et apporte des conseils en matière de mesures de rénovation et de modernisation, ainsi que sur des aspects technologiques et liés aux infrastructures.

- Document d'information IP 41, intitulé *« Final Modernization of Gondwana Station, Terra Nova Bay, Northern Victoria Land »* [Modernisation finale de la station Gondwana, baie Terra Nova, terre Victoria] (Allemagne), qui informe la Réunion de la rénovation de la station Gondwana et note que la station est prête à accueillir de nouvelles opérations pendant au moins 25-30 ans en tant que base de recherches en terre Victoria du nord.

- Document d'information IP 43, intitulé *« EDEN ISS: A facility to provide Neumayer Station III overwinterers with fresh food while advancing space technology »* [EDEN ISS : Installation offrant de la nourriture fraîche aux hivernants de la Station Neumayer III en faisant progresser la technologie spatiale] (Allemagne). Ce document rend compte du projet international EDEN ISS qui avait pour objectif d'installer une serre intégrant les dernières technologies agricoles environnementales contrôlées à la station allemande Neumayer III.

- Document d'information IP 78, intitulé *« Reconstruction of the Brazilian Station in Antarctica »* [Reconstruction de la station brésilienne en Antarctique] (Brésil), qui présente des informations à jour quant aux travaux de rénovation de la station antarctique Commandante Ferraz, avec deux étapes de pré-assemblage à Shanghai, en Chine et deux étapes de construction en Antarctique.

- Document d'information IP 107, intitulé *« Capacidad logística de la Estación Científica Ecuatoriana "Pedro Vicente Maldonado"- Año 2017 »* [Capacités logistiques de la station scientifique Pedro Vicente Maldonado - 2017] (Équateur). Ce document informe la Réunion sur les capacités logistiques de la station Maldonado Station, et sur le soutien logistique donné aux expéditions scientifiques équatoriennes en Antarctique pendant l'été austral.

- Document d'information IP 109, intitulé *« Aplicación de la Norma de Operación en la XXI Campaña Antártica Ecuatoriana (2016-2017) »* [Application de la norme opérationnelle au cours de la XXIe expédition antarctique de l'Équateur de 2016-2017] (Équateur) qui informe la Réunion sur la norme opérationnelle appliquée au cours de la XXIe expédition antarctique de l'Équateur en 2016-2017.

- Document d'information IP 110, intitulé *« Plan de contingencias y riesgos durante la XXI Campaña Antártica Ecuatoriana (2016-2017) »* [Plan d'urgence pour la XXIe expédition antarctique de l'Équateur de 2016-2017] (Équateur), qui décrit le plan d'urgence et les responsabilités personnelles relatifs aux activités de l'Équateur à la station Maldonado, et décrit l'analyse des risques entreprise au cours de la saison d'été 2016-2017.

- Document d'information IP 156, intitulé *« Greening of established infrastructure and logistics in Antarctica »* [Écologisation des structures existantes et de la logistique en Antarctique] (Norvège), qui résume la manière dont la Norvège a étudié l'écologisation des infrastructures et de la logistique norvégiennes en Antarctique. Le document souligne que les Programmes antarctiques nationaux qui mettent en place et rénovent leurs infrastructures partagent le défi universel d'équilibrer les coûts en investissements de capitaux, les coûts de fonctionnement, les risques et la durée de vie prévue. Il souligne le rôle clé que joue le COMNAP dans la réponse à ce défi, en encourageant le développement coopératif entre les systèmes d'opérateurs individuels et en créant une synergie par le partage de ressources logistiques.

- Document d'information IP 36, intitulé *« The U.S. Antarctic Program Antarctic Infrastructure Modernization for Science Project »* [Projet « Modernisation des infrastructures antarctiques pour la science » du programme antarctique des É.-U.] (États-Unis). Ce document présente la modernisation des infrastructures antarctiques pour les sciences (Antarctic Infrastructure Modernization for Science, AIMS), un projet axé sur la modernisation des infrastructures essentielles de la station de McMurdo, la plus grande parmi trois stations permanentes opérées par le Programme antarctique des États-Unis, qui forme un pont logistique essentiel vers la station antarctique Amundsen-Scott des États-Unis et vers les sites de recherches situés dans les zones reculées.

237. Les documents suivants ont également été soumis sous ce point de l'ordre du jour :

- Document de contexte BP 5, intitulé *« Plans for the revitalization of the Dobrowolski Station »* [Plans pour la revitalisation de la station de Dobrowolski] (Pologne).

- Document de contexte BP 22, intitulé *« Capacidades y limitaciones de la Base Antártica "Pdte. Eduardo Frei M." en apoyo a los Programas Antárticos Nacionales y Extranjeros »* [Capacités et limitations de la station antarctique Presidente Eduardo Frei M. pour le soutien de Programmes antarctiques nationaux et étrangers] (Chili).

Sécurité

238. Le COMNAP a présenté le document d'information IP 10, intitulé *« Search and Rescue Coordination and Response in the Antarctic: Report from the COMNAP Antarctic SAR Workshop III »* [Coordination et réponse aux activités de recherche et de secours en Antarctique : rapport de l'Atelier III de SAR du COMNAP] organisé à Valparaiso, au Chili, les 1er et 2 juin

2016, et a remercié les co-organisateurs, DIRECTEMAR Chili et INACH. Des représentants des cinq Centres de coordination des secours qui étaient responsables pour la coordination des activités de recherche et de sauvetage (Search And Rescue, SAR) dans la zone du Traité sur l'Antarctique, les Programmes antarctiques nationaux, la CCAMLR, l'IAATO et autres organisations pertinentes ont participé à l'atelier. Le COMNAP a encouragé les Parties à partager le rapport de l'atelier avec tous ceux qui s'intéressent aux activités antarctiques afin de soutenir l'objectif commun de sécurité des vies humaines. Le COMNAP a indiqué que le prochain Atelier IV SAR du COMNAP se déroulerait en 2019 en Nouvelle-Zélande, et que plus d'informations seraient communiquées lors de la RCTA l'année prochaine.

239. La CCAMLR et l'IAATO ont noté qu'elles seraient heureuses de prendre part à des discussions plus poussées sur ce sujet important. La CCAMLR a déclaré que les navires de pêche faisant rapport à la CCAMLR soutiennent déjà les activités de recherche et de sauvetage dans la zone de la Convention de la CCAMLR en vertu d'un accord autorisant le Secrétariat de la CCAMLR à diffuser les données du système de suivi des navires en cas d'incident de recherche et de sauvetage. L'accord fait actuellement l'objet d'une révision, en vue de son renouvellement.

240. Les États-Unis ont présenté le document d'information IP 7, intitulé *« Austral Mid-Winter Medical Evacuation from Amundsen-Scott South Pole Station, Antarctica »* [Évacuations médicales hivernales australes de la station antarctique Amundsen-Scott]. Les États-Unis ont décrit l'évacuation aérienne réussie de la station antarctique Amundsen-Scott de deux employés contractuels du Programme antarctique des États-Unis gravement malades. Les États-Unis ont souligné que le bon déroulement de cette évacuation médicale n'avait été possible que grâce au soutien et à l'étroite coordination avec d'autres Programmes antarctiques nationaux.

241. Les États-Unis ont présenté le document d'information IP 72, intitulé *« Antarctic Mass Rescue Operations Response and Preparedness Challenges »* [Difficultés de la réponse et de la préparation aux opérations de sauvetage de masse en Antarctique], qui donne un aperçu des opérations de sauvetage de masse (OSM) dans la zone du Traité sur l'Antarctique lors d'incidents de recherche et de sauvetage (SAR) terrestres, aériens ou maritimes. Ils ont noté qu'une réponse OSM réussie dépend de la coordination et de la coopération entre les autorités de SAR, les programmes antarctiques nationaux, les parties prenantes du secteur et les autres ressources disponibles et utiles en

ce sens. En insistant sur le fait qu'une réponse OSM efficace reposait sur l'élaboration d'un plan d'intervention réaliste et d'exercices pour tester ce plan, les États-Unis ont appuyé l'importance qu'accorde le COMNAP aux plans d'urgence et à l'organisation d'ateliers de SAR triennaux.

242. Les États-Unis ont remercié le COMNAP pour son soutien et ont noté qu'ils souhaiteraient participer à l'élaboration d'un exercice de simulation d'un scénario d'OSM lors du prochain Atelier IV de SAR antarctique du COMNAP. Le COMNAP a remercié les États-Unis pour leur suggestion d'inclure un scénario d'OSM à l'ordre du jour de l'Atelier IV de SAR, et accueilli favorablement l'aide offerte par les États-Unis pour planifier et procéder à un exercice de simulation.

243. L'IAATO a remercié le COMNAP et les États-Unis pour leurs travaux sur le SAR en notant qu'ils seraient heureux de participer à un exercice d'OSM. L'IAATO a expliqué qu'elle s'efforçait chaque année de procéder à un exercice de SAR avec l'un des Centres de coordination de sauvetage (CCS) ayant des responsabilités en Antarctique, a remercié le Chili d'avoir offert l'occasion de procéder à un SAREX la saison dernière et a accueilli favorablement toute possibilité de travailler avec d'autres CCS à l'avenir.

244. Le Chili a présenté le document d'information IP 103, intitulé « *Search and Rescue Cases in the Area of the Antarctic Peninsula Period 2016/2017 MRCC Chile* » [Cas de recherche et sauvetage dans la zone de la péninsule antarctique pour la période 2016-2017, MRCC Chili]. Le document résume les mesures de SAR effectuées par le Centre de coordination des secours en mer du Chili (MRCC Chili) au cours de la période 2016-2017. Tout en notant qu'il n'y avait pas eu d'incidents de SAR pendant période, une évacuation médicale a été signalée. Le document souligne que ce chiffre témoigne d'une baisse importante en matière d'incidents maritimes ayant nécessité la coordination du MRCC Chili par rapport aux années précédentes.

245. Le Chili a présenté le document d'information IP 125, intitulé « *Report on the 19ᵗʰ Edition of the Joint Antarctic Naval Patrol between Argentina and Chile* » [Rapport sur la 19ᵉ édition de la Patrouille antarctique navale combinée entre l'Argentine et le Chili], préparé conjointement avec l'Argentine. Le document offre un aperçu des activités de la 19ᵉ Patrouille antarctique navale combinée (PANC), menée conjointement par le Chili et l'Argentine entre le 15 novembre 2016 et le 31 mars 2017. Le Chili a noté que l'objectif principal de la PANC était d'exécuter et de s'entraîner à des exercices de SAR, d'assistance et de contrôle de la pollution dans la zone située sous les 60°S de latitude, entre les méridiens 10°O et 131°O. En outre,

des activités sur l'acquisition de données météorologiques et de navigation, la logistique de Programmes antarctiques nationaux et l'assistance médicale ont aussi été effectuées.

Opérations : Expéditions et coopération

246. Le COMNAP a présenté le document d'information IP 64, intitulé *« Advances to the COMNAP database »* [Progrès de la base de données du COMNAP]. Le document note que la base de données fournit des informations complètes sur les installations et les navires des Programmes antarctiques nationaux. En outre, la base de données met en avant une variété de produits COMNAP, comme l'AFIM et le Catalogue des stations. Une interface SIP publique a fourni des informations provenant de la base de données par le biais du site internet du COMNAP.

247. La Colombie a présenté le document d'information IP 55, intitulé *« Actividades y Desarrollo del Programa Antártico Colombiano »* [Activités et élaboration du programme antarctique colombien – PAC], qui fait rapport de ses expéditions antarctiques pour la période 2014-2017. Il rapporte que lors de sa dernière expédition, « Almirante Padilla », 19 institutions et 33 chercheurs ont participé, et que 27 projets ont été entrepris dans les domaines de la science, des opérations, de l'environnement, de l'éducation et de la coopération internationale. La Colombie a reconnu l'appui de l'Espagne, du Chili, de l'Argentine, du Brésil et de l'Italie pour ses activités antarctiques.

248. L'Australie a présenté le document d'information IP 63, intitulé *« Benefits of Logistic collaboration in Antarctica in support of Antarctic Science programmes: Australia's experience in 2016-17 »* [Avantages de la collaboration logistique en Antarctique en soutien aux programmes scientifiques antarctiques : l'expérience de l'Australie en 2016-2017]. Le document présente l'expérience de l'Australie en matière de logistique collaborative et de coopération opérationnelle entreprise par les Parties actives dans l'est de l'Antarctique au cours de la saison 2016-2017. L'Australie a souligné son lien étroit avec les autres Programmes antarctiques nationaux et les nombreux avantages issus d'une telle collaboration, notamment : le fait d'éviter le dédoublement d'activités ; la réduction de coûts ; et les avantages liés au partage mutuel d'informations et d'expérience.

249. Le Chili a présenté le document d'information IP 105, intitulé *« Chile in the Southern Antarctica Joint Scientific Polar Station "Union Glacier" »* [Le Chili dans la station polaire scientifique conjointe de l'Antarctique australe

du « glacier de l'Union »], qui décrit quatre campagnes menées dans la station polaire scientifique conjointe du « glacier de l'Union » dans les monts Ellsworth, et décrit la logistique et le fonctionnement de la station.

250. L'Équateur a présenté le document d'information IP 130, intitulé *« XXVII Reunión de Administradores de Programas Antárticos Latinoamericanos (RAPAL), 2016 »* [XXVIIe Réunion des Directeurs des Programmes antarctiques d'Amérique latine (RAPAL) 2016], qui rend compte des conclusions de la dernière Réunion de la RAPAL à Guayaquil, en Équateur, en 2016. L'Équateur a noté que la réunion avait été un excellent forum pour la coordination et les échanges sur les questions relatives à la science, à la communication, aux opérations et à la diffusion, et que l'un de ses principaux objectifs était de mettre en pratique une coopération efficace pour l'optimisation de ressources.

251. Le Pérou a présenté le document d'information IP 135, intitulé *«Campaña Antártica ANTAR XXIV Verano austral 2016-2017 »* [XXIVe Expédition antarctique ANTAR de l'été austral 2016-2017], qui résume les activités de sa XXIVe expédition antarctique. Le document indique que l'expédition cible essentiellement les recherches scientifiques relatives aux études géochimiques et hydrogéologiques, et note qu'un plan d'entretien holistique a été élaboré pour couvrir les dix prochaines années. Le Pérou a par ailleurs remercié le Chili pour son soutien à l'expédition.

252. Le Brésil a présenté le document d'information IP 140, intitulé *« Brazilian XXXV Antarctic Operation »* [XXXVe Opération antarctique du Brésil], qui expose les activités du Brésil au cours de la saison 2016-2017. Le document rend compte des 25 projets de recherche scientifique entrepris par le Brésil au cours de la XXXVe Opération antarctique. Les activités ont été menées à bord de navires brésiliens, dans divers sites de campement, et dans les stations de plusieurs Programmes antarctiques nationaux, notamment ceux du Chili, de l'Argentine et de la Pologne, que le Brésil a remerciés. Le Brésil a aussi noté que l'opération avait procédé à l'enlèvement d'un aéronef brésilien bloqué dans l'aérodrome de Teniente Rodolfo Marsh Martin sur l'île du Roi George en novembre 2014.

Point 14 : Inspections effectuées en vertu du Traité sur l'Antarctique et du Protocole relatif à la protection de l'environnement

253. Les Pays-Bas ont présenté le document de travail WP 40 *Rapport du Groupe de contact intersessions sur les inspections en Antarctique en vertu*

de l'article VII du Traité sur l'Antarctique et de l'article 14 du Protocole environnemental, préparé conjointement avec la République de Corée et les États-Unis. Il est rappelé que la XXXIXᵉ RCTA a accepté de créer un GCI afin d'examiner les pratiques d'inspections en vertu de l'article VII du Traité sur l'Antarctique et de l'article 14 du Protocole sur l'environnement. Sur la base d'un certain nombre de questions, le GCI a discuté des pratiques d'inspections et exploré différentes options visant à rendre encore plus efficace l'organisation de ces dernières. Le document de travail contient les questions qui ont servi de base aux discussions du GCI, résume les opinions exprimées par les participants et fournit un certain nombre de recommandations pour examen par les Parties :

> *Recommandation A) Demander au Secrétariat du Traité sur l'Antarctique d'établir un système qui permette une base de données complète des inspections, comportant des informations qui offrent la possibilité d'effectuer des recherches en fonction de plusieurs catégories, notamment par station, navire, date d'inspection, rapport d'inspection, et une liste des stations qui n'ont jamais été inspectées ainsi que des informations supplémentaires sur le soutien logistique aux installations scientifiques, de tourisme, aux SMH, ZGSA et ZSPA.*

254. Le Secrétariat a expliqué les différentes fonctions de la base de données actuelles, qui contient déjà la plupart des informations demandées, et a accepté de fournir une liste des stations n'ayant jamais été inspectées. Certaines Parties ont estimé qu'une carte interactive détaillant les installations et les informations d'inspection s'y rapportant serait utile à la collecte d'informations en amont de la conduite d'une inspection. Le Secrétariat est convenu d'envisager les recommandations visant à répertorier les options et coûts associés, et a déclaré qu'il tiendrait les Parties informées lors de la XLIᵉ RCTA.

> *Recommandation B) Inviter les Parties consultatives à encourager les Parties consultatives, lors de la planification et de la conduite des activités d'inspection, à examiner si une installation avait été inspectée souvent ou peu ces dernières années, et à envisager l'inclusion de stations n'ayant jamais été inspectées dans les inspections futures.*

255. La Réunion est convenue qu'il convenait de tenir compte des stations n'ayant jamais été inspectées en planifiant les activités d'inspection, mais plusieurs Parties ont souligné que cela ne devait pas être le seul facteur déterminant. La Réunion a jugé qu'il fallait plutôt tenir compte du nombre d'inspections comme un facteur parmi tant d'autres.

> *Recommandation C) Examiner s'il serait souhaitable d'inviter les Parties à mettre à jour les formulaires des listes de vérification des inspections pour leurs stations et installations chaque année, et de contribuer à veiller à ce que la plupart des équipes d'inspection aient accès aux données actualisées, bien que les listes de vérifications des inspections poursuivent un objectif général différent et ne soient pas obligatoires.*

256. Certaines Parties ont souligné que les données figurant sur ces listes de vérification pouvaient vraisemblablement changer quotidiennement, et qu'il conviendrait plutôt que les listes de vérifications soient mises à jour de façon saisonnière ou annuelle. Les Parties ont rappelé que bien qu'utiles aux inspections, les listes de vérifications ne sont pas obligatoires.

> *Recommandation D) Inviter les Parties consultatives à envisager qu'il serait utile qu'un ou plusieurs membres de l'équipe d'inspection parlent la langue du personnel des installations inspectées ou de travailler avec un interprète, afin de garantir la bonne communication pendant une inspection.*

257. La Réunion est convenue qu'il serait souhaitable de prendre en compte la langue maternelle du personnel des installations inspectée lors de la planification d'inspections. Elle a aussi noté qu'il serait souhaitable d'inclure un membre parlant une autre langue du Traité dans l'équipe d'inspection. Bien que souhaitable, les Parties ont souligné que cette exigence ne devait pas être obligatoire.

> *Recommandation E) Encourager les Parties consultatives à inclure les installations touristiques dans les inspections et à étudier s'il serait souhaitable de développer une liste de vérifications des inspections spécifique au tourisme/aux ONG.*

258. En réponse aux questions concernant la nécessité d'une liste de vérification supplémentaire, il a été noté que les listes de vérifications existaient pour les inspections d'opérateurs et de navires nationaux, et non pour les installations non gouvernementales. Il a été précisé que bien qu'il n'y ait que peu d'installations de tourisme en Antarctique, aucune d'entre elles n'avait à ce jour été inspectée. La Réunion a encouragé les Parties à tenir compte des installations de tourisme dans leurs inspections, en ajoutant qu'il n'était pour le moment pas nécessaire d'avoir une Liste de vérifications spécifique au tourisme/aux ONG.

> *Recommandation F) Encourager les Parties consultatives à inclure d'autres installations et sites, tels que les navires, aéronefs, SMH, ZGSA et ZSPA dans les inspections, et à discuter des possibilités débattues par le GCI en ce sens.*

259. La Réunion a adopté cette recommandation, en notant que des inspections de ce type d'installations et sites avaient déjà eu lieu auparavant.

> *Recommandation G) Discuter des différentes options débattues dans le GCI afin d'encourager les inspections conjointes et d'impliquer les Parties consultatives qui ne sont pas en mesure d'organiser des inspections elles-mêmes, tout en reconnaissant le fait que les inspections sont un droit du Traité et qu'il revient à chaque Partie consultative de décider de réaliser les inspections seule ou conjointement avec une autre.*

260. La Réunion a souligné l'avantage des inspections conjointes, qui permettent une distribution équitable des coûts des inspections et d'accéder plus facilement à des régions isolées. Il a été souligné que pour obtenir des résultants optimaux, l'exécution et la planification de cette activité devait être bien équilibrée entre les équipes d'inspection.

> *Recommandation H) Discuter de l'option selon laquelle la RCTA devrait désigner des observateurs et réaliser les inspections en vertu de procédures que la RCTA devrait fixer (Article 14(2)(b) du Protocole).*

261. La Réunion a accueilli favorablement le rappel que le Protocole relatif à la protection de l'environnement permettait que les inspections d'observateurs soient réalisées en vertu de l'Article VII du Traité sur l'Antarctique.

> *Recommandation I) Discuter de la manière dont les Parties inspectées pourraient vouloir répondre aux résultats des équipes d'inspection.*

262. Certaines Parties ont exprimé l'opinion qu'une importance plus grande devait être donnée à la façon dont les opérateurs nationaux dont les installations avaient été inspectées donnaient suite aux conclusions des équipes d'inspection. D'autres ont noté que la communication et l'échange de commentaires entre parties inspectrices et inspectées constituait déjà une pratique courante tout au long du processus d'inspection. Il a aussi été noté que les recommandations issues d'inspections étaient de nature consultative et non obligatoire, mais qu'elles étaient toutefois prises au sérieux par toutes les Parties. Il a aussi été déclaré que dans certains cas, les rapports d'inspection contenaient des informations inexactes, et que dans ces cas, toute clarification provenant de la partie inspectée devait être incluse dans la compilation de données sur le site internet du Secrétariat. Afin de faciliter l'étape de planification des inspections, il a été suggéré que les documents relatifs aux inspections antérieures soient compilés pour en faciliter la lecture sur le site internet du Secrétariat.

263. L'Argentine a présenté le document de travail WP 43 *Recommandations générales à l'issue des inspections conjointes menées par l'Argentine et le Chili en vertu de l'Article VII du Traité sur l'Antarctique et de l'Article 14 du Protocole relatif à la protection de l'environnement*, conjointement préparé avec le Chili. L'Argentine a aussi fait mention du document d'information IP 126, intitulé « *Report of the Joint Inspections' Program undertaken by Argentina and Chile under Article VII of the Antarctic Treaty and Article 14 of the Environmental Protocol* » [Rapport sur les inspections conjointes menées par l'Argentine et le Chili en vertu de l'Article VII du Traité sur l'Antarctique et de l'Article 14 du Protocole relatif à la protection de l'environnement], également préparé conjointement avec le Chili. Les 20 janvier et 24 février 2017, des observateurs d'Argentine et du Chili ont inspecté deux stations – Johann Gregor Mendel (République tchèque) et Rothera (Royaume-Uni) – dans la région de la péninsule antarctique. Suite à ces inspections, et à de précédentes inspections, l'Argentine et le Chili ont fait une série de recommandations sur la disponibilité des informations, les infrastructures, la médecine, la science et l'environnement.

264. L'Argentine a remercié la République tchèque et le Royaume-Uni pour leur accueil chaleureux et leur coopération pendant les inspections. Elle a souligné les avantages des inspections conjointes, notant qu'elles permettaient une collaboration directe entre les actifs logistiques de plusieurs nations. Elles permettent également d'accéder à des stations plus éloignées, et donc inspectées moins souvent. L'Argentine a souligné qu'il était important de garantir que les équipes d'inspection conjointes étaient équilibrées, tant pour assurer une expertise pluridisciplinaire qu'un équilibre numérique entre les inspecteurs des pays participants. L'Argentine a par ailleurs noté l'importance que revêt la notification de la nomination d'observateurs par les canaux appropriés et que le mécanisme de notification du Secrétariat du Traité sur l'Antarctique, tel qu'établi dans la Décision 7 (2013), est seulement complémentaire.

265. Réitérant les commentaires de l'Argentine, le Chili a ajouté que cette inspection conjointe était le fruit de plusieurs années de préparation, notamment la formation complète des inspecteurs. Il a aussi souligné que les inspections pouvaient être complexes et onéreuses à organiser, mais qu'elles se révélaient être des expériences d'apprentissage enrichissantes, non seulement pour ceux qui étaient inspectés, mais aussi pour les Programmes antarctiques nationaux participant aux inspections.

266. La Réunion est convenue de poursuivre les discussions informelles sur les inspections conjointes durant la période intersessions.

267. L'Australie a présenté le document d'information IP 30, intitulé « *Australian Antarctic Treaty and Environmental Protocol inspections: December 2016* » [Inspections du Traité sur l'Antarctique et du Protocole relatif à la protection de l'environnement de l'Australie : décembre 2016], qui résume les inspections de la station antarctique Amundsen-Scott South Pole Station (États-Unis) et de la ZGSA n° 5 (station antarctique Amundsen-Scott, pôle Sud) par les observateurs australiens. L'Australie a remercié les États-Unis pour leur accueil chaleureux et leur coopération pendant l'inspection de huit heures, au cours de laquelle elle a pu accéder à toutes les zones, à tout le personnel et à tous les équipements souhaités. Elle a noté l'ambitieux programme scientifique entrepris à la station Amundsen-Scott, ainsi que sa solide culture de sécurité et de protection de l'environnement. L'Australie a indiqué que la station antarctique Amundsen-Scott opérait conformément aux dispositions et aux objectifs du Protocole et que la ZGSA n° 5 opérait efficacement et réalisait les objectifs de gestion pour lesquels elle avait été désignée. L'Australie a aussi noté que dans le cadre de son inspection de la ZGSA, elle avait visité le campement d'Antarctic Logistics and Expeditions (ALE) et quelques observations sur la visite sont incluses dans son rapport d'inspection, au paragraphe 4.2.2.

268. L'Australie a fait remarquer que les inspections s'étaient révélées une expérience riche d'enseignements pour le Programme antarctique national de l'équipe d'inspection. Outre son inspection de la station Amundsen-Scott, l'équipe d'inspection australienne a visité la station McMurdo des États-Unis, la station conjointe italienne et française Concordia, et la station Scott de la Nouvelle-Zélande, qui ont toutes permis aux observateurs de tirer des enseignements des approches de chacun de ces opérateurs nationaux. L'Australie a remercié ces pays pour leur hospitalité chaleureuse. L'Australie a également noté qu'elle avait eu des difficultés pour trouver les rapports d'inspection précédents lors de sa préparation de l'inspection.

269. Les documents suivants ont également été soumis sous ce point de l'ordre du jour :

   • Document de contexte BP 7, intitulé « *Measures taken on the recommendations by Inspection team at Arctowski Polish Antarctic Station in 2016/2017* » [Mesures prises concernant les recommandations de l'équipe d'inspection de la station antarctique polonaise d'Arctowski en 2016-2017] (Pologne).

- Document de contexte BP 14, intitulé « *Follow-up to the Recommendations of the Inspection Teams at the Eco-Nelson Facility* » [Suivi des recommandations des équipes d'inspection du refuge Eco-Nelson] (République tchèque).

Point 15 : Questions scientifiques, coopération et facilitation scientifiques

Coopération et facilitation scientifiques

270. L'Allemagne a présenté le document de travail WP 39 *Projet Barrière de glace de Filchner : coopération scientifique et logistique entre la République fédérale d'Allemagne et le Royaume-Uni*, préparé conjointement avec le Royaume-Uni. Rappelant l'intervention du professeur Tim Naish lors de la Conférence du SCAR de 2017, l'Allemagne a souligné que les plateformes de glace sont menacées, ce qui peut contribuer de façon sensible à la hausse du niveau de la mer. Le document résume les enseignements tirés du projet Barrière de glace de Filchner, qui avait pour objectif d'étudier l'évolution à court terme de la couche de glace antarctique dans un monde en réchauffement. Prenant en considération la coopération entre les deux co-auteurs pendant le projet, et rappelant les recommandations précédentes de la RCTA à ce sujet, les deux Parties ont choisi de poursuivre et améliorer la coopération scientifique et logistique au niveau bilatéral et multilatéral entre les Parties au Traité sur l'Antarctique.

271. La Roumanie a présenté le document d'information IP 6, intitulé « *Antarctic cooperation between Romania and Korea 2015-2017* » [Coopération antarctique entre la Roumanie et la Corée en 2015-2017], qui décrit la coopération scientifique entre la Roumanie et la République de Corée pour étudier les communautés microbiennes et les effets et adaptations des organismes dans des milieux extrêmes. Il souligne l'importance que revêtent ces recherches pour les sciences de la vie.

272. La Roumanie a présenté le document d'information IP 172, intitulé « *Cooperation of Romania with Australia, China, India and Russian Federation within ASMA No. 6 Larsemann Hills, East Antarctica* » [Coopération de la Roumanie avec l'Australie, la Chine, l'Inde et la Fédération de Russie dans la ZGSA n° 6, collines Larsemann, en Antarctique oriental]. Le document rend brièvement compte de la coopération récente de la Roumanie avec l'Australie, la Chine, l'Inde et la Fédération de Russie dans la région des collines Larsemann, en Antarctique oriental. Il souligne

la volonté de la Roumanie de poursuivre cette coopération logistique et environnementale avec ces Parties au sein du groupe de gestion des collines Larsemann, en Antarctique oriental.

273. La Roumanie a présenté le document d'information IP 173, intitulé *« Cooperation of Romania with Argentina in Antarctica - Romanian RONARE 2017 Expedition in cooperation with Argentina »* [Coopération de la Roumanie et de l'Argentine en Antarctique – Expédition RONARE 2017 en coopération avec l'Argentine]. Le document présente une synthèse des événements ayant précédé l'établissement de l'Expédition roumaine RONARE 2017, entreprise en coopération avec l'Argentine. La Roumanie a remercié l'Argentine pour son soutien.

274. Les États-Unis ont présenté le document d'information IP 13, intitulé *« U.K./U.S. Research Initiative on Thwaites: The Future of Thwaites Glacier and its Contribution to Sea-level Rise »* [Initiative de recherche du Royaume-Uni et des États-Unis sur le glacier de Thwaites : l'avenir du glacier de Thwaites et sa contribution à la hausse du niveau des mers], préparé conjointement avec le Royaume-Uni. Le document fait rapport sur un programme scientifique de la NSF et du NERC établi pour améliorer de façon sensible les projections décennales et à plus long terme (à l'échelle centenaire et multi-centenaire) de la perte de glace et de la hausse du niveau des mers provenant du glacier de Thwaites. Les États-Unis ont noté qu'une incertitude importante demeurait quant à la hausse mondiale du niveau des mers, et que la réduction de cette incertitude était une priorité internationale qui avait été soulignée dans le « Horizon Scan 2020 » du SCAR et par les Académies nationales américaines des sciences, d'ingénierie et de médecine. Les États-Unis ont accueilli favorablement une collaboration internationale plus poussée avec les autres Parties dans ce domaine de recherche.

275. L'Espagne a présenté le document d'information IP 21, intitulé *« Absorbing Aerosols Monitoring over Remote Regions »* [Suivi de l'absorption d'aérosols dans les régions reculées], qui décrit un projet visant à mesurer les concentrations de noir de carbone et autres aérosols à plusieurs longueurs d'onde dans les régions reculées de la planète à l'aide d'aéronefs légers. L'Espagne a signalé que les données recueillies étaient en cours d'analyse détaillée, et que plusieurs articles étaient en cours de préparation pour en présenter les conclusions. Elle a également remercié les Parties pour leur soutien tout au long du projet.

276. Le Portugal a présenté le document d'information IP 24, intitulé *« Future Challenges in Southern Ocean Ecology Research: another outcome of the*

1st SCAR Horizon Scan » [Les défis futurs dans la recherche sur l'écologie de l'océan Austral : un autre résultat du 1ᵉʳ projet Horizon Scan du SCAR], préparé conjointement avec l'Allemagne, la Belgique, le Brésil, les États-Unis, la France, les Pays-Bas, le Royaume-Uni et le SCAR. Le document fait état d'un résultat du programme Antarctic and Southern Ocean Science Horizon Scan du SCAR. Il se concentre sur des domaines de recherche d'intérêt élevé spécifiques à la vie et à l'écologie de l'océan austral. Le Portugal a souligné que les recherches écologiques dans l'océan Austral demanderaient un engagement à long terme des Parties pour effectuer des recherches internationales et interdisciplinaires, aidées par l'élaboration de technologies et qu'elles devraient être menées en coopération avec le COMNAP, le SCAR et la CCAMLR, le cas échéant. Il a par ailleurs noté la pertinence du fait de lier la science à la politique, ainsi que la valeur des activités d'éducation et de sensibilisation.

277. L'Australie a présenté le document d'information IP 26, intitulé *« Australian Antarctic Strategic Science Program: Highlights of the 2016/17 season »* [Programme scientifique antarctique de l'Australie : moments forts de la saison 2016-2017]. Le document résume le programme scientifique entrepris sous l'égide du Plan stratégique scientifique antarctique 2011-2012 à 2020-2021 de l'Australie, sur quatre thèmes scientifiques relatifs à l'Antarctique. Il met en avant le projet sur l'Exploration collaborative internationale de la cryosphère par profilage aérien (ICECAP II) ; le projet d'enrichissement en carbone à l'air libre (AntFOCE) ; et le transport réussi de krills vivants jusqu'à l'aquarium de recherches sur le krill de la division antarctique australienne. L'Australie a aussi noté la valeur qu'apportaient les collaborateurs internationaux à ces efforts.

278. Le Canada a présenté le document d'information IP 29, intitulé *« Preliminary overview of Canadian Antarctic Research Contributions (1997-2016) »* [Aperçu préliminaire des contributions canadiennes à la recherche en Antarctique (1997-2016)], qui donne un aperçu des vastes contributions du Canada en matière de recherche antarctique ces 20 dernières années. Les conclusions sont fondées sur une analyse préliminaire d'informations bibliographiques. Le Canada a déclaré qu'une grande partie de ces recherches avait été menée en collaboration avec des chercheurs des autres nations du Traité sur l'Antarctique, et a noté que les chercheurs canadiens avaient apporté d'importantes contributions à la recherche antarctique sur une large gamme de thématiques.

279. La Colombie a présenté le document d'information IP 57, intitulé *« Activi-dades Verano Austral 2016-2017, Programa de Investigación en Mamíferos Marinos Antárticos: Con especial atención hacia Cetáceos Migratorios a aguas colombianas y Pinnípedos Antárticos »* [Activités pendant l'été austral 2016-2017, Programme de recherches sur les mammifères marins antarctiques : avec une attention particulière portée sur les espèces migratrices de cétacés dans les eaux colombiennes et sur les pinnipèdes antarctiques], qui fait état d'un programme scientifique visant à produire de nouvelles connaissances et des informations scientifiques sur la faune mammifère marine du continent antarctique et son lien avec l'Amérique du Sud.

280. La Colombie a présenté le document d'information IP 59, intitulé *« Contribución de Colombia al conocimiento de la biodiversidad y los ecosistemas en algunas áreas de la Península Antártica y de la Tierra Reina Maud, Antártica »* [Contribution de la Colombie aux connaissances en matière de biodiversité et d'écosystèmes dans certaines régions de la péninsule antarctique et la terre de la Reine-Maud]. Il fait rapport de la multitude de projets scientifiques que la Colombie a entrepris dans le cadre des objectifs du SCAR, visant à contribuer aux connaissances relatives à la biodiversité et aux écosystèmes maritimes et côtiers en Antarctique.

281. La Malaisie a présenté le document d'information IP 65, intitulé *« Malaysia's Activities and Achievements in Antarctic Research and Diplomacy »* [Activités et réalisations de la Malaisie en matière de recherche et de diplomatie antarctiques], qui rend compte des progrès de ses activités et réalisations en matière de recherche et de diplomatie antarctiques. Le document souligne que les chercheurs polaires malaisiens ont continué à mener des recherches en Antarctique, et qu'ils avaient participé à des collaborations avec des chercheurs du British Antarctique Survey (BAS), de l'Institut coréen de recherches polaires (KOPRI), et de l'Institut antarctique argentin (IAA) au cours de l'année passée. Le document annonce que la Malaisie a ratifié le Protocole et que celui-ci est entré en vigueur en Malaisie le 16 septembre 2016.

282. Le Japon a présenté son document d'information IP 67, intitulé *« Japan's Antarctic Outreach Activities »* [Activités de sensibilisation du Japon sur l'Antarctique], qui fait rapport d'un atelier de sensibilisation organisé par le ministère de l'Environnement japonais en octobre 2016 visant à expliquer les obligations et les lignes directrices en matière de protection de l'environnement pour les agences de voyages offrant des excursions en Antarctique basées à Tokyo.

283.	La Chine a présenté le document d'information IP 82, intitulé « *Summary of the major research achievements of Chinese Arctic and Antarctic Environment Comprehensive Investigation & Assessment Program for the past five years since its implementation* » [Résumé des principales réalisations en recherche du Programme chinois d'études et d'évaluations complètes de l'environnement arctique et antarctique au cours des cinq dernières années, depuis sa mise en œuvre]. Le document résume les principales réalisations en termes de recherche du Programme chinois d'études et d'évaluations complètes de l'environnement arctique et antarctique au cours des cinq dernières années, depuis sa mise en œuvre en 2011. La Chine a indiqué qu'elle se réjouissait de projets collaboratifs futurs entre la Chine et les autres Parties.

284.	La Turquie a présenté le document d'information IP 90, intitulé « *The experience of having SCAR photo exhibition in Turkey as of a new SCAR member* » [Expérience de l'exposition photographique du SCAR en Turquie suite à l'adhésion de la Turquie au SCAR], qui fournit des informations sur l'exposition photographique du SCAR qui était organisée en Turquie par le ministère des Affaires étrangères et le Centre de recherches polaires de l'université technique d'Istanbul en 2016, et a remercié le SCAR, le COMNAP et M. David Walton pour leur aide qu'ils ont apportée pour que l'exposition se déroule en Turquie. Elle a aussi annoncé que la Turquie était devenue un membre associé du SCAR en août 2016.

285.	La Turquie a présenté le document d'information IP 92, intitulé « *Turkey-Chile Scientific Collaboration in Antarctica* » [Collaboration scientifique entre la Turquie et le Chili en Antarctique]. Le document souligne la collaboration entre le Centre de recherche polaire de l'université technique d'Istanbul et l'Institut antarctique chilien. Dans le cadre de la première Expédition antarctique turque, un plan de coopération a été mis en place entre l'Institut antarctique chilien et le Centre de recherche polaire de l'université technique d'Istanbul. La Turquie a noté que cet arrangement aurait pu être intéressant pour les Parties non consultatives qui n'avaient pas de station, mais qui souhaitaient vivement entreprendre des recherches de longue durée en vue d'obtenir le statut consultatif.

286.	La Turquie a présenté le document d'information IP 93, intitulé « *Turkey-Czech Republic Scientific Collaboration in Antarctica* » [Collaboration entre la Turquie et la République tchèque en Antarctique], qui souligne le contexte de la première Expédition scientifique turque en Antarctique, à laquelle la Turquie a pris part en collaboration avec le Programme antarctique de la République tchèque. La Turquie a noté que le soutien tel que celui qu'avait offert la République tchèque était particulièrement utile pour les Parties n'ayant pas de station et souhaitant entreprendre des recherches en Antarctique.

287. La Réunion a remercié les Parties qui avaient présenté des documents, notant que le partage d'infrastructures était une façon idéale de permettre à ceux qui n'ont pas de station propre de mener des recherches en Antarctique. La Réunion a par ailleurs souligné l'importance et les nombreux exemples de coopération internationale entre activités scientifiques.

288. Le Chili a présenté le document d'information IP 95, intitulé *« Opening of Chile-Korea Antarctic Cooperation Center »* [Ouverture du Centre de coopération antarctique entre le Chili et la Corée], conjointement préparé avec la République de Corée. Le document présente une partie des activités menées le premier mois de l'opération du « Centre de coopération antarctique entre le Chili et la Corée » à Punta Arenas. Il indique que le Centre a contribué à élaborer des projets coopératifs et à améliorer la mobilité des experts entre les deux pays. Il suggère aussi que cette collaboration bilatérale donne un exemple de la façon dont les liens pourraient être renforcés entre les Programmes antarctiques nationaux en dehors des limites de l'Antarctique.

289. Le Chili a également présenté le document d'information IP 97, intitulé *« Programa de Publicaciones Antárticas del INACH »* [Programme de publications antarctiques INACH], qui donne un résumé du Programme de publications antarctiques de l'Institut antarctique chilien visant à informer la communauté antarctique internationale. Ces publications comportaient le Bulletin chilien antarctique bisannuel (Boletín Antártico Chileno), Iliaia - Advances in Chilean Antarctic Science et « Pasaporte Antártica ».

290. Le Bélarus a présenté le document d'information IP 98 *Expérience en matière d'utilisation d'un appareil sous-marin sans pilote téléguidé au cours de l'expédition antarctique bélarussienne pendant la saison 2016-2017.* Ce document décrit l'utilisation d'un véhicule sous-marin sans pilote télécommandé en Antarctique, utilisé pour des recherches sur la flore et la faune marines et d'eau douce pendant l'Expédition antarctique biélorusse de 2016-2017. Il précise que l'expédition a procuré une excellente expérience pratique de l'utilisation de cette technologie, qui était extrêmement polyvalente, mobile et compact. Le Bélarus a noté qu'elle comptait partager ses expériences de l'expédition lors des prochaines réunions du SCAR et du COMNAP.

291. La Finlande a présenté le document d'information IP 120, intitulé *« Finland's international collaboration in the Antarctic field work with different stations and other actors »* [Collaboration internationale de la Finlande avec d'autres stations et acteurs pour des études de terrain en Antarctique]. Le document informe les Parties que la station de recherche finlandaise Aboa a servi en tant que centre de recherches scientifiques finlandais en Antarctique depuis 1988 et a également apporté son soutien à des projets internationaux pour plusieurs pays. Il rapporte que cette collaboration internationale serait améliorée pour l'Année de prédiction polaire de l'hiver austral 2017 à l'hiver austral 2019. La Finlande a remercié ses partenaires de recherche pour leur excellente coopération.

292. La Finlande a également présenté le document d'information IP 121, intitulé *« Status Report 2017: Ongoing and Recently Ended Antarctic Research Funded by the Academy of Finland »* [Rapport d'état d'avancement 2017 : Recherches antarctiques en cours et récemment terminées financées par l'Académie finlandaise], qui identifie l'Académie finlandaise en tant que principal bailleur de fonds des projets de recherche antarctique finlandais. Il note que, conformément à la Stratégie de recherche antarctique finlandaise (2014), l'objectif de son programme antarctique est de se concentrer sur des recherches interactives, pluridisciplinaires et à incidence élevée pour encourager le renouvellement et la régénération des sciences.

293. Le Pérou a présenté le document d'information IP 134, intitulé *« Actividades del Programa Nacional Antártico de Perú Período 2016-2017 »* [Activités du Programme antarctique national péruvien – saison 2016-2017], qui fait rapport des principales activités du Programme antarctique national péruvien en Antarctique, notamment en matière d'activités de sensibilisation, de participation aux forums du Système du Traité sur l'Antarctique, et de formation de jeunes scientifiques et à la coopération internationale. Le Pérou a remercié les institutions qui l'avaient aidé dans ces activités de formation. Il a également fait savoir qu'il avait signé un Protocole d'entente sur la coopération scientifique et logistique en Antarctique avec la Colombie et la Pologne.

294. Le COMNAP a présenté le document d'information IP 136, intitulé *« COMNAP Antarctic Station Catalogue Project »* [Projet de catalogue des stations du COMNAP], qui est en lien direct avec la base de données du COMNAP (IP 64) et qui soutient l'objectif d'échange des informations et de collaboration internationale. Le projet est permanent et plus important encore, les informations du futur catalogue seront automatiquement mises

à jour en ligne dans le SIG du COMNAP à mesure que les Programmes antarctiques nationaux mettent à jour les informations de leurs bases de données. Le COMNAP a accueilli le point de vue de la RCTA sur d'autres champs de données qui pourraient se révéler utiles dans de futures révisions du SIG ou de la base de données.

295. La Bulgarie a présenté le document d'information IP 138, intitulé « *Polar Scientific and Outreach Cooperation Between Bulgaria and Turkey* » [Coopération scientifique et de sensibilisation polaires entre la Bulgarie et la Turquie], préparé conjointement avec la Turquie. Il informe la Réunion d'un protocole d'entente entre l'Institut antarctique bulgare et le Centre de recherche polaire de l'université technique d'Istanbul, en Turquie, qui a donné lieu à un échange de scientifiques organisé entre les deux programmes. Des universitaires des deux pays se sont aussi rendus visite et ont participé aux événements de l'Association of Polar Early Career Scientists (APECS).

296. Le Pérou a présenté le document d'information IP 155, intitulé « *Creando espacios de colaboración: Reunión de Administradores de Programas Antárticos Latinoamericanos* » [Création d'espaces de collaboration : Réunion des administrateurs des programmes d'Amérique latine en Antarctique], conjointement préparé avec l'Argentine, le Brésil, le Chili, l'Équateur et l'Uruguay. Le document signale que les coauteurs participent annuellement à la Réunion des administrateurs des programmes d'Amérique latine en Antarctique (RAPAL), qui est le forum de coordination d'Amérique latine sur des sujets scientifiques, logistiques et environnementaux pour des questions relatives à l'Antarctique. Le Pérou a également constaté que 27 RAPAL avaient eu lieu à ce jour, ce qui a facilité la coordination et la coopération entre les pays en ce qui concerne le développement d'opérations en Antarctique. Les conclusions des réunions ont inclus un manuel de prévention des accidents en Antarctique, un manuel des premiers secours (Recommandation XXI-12) et un manuel des lignes directrices pour la protection de l'environnement en Antarctique (Recommandation XXIII-2).

297. Le Kazakhstan a présenté le document d'information IP 170, intitulé « *The Kazakh Geographical Society* » [La Société géographique kazakhe], qui fait référence aux trois expéditions antarctiques et arctiques entreprises par la Société géographique kazakhe depuis 2011. Il a souligné que la Société géographique kazakhe représentait le Kazakhstan pour la seconde fois à la RCTA. Il a également indiqué que, conjointement à des organisations

scientifiques, éducatives et autres, la Société géographique kazakhe étudiait la possibilité d'établir une station scientifique automatique en Antarctique.

298. Les documents suivants ont également été soumis sous ce point de l'ordre du jour, et considérés tels que présentés :

- Document d'information IP 18, intitulé « *Participación Venezolana en la Antártida 2017* » [Participation du Venezuela en Antarctique en 2017] (Venezuela). Ce document établit un bref compte-rendu de la seconde étape du projet bilatéral intitulé « Estudio de la reflectancia espectral en Península Fíldes, Isla Rey Jorge, Antártida marina », avec l'Institut chilien de l'Antarctique (INACH), l'Université de Santiago du Chili (USACH) et l'Institut scientifique vénézuélien (IVIC). Le Venezuela a remercié le Chili de sa collaboration et de son soutien pendant ce projet.

- Document d'information IP 62, intitulé « *IV Expedición Científica de Colombia a la Antártica Verano Austral 2017-2018 "Almirante Tono"* » [IVᵉ expédition colombienne en Antarctique « Almirante Tono » pendant l'été austral 2017-2018] (Colombie). Ce document signale la planification d'une expédition en Antarctique pendant la saison 2017-2018, ses objectifs scientifiques et la coopération internationale impliquée.

299. Les documents suivants ont également été soumis sous ce point de l'ordre du jour :

- Document d'information IP 174, intitulé « *Report from Asian Forum for Polar Sciences to the ATCM XL* » [Rapport du forum asiatique en matière de sciences polaires à la XLᵉ RCTA] (Chine).

- BP 2, intitulé « *Scientific and Science-related Cooperation with the Consultative Parties and the Wider Antarctic Community* » [Coopération scientifique et de nature scientifique avec les Parties consultatives et l'ensemble de la communauté antarctique] (République de Corée).

- BP 6, intitulé « *South African National Antarctic Program (SANAP) : Science Highlights 2016/7* » [Programme national sud-africain en Antarctique : Faits scientifiques marquants 2016-2017] (Afrique du Sud).

- BP 11, intitulé « *Monitoring of Antarctic flora – new Ukrainian-Turkish cooperation, a key for understanding biodiversity in the Argentine Islands, West Antarctica* » [Contrôle de la flore en Antarctique : nouvelle coopération ukraino-turque, clé pour comprendre la biodiversité dans les îles argentines, Antarctique occidental] (Ukraine et Turquie).

- BP 12, intitulé « *Sightings of cetaceans during the First Joint Ukrainian-Turkish Antarctic Scientific Expedition 2016* » [Observation de cétacés pendant la première expédition ukraino-turque commune en Antarctique en 2016] (Ukraine et Turquie).

- BP 15, intitulé *« Incidencia de factores bióticos y abióticos en la composición y abundancia de la comunidad fito planctónica y las migraciones zoo planctónicas en la Antártida, las islas Galápagos y el Ecuador continental »* [Effet des facteurs biotiques et abiotiques sur la composition et l'abondance de communautés de phytoplancton et sur la migration de zooplancton en Antarctique, îles Galápagos et Équateur continental] (Équateur).

- BP 16, intitulé *« Estudio de la dinámica poblacional y adaptación al cambio climático de microorganismos acuáticos de los cuerpos de agua dulce en la Isla Dee, Islas Shetland del Sur »* [Étude de la dynamique des populations et adaptation au changement climatique de microorganismes aquatiques dans les zones d'eau douce de l'île de Dee, îles Shetland du Sud] (Équateur).

- BP 17, intitulé *« Estudio comparativo de la diversidad liquénica antártica versus andina con fines de bioprospección y biomonitoreo »* [Étude comparative de l'Antarctique et de la diversité des lichens andins à des fins de bioprospection et de biosurveillance] (Équateur).

- BP 18, intitulé *« Inventario y caracterización preliminar de la biodiversidad de moluscos marinos en transeptos litorales de la estación antártica ecuatoriana Pedro Vicente Maldonado »* [Inventaire et description préliminaire de la biodiversité de mollusques marins dans les transepts côtiers de la station antarctique équatorienne de Pedro Vicente Maldonado] (Équateur).

- BP 19, intitulé *« Tratamiento de lodos de la planta de aguas residuales de la Estación Científica Pedro Vicente Maldonado (2016-2017) »* [Traitement de la boue à la station de traitement des eaux usées de la station Pedro Vicente Maldonado (2016-2017)] (Équateur).

- BP 21, intitulé *« The Polish Programme on Polar Research and Strategy of Polish Polar Research – concept for years 2017-2027 »* [Programme polonais de recherche polaire et stratégie de recherche polaire polonaise – concept pour les années 2017-2027] (Pologne).

Expéditions

300. La Colombie a présenté le document d'information IP 58, intitulé *« Expediciones Científicas de Colombia a la Antártida »* [Expéditions scientifiques colombiennes en Antarctique], et le document d'information IP 62, intitulé *« IV Expedición Científica de Colombia a la Antártica Verano Austral 2017-2018 "Almirante Tono" »* [IVᵉ expédition colombienne en

Antarctique « Almirante Tono » pendant l'été Austral 2017-2018]. Ces documents illustrent les efforts continus de la Colombie dans les domaines de la protection de l'environnement et des recherches scientifiques en Antarctique. La Colombie a souligné que sa quatrième expédition en Antarctique aurait lieu en novembre 2017.

301. Le Japon a présenté le document d'information IP 85, intitulé « *Japan's Antarctic Research Highlights 2016-17* » [Faits marquants sur la recherche japonaise en Antarctique 2016-2017]. Ce document décrit diverses activités de recherche réalisées par l'Expédition de recherche japonaise en Antarctique (JARE) dans la zone de la station de Syowa, notamment un radar atmosphérique à grande échelle situé dans la station de Syowa (PANSY) qui dirigeait la deuxième Étude de couplage interhémisphérique par observation et modélisation (ICSOM2) pour de meilleures prévisions sur les changements climatiques futurs ; des observations exhaustives sur le transport d'aérosols via des véhicules aériens sans pilote ; et une enquête géologique commune dans l'Antarctique oriental invitant des géologues d'Indonésie, de Mongolie et de Thaïlande, sous l'égide du Forum asiatique pour les sciences polaires dans le but de reconstruire l'histoire géologique passée de l'Antarctique.

302. La Turquie a présenté le document d'information IP 91, intitulé « *Turkish Antarctic Expedition 2016-2017 (TAE - I) Experiences* » [Expéditions turques en Antarctique 2016-2017 (TAE – I) Expériences], qui expose, dans les grandes lignes, la toute première expédition nationale et indépendante turque en Antarctique entre le 24 février et le 4 avril 2017. L'expédition était composée de neuf scientifiques issus de quatre différentes universités turques. Le document indique que les chercheurs se sont concentrés sur quatre domaines scientifiques : sciences physiques, sciences du vivant, géosciences et sciences humaines et sociales.

303. L'Équateur a présenté le document d'information IP 111, intitulé « *XXI Expedición Científica Ecuatoriana a la Antártida (2016-2017)* » [XXIᵉ expédition scientifique équatorienne en Antarctique (2016-2017)], qui décrit divers projets relatifs au développement de la station équatorienne en Antarctique « *Pedro Vicente Maldonado* ». Ceux-ci comprenaient trois programmes logistiques, de même que plusieurs recherches scientifiques orientées sur le climat et les technologies appliquées. L'Équateur a remercié l'Espagne et le Chili de leur soutien dans le cadre de ces efforts.

Climat

304. Le SCAR a présenté le document d'information IP 68, intitulé « *Update on activities of the Southern Ocean Observing System (SOOS)* » [Point sur les activités du Système d'observation de l'océan Austral (SOOS)], au nom du SOOS. Il a rappelé aux Parties que le SOOS était une initiative commune entre le SCAR et le Comité scientifique sur les recherches océaniques (SCOR), initié en 2011 et ayant pour mission de faciliter la collecte et la distribution d'observations essentielles en matière de dynamique et d'évolution des systèmes de l'océan Austral. Le SCAR a souligné que le SOOS était principalement financé par l'Australian Research Council's Antarctic Gateway Partnership, et que ce financement devait prendre fin au milieu de l'année 2018. Il a également indiqué que le SOOS avait mis au point un plan de développement sur cinq ans (version préliminaire disponible sur demande) qui énonce les ressources nécessaires à la réalisation du plan de mise en œuvre de cinq ans (*http://soos.aq/activities/implementation*). Les Parties intéressées ont été encouragées à contribuer à cette initiative internationale.

305. L'OMM a souligné l'importance des travaux effectués par le SOOS, notant que ce dernier était approuvé par les projets Climate Variability and Predictability (CLIVAR) et Climate and Cryosphere (CliC) du Programme mondial pour la recherche climatique (WCRP). L'OMM a remercié l'Australie et la Suède de leur soutien financier constant, tout en rappelant que le financement de cette initiative éatit uniquement garanti jusqu'au milieu de l'année 2018.

306. L'OMM a présenté le document d'information IP 113. intitulé « *The Global Cryosphere Watch and CryoNet* » [Veille mondiale de la cryosphère et CryoNet], qui indique que la Veille mondiale de la cryosphère (GCW) est directement associée aux priorités 9 et 10 du Plan de travail stratégique pluriannuel de la RCTA. L'OMM a indiqué qu'elle avait démarré la mise en œuvre de la GCW en 2015 afin de gérer le besoin en informations officielles relatives à l'état de la cryosphère mondiale passée, actuelle et future. Elle a souligné que lorsqu'elle serait pleinement opérationnelle, la GCW fournirait un accès étendu aux informations relatives à la cryosphère, par exemple, pour aider à la conception des infrastructures destinées à un climat froid, mieux gérer et protéger les écosystèmes terrestres, côtiers et marins, ainsi que pour mieux appréhender les facteurs environnementaux qui affectent la santé humaine.

307. L'OMM a indiqué qu'elle travaillait avec des partenaires afin d'élargir le réseau d'observation de la GCW, notamment son réseau principal de stations CryoNet. L'OMM a encouragé les Parties et les Observateurs à envisager de contribuer à la GCW en : examinant si l'une des stations d'observation qu'ils gèrent et opèrent en Antarctique pourrait être proposée comme site ou station CryoNet ; et en informant la GCW d'éventuelles sources existantes de données cryosphériques pour l'Antarctique qui pourraient contribuer au programme de la GCW et être rendues accessibles via le portail de données de la GCW.

308. L'OMM a également présenté le document d'information IP 114, intitulé « *The Polar Space Task Group: Coordinating Space Data in the Antarctic Region* » [Groupe de travail sur l'espace polaire : coordination des données spatiales dans la région antarctique]. Le document indique que le mandat du groupe de travail sur l'espace polaire (PSTG) consiste à assurer la coordination entre les agences spatiales afin de faciliter l'acquisition et la distribution d'ensembles de données satellites fondamentales et de contribuer au, ou de soutenir le développement de produits dérivés spécifiques pour la recherche scientifique cryosphérique, polaire et de haute montagne, ainsi que ses applications. Il présente plusieurs produits satellites de l'Antarctique, notamment ceux qui sont associés aux calottes glaciaires, à la banquise et à l'atmosphère.

309. L'OMM a présenté le document d'information IP 116, intitulé « *Southern Hemisphere Key Activities and Special Observing Periods during the Year of Polar Prediction* » [Activités principales de l'hémisphère sud et périodes spéciales d'observation pendant l'année de la prédiction polaire]. Ce document résume les activités principales de l'Année de la prédiction polaire (APP), dont l'objectif était d'améliorer les capacités de prévision environnementales des régions polaires et au-delà. L'OMM a signalé que les activités principales de l'APP incluaient : des périodes d'observation intenses dédiées à des mesures de routine et à des recherches liées à des phénomènes physiques ; le développement et l'amélioration de modèles de prévision numérique ; et la vérification et l'amélioration de services de prévision. Elle a signalé que l'APP mettrait en œuvre des périodes spéciales d'observations (SOP) et que les SOP de l'océan Austral étaient prévues du 16 novembre 2018 au 15 février 2019.

310. L'OMM a présenté le document d'information IP 117, intitulé « *The Antarctic Observing Network (AntON) to facilitate weather and climate information: an update* » [Réseau d'observation de l'Antarctique (AntON) pour faciliter

les informations relatives à la météorologie et au climat : mise à jour], préparé conjointement avec le SCAR. Ce document traite du Réseau d'observation de l'Antarctique (AntON), un réseau d'observation de l'air météorologique de surface et en altitude exploité par l'OMM en partenariat avec le SCAR, et fournissant des données destinées à alimenter la prévision météorologique numérique, ainsi qu'à des applications cryosphériques et climatiques en Antarctique. Bien que l'AntON ait donné une certaine visibilité à ses stations d'observation et aux observations effectuées, l'OMM a fait remarquer qu'il était nécessaire qu'elle soit informée de l'existence de toute nouvelle installation, ou de sites ne fonctionnant plus. Les coauteurs ont encouragé les Parties à notifier l'AntON *(AntON@wmo.int)* de toute modification relative aux stations ou aux plates-formes situées dans les régions de l'Antarctique pour lesquelles les données météorologiques (et associées, par exemple, l'épaisseur de neige) sont collectées.

311. La Norvège a présenté le document d'information IP 154, intitulé « *MADICE – Joint Initiative of Scientific Programme at CDML by India and Norway* » [MADICE – Initiative commune du programme scientifique au CDML par l'Inde et la Norvège], préparé conjointement avec l'Inde. Ce document fournit des informations sur le projet conjoint indo-norvégien MADICE (Dynamique du mouvement des masses et climat de la côte de la terre centrale de la Reine Maud (CDML), Antarctique oriental. Le MADICE a encouragé la collaboration visant à étudier la dynamique des glaces, le mouvement actuel des masses, l'évaluation millénaire de la région côtière de la terre centrale de la Reine Maud, et les changements antérieurs de la dynamique atmosphérique et de la banquise dans la région en utilisant de la télédétection par satellite, des mesures géophysiques sur le terrain et des carottes de glace. La Norvège a signalé que le programme fonctionnerait pendant quatre ans, de 2016 à 2020, et que celui-ci comprenait deux saisons communes au cours des étés australs 2016-2017 et 2017-2018.

Point 15a : Défis futurs de la science en Antarctique

312. Le Royaume-Uni a présenté le document de travail WP 1 intitulé *Défis futurs de la science antarctique – point de vue britannique*et a signalé qu'il visait à atteindre deux objectifs : encourager toutes les Parties à soumettre des informations sur leurs priorités scientifiques en Antarctique au cours des prochaines années afin d'identifier les synergies et les nouvelles opportunités de travail collaboratif et de coopération logistique ; et encourager la RCTA à

réfléchir au moment et à la manière de recevoir et de demander des conseils scientifiques. Il a également souligné l'utilité de la RCTA, s'interrogeant sur l'utilité d'identifier des priorités essentielles au cours des prochaines années, des domaines dans lesquels des conseils scientifiques spécifiques pourrait se révéler utiles, en pouvant éventuellement s'inspirer du Plan de travail stratégique pluriannuel.

313. La Réunion a remercié le Royaume-Uni pour son document et réaffirmé l'importance d'une coopération et d'une collaboration scientifique entre les Parties au Traité. Plusieurs Parties ont signalé que leurs Programmes nationaux antarctiques avaient développé ou étaient en train de développer des projets scientifiques stratégiques pour leurs travaux de recherche en Antarctique. Certaines Parties ont souligné que des informations relatives à des projets et à des priorités scientifiques nationales en Antarctique avaient été partagées au sein du STA par le passé, ce qui avait permis d'encourager des synergies et des collaborations efficaces. La Réunion a également signalé que des opportunités de coopération se révélaient souvent plus claires lorsque les Parties étaient en mesure d'identifier les chevauchements et les lacunes présentes entre les différents programmes scientifiques. De l'avis général, ce type de partage d'informations sur les priorités scientifiques en Antarctique et la collaboration en matière de programmes scientifiques doivent continuer à l'avenir.

314. En ce qui concerne la question sur la manière dont la RCTA a reçu et demandé des conseils scientifiques, certaines Parties ont estimé que le SCAR continuait à démontrer sa capacité à fournir des conseils scientifiques solides et factuels au CPE et à la RCTA. Ces Parties considèrent que la RCTA devrait éviter la duplication de travaux du SCAR. En réponse à ces préoccupations, le Royaume-Uni a clarifié son intention de ne pas dupliquer ni interrompre les processus actuels, mais plutôt d'encourager la RCTA à déterminer si elle était assez claire sur ses besoins scientifiques, et si elle était assez ouverte pour accueillir des contributions scientifiques. Il a également été noté que de telles réflexions sur les priorités scientifiques de la RCTA devraient permettre d'encourager des synergies, non seulement entre les Parties, mais également entre la RCTA et le SCAR, de même qu'entre la RCTA et des organismes extérieurs.

315. Le SCAR a indiqué qu'il était en train de développer de nouveaux programmes de recherche scientifique et que ce processus devrait fournir l'occasion aux Parties, via leurs organismes nationaux adhérents, d'influencer une science pertinente pour les politiques, qu'ils souhaitent peut-être voir apparaître dans leurs programmes.

316.   Le COMNAP a rappelé à la Réunion l'existence de son groupe d'experts scientifiques, dont la tâche est de contrôler les programmes scientifiques nationaux en Antarctique du SCAR, afin d'identifier des domaines de soutien logistique pouvant être gérés conjointement. Pour faciliter les discussions de la RCTA sur cette question, le COMNAP a encouragé la RCTA à fournir des commentaires sur le type d'informations nécessaires pour faciliter des discussions scientifiques futures en matière de défis.

317.   La CCAMLR a signalé qu'un symposium de deux jours, organisé pendant la Réunion du CS-CAMLR en octobre 2016, avait examiné la manière dont le CS-CAMLR pourrait prioriser ses recherches, dans le but de fournir des conseils à la Commission de la CCAMLR. Elle a fait remarquer que le symposium avait débouché sur un programme de travail quinquennal pour le CS-CAMLR et ses groupes de travail affiliés. La CCAMLR a encouragé la RCTA à fournir des commentaires quant au type d'informations pouvant servir au groupe d'experts scientifiques, dans le but de faciliter de futures discussions sur les défis scientifiques.

318.   Le SCAR a présenté le document de travail WP 4 intitulé *Prochains défis pour la science antarctique*, qui résume le Programme stratégique du SCAR 2017-2022 et identifie les futurs défis scientifiques essentiels. Le SCAR a encouragé les Parties à : faire appel à la remarquable efficacité du SCAR en matière d'identification de priorités scientifiques émergentes ; développer, faciliter et coordonner les recherches internationales en, sur et à propos de l'Antarctique et de l'océan Austral ; permettre des recherches interdisciplinaires complexes ; transformer les résultats des recherches en éléments probants prêts pour les politiques ; augmenter la capacité de recherche ; améliorer la connaissance de la valeur des recherches en, sur et à propos de l'Antarctique et de l'océan Austral ; et à faciliter les interactions avec d'autres accords internationaux d'approche scientifique. Le SCAR a également encouragé les Parties à continuer de reconnaître sa valeur et son rôle scientifique consultatif dans le Système du Traité sur l'Antarctique, notamment en encourageant les organismes nationaux adhérents et les scientifiques à intensifier leur soutien et leur participation aux activités du SCAR.

319.   Le COMNAP a présenté le document de travail WP 15 intitulé *Les projets Antarctic Science Horizon Scan (« Tour d'horizon de la science de l'Antarctique et de l'océan Austral ») du SCAR et Défis du plan d'action de l'Antarctique du COMNAP*, préparé conjointement avec le SCAR. L'analyse de l'horizon scientifique de l'Antarctique et de l'océan Austral du SCAR

a identifié 80 questions scientifiques de la plus haute priorité auxquelles les chercheurs aspirent à répondre. Ensuite, les Défis du plan d'action de l'Antarctique (ARC) du COMNAP ont été abordés. Ils constituent un effort communautaire visant à définir les étapes nécessaires pour répondre à ces 80 questions essentielles. Le projet ARC a fait rapport sur la technologie, l'accès, l'infrastructure, la logistique, les coûts et les niveaux de collaboration internationale requis.

320. Le COMNAP et le SCAR ont recommandé que la RCTA : utilise les résultats de ces projets pour qu'ils servent de base à ses délibérations sur les futurs défis scientifiques en Antarctique ; utilise ces résultats pour décrire et communiquer l'importance mondiale de la recherche en Antarctique et de son soutien aux décideurs et au public ; et considère que la réussite dépend des investissements nationaux dans les domaines de la science et des technologies de soutien scientifique, de même que de la disponibilité de logistique et d'infrastructures.

321. Les Parties ont remercié le COMNAP et le SCAR pour leurs importants travaux visant à identifier les défis en matière de recherche essentiels communs aux différentes Parties, de même que pour leur synthèse des principaux résultats de recherche à destinée à la formulation de conseils stratégiques avisés. Certaines Parties ont signalé que des différences dans l'organisation et le financement des Programmes nationaux antarctiques pourraient compliquer la coordination des efforts de recherche. Il a été également constaté que la RCTA devait clairement communiquer les priorités de recherche communes à la communauté de chercheurs active en Antarctique et aux gouvernements nationaux qui financent les recherches en Antarctique.

322. L'Australie a présenté le document de travail WP 30 intitulé *Coopération internationale pour la réalisation des objectifs scientifiques communs en Antarctique*, et a rappelé la priorité du Plan de travail stratégique pluriannuel dont l'objectif est « le partage et la discussion sur les priorités scientifiques stratégiques afin d'identifier et de saisir des opportunités de collaboration et de renforcement des capacités dans le domaine scientifique, tout particulièrement en ce qui concerne le changement climatique ». L'Australie a déclaré que pour faire avancer cette priorité, un engagement accru des Parties serait nécessaire. Elle a également constaté que l'intégration d'un point à l'ordre du jour portant sur les défis scientifiques futurs en Antarctique constituerait une manière judicieuse d'orienter les discussions axées sur ces questions lors de la XLᵉ RCTA. L'Australie a suggéré aux Parties

d'envisager de mener des discussions en période intersessions pour tirer parti des délibérations de la XLe RCTA et de préparer un rapport qui alimentera le débat lors de la XLIe RCTA.

323. Les Parties ont remercié l'Australie pour cette proposition concrète, qui permettrait de faire avancer le débat. Tout en prenant acte du défi plus général consistant à maintenir une interface efficace entre la science et la politique, certaines Parties ont mentionné les travaux du SCAR et du COMNAP ayant permis d'identifier des défis de recherche essentiels, et ont déclaré qu'il appartenait à la RCTA de procéder à la création de priorités politiques reposant sur ces travaux.

324. Plusieurs Parties ont souligné qu'il était important de poursuivre les discussions relatives à la coopération et aux priorités scientifiques, et ont souligné que les discussions devraient se concentrer sur l'identification de domaines d'intérêt scientifiques communs. Elles ont indiqué que ces discussions faciliteraient la mise sur pied d'éventuelles collaborations et garantiraient que la RCTA reste informée des priorités scientifiques communes.

325. La Réunion a salué l'offre de l'Australie de mener un groupe intersessions informel pour discuter des défis futurs de la science antarctique. Plusieurs Parties ont reconnu la valeur des travaux effectués par le SCAR et le COMNAP et ont souligné l'importance de déterminer les meilleurs moyens pour intégrer la recherche scientifique dans le forum de la RCTA plutôt que de répéter les procédures. La Réunion est convenue d'incorporer les futurs défis de la science antarctique au titre du point 15 de l'ordre du jour des prochaines RCTA, et à modifier l'intitulé du point comme suit : « Questions scientifiques, défis scientifiques à venir, coopération scientifique et facilitation ».

326. L'OMM a confirmé qu'elle serait heureuse de participer aux débats scientifiques à venir.

327. Reconnaissant la valeur des conférences scientifiques du SCAR pour faire face aux défis scientifiques, les Parties ont soutenu la proposition de programmer la conférence au début de la session plénière de la RCTA plutôt qu'à l'heure du déjeuner. Le SCAR a confirmé qu'il recueillerait les suggestions pour le thème de la conférence, et que celles-ci seraient étudiées par le Comité exécutif du SCAR.

328. La Finlande a présenté le document IP 122, intitulé « *The Future Challenges of Antarctic Research – The Finnish Perspective* » [Défis futurs de la

recherche antarctique - point de vue de la Finlande], qui présente les priorités et les principales questions futures de la recherche scientifique finlandaise en Antarctique. La Finlande a mis en lumière plusieurs éléments de recherche clés relatifs : à la banquise antarctique, aux calottes glaciaires et à la montée du niveau de la mer ; à la météorologie, l'océanographie et la glace de mer ; aux paramètres de forçage du climat, à la composition atmosphérique et aux interactions entre l'atmosphère, la cryosphère et l'océan ; à la biodiversité ; à la dynamique du manteau, aux grandes éruptions de magma et aux fragmentations continentales ; ainsi qu'aux activités anthropiques en Antarctique. La Finlande a noté que la recherche antarctique nécessitait une bonne coordination des efforts internationaux pour les observations *in situ*, les analyses des données disponibles ou nouvelles, et les expériences utilisant plusieurs types de modèles.

329. Le SCAR a présenté le document IP 161 *Que signifie pour l'Antarctique l'Accord de Paris sur le climat des Nations Unies ?* Les questions clés identifiées dans ce document et dans le document BP20 incluaient : la relation entre la Convention cadre des Nations Unies sur les changements climatiques (CCNUCC) et le STA, ses accords et le SCAR ; les conséquences pour l'Antarctique et l'océan Austral d'un réchauffement climatique de 1,5°C, 2°C, et de plus de 2°C en se basant sur les dernières données scientifiques internationales ; et le rôle que joue la perte de glace en Antarctique (mal compris et potentiellement sous-estimé) dans l'augmentation du niveau des océans à l'échelle internationale, qui constitue une incertitude majeure de la science climatique utile aux politiques. Le SCAR a également fait remarquer qu'il était essentiel de bien comprendre les impacts et les impacts évités si les objectifs de l'Accord de Paris sur le climat sont remplis, et qu'il s'agissait d'un défi scientifique futur majeur identifié par le SCAR et le COMNAP.

330. La Fédération de Russie a présenté le document IP 141, intutlé « *Russian-Swiss Antarctic Circumnavigation Expedition 2016-2017* » [Expédition de circumnavigation russo-suisse 2016-2017], qui décrit l'expédition de circumnavigation antarctique menée en 2016-2017 et organisée par l'Institut polaire suisse. Le document précise que l'expédition a démontré l'importance de la coopération scientifique et logistique internationale dans l'étude de la région antarctique et subantarctique. Il y est également indiqué que de nombreux scientifiques de différents pays ont eu l'occasion de mener leurs recherches en dehors des régions d'activité traditionnelles menées par des Programmes antarctiques nationaux. Le document souligne également que l'expédition a contribué au renforcement des connaissances scientifiques des îles subantarctiques.

331. La Fédération de Russie a présenté le document IP 142, intitulé « *To question on the project of the international scientific drifting station "Weddell-2"* » [Remise en question du projet de la station de recherche flottante de Wedell-2]. Le document souligne que 25 ans se sont écoulés depuis l'ouverture de la station de recherche flottante conjointe (Russie/États-Unis) dans la partie sud-ouest de la mer de Wedell en Antarctique. Il présente à la RCTA des informations sur les accomplissements scientifiques effectués à la station flottante de Wedell-1, et précise que lors d'une réunion organisée à St-Pétersbourg en février 2017, les participants avaient examiné une proposition de renouveler l'expérience. La Fédération de Russie a invité toutes les Parties intéressées à former un comité organisateur.

332. Le document suivant a également été soumis au titre de ce point de l'ordre du jour :

- Document BP 20, intitulé « *Conférence du SCAR : Que signifie pour l'Antarctique l'Accord de Paris sur le climat des Nations Unies ?* » (SCAR).

Point 16 : Répercussions du changement climatique sur la gestion de la zone du Traité sur l'Antarctique

333. Le Royaume-Uni a présenté le document d'information IP 71, intitulé « *Agreement by CCAMLR to establish time-limited Special Areas for Scientific Study in newly exposed marine areas following ice shelf retreat or collapse in the Antarctic Peninsula region* » [Accord de la CCAMLR en vue d'établir des Zones spéciales limitées dans le temps pour l'étude scientifique dans des zones marines nouvellement exposées à la suite d'un retrait ou d'un effondrement de barrières de glace dans la région de la péninsule antarctique], préparé conjointement avec l'Allemagne, la Belgique, l'Espagne, la Finlande, la France, l'Italie, les Pays-Bas, la Pologne et la Suède. Le document décrit la mesure de conservation MC 24-04 de la CCAMLR, qui fournit un mécanisme de désignation des zones spéciales pour la recherche scientifique, et les mesures de gestion qui s'appliqueraient dans ces zones. Le document indique également que la RETA sur le changement climatique (2010) avait recommandé « que le CPE envisage, et conseille la RCTA en conséquence, des méthodes par lesquelles une protection temporaire automatique pourrait être accordée aux zones nouvellement exposées, comme les zones marines exposées à la suite d'un effondrement de falaise de glace. » (Recommandation 10). Les co-auteurs du document

ont invité la RCTA à examiner la mesure de conservation MC 24-04 de la CCAMLR, tel que résumée dans le document, comme contribution positive pour la mise en œuvre de cette recommandation.

334. Le SCAR a présenté le document d'information IP 80 rév. 1, intitulé *« Antarctic Climate Change and the Environment – 2017 Update »* [Changement climatique et environnement en Antarctique – mise à jour 2017]. Le SCAR a attiré l'attention sur le nouveau format de ce rapport, conçu de façon à être accessible à un large public. Le document offre également une mise à jour de l'évolution du climat antarctique et du rapport sur l'environnement. Il présente des points de vue sur les avancées scientifiques récentes plutôt qu'un rapport de synthèse via l'observation des changements affectant les environnements physique et biologique d'Antarctique. Le SCAR a mis en évidence les études apportant des preuves : que l'océan Austral se réchauffe beaucoup plus rapidement et à des profondeurs plus importantes que partout ailleurs dans le monde ; d'invasions d'espèces non indigènes dans l'environnement marin ; et du déclin de la reproduction du manchot d'Adélie en raison de la diminution de la banquise.

335. Le Royaume-Uni a remercié le SCAR pour son engagement à fournir une mise à jour annuelle sur le changement climatique et l'environnement en Antarctique. Prenant acte que les conséquences du changement climatique en Antarctique, et notamment l'effondrement et le retrait de la plate-forme de glace, ont une portée mondiale, le Royaume-Uni a encouragé le SCAR à continuer de fournir ces mises à jour dans un format aussi clair et intelligible que celui du document IP 80 rév. 1.

336. L'OMM a présenté le document d'information IP 118, intitulé *« Progress Update on WMO Polar Regional Climate Centres »* [Point sur les progrès des centres polaires régionaux sur le climat de l'OMM], qui énumère les développements fructueux réalisés en Arctique. L'OMM a informé la Réunion qu'elle prenait des mesures pour élaborer un réseau de centres polaires régionaux antarctiques sur le climat afin de créer des centres d'excellence destinés à générer des produits climatiques régionaux sur le plan opérationnel, y compris en matière de suivi et de prédictions climatiques, en soutien aux activités climatiques régionales et nationales. L'OMM a précisé que l'un des objectifs principaux était de répondre aux besoins des Programmes antarctiques nationaux en termes de renseignements généraux, ciblés et officiels, en vue de soutenir les décisions efficaces et de réduire les risques encourus par les personnes et l'environnement. Le document fait également mention de la pertinence de cette initiative de l'OMM par rapport

au Plan de travail stratégique pluriannuel de la RCTA, et en particulier aux priorités 9 et 10. Le document encourage les Parties consultatives et non consultatives à la RCTA à aider l'OMM à se mettre en contact avec leurs services météorologiques nationaux et leurs Programmes antarctiques nationaux ; et invite les Observateurs, Experts et autres Parties intéressées à prendre part à l'atelier exploratoire de 2018 qu'elle projette d'organiser dans le cadre du réseau de centres polaires régionaux antarctiques sur le climat (APRCC). Il présente également des orientations et des commentaires pour clarifier les exigences et les priorités de l'utilisateur.

337. L'ASOC a soumis le document d'information IP 147, intitulé *« Climate Change Report Card »* [Rapport sur le changement climatique], présentant une mise à jour sur les découvertes scientifiques sur le climat antarctique et des nouveaux titres. L'ASOC a fait savoir que ce document avait déjà fait l'objet de discussions approfondies au CPE. Elle a recommandé que les Parties et les organes associés, y compris le SCAR et l'OMM, continuent de : développer des mécanismes pour la présentation de rapports par la RCTA sur les informations relatives au climat antarctique à un public plus large ; développer des plans de gestion préventifs ou d'intervention rapide pour répondre aux évènements climatiques soudains ; et établir des zones protégées pouvant faire office de zones de référence afin que les changements climatiques ne soient pas ou peu influencés par les activités locales et régionales.

338. Le Secrétariat a présenté le document SP 8 *Actions adoptées par le CPE et la RCTA à la suite des recommandations de la RETA sur les changements climatiques* (STA) et a demandé des orientations pour les préparations futures de ces documents. Le Secrétariat a rappelé à la Réunion qu'il avait continué à informer la RCTA et le CPE sur le statut des recommandations élaborées par la RETA sur le changement climatique (2010) depuis 2011. Il a attiré l'attention des Parties sur le fait que le CPE incluait les recommandations relevant de sa compétence dans le Plan de travail en réponse au changement climatique du CPE. Tout en notant que les recommandations 4-6 ne relevaient pas de la compétence du CPE, il a suggéré qu'il y avait peu d'éléments à examiner. Le Secrétariat a déclaré qu'il pensait que la Recommandation 4 avait été satisfaite.

339. La Réunion a remercié le Secrétariat pour ce document, et a suggéré que la Réunion approuve le travail du CPE et l'autorise à le poursuivre.

340. Les documents suivants ont également été soumis au titre de ce point de l'ordre du jour :

- IP 152 rév. 1, intitulé « *Tracking Antarctica - A WWF report on the state of Antarctica and the Southern Ocean* » [Suivi de l'Antarctique - Rapport du WWF sur l'état de l'Antarctique et de l'océan Austral] (ASOC).

Point 17 : Activités touristiques et non gouvernementales dans la zone du Traité sur l'Antarctique

Révision des politiques relatives au tourisme

341. Le Secrétariat a soumis le document SP 9 *Mise à jour sur l'état actuel des recommandations concernant l'étude 2012 du CPE relative au tourisme.* Rappelant une demande de la XXXIXe RCTA au Secrétariat (Rapport final de la XXXIXe RCTA, para. 245), le document présente une analyse du statut des huit recommandations proposées par l'étude du CPE relative au tourisme (XVe CPE, 2012) et souligne que ces questions sont toujours en attente d'un examen plus approfondi. Il y est noté que la plupart des recommandations étaient toujours en attente d'actions de la part des Parties ou du CPE.

342. Pour ce qui est des recommandations visant à créer une base de données sur les activités touristiques gérées par la RCTA (Recommandations 1 et 2), le Secrétariat a noté que, bien que le SEEI remplisse une grande partie des fonctions d'une base de données sur les activités touristiques, il n'incluait pas de répertoire centralisé des sites visités.

343. À la suite d'une demande de la Nouvelle-Zélande de s'attarder sur les étapes techniques nécessaires au développement et à la mise en œuvre d'une base de données centralisée sur le tourisme, le Secrétariat a démontré aux Parties que si des informations étaient bel et bien disponibles sur le site du Secrétariat du Traité sur l'Antarctique, celles-ci étaient lacunaires et qu'aucune information relative aux visites des sites n'était disponible à ce jour.

344. L'IAATO a fait part de son expérience en matière d'élaboration de base de données électronique sur les activités de ses membres et a noté qu'elle utilisait une nomenclature spécifique pour les noms des sites et une méthode d'emploi des menus déroulants pour une meilleure cohérence. Elle a également souligné qu'elle était toujours déterminée à informer la Réunion de toute mise à jour de ses systèmes qui pourrait aider à communiquer les travaux du Secrétariat.

345. L'Argentine a fait remarquer qu'accéder à davantage d'informations détaillées sur les activités touristiques serait bénéfique à toutes les Parties.

Elle a également noté que si la Réunion comprenait la nécessité d'une base de données sur le tourisme, la nature des informations qu'elle reprendrait devrait faire l'objet de plus amples considérations. Elle a souligné que pour ce faire, les coordonnées et les noms des sites devraient être harmonisés et les informations relatives à la disponibilité des lignes directrices pour les sites devraient être incluses. Elle a également noté que la question des langues différentes devrait être examinée.

346. Le Royaume-Uni a pris acte que l'IAATO disposait d'une base de données exhaustive, couvrant les activités de leurs membres. Bien que celle-ci n'inclue pas les opérateurs non membres de l'IAATO ni les informations relatives aux visites de sites par les opérateurs de Programmes antarctiques nationaux, elle incorpore un grand nombre de renseignements issus des années précédentes qui offrent des indications fiables sur les activités de visite globales en Antarctique, y compris dans des sites spécifiques. Bien qu'une base de données exhaustive du STA soit désirable, sa mise en place serait complexe et coûteuse, et le Royaume-Uni a suggéré qu'il y avait assez d'informations accessibles pour répondre à de nombreuses questions sur le tourisme.

347. La RCTA n'est pas parvenue à dégager un consensus à propos des mesures que devrait prendre le Secrétariat par rapport au répertoire centralisé des sites et des activités touristiques. Elle est convenue que les Parties devraient réfléchir à la question lors de la période intersessions suivante et se tenir prêtes à en discuter lors de la XLIe RCTA.

348. La Nouvelle-Zélande a présenté le document de travail WP 31, intitulé « *Une approche stratégique de l'écotourisme* ». La Nouvelle-Zélande a rappelé que la XXXIXe RCTA était convenue d'initier le développement d'une vision commune pour le tourisme en Antarctique (XXXIXe RCTA - WP 28). Elle a noté que le document de travail WP 31 établissait un cadre général qui s'appuie sur les travaux antérieurs de la RCTA relatifs au tourisme, notamment le cadre prévu par la Résolution 7 (2009) *Principes généraux du tourisme antarctique*, pour présenter une approche stratégique axée sur une gestion active et efficace des activités touristiques par les Parties. Tout en notant que la Résolution 7 (2009) restait pertinente et représentait les valeurs communes de la RCTA en ce qui concerne le tourisme, la Nouvelle-Zélande a souligné qu'une approche stratégique de l'écotourisme nécessitait une plus grande mise en œuvre opérationnelle de ces principes.

349. La Nouvelle-Zélande a pris acte qu'il conviendrait d'appuyer et d'orienter une approche stratégique de l'écotourisme au moyen d'une surveillance

complète et de données utilisables gérées efficacement, harmonisées et facilement transmissibles entre les Parties. Elle a en outre mis l'accent sur le fait qu'une approche stratégique doit être flexible et réactive, avec des révisions régulières des Mesures existantes, la mise en place de mesures et recommandations existantes et le développement de nouvelles Mesures en réponse aux données de suivi environnemental ou les analyses des rapports des opérateurs effectuées après les visites. La Nouvelle-Zélande a réaffirmé que le tourisme antarctique devrait être réglementé par les Parties au Traité sur l'Antarctique. Elle a par ailleurs fait remarquer que l'expertise collective des exploitants touristiques pouvait être bénéfique pour apporter une perspective opérationnelle sur l'élaboration de nouvelles mesures Le document de travail WP 31 incluait deux recommandations : que la RCTA adopte son approche stratégique proposée et qu'elle affecte du personnel au Plan de travail stratégique pluriannuel pour amorcer la mise en œuvre opérationnelle de cette approche stratégique à compter de la XLIᵉ RCTA.

350. La Réunion a remercié la Nouvelle-Zélande pour ce document et a réitéré son engagement à la mise en place d'une approche stratégique de la gestion touristique. Au sujet de la mise place proposée des principes généraux du tourisme antarctique, les Parties ont échangé de nombreux points de vue.

351. L'Argentine a noté que, puisque le tourisme n'avait pas beaucoup augmenté au cours de la dernière décennie, elle considérait qu'il n'était pas urgent de s'atteler au développement d'une approche commune à la gestion touristique. D'autres Parties ont souligné que la gestion du tourisme était une priorité.

352. La Chine a insisté sur l'importance de traiter la question du tourisme dans le cadre du Système du Traité sur l'Antarctique, et a ajouté que les actions à mener devaient être fondées sur un examen approfondi et des données fiables.

353. Plusieurs Parties ont manifesté leur préférence pour une « vision » stratégique plutôt qu'une « approche », car cela permettrait de mieux comprendre les intentions des Parties et d'appréhender les résultats. D'autres Parties ont préféré une approche stratégique, étant donné que la vision stratégique avait déjà été articulée dans les principes généraux en 2009. Plusieurs Parties ont insisté sur l'importance de considérer le tourisme comme une activité dynamique, en perpétuelle évolution, et souligné le besoin d'y apporter une réponse tout aussi dynamique et efficace de la part de la RCTA.

354. Certaines Parties ont attiré l'attention sur l'importance du développement d'une approche stratégique pour les questions relatives à la gestion du

suivi et des données du tourisme en Antarctique. Le Canada a noté que ses procédures nationales régissant la délivrance de permis exigeaient que les candidats s'engagent à contrôler les activités et à fournir des rapports post-visites, mais a précisé qu'une approche de suivi harmonisée améliorerait l'opérabilité et les occasions de partage de données. Certaines Parties sont convenues que de plus amples échanges d'informations sur les permis existants pour les organisations touristiques et non gouvernementales au sein des juridictions nationales pourraient s'avérer très utiles.

355. Le Royaume-Uni a suggéré que le SCAR pourrait être en mesure d'apporter son aide pour approfondir les travaux relatifs au suivi et à la collecte systématique de données sur les sites visités.

356. Le SCAR a informé la Réunion qu'il avait amorcé, conjointement avec l'IAATO, un projet biennal visant à élaborer un plan de conservation systématique (PCS) pour la péninsule antarctique, notamment en vue de planifier la durabilité à long terme du tourisme antarctique (décrit dans le document IP 166). Le SCAR a expliqué que l'approche PCS permettait de déterminer les sites les plus appropriés à différentes activités afin d'arriver à une solution optimale qui prendrait en compte les différents intérêts des parties prenantes. Le SCAR a par ailleurs pris acte que de nombreuses données et technologies pouvaient être employées pour développer le PCS, comme les données collectées via la télédétection.

357. La Fédération de Russie a constaté avec inquiétude que beaucoup de Mesures relatives au tourisme et aux activités non gouvernementales adoptées lors de RCTA n'étaient pas encore en vigueur et a insisté sur la nécessité d'une approche commune aux Parties en ce qui concerne ces questions. Elle a également mis en avant le besoin de partager les informations sur les activités non autorisées menées en Antarctique.

358. Les Parties ont soulevé d'autres points, tels que : le besoin de tenir compte de la diversification des activités touristiques ; le besoin d'envisager de nouvelles réglementations sur les infrastructures permanentes pour le tourisme ; l'importance de maintenir le dialogue avec l'IAATO et l'industrie ; et l'importance de garantir un tourisme sûr et respectueux de l'environnement en Antarctique. Plusieurs Parties ont déclaré qu'elles pensaient que la Réunion devrait évaluer les avancées en matière de promotion des principes généraux avant de réviser la Recommandation 7 (2009).

359. L'ASOC a remercié la Nouvelle-Zélande pour son document et a noté qu'elle suivait la question du tourisme en Antarctique avec un grand intérêt depuis

de nombreuses années durant lesquelles l'industrie avait subi de grands changements. L'ASOC a souligné le caractère dynamique du tourisme antarctique et qu'il était temps pour les Parties de prendre des mesures plus radicales, et que le WP 31 offrait un moyen d'avancer dans ce sens. À cet égard, l'ASOC a souligné sa conviction que les Parties devraient entreprendre une révision totale de la question du tourisme antarctique incluant les opérateurs membres et non membres de l'IAATO et ses modalités, comme les opérations touristiques terrestres et aériennes, ainsi que le tourisme de croisière. L'ASOC a conclu en précisant qu'il était important que l'évolution du tourisme antarctique n'échappe pas au contrôle des Parties.

360. L'IAATO a remercié la Nouvelle-Zélande pour le document et a encouragé les Parties à poursuivre leurs efforts en vue du développement d'une approche stratégique au tourisme en Antarctique. L'IAATO a mis en exergue la Mesure 15 (2009) et la Résolution 7 (2009), considérant qu'elles constituaient des avancées importantes pour encadrer les évolutions dans ce domaine et pour l'élaboration de documents d'orientation à l'attention des opérateurs touristiques. Elle a souligné l'importance d'une collaboration continue, d'autant plus que les Parties officient en tant qu'autorités compétentes pour la délivrance des permis pour les activités touristiques dans la zone du Traité sur l'Antarctique. Tout en notant qu'en tant que groupe industriel, l'IAATO était en mesure de réagir rapidement aux défis qui se présentent, elle a rappelé que la sanction ultime pour ceux qui ne respectent pas les règles est l'expulsion de l'association. Elle a fait savoir qu'elle estimait que les Parties et la RCTA avaient le rôle majeur de fournir un cadre juridique solide afin de garantir que le tourisme en Antarctique reste sûr et écologiquement responsable. L'IAATO a remercié les Parties pour leur coopération continue et s'est engagée à poursuivre le travail avec la Réunion.

361. Prenant ces réflexions en considération, la Nouvelle-Zélande, en consultation avec plusieurs Parties, a proposé de développer les Principes généraux sur le tourisme en Antarctique (2009) et de les rendre praticables et opérationnels par le biais de six pistes d'action :

- S'assurer que les activités touristiques restent sous la gouvernance du système du Traité sur l'Antarctique.
- Mettre en œuvre une approche cohérente de la gestion des activités touristiques, qui utiliserait les meilleures données scientifiques disponibles, se fonderait sur une compréhension commune que ces activités doivent générer un impact minime ou transitoire, et prendrait en compte l'approche de précaution.

- S'informer de l'impact environnemental du tourisme en Antarctique grâce à un programme de suivi environnemental et de collecte de données systématisés, y compris en partageant les informations des EIE.

- S'assurer que la RCTA adopte une approche de précaution systématique et proactive pour évaluer et gérer les sites utilisés par les visiteurs et appliquer les outils de gestion appropriés.

- Travailler avec l'industrie du tourisme à l'identification et à la résolution des problèmes résultant des activités touristiques.

- Mettre en place et maintenir tout instrument relatif aux activités touristiques dans un délai convenable.

362. La Réunion a remercié la Nouvelle-Zélande pour ses efforts. Certaines Parties ont noté qu'ils craignaient que les six points identifiés ne soulèvent d'autres problèmes qui nécessiteraient de plus amples discussions et considérations avant de pouvoir être approuvés par la RCTA. La Réunion a salué les discussions sur les mécanismes destinés à mettre en pratique les Principes généraux sur le tourisme en Antarctique (2009) à la XLIᵉ RCTA.

363. La Fédération de Russie a soumis le document de travail WP 22 *Activité non gouvernementale en Antarctique – la réalité actuelle, qui nécessite une réglementation juridique* qui décrit les problèmes actuels avec les activités non gouvernementales et le besoin de réglementation. Tout en notant que les organisations non gouvernementales coopéraient de façon satisfaisante avec les Parties dans la zone du Traité depuis de nombreuses années, le document indique les défis qui peuvent apparaître lorsque l'organisateur représente un groupe international sans adresse légale claire, ou si les activités non gouvernementales impliquent la construction ou l'exploitation de stations. Elle a rappelé aux Parties que les propriétés privées pouvaient être vendues, louées, héritées ou hypothéquées, et que le propriétaire légal avait le droit d'utiliser la propriété comme bon lui semblait, même si cela entre en contradiction avec le rôle de l'Antarctique dans la communauté mondiale. Mettant en lumière l'accès simplifié à l'Antarctique et l'émergence de nouvelles activités non traditionnelles, la Fédération de Russie a noté que l'augmentation des risques associés aux activités non gouvernementales constituait un nouveau défi pour le système du Traité sur l'Antarctique.

364. La Fédération de Russie a attiré l'attention sur l'évènement de la « Biennale sur l'Antarctique » de mars 2017, qui a eu lieu alors même qu'elle avait refusé d'octroyer un permis pour une activité : le permis de tourisme du navire avait été utilisé pour justifier l'activité. Elle a également mentionné de la construction d'une station Antarctique avec des fonds privés. La Fédération de Russie a

proposé que la RCTA établisse un GCI permanent, organisé dans le cadre du forum de la RCTA, dans lequel les participants pourraient échanger des opinions, débattre sur le développement des activités non gouvernementales en Antarctique et préparer des propositions pratiques pour considération à la RCTA.

365. Plusieurs Parties ont salué l'identification des problèmes que peut entraîner l'implication d'un partenaire privé dans la construction d'une station. Les Parties ont noté que la nature des activités non gouvernementales n'était pas statique, qu'elles croissaient en nombre et en variété, et qu'une réglementation efficace devrait pouvoir parer aux nouveaux développements. Elles ont aussi insisté sur l'importance de la sécurité. L'ASOC a exprimé l'opinion que ces développements devraient être pris en considération dans la gestion stratégique du tourisme.

366. La Réunion a remercié la Fédération de Russie pour son exposé très utile et a consenti à poursuivre les discussions sur la question via le sous-forum existant des autorités compétentes.

367. La Fédération de Russie a présenté le document de travail WP 23 *Nouveaux défis liés à la navigation à voile en Antarctique pour le Système du Traité sur l'Antarctique*. Elle a noté la difficulté et les intérêts liés à la réglementation des voiliers naviguant en Antarctique. Elle a donné l'exemple du voilier russe Peter I, qui a répété les voyages non autorisés en Antarctique pendant la saison 2016-2017. Elle a remercié le Chili d'avoir intercepté le voilier en question et informé la Russie qu'il avait été observé en Antarctique sans autorisation légale. Elle a noté que la CCAMLR disposait d'une « liste noire » des navires de pêche INN sans permis, et a proposé que les Parties établissent une liste du même type référençant les voiliers naviguant en Antarctique sans permis.

368. Plusieurs Parties ont rappelé l'importance d'un échange efficace d'informations. Elles ont noté que ces échanges pouvaient se faire par le biais du SEEI, les sous-forums des autorités compétentes ou via les canaux diplomatiques formels. Elles ont fait part que l'État du port et l'État du pavillon avaient des responsabilités différentes mais qu'ils avaient tout autant besoin d'être tenus informés. Elles ont aussi souligné l'importance de signaler toute observation de navire non autorisé en temps opportun afin de permettre des actions coercitives.

369. Bien que les Parties et l'IAATO soient convenues de l'importance de faire respecter la loi, certaines Parties ont fait savoir que la mise en place d'une « liste noire » pourrait créer des problèmes juridiques.

370. L'Afrique du Sud a informé la Réunion qu'elle avait eu des démêlés juridiques durant la saison estivale antarctique 2016-2017 avec un aventurier sud-africain de renom qui avait refusé de suivre les procédures établies, ignoré ses avis et décidé d'entreprendre une traversée de l'Antarctique sans autorisation. L'Afrique du Sud a également avisé la Réunion qu'elle avait, par conséquent, rajouté cette expédition parmi les activités non autorisées dans leur rapport de pré-saison 2016-2017 sur le SEEI. Elle a également noté que l'individu en question avait pénétré dans une ZSPA et un SMH sans autorisation préalable au cours d'une expédition menée en 2008. Cet individu avait en outre confirmé qu'il n'aurait pas besoin de l'aide d'un programme antarctique national, mais a fini par requérir une assistance pour rejoindre son voilier car il n'arrivait pas à franchir la banquise. L'Afrique du Sud a par ailleurs informé la Réunion d'une deuxième expédition aérienne planifiée qu'elle n'avait pas autorisée à pénétrer en Antarctique car l'opérateur ne satisfaisait pas aux exigences en matière de soutien à l'expédition. Au vu de ses expériences, l'Afrique du Sud s'est demandée si le simple référencement d'une activité non autorisée dans le SEEI était suffisant, et a donc marqué son soutien à la proposition russe d'un système de liste noire.

371. L'Argentine a noté que, bien qu'elle encourage le partage continu d'informations sur les navires non autorisés entre les autorités compétentes, le fait que les informations soient communiquées à l'État du port n'enlevaient pas la responsabilité de l'État du pavillon. L'Argentine a rappelé que l'État du port ne disposait pas de l'autorité nécessaire pour empêcher le départ d'un vaisseau étranger vers l'Antarctique si ce navire obéissait aux lois internationales. Elle a également précisé qu'elle ne comprenait pas clairement quelles seraient les conséquences pour un navire si celui-ci figurait sur une « liste noire » telle que suggérée dans le document de travail WP 23. L'Argentine a encouragé les Parties à continuer de partager les informations sur ces questions, via le SEEI et via le sous-forum des autorités compétentes, ou bien par le biais des canaux diplomatiques formels.

372. La France a fait part de ses expériences avec une expédition antarctique non autorisée qui se dirigeait vers la station Concordia et s'est retrouvée à la station Dumont d'Urville. La France a déclaré qu'elle n'avait été notifiée officiellement de cette expédition à aucun moment, et a souligné les risques éventuels que peut générer ce type d'activité non autorisée. Elle a par ailleurs indiqué que cette affaire n'avait eu aucune conséquence juridique. La France a conclu que tous les pays devraient disposer d'outils, dans leur législation nationale, permettant de réagir et faire face à ce genre de situation.

373. L'IAATO a réitéré que les activités non autorisées constituaient une préoccupation de haute importance. Elle a expliqué qu'elle avait décidé d'accorder à l'opérateur du *Peter I* le statut de membre, mais que l'adhésion dépendait de l'obtention d'une autorisation émise par la Fédération de Russie pour les expéditions antarctiques ultérieures. L'IAATO a précisé que la raison sous-tendant cette décision était qu'il était très probable que l'opérateur retourne en Antarctique et qu'il avait le potentiel pour devenir un promoteur clé du Système du Traité sur l'Antarctique et pour se conformer aux exigences de la Fédération de Russie à l'avenir. L'IAATO a par ailleurs souligné qu'elle était disposée à assister les opérateurs qui n'auraient pas été autorisés par le passé à conduire d'activités touristiques, afin de s'assurer qu'ils revoient leurs opérations et qu'ils obtiennent les autorisations nécessaires.

374. La Réunion a remercié la Fédération de Russie pour la présentation du document de travail WP 23. Elle a fait remarquer que des situations juridiques complexes pouvaient apparaître lorsqu'un opérateur de navire est basé dans un pays mais que le navire bat pavillon d'un autre pays. Les Parties ont exprimé leur intérêt quant à la « liste noire » de navires, à condition que les implications juridiques aient été débattues, et, si possible, résolues. Tout en notant que les documents de travail WP 22 et WP 23 soulevaient des questions relatives à la responsabilité, la sécurité, la coopération, la réglementation et les responsabilités de gestion environnementale, nombre de Parties ont manifesté leur intérêt à travailler ensemble pour poursuivre les discussions sur ces questions lors de la période intersessions, et la Réunion est convenue que la méthode la plus appropriée serait d'utiliser le sous-forum des autorités compétentes.

375. La Nouvelle-Zélande a soumis le document de travail WP 33 *Mise à jour de la Résolution 4 (2004) sur les plans d'urgence à établir, l'assurance et autres questions relatives aux activités touristiques et non gouvernementales, afin refléter le Recueil sur la navigation polaire de l'OMI*, préparé conjointement avec la France et la Norvège. La Nouvelle-Zélande a rappelé que la Mesure 4 (2004) *Assurance et plans d'urgence à établir pour le tourisme et autres questions relatives aux activités touristiques non gouvernementales dans la zone du Traité sur l'Antarctique* avait été adoptée pour répondre aux inquiétudes sur les impacts potentiels des activités touristiques et non gouvernementales sur les programmes nationaux et la sécurité des personnes impliquées dans des opérations SAR. Elle a aussi rappelé que la Résolution 4 (2004) avait été adoptée pour promouvoir les objectifs de la Mesure 4 (2004) jusqu'à ce que la Mesure entre en vigueur. Elle a noté que le Code

polaire est entré en vigueur le 1ᵉʳ janvier 2017. La Nouvelle-Zélande a mis en exergue les exigences du Code d'effectuer une évaluation du navire et de ses équipements, de prendre en compte la portée prévisible des opérations et les conditions environnementales, les risques spécifiques référencés dans l'introduction du Code et tout autre risque identifié, et que cette évaluation serve de base à l'élaboration d'un manuel pour les opérations dans les eaux polaires, dont tout navire doit disposer à son bord. Ce document propose que la Résolution 4 (2004) soit remplacée par une nouvelle Résolution actualisée qui tiendrait compte de l'entrée en vigueur du Code polaire, et qui permettrait aux opérateurs de tourisme de croisière de s'appuyer sur le contenu de leur manuel (ou en produire) pour se conformer aux exigences de la nouvelle Résolution. La Nouvelle-Zélande a expliqué que le but de sa proposition était de simplifier la documentation pour les opérateurs et non pas de faire douter les Parties de l'approbation de manuels accordée par une autre Partie. Les co-auteurs ont recommandé que la Réunion : prenne acte de l'entrée en vigueur du Code polaire ; adopte une nouvelle Résolution pour mettre à jour et remplacer la Résolution 4 (2004) ; et encourage les Parties consultatives qui n'ont pas encore approuvé la Mesure 4 (2004) à le faire de façon urgente.

376. L'IAATO a remercié la Nouvelle-Zélande pour avoir clarifié que les opérateurs de navires ne devaient fournir que les sections pertinentes de leur Manuel, étant donné qu'une grande partie de ces informations sera sans doute comprise dans le système global de gestion de la sécurité de l'opérateur, tel que requis par le Code international de gestion de la sécurité (ISM) de l'OMI, qui contient des informations sensibles et confidentielles. L'IAATO a noté en outre l'importance de s'assurer qu'il était suffisamment explicite que les opérateurs n'avaient pas à modifier leur Manuel afin d'obtenir une autorisation pour l'Antarctique, étant donné que le Manuel est une composante essentielle de l'évaluation du navire par l'État du pavillon et les sociétés de classification afin d'obtenir leur certificat de navire polaire conformément au Code polaire de l'OMI.

377. La Réunion a remercié la Nouvelle-Zélande, la Norvège et la France pour leur document, et est convenue d'adopter la Résolution 6 (2017) *Lignes directrices sur les plans d'urgence à établir, l'assurance et autres questions relatives aux activités touristiques et non gouvernementales dans la zone du Traité sur l'Antarctique.*

378. La France a présenté le document d'information IP 124 rév. 1, intitulé « *Action taken following unauthorized presence of a French yacht in the*

Treaty Area during the 2015/2016 season » [Mesure prises à la suite d'une présence non autorisée d'un voilier français dans la zone du traité sur l'Antarctique pendant la saison 2015-2016], qui informe la Réunion des dernières évolutions des procédures administratives et judiciaires initiées suite à la présence non autorisée d'un navire battant le pavillon français dans les eaux antarctiques pendant la saison 2015-2016. La France a remercié les Parties qui l'ont avertie de la présence du voilier en Antarctique, lui permettant de rassembler des preuves et d'appliquer des sanctions. La France a noté que, dans une décision du 23 septembre 2016, le Préfet, administrateur général des terres australes et antarctiques françaises, avait donné un avertissement au chef de l'expédition, et que le voilier avait interdiction de pénétrer dans les eaux antarctiques pour une période de cinq ans (soit jusqu'au 22 septembre 2021). La France a réitéré son intention, le cas échéant et dans la mesure du possible, de poursuivre les personnes qui enfreignent les dispositions du code environnemental français applicables sur le continent antarctique.

379. La Réunion a salué le rapport de la France et a noté que le partage opportun d'informations avait permis à la France d'amorcer une action judiciaire dans cette affaire.

380. L'ASOC a présenté le document d'information IP 150, intitulé *« Options for Visitor Management in the Antarctic »* [Solutions de gestion des visiteurs en Antarctique]. Il décrit les différentes options de gestion des visiteurs en Antarctique. L'ASOC a noté que, bien que la RCTA ait organisé de nombreuses discussions sur le tourisme au cours des dernières années, peu de décisions avaient été prises à propos de la gestion des activités. Elle a suggéré que l'un des moyens pour traiter de certains aspects de la question était d'établir un système pour la gestion des visiteurs. L'ASOC a souligné qu'il était de la responsabilité des Parties du Traité sur l'Antarctique d'établir des règles impératives pour le tourisme afin de protéger l'environnement, et que cela était particulièrement pertinent dans le cadre du changement climatique. Elle a pris acte que plusieurs Parties avaient développé des cadres nationaux de gestion des visiteurs efficaces et a suggéré que ces programmes réussis, qui avaient certaines approches en commun, pouvaient servir de base au développement d'un cadre de gestion des visiteurs pour l'Antarctique. L'ASOC a noté que le document présentait un modèle de calendrier sur dix ans pour l'élaboration d'un tel modèle, qui se focaliserait sur le développement d'objectifs stratégiques pour la gestion du tourisme.

381. L'Australie a salué le document de l'ASOC et a noté qu'il serait bénéfique d'examiner des exemples de gestion touristique dans d'autres zones naturelles et d'en tirer des leçons. Elle a considéré qu'en dépit du caractère unique de l'Antarctique, la RCTA pouvait apprendre de modalités de gestion touristique fructueuses en place dans d'autres zones naturelles.

382. L'IAATO a présenté le document IP 167, intitulé « *New IAATO Guidelines for Manned Submersibles and Remote Operated Vehicle Activities* » [Nouvelles lignes directrices de l'IAATO sur les activités des submersibles habités et téléguidés]. Le document présente les nouvelles lignes directrices de l'IAATO sur les activités des submersibles et véhicules téléguidés. Elle a noté qu'à ce jour, les submersibles avaient été utilisés par très peu d'opérateurs en Antarctique. Avec les récentes avancées dans les technologies des submersibles, l'IAATO avait anticipé que leur emploi pourrait se développer à l'avenir. Elle a également remarqué que les lignes directrices avaient été élaborées avec le soutien de certaines Parties au Traité et que l'IAATO se tenait prête à collaborer sur l'élaboration des lignes directrices sur les bonnes pratiques pour toute nouvelle activité.

383. Le Royaume-Uni a indiqué qu'il avait encouragé l'IAATO à développer une série de lignes directrices pour couvrir leurs activités. Le Royaume-Uni a remercié l'IAATO pour la présentation des nouvelles lignes directrices sur les submersibles marins et les véhicules téléguidés, qui viennent s'ajouter aux lignes directrices existantes. Le Royaume-Uni a estimé que les lignes directrices de l'industrie évaluées par les pairs étaient très utiles pour promouvoir la cohérence et aider les autorités compétentes à examiner les bonnes pratiques dans une série d'activités touristiques.

Autorités compétentes

384. La Norvège a présenté le document d'information IP 66, intitulé « *Blue Ice Runway by Romnæsfjellet* » [Piste de glace bleue par Romnæsfjellet] préparé conjointement avec la Belgique. La Norvège a noté que le document d'information IP 66 avait été rédigé en réponse à la demande de la XXXIXe RCTA de « mener d'autres enquêtes sur le développement de la piste de glace bleue ... et faire rapport à la XLe RCTA » (XXXIXe RCTA, rapport final, paragraphe 282). La Norvège a signalé qu'elle-même et la Belgique avaient mené des enquêtes auprès des Parties et opérateurs non gouvernementaux concernés et ont déterminé que : Antarctic Logistics Center International (ALCI) est l'opérateur chargé de la construction et de l'exploitation de la piste ; aucune infrastructure n'est construite sur la piste actuellement ;

il y a des conteneurs, des véhicules de construction, des matériaux de construction et d'autres équipements présents à proximité de la piste. Des plans concrets existaient pour établir une infrastructure avant qu'une EIE ait été soumise à une autorité compétente, mais ce travail a été interrompu. La Norvège a précisé que deux documents EIE distincts avaient maintenant été soumis ; un pour les activités de vol, qui avait été présenté et avait obtenu l'approbation préalable de la Fédération de Russie, et un deuxième relatif à la construction et à l'exploitation de la piste, qui, comme la Fédération de Russie en a informé la Réunion, avait été récemment approuvé. La Norvège a souligné que la mise en place de la piste en elle-même n'était pas nécessairement un problème, le problème était plutôt que les travaux avaient débuté avant qu'une EIE ait été préparée et approuvée. La Norvège a souligné l'importance de la clarté, de la transparence et du respect des procédures établies, notamment dans des projets impliquant plusieurs Parties et des entités privées.

385. La Fédération de Russie a confirmé que, après un processus bureaucratique lourd, elle avait récemment émis un permis national pour couvrir les activités de construction et d'exploitation de la piste de glace bleue. La Fédération de Russie a souligné qu'elle était responsable de la sécurité des vols en DROMLAN, et que, pour cette raison, elle était très intéressée par la création d'une piste de secours dans la région. Elle a signalé que cela permettrait de surveiller étroitement les travaux et les activités de la piste et que s'il y avait une preuve quelconque d'irrégularité, elle révoquerait le permis et en informerait les Parties au Traité sur l'Antarctique. La Fédération de Russie a déclaré qu'elle n'avait pas effectué de travaux sur la préparation de la piste et qu'elle n'avait livré aucun équipement destiné à sa construction.

386. La Belgique a informé la Réunion que sa contribution au document d'information IP 66 concernait notamment l'observation des véhicules et de l'équipement présents sur la piste à l'aide d'une enquête aérienne faisant partie de l'inspection néerlando-belge de Princesse Elisabeth et Romnoes. La Belgique a également indiqué qu'en raison de la proximité de la station, il était probable que les opérations de la station et les activités scientifiques soient touchées par la construction et l'exploitation de la nouvelle piste. La Belgique a souligné qu'elle aurait préféré que les autorités russes aient consulté les autorités belges lors de la planification et l'examen environnemental du projet. La Belgique a exprimé l'espoir que la Russie mette les documents EIE approuvés à disposition par le biais de la base de données des EIE. Elle a également souligné l'utilité des activités de surveillance en cours à proximité des stations pour détecter les impacts causés

par l'activité humaine, et a donc offert de coopérer avec la Fédération de Russie sur ce contrôle et a salué l'engagement de la Fédération de Russie à surveiller les activités à proximité de la piste.

387. La France a accueilli favorablement les travaux du coauteur visant à déterminer l'identité de l'exploitant et la confirmation que des procédures sont en place pour exploiter la piste à l'avenir. La France s'étonne que cette activité ait été engagée sans réalisation préalable d'une évaluation de l'impact sur l'environnement. La France a également demandé qu'un rapport soit, si possible, rendu disponible à la prochaine RCTA concernant l'inspection effectuée par la Belgique et les Pays-Bas.

388. En réponse à une requête du Royaume-Uni, la Fédération de Russie a confirmé que le permis, récemment émis, couvrait la construction et l'exploitation de la piste dans le seul but de servir comme piste de secours pour une utilisation du Programme antarctique national DROMLAN. Elle a en outre précisé, que si l'exploitant devait utiliser la piste pour les vols non gouvernementaux, la Fédération de Russie révoquerait les permis de cet opérateur.

389. La Norvège a souligné que ce projet de piste n'avait pas été formellement examiné ou approuvé par DROMLAN.

390. La Réunion a remercié la Norvège et la Belgique pour la présentation de ce document qui traite une question complexe et délicate. La Réunion a noté que le processus d'EIE devait être réalisé avant le commencement des projets, conformément au Protocole sur l'environnement, et qu'il devrait y avoir une bonne communication entre les Parties des intervenants au cours du processus d'examen. De plus, la Réunion a noté que cette communication était particulièrement importante lorsque plusieurs Parties et entités privées étaient impliquées, ou potentiellement affectées, par l'activité en cours d'examen.

391. Dans l'ensemble, il a été noté que le sous-forum des autorités compétentes, établi l'année dernière, était un endroit approprié pour poursuivre les discussions sur les questions des autorités compétentes. Un échange s'est tenu sur les aspects techniques du sous-forum. Le Secrétariat apprécierait tout commentaire des Membres visant à l'améliorer.

392. La Réunion a décidé de charger le Secrétariat de créer une liste de discussion par courriel pour les autorités nationales compétentes, avec la même fonctionnalité que celle déjà en cours d'utilisation pour le CPE, qui permettrait aux points de contact désignés de communiquer immédiatement aux autres les messages du forum et toute autre activité pertinente.

Tendances et Modèles

393. Le Royaume-Uni a présenté le document de travail WP 19, intitulé *Collecte de données et établissement de rapports sur les activités des yachts en Antarctique pour la période 2016-2017*, préparé conjointement avec l'Argentine, le Chili et l'IAATO. Ce document rassemblait des informations récoltées par le Royaume-Uni, l'Argentine, le Chili, et l'IAATO relativement à des yachts observés dans les eaux de l'Antarctique ou ayant manifesté une intention de voyager vers le continent pendant la saison 2016-2017. Au total, 33 yachts ont été aperçus en Antarctique ou ont manifesté leur intention de s'y rendre au cours de la saison 2016-2017. Ce chiffre dénote une légère baisse par rapport aux 41 navires enregistrés en 2015-2016. Il a souligné que la moitié de ces yachts étaient des membres de l'IAATO, que 13 n'étaient pas membres de l'IAATO mais avaient en leur possession un permis émis par une Partie pour se rendre en Antarctique, et que 5 navires non autorisés avaient été aperçus. Le Royaume-Uni a souligné les activités de sensibilisation auprès des navires entreprises par l'IAATO et a noté qu'elles s'étaient avérées bénéfiques pour la sensibilisation aux exigences des permis. Il a en outre souligné l'importance du partage des informations, en particulier entre les autorités compétentes, et a exhorté les Parties à partager des informations sur les navires qu'ils avaient autorisés à travers le mécanisme d'information pré-saison du SEEI et les rapports établis après les visites, en vertu de la Résolution 5 (2005).

394. La Réunion a remercié les coauteurs pour leur travail visant à fournir le rapport sur les activités des navires et l'a cité comme un exemple important de collaboration et d'échange d'informations entre les Parties. Elle a noté la nécessité de mieux comprendre la situation actuelle en ce qui concerne les navires dans la région de l'Antarctique et a accueilli favorablement la démarche conjointe du document.

395. Dans le cas d'arrivées de navires non identifiés ou non vérifiés en Antarctique, l'Australie a remercié les coauteurs d'avoir attiré son attention sur cette question et a indiqué qu'elle menait actuellement une enquête. Les Pays-Bas ont indiqué qu'ils croyaient comprendre que le navire « *Geluk* » avait obtenu un permis d'une autre Partie consultative au cours de la saison précédente, mais que l'opérateur du navire avait sollicité l'autorisation aux Pays-Bas pour la prochaine saison 2017-2018, et qu'il était en communication avec l'Allemagne au sujet du navire « *Sarah Vorwerk* ». Les Pays-Bas ont annoncé qu'ils étaient en train d'amender leur législation nationale pour s'assurer que les ressortissants néerlandais qui organisent des activités vers l'Antarctique

à partir d'un autre pays, entreraient dans la définition d'« organisateur », et qu'ils avaient transposé certains règlements de l'IAATO dans les conditions d'octroi de permis afin de garantir que les mêmes normes contraignantes s'appliquent aux membres et aux non-membres de l'IAATO.

396. L'IAATO a accueilli avec satisfaction les rapports indiquant que les Parties prenaient des mesures pour contrôler les activités non autorisées de navires en Antarctique. Elle a noté qu'un ensemble de méthodes avaient été utilisées pour s'assurer que les conséquences étaient appliquées, et pour encourager les opérateurs de navires à suivre les procédures d'autorisation appropriées pour d'éventuels voyages à venir.

397. La Réunion a rappelé la proposition de la Fédération de Russie de mettre en place une liste noire des acteurs non gouvernementaux (WP 23) et a fait observer que bien qu'il serait difficile de mettre en place une liste noire, il était important de réfléchir à des mesures que les États autres que l'État du pavillon puissent prendre afin d'éviter les voyages non autorisés vers l'Antarctique. La Réunion a réaffirmé la nécessité de continuer à travailler ensemble sur ces questions complexes dans le sous-forum des autorités compétentes et à la XLIᵉ RCTA.

398. L'Argentine a présenté le document d'information IP 137, intitulé « *Report on Antarctic tourist flows and cruise ships operating in Ushuaia during the 2016/2017 Austral summer season* » [Rapport sur les flux touristiques et les navires de croisière opérant à Ushuaia pendant la saison d'été austral 2016-2017]. Le document rend compte des flux de passagers et de navires qui ont visité l'Antarctique pendant la saison estivale australe 2016-2017 depuis le port d'Ushuaia. Il souligne que ces données ont été collectées chaque année depuis la saison 2008-2009, et que l'ensemble de données contenait des informations sur le nombre de navires au départ de Ushuaia ; le nombre de voyages effectués par chaque navire ; le nombre de passagers et l'équipage à bord ; les nationalités des personnes à bord ; et les mouvements des navires. Il indique que le nombre de passagers qui ont visité l'Antarctique à partir du port d'Ushuaia représentait 40 349 personnes au cours de la saison estivale australe 2016-2017, soit une hausse de 3,86 % par rapport à la saison précédente. L'Argentine a souligné que ces informations complétaient les données recueillies par d'autres nations et par des organisations telles que l'IAATO.

399. L'IAATO a noté qu'elle ne pourrait rendre compte que des activités de ses membres, et que les données recueillies par les autorités portuaires avaient aidé à dresser une image globale des activités touristiques dans la région

de l'Antarctique. L'IAATO a en outre reconnu et a remercié l'Argentine pour les efforts déployés dans le cadre de la collecte et le rassemblement de ces données.

400. La Réunion a remercié l'Argentine pour son travail, et pour l'effort de collecte d'informations relatives aux flux touristiques et d'opérations de croisière à Ushuaia.

401. Argentine a présenté le document d'information IP 160, intitulé *« El turismo marítimo antártico a través de Ushuaia desde sus inicios en 1958 hasta la actualidad »* [Tourisme de croisière en Antarctique à partir du port d'Ushuaia depuis ses débuts en 1958 jusqu'à présent], qui contient un résumé des mouvements maritimes à partir du port d'Ushuaia depuis le premier voyage touristique qui a eu lieu en 1958, jusqu'à la saison 2016-2017. L'Argentine a fait remarquer qu'il avait fallu 30 ans à l'industrie du tourisme antarctique pour se consolider, mais que cette industrie était particulièrement importante pour Ushuaia depuis le début des années 1990.

402. La Réunion a remercié l'Argentine pour les informations de référence sur l'émergence de l'industrie du tourisme en Antarctique et les connaissances concernant les modèles des flux touristiques à Ushuaia.

403. L'IAATO a présenté le document d'information IP 163 rév. 1, intitulé *« IAATO Overview of Antarctic Tourism : 2016-17 Season and Preliminary Estimates for 2017-18 »* [Aperçu du tourisme en Antarctique de l'IAATO : Saison 2016-2017 et estimations préliminaires pour 2017-2018], qui rend compte de la saison antarctique en 2016-2017 et des prévisions pour le tourisme antarctique pour la saison 2017-2018. Le document indique que les chiffres préliminaires pour la saison 2016-2017 (44 367 personnes) sont légèrement plus élevés (de 500 visiteurs) que la prévision émise dans le document d'information IP 112, intitulé *Aperçu du tourisme en Antarctique de l'IAATO et estimations préliminaires pour la saison 2016-17* présenté lors de la XXXIXe RCTA, et représentent une augmentation de 15 % en nombre de visiteurs. L'IAATO a noté que les trois principaux pays représentés dans les visiteurs de l'Antarctique étaient les États-Unis, la Chine et l'Australie, dans l'ordre. L'IAATO a attiré l'attention de la Réunion sur l'Annexe 3 et a signalé que les estimations pour 2017-2018 indiquaient que le nombre de passagers continuerait à croître pour atteindre environ 46 385 personnes, ce qui dépasse le pic de la saison précédente. Elle a réitéré qu'un large éventail de données était disponible sur le site de l'IAATO.

404. La Réunion a remercié l'IAATO pour ses contributions annuelles décrivant les activités touristiques dans la région de l'Antarctique. Elle a reconnu que ces données avaient permis aux Parties au Traité sur l'Antarctique d'avoir un aperçu de la situation du tourisme.

405. Plusieurs Parties ont souligné l'importance du rôle de l'industrie pour comprendre le tourisme en Antarctique, ainsi que la grande quantité de données existantes concernant le tourisme antarctique. Les Parties ont fait remarquer que ces données étaient disponibles grâce à diverses sources et dans une variété de formats. Plus précisément, elles ont déterminé que des informations se rapportant aux navires avaient été présentées systématiquement depuis 2010 ; que les données relatives aux touristes au départ d'Ushuaia étaient disponibles depuis 2008 ; et que la continuité des données présentées par l'IAATO était une ressource précieuse.

406. L'Argentine a suggéré qu'un large éventail d'informations était déjà disponible et que les Parties pourraient en faire un meilleur usage. D'autres Parties ont suggéré que sonder les données existantes à la lumière de questions spécifiques pourrait être suffisant pour aider les Parties à progresser vers des solutions de gestion.

407. Plusieurs Parties ont suggéré que lors d'une prochaine réunion, le document de synthèse de l'IAATO devrait être présenté en premier lieu, afin de planter le décor et de faire avancer les discussions sur la question du tourisme. Elles ont souligné la valeur des données brutes sur le tourisme antarctique disponibles sur le site de l'IAATO, et l'importance stratégique de considérer la gestion des zones comme une priorité à mesure que le nombre de visiteurs augmente.

408. L'ASOC a remercié l'IAATO pour le document d'information IP 163 et a exprimé sa gratitude pour les informations fournies par l'IAATO au fil du temps, notant que ces informations soulignaient une tendance à la croissance du tourisme et l'importance d'adopter une approche stratégique de la gestion du tourisme, qui avait été débattue pendant plusieurs années.

409. En réponse à une question portant sur les facteurs provoquant l'augmentation du nombre de touristes en Antarctique, l'IAATO a expliqué qu'il y avait deux raisons principales à cette augmentation. La première concerne l'augmentation des voyages air/croisière en Antarctique et la confiance grandissante accordée aux voyages air/croisière comme une forme d'exploitation touristique fiable. La deuxième raison réside dans le fait que la taille et la capacité des navires de tourisme dans l'Antarctique ont augmenté

depuis la saison 2007-2008. L'IAATO a considéré qu'il était difficile de prévoir les tendances futures, mais l'IAATO pense que les voyages air/ croisière ne sont pas susceptibles de continuer à croître au rythme actuel compte tenu des contraintes physiques comme les points d'accès restreints, les fenêtres météorologiques imprévisibles et la capacité limitée de la piste de gravier à la station chilienne de Frei pour accueillir de plus gros avions.

410. L'IAATO a remercié le Chili d'avoir permis à son gestionnaire des opérations de passer du temps à la station de Frei pour observer et rendre possibles les opérations air/croisière. L'IAATO a également fait observer que les limites de taille de navire adoptées par la RCTA dans la Mesure 15 (2009) semblent influer sur le marché du tourisme antarctique et sur la taille des navires neufs construits pour la flotte touristique. L'IAATO a perçu ceci comme une indication que les approches stratégiques du tourisme fonctionnaient.

411. En réponse aux questions relatives à la gestion de la croissance du tourisme, l'IAATO a souligné sa collaboration avec le SCAR (document d'information IP 166) qui devait s'axer autour de la gestion sur site afin de garantir que le tourisme antarctique soit géré au mieux, continue à ne causer qu'un impact mineur ou transitoire et n'entre pas en conflit avec d'autres activités dans l'Antarctique. L'IAATO cite également d'autres programmes et initiatives destinés à soutenir ces efforts, notamment la formation et l'accréditation du personnel sur le terrain, le renforcement de son respect de la nature sauvage et le suivi des initiatives. L'IAATO a également encouragé les Parties à assister à ses réunions annuelles, notant que ces réunions offraient une occasion précieuse d'échanger et d'interagir entre les membres de l'IAATO et les Parties au Traité.

Sites

412. Le Japon a présenté le document d'information IP 67, intitulé « *Japan's Antarctic Outreach Activities* » [Activités de sensibilisation à l'Antarctique du Japon], qui rend compte d'un atelier destiné aux agences de voyages actives dans l'Antarctique, qui s'est tenu le 31 octobre 2016 et portait sur les obligations à respecter lors des visites de l'Antarctique et sur les lignes directrices pour la protection de l'environnement. Le document indique que l'atelier a utilisé les lignes directrices existantes adoptées par la RCTA ou émises par l'IAATO pour décrire les précautions à prendre lors des visites de l'Antarctique et pendant les débarquements et l'observation de la faune sauvage. Le Japon a informé la Réunion qu'il avait demandé aux agents de voyage de diffuser ces informations à leurs clients. Le Japon a signalé

que près de 700 touristes japonais par an avaient visité l'Antarctique. Il a encouragé les Parties intéressées à consulter le site Web du ministère de l'Environnement japonais pour en savoir plus sur les résultats de cet atelier.

413. La Réunion a remercié le Japon d'avoir partagé ses expériences, et a souligné qu'il était important de maintenir le grand public informé de la RCTA et ses travaux.

414. L'Argentine a présenté le document d'information IP 131, intitulé « *Áreas de interés turístico en la región de la Península Antártica e Islas Orcadas del Sur. Temporada 2016/2017* » [Zones d'intérêt touristique dans la région de la péninsule antarctique et les îles Orcades du Sud. Saison d'été austral 2016-2017], qui rend compte de la répartition des visites touristiques dans la région de la péninsule antarctique et des îles Orcades du Sud, établie en fonction des voyages effectués par les navires pendant la saison estivale 2016-2017, à partir du port d'Ushuaia. L'Argentine a signalé que pendant la saison d'été 2016-2017, un total de 225 voyages avaient été effectués dans la région de la péninsule antarctique et les îles Orcades du Sud à partir du port d'Ushuaia. Les voyages étaient gérés par 33 navires. Sur un total de 77 visites de sites répartis dans huit zones, 30 avaient des lignes directrices de site pour les visiteurs, coïncidant avec les endroits les plus visités, tandis que quatre stations avaient des lignes directrices internes pour réglementer les visites.

415. La Réunion a remercié l'Argentine pour cette répartition détaillée des zones visitées.

416. Le SCAR a présenté le document d'information intitulé IP 166, intitulé « *Systematic Conservation Plan for the Antarctic Peninsula* » [Plan systématique de la Conservation de la péninsule Antarctique], préparé conjointement avec l'IAATO. Le document fait état de l'accord récent conclu entre le SCAR et l'IAATO en vue d'entreprendre un effort de collaboration afin d'élaborer un plan de conservation systématique (PCS) pour la péninsule antarctique. Le plan fournira des éléments probants pour traiter les problèmes éventuels de gestion du site d'atterrissage, conformément à la déclaration de mission de l'IAATO. Le PCS comprendrait : des données de base sur les caractéristiques à conserver ; l'examen de la mesure dans laquelle les objectifs de conservation étaient déjà atteints au sein du régime de gestion existant ; l'élaboration des différents scénarios en définissant des objectifs explicites pour la conservation ; et l'engagement avec divers intervenants afin de tester les résultats à l'aide de critères d'objectif différents. Le SCAR a

souligné que le PCS permettrait d'inclure divers avis d'experts dans la prise de décision sur la gestion du site d'atterrissage et a encouragé les Parties intéressées à les contacter ou à contacter l'IAATO en ce qui concerne le développement ultérieur de ce plan.

417. La Réunion a remercié le SCAR et l'IAATO pour leur initiative, et plusieurs Parties et l'ASOC ont exprimé le souhait de contribuer au PCS. Les Pays-Bas ont encouragé l'IAATO et le SCAR à prendre acte du principe de précaution lors de l'élaboration de ce plan et ont exprimé l'avis que, en appliquant le PCS à l'Antarctique, la primauté de la protection de l'environnement comme reflété dans le Protocole et d'autres instruments du STA devraient être respectés.

418. Le document suivant a également été soumis pour ce point de l'ordre du jour :

   - Document d'information IP 164, intitulé « *Report on IAATO Operator Use of Antarctic Peninsula Landing Sites and ATCM Visitor Site Guidelines, 2016-17 Season* » (IAATO) [Rapport sur l'utilisation des sites de débarquement de la péninsule antarctique par les opérateurs membres de l'IAATO et des Lignes directrices de la RCTA pour les visites de sites, saison 2016-2017]. Le document présente des données statistiques émanant des rapports effectués après les visites de l'opérateur de l'IAATO pour la saison 2016-2017, qui vient de s'achever, ainsi qu'un aperçu des modèles de tourisme pour la région de la péninsule antarctique.

Point 18 : Nomination du Secrétaire exécutif

419. Le Président de la RCTA a annoncé que, conformément aux procédures convenues, Albert Lluberas de l'Uruguay avait été élu en qualité de nouveau Secrétaire exécutif du Traité sur l'Antarctique et prendrait ses fonctions au 1ᵉʳ septembre 2017. La Réunion a adopté la Décision 6 (2017) *Nomination du Secrétaire exécutif*.

420. La Réunion a chargé le Président d'écrire au gouvernement argentin à cet effet, conformément à l'Article 21 de l'accord de siège pour le Secrétariat. Une copie de cette lettre a été jointe à la Décision 6 (2017).

421. La Réunion a félicité M. Lluberas pour sa nomination. La Réunion a également remercié le Dr Reinke pour ses huit années de service.

Point 19 : Préparation de la 41ᵉᵐᵉ Réunion

a. Date et lieu

422. La Réunion a accueilli favorablement l'aimable invitation du gouvernement de l'Équateur de recevoir la XLIᵉ RCTA à Quito, provisoirement en juin 2018.

423. La Réunion a noté les informations fournies par le SCAR et le COMNAP concernant les dates confirmées de leurs réunions (11 au 27 juin 2018).

424. Aux fins de planification ultérieure, la Réunion a pris note du calendrier probable des RCTA à venir :

   • 2019 République tchèque.
   • 2020 Finlande.

b. Invitation des organisations internationales et non gouvernementales

425. Conformément à la pratique établie, la Réunion est convenue que les organisations suivantes ayant un intérêt scientifique ou technique en Antarctique devraient être invitées à envoyer des experts à la XLIᵉ RCTA : le Secrétariat de l'ACAP , l'ASOC, le GIEC, l'IAATO, l'ICAO, l'OHI, l'OMI, la COI, les FIPOL, l'IGP&I Clubs, l'UICN, le PNUE, la CCNUCC, l'OMM et l'Organisation mondiale du tourisme (OMT).

c. Préparation de l'ordre du jour de la XLIᵉ RCTA

426. La Réunion a adopté l'ordre du jour préliminaire pour la XLIᵉ RCTA (cf. Annexe 1).

d. Organisation de la XLIᵉ RCTA

427. Conformément à l'article II du Règlement intérieur, la Réunion a décidé de proposer les mêmes groupes de travail pour la XLIᵉ RCTA que pour cette Réunion. La Réunion est convenue de nommer Mᵐᵉ Therese Johansen, de Norvège comme présidente du Groupe de travail 1 pour 2018. Elle est également convenue de nommer le Professeur Dame Jane Francis du Royaume-Uni et M. Máximo Gowland de l'Argentine comme co-présidents du Groupe de travail 2 en 2018.

e. La conférence du SCAR

428. Compte tenu de la précieuse série d'interventions effectuées par le SCAR aux RCTA précédentes, la Réunion a décidé d'inviter le SCAR à tenir une autre conférence sur les questions scientifiques pertinentes pour la XLIe RCTA.

Point 20 : Autres questions

429. Concernant les lignes directrices relatives à la procédure à suivre à l'égard de l'obtention du statut de Partie consultative (Décision 2 - 2017), le Venezuela a indiqué qu'il suivrait dûment ces lignes directrices et présenterait les documents nécessaires.

430. L'Argentine a fait référence à un événement mené en marge de la RCTA concernant la promotion de l'expédition de navigation circumpolaire antarctique de l'Institut polaire suisse. Elle a déclaré que tous les événements menés pendant, ou en marge d'une RCTA, devraient traiter de manière adéquate toute question délicate que les Parties consultatives pourraient avoir. Par ailleurs, l'Argentine a déclaré que le personnel du Secrétariat du Traité sur l'Antarctique devrait être particulièrement attentif à la participation à tous ces événements. À cet égard, l'Argentine a noté que, bien qu'elle ait contacté en marge le représentant suisse pour éviter ces sensibilités, les brochures et la page Web utilisées par l'Institut polaire contiennent des références erronées concernant le territoire de la République argentine. Pour être spécifique, cela concerne la situation juridique-territoriale des îles Géorgie du Sud et Sandwich du Sud. L'Argentine rejette une telle représentation de ces îles, comme une entité séparée du territoire national argentin. Les îles Malvinas, Géorgie du Sud et Sandwich du Sud et leurs zones maritimes environnantes, font partie intégrante du territoire national argentin. Comme elles sont sous occupation britannique illégale, elles font l'objet d'un différend de souveraineté entre l'Argentine et le Royaume-Uni, lequel a été reconnu par les Nations Unies, l'Organisation des États américains et de nombreuses autres organisations et forums internationaux. Une fois de plus, l'Argentine réaffirme sa souveraineté sur les îles Malvinas, Géorgie du Sud et Sandwich du Sud et les zones maritimes environnantes.

431. En réponse, le Royaume-Uni a déclaré n'avoir aucun doute quant à sa souveraineté sur les îles Falkland, Géorgie du Sud et Sandwich du Sud et leurs zones maritimes environnantes, comme le savent tous les délégués présents.

432. L'Argentine a rejeté l'intervention du Royaume-Uni.

Point 21 : Adoption du rapport final

433. La Réunion a adopté le Rapport final de la 40ème Réunion consultative du Traité sur l'Antarctique. Le Président de la Réunion, M. Liu Zhenmin, a fait les remarques de clôture.

Point 22 : Clôture de la Réunion

434. La Réunion s'est clôturée le jeudi 1er juin à 13:31.

2. Rapport du CPE XX

Table des Matières

Rapport de la vingtième réunion du Comité pour la protection de l'environnement (XXe CPE)

Pékin, Chine, du 22 au 26 mai 2017

1. Conformément aux dispositions de l'Article 11 du Protocole au Traité sur l'Antarctique relatif à la protection de l'environnement, les représentants des Parties au Protocole (Afrique du Sud, Allemagne, Argentine, Australie, Bélarus, Belgique, Brésil, Bulgarie, Canada, Chili, Chine, Équateur, Espagne, États-Unis d'Amérique, Fédération de Russie, Finlande, France, Italie, Japon, Malaisie, Monaco, Nouvelle-Zélande, Norvège, Pays-Bas, Pérou, Pologne, Portugal, République de Corée, République tchèque, Roumanie, Royaume-Uni, Suède, Ukraine, Uruguay et Venezuela) se sont réunis à Pékin du 22 au 26 mai 2017 afin de formuler des avis et des recommandations aux Parties sur la mise en œuvre du Protocole.

2. Conformément à l'Article 4 du Règlement intérieur du CPE, les représentants des Observateurs suivants ont également assisté à la réunion :

    *   les Parties contractantes au Traité sur l'Antarctique qui ne sont pas parties au Protocole : Colombie, Suisse, Turquie et Slovaquie ;

    *   le Comité scientifique pour la recherche antarctique (SCAR), le Comité scientifique de la Commission pour la conservation de la faune et la flore marines de l'Antarctique (CS-CAMLR) et le Conseil des directeurs des programmes antarctiques nationaux (COMNAP) ; et

    *   des organisations techniques, environnementales et scientifiques : la Coalition sur l'Antarctique et l'océan Austral (ASOC), l'Association internationale des organisateurs de voyages dans l'Antarctique (IAATO) ainsi que l'Organisation météorologique mondiale (OMM).

Point 1 : Ouverture de la Réunion

3. Le Président du CPE, M. Ewan McIvor (Australie), a ouvert la réunion le lundi 22 mai 2017. Dans la foulée, il a remercié la Chine de l'avoir organisée et accueillie à Pékin.

4. Le Président a rappelé le 25e anniversaire, célébré le 4 octobre 2016, de l'adoption du Protocole. Il a indiqué à cet égard que le document rédigé pour

l'occasion, intitulé *25 ans du Protocole au Traité sur l'Antarctique relatif à la protection de l'environnement*, et qui avait été approuvé lors du XIXe CPE, a été publié à cette même date. Il a de plus fait remarquer que bon nombre de Parties et d'organisations avaient célébré et fait la promotion de ce jalon essentiel dans les efforts internationaux destinés à protéger l'Antarctique.

5. Mettant en exergue qu'il s'agissait de la XXe réunion du CPE, le Président a noté que le Comité continuerait de jouer un rôle majeur pour soutenir les Parties. Ces dernières n'ont pas manqué de réitérer leur « engagement fort et sans faille envers les objectifs et les buts du Traité sur l'Antarctique et du Protocole sur l'environnement » dans le cadre de la Déclaration de Santiago lors du 25e anniversaire de la signature du Protocole au Traité sur l'Antarctique relatif à la protection de l'environnement.

6. Le Président a reconnu tout le travail réalisé par les représentants, actuels et anciens, des Membres et des Observateurs du CPE. Au nom du Comité, il a décerné des prix destinés à reconnaître la contribution toute particulière de plusieurs collègues présents pour ce XXe CPE et qui ont maintenu des liens étroits avec le Comité depuis sa toute première réunion à Tromsø, en Norvège, en 1998 : José Maria Acero (Secrétariat, Argentine); Neil Gilbert (Nouvelle-Zélande, Royaume-Uni); Valerii Lukin (Fédération de Russie); Birgit Njåstad (Norvège); Christo Pimpirev (Bulgarie); Ricardo Roura (ASOC); David Walton (Secrétariat, SCAR) et Victoria Wheatley (États-Unis, IAATO).

7. Le Comité s'est joint au Président pour remercier et féliciter ces collègues fidèles depuis tant d'années, de même que d'autres anciens et actuels représentants, pour leur contribution aux travaux du Comité.

8. Au nom du Comité, le Président a souhaité la bienvenue à la Malaisie, nouveau Membre depuis l'entrée en vigueur du Protocole en Malaisie le 16 septembre 2016. Le Président a noté que le CPE comprenait désormais 38 Membres.

9. Le Président a également souligné que le rapport du Dépositaire annonçait la prise d'effet du Protocole en Suisse le 1er juin 2017. Il a de plus pris acte de la ratification du Protocole par la Turquie, conformément aux informations figurant le document d'information IP 94, intitulé « *Ratification of Protocol on Environmental Protection to the Antarctic Treaty by Turkey* » [Ratification du Protocole au Traité sur l'Antarctique relatif à la protection de l'environnement par la Turquie].

10. Le Comité s'est joint au Président pour souhaiter la bienvenue à la Malaisie en sa qualité de nouveau Membre et s'est réjoui de pouvoir bientôt accueillir la Suisse et la Turquie parmi les Membres du CPE.

11. Le Président a résumé les travaux réalisés pendant la période intersessions (IP 157, intitulé *« Committee for Environmental Protection (CEP) : Summary of Activities during the 2016/17 intersessional period »* [Comité pour la protection de l'environnement : résumé des activités pendant la période intersessions 2016-2017]). Il a affirmé que de belles avancées avaient été enregistrées pour ce qui concerne les actions qui ont résulté du XIXe CPE, et a remercié tous les Membres et les Observateurs qui ont rendu cette progression possible.

Point 2 : Adoption de l'ordre du jour

12. Le Comité a adopté l'ordre du jour ci-après et a confirmé la soumission de 30 documents de travail (WP), 67 documents d'information (IP), 5 documents du Secrétariat (SP) et 6 documents de contexte (BP), qui ont été examinés sous les différents points de l'ordre du jour :

1. Ouverture de la Réunion
2. Adoption de l'ordre du jour
3. Débats stratégiques sur les travaux à venir du CPE
4. Fonctionnement du CPE
5. Coopération avec d'autres organisations
6. Réparation ou réhabilitation des dommages causés à l'environnement
7. Conséquences des changements climatiques pour l'environnement
   a. Approche stratégique
   b. Mise en œuvre et examen du Programme de travail en réponse aux changements climatiques.
8. Évaluation d'impact sur l'environnement (EIE)
   a. Projets d'évaluations globales d'impact sur l'environnement
   b. Autres questions relatives aux EIE
9. Plans de gestion et protection des zones
   a. Plans de gestion
   b. Sites et monuments historiques
   c. Lignes directrices pour les visites de sites

  d. Gestion et protection de l'espace marin

  e. Autres questions relevant de l'Annexe V

 10. Conservation de la faune et de la flore antarctique

  a. Quarantaine et espèces non indigènes

  b. Espèces spécialement protégées

  c. Autres questions relevant de l'Annexe II

 11. Surveillance et suivi de l'environnement

 12. Rapports d'inspection

 13. Questions diverses

 14. Élection des membres du bureau

 15. Préparatifs de la prochaine réunion

 16. Adoption du rapport

 17. Clôture de la réunion

Point 3 : Débats stratégiques sur les travaux à venir du CPE

13. Aucun document n'a été soumis pour ce point de l'ordre du jour.

Plan de travail quinquennal du CPE

14. Le Comité a rapidement analysé le Plan de travail quinquennal adopté lors du XIXe CPE (SP 2) à l'issue de chaque point de l'ordre du jour.

15. Le Comité a procédé à la révision et à la mise à jour du Plan de travail quinquennal (Appendice 1). Les principaux changements apportés reflétaient les actions ayant résulté de la Réunion, comme l'instauration d'un groupe subsidiaire chargé de la réponse aux changements climatiques, de groupes de contact intersessions (GCI) chargés de réviser le Manuel de nettoyage de l'Antarctique et d'élaborer des lignes directrices visant à régir les aspects environnementaux liés à l'utilisation de véhicules aériens sans pilote (UAV) ou pilotés à distance (RPA), ainsi que la poursuite des travaux sur les questions relatives aux évaluations d'impact sur l'environnement (EIE).

Point 4 : Fonctionnement du CPE

16. La Nouvelle-Zélande a présenté le document de travail WP 25 *Portail des environnements de l'Antarctique*, préparé conjointement par l'Australie, les États-Unis, le Japon et la Norvège, avec le concours du SCAR. S'appuyant

sur le document d'information IP 14, intitulé «*Antarctic Environments Portal : Content Management Plan*» [Portail des environnements de l'Antarctique : Plan de gestion du contenu], ce document de travail offre des informations actualisées sur le fonctionnement du Portail des environnements de l'Antarctique et met en exergue les évolutions apparues depuis le XIXe CPE. La Nouvelle-Zélande a tout particulièrement souligné les récents progrès enregistrés concernant la gestion et l'exploitation à long terme du Portail, notamment l'accord conclu lors de la réunion 2016 des délégués du SCAR chargeant le Secrétariat du SCAR d'envisager des options neutres d'un point de vue des coûts pour permettre au SCAR de reprendre la gestion opérationnelle du Portail à partir de 2018. Un Plan de gestion du contenu a été préparé pour le Portail (IP 14) à la double fin de fournir une approche structurée pour l'élaboration du contenu et de faciliter le dialogue avec le CPE pour ce qui concerne les sujets à publier. Les coauteurs ont recommandé que le Comité explore des possibilités visant à soutenir la gestion future du Portail par le SCAR, et qu'il examine le Plan de gestion du contenu afin de formule des commentaires et des propositions.

17. Le Comité a réitéré son appui permanent en faveur du Portail, ce dernier constituant une source majeure d'informations scientifiques à jour sur lesquelles les travaux du CPE peuvent s'appuyer, et a remercié les coauteurs du document pour leurs efforts permanents dans la gestion et le développement du Portail.

18. Le Comité a manifesté son soutien de principe à l'égard de la décision du SCAR visant à reprendre la gestion du Portail après 2018, et a signifié son accord pour explorer de nouveaux moyens de soutenir le SCAR dans la gestion du Portail.

19. Le Comité a salué la contribution de la France qui a assuré la traduction du contenu du Portail en français, citant cette contribution comme un modèle de soutien en nature, et a accueilli favorablement l'offre émise pendant la réunion par les Pays-Bas de contribuer au financement du Portail à l'avenir. Le Comité a encouragé les Membres à explorer de nouvelles possibilités pour soutenir la gestion du Portail, et à consulter le SCAR à cet effet.

20. Le Comité s'est exprimé globalement en faveur du Plan de gestion du contenu, rappelant que l'objectif du Portail consiste à présenter un contenu tout à la fois neutre, objectif, fondé sur des faits scientifiques validés par des pairs et utile aux priorités identifiées par le Comité. À cet égard, le Comité a insisté sur le rôle important du comité éditorial du Portail. Le Comité a de surcroît salué le SCAR, qui a spécifié que, outre son implication dans

le développement du contenu du Portail, il continuerait de fournir des avis scientifiques au CPE par le biais de la soumission de documents lors des réunions annuelles.

21. Le Comité a reconnu l'importance de garder le contenu du Portail à jour, et donc de le réexaminer et de le réviser au besoin. Il a de plus signalé que parmi les arrangements éditoriaux établis pour le Portail figuraient la révision et l'actualisation périodiques du contenu existant, et s'est réjoui des nouvelles opportunités que constitueront les futures réunions du CPE pour examiner le Plan de gestion du contenu. En ce qui concerne les sujets identifiés dans le cadre du Plan de gestion du contenu actuel, plusieurs Membres ont signifié leur intention d'encourager leurs équipes scientifiques à participer à la préparation de résumés. Il a par ailleurs été proposé de faire du plastique en mer et de l'acidification des océans deux sujets prioritaires.

22. Le Président du CPE a présenté le document de travail WP 34 *Soutenir le travail du Comité pour la protection de l'environnement (CPE) : Un document établi par le Président du CPE*. Publié dans le cadre du XXe CPE, ce document vise à engager un débat au sein des Membres pour trouver des moyens permettant d'assurer que le CPE conserve toute sa capacité à soutenir les efforts des Parties dans la protection totale de l'environnement de l'Antarctique. Le document stipule que le CPE a toujours mis tout en œuvre au fil des ans pour renforcer son efficacité. Il souligne de surcroît l'importance croissante des travaux du CPE pour relever les défis environnementaux en cours, émergents et à venir que l'Antarctique doit affronter. À la lumière de ces tendances et objectifs, le Président du CPE a invité les Membres à examiner : si une liste des « besoins scientifiques » du CPE (telle que celle présentée à l'Annexe A du document de travail WP 34) peut contribuer à promouvoir et à soutenir la science pour mieux comprendre et relever les défis environnementaux de l'Antarctique, et si l'accès à un financement modeste peut aider le Comité à délivrer à la RCTA, en temps opportun, des avis de haute qualité et des recommandations sur les questions prioritaires.

23. Saluant le document présenté par le Président du CPE, le Comité est convenu qu'il était crucial de continuer à explorer de nouveaux moyens devant permettre au CPE de conserver toute sa capacité à fournir des recommandations et des avis de haute qualité aux Parties. Pour ce qui concerne la première question abordée dans le document de travail WP 34, les Membres ont estimé fondamental que les travaux du Comité continuent d'entretenir des liens étroits avec la science. Le Comité est convenu qu'une liste des besoins scientifiques du CPE contribuerait à promouvoir et à soutenir

la science pour mieux comprendre et relever les défis environnementaux de l'Antarctique, à soutenir la collaboration scientifique et à définir les priorités de recherche, et à garantir que le CPE puisse obtenir un apport suffisant de données scientifiques pertinentes. Le Comité est aussi convenu qu'une telle liste serait utile pour mettre en évidence les besoins de la RCTA en matière de recherche et de surveillance environnementale, conformément à son rôle décrit à l'Article 12 (k) du Protocole, mais aussi pour informer les Parties des résultats des discussions relatives aux priorités scientifiques de l'Antarctique. Il a par ailleurs été noté qu'il conviendrait de réfléchir à un format de présentation de la liste qui soit suffisamment adapté pour alimenter les discussions de la RCTA, sans oublier la question de son actualisation par le biais d'une révision annuelle. Plusieurs Membres ont déclaré déjà utiliser la liste figurant dans le document de travail WP 34 pour les discussions portant sur leurs priorités scientifiques nationales pour l'Antarctique. Le SCAR et l'OMM ont mis en avant leurs efforts permanents pour mener et contribuer à des recherches utiles aux besoins scientifiques du CPE. Le SCAR a indiqué qu'il prendrait les discussions du CPE en compte pour la planification des futurs programmes scientifiques.

24.   Le Comité est convenu de réviser la liste des besoins scientifiques énoncés dans le document de travail WP 34 lors du XXIe CPE, avant de la soumettre à la RCTA. Il est en outre convenu que ladite révision pourrait envisager d'identifier les besoins scientifiques nouveaux et émergents, de relier la liste au Plan de travail quinquennal du CPE et d'explorer l'établissement de liens éventuels avec le Plan de gestion du contenu du Portail des environnements de l'Antarctique.

25.   Le Comité a également reconnu la nécessité d'élaborer des mécanismes additionnels pour aider le CPE à gérer sa charge de travail en constante augmentation, et a reconnu que ses travaux pourraient être renforcés par l'obtention d'un appui financier modeste, d'autant plus qu'il permettrait d'améliorer ou d'accélérer la transmission d'avis à la RCTA. Le Comité a ce faisant noté qu'il s'avérerait nécessaire d'accorder une attention accrue à de possibles mécanismes d'obtention et d'utilisation de ces aides financières, tout en garantissant que les sources de financement ne nuisent pas à son indépendance. Au cours de ce débat, des Membres ont proposé d'envisager de faire appel à un soutien en nature et d'établir des fonds spéciaux, à l'image de ceux du CS-CAMLR. Alors que des Membres ont souligné l'importance de trouver des façons complémentaires d'impliquer les experts dans les travaux du CPE, une réserve a été émise : est-ce bien le rôle du Comité de soutenir un programme de bourses ?

26.   Le Comité a salué la proposition du Président visant à entreprendre des travaux supplémentaires au cours de la période intersessions, en concertation avec le Secrétariat et les Membres intéressés, en vue de développer davantage un mécanisme qui permettrait au CPE d'obtenir un financement modeste pour l'aider dans ses travaux. Le Comité a déclaré se réjouir à l'avance des discussions sur le sujet au cours du XXIᵉ CPE.

Avis du CPE à la RCTA concernant le soutien des travaux du CPE

27.   Le Comité a examiné des moyens pour garantir que le CPE puisse conserver sa capacité à fournir des avis et des recommandations de haute qualité aux Parties et a, à cet effet, convenu d'informer la RCTA que :

- Il avait décidé que l'élaboration d'une liste des besoins scientifiques contribuerait à promouvoir et à soutenir la science pour mieux comprendre et relever les défis environnementaux de l'Antarctique. Cette liste présenterait une utilité tant pour les travaux du Comité que pour les discussions de la RCTA sur les priorités scientifiques de l'Antarctique. À cet égard, le Comité procéderait à la révision, lors du XXIᵉ CPE, de la liste des besoins scientifiques du CPE qui figure dans le document de travail WP 34.

- Il a reconnu la nécessité de créer des mécanismes complémentaires pour aider le CPE à gérer sa charge de travail en constante augmentation et a convenu d'éventuellement renforcer ses travaux par l'obtention d'un appui financier modeste. À cet égard, le Comité a salué la proposition formulée par le Président du CPE consistant à entreprendre des travaux supplémentaires en période intersessions, en concertation avec le Secrétariat et les Membres intéressés, en vue d'analyser les solutions possibles pour obtenir et gérer un éventuel financement du CPE.

28.   La Turquie a présenté le document d'information IP 94, intitulé « *Ratification of Protocol on Environmental Protection to the Antarctic Treaty by Turkey* » [Ratification du Protocole au Traité sur l'Antarctique relatif à la protection de l'environnement par la Turquie], afin d'informer le Comité de la ratification imminente en 2017 du Protocole sur l'environnement par la Turquie. Au cours de la réunion, la Turquie a informé le Comité qu'elle avait achevé le processus de ratification du Protocole sur l'environnement (y compris les six annexes) en date du 24 mai 2017. Le Protocole et ses six annexes ont été publiés dans le journal officiel de la Turquie (publication n° 30075), et font désormais partie dans la législation turque. La Turquie a fait part de son

espoir de devenir sous peu un Membre à part entière du SCAR, et a manifesté son intérêt pour travailler en coopération avec les autres Parties.

29.   Le Comité a salué l'adhésion de la Turquie au Protocole sur l'environnement, de même que la finalisation prochaine de sa ratification. Le Comité a déclaré se réjouir de bientôt compter la Turquie parmi les Membres du Comité.

Point 5 : Coopération avec d'autres organisations

30.   Le COMNAP a présenté le document d'information IP 9 *Rapport annuel 2016-2017 du Conseil des directeurs des programmes antarctiques nationaux (COMNAP)*, et a mis en évidence un certain nombre de points intervenus depuis le XIXe CPE, notamment la révision du Manuel pour les opérateurs des systèmes aériens sans pilotes en Antarctique (IP 77), la révision de la base de données du COMNAP, et l'avancement de l'actualisation du Catalogue des stations du COMNAP. Le COMNAP a rappelé aux Membres l'existence de sa Bourse de recherche pour les études antarctiques destinée aux chercheurs, techniciens et ingénieurs en début de carrière, et a exhorté les Membres à en faire la promotion auprès des candidats potentiels.

31.   Le SCAR a présenté le document d'information IP 35 *Rapport annuel 2016-2017 du Comité scientifique pour la recherche antarctique à la XLe Réunion consultative du Traité sur l'Antarctique*, qui présente un aperçu des principaux résultats et activités du SCAR pour cette période, relatifs notamment à trois de ses groupes scientifiques et à six de ses programmes de recherche. Le document indique que le SCAR a accueilli l'Autriche, la Colombie, la Thaïlande et la Turquie comme nouveaux membres associés depuis 2016. Le SCAR a également attiré l'attention sur le nouveau format de son rapport annuel, qui vise à le rendre plus accessible au grand public.

32.   Le Royaume-Uni a présenté le document d'information IP 50, intitulé « *Report by the CEP Observer to the XXXIV SCAR Delegates Meeting* » [Rapport de l'Observateur du CPE à la XXXIVe réunion des délégués du SCAR], reprenant plusieurs questions clés abordées lors de la XXXIVe réunion des délégués du SCAR d'un intérêt particulier pour les travaux du CPE. L'engagement permanent du SCAR à soutenir le Portail des environnements de l'Antarctique et à tenir à jour le rapport sur les changements climatiques et l'environnement en Antarctique. Le document énonce également que le SCAR continuera de fournir des rapports et des mises à jour sur les questions pertinentes pour les travaux du CPE.

33. Le Comité a remercié le COMNAP, le SCAR et le Royaume-Uni pour leurs documents. Le Comité a également félicité le professeur Steven Chown pour son élection à la présidence du SCAR et a exprimé ses remerciements envers le professeur Jeronimo Lopez-Martinez pour tout le travail qu'il a réalisé en qualité de Président du SCAR.

34. La CCAMLR a présenté le document d'information IP 53, intitulé « *Report by the SC-CAMLR Observer to the twentieth meeting of the Committee for Environmental Protection* » [Rapport de l'Observateur du CS-CAMLR à la vingtième Réunion du Comité pour la protection de l'environnement]. Ce rapport met l'accent sur cinq problématiques d'intérêt commun au CPE et au Comité scientifique de la Commission pour la conservation de la faune et la flore marines de l'Antarctique (CS-CAMLR) : les changements climatiques et l'environnement marin antarctique ; la biodiversité et les espèces non indigènes dans l'environnement marin antarctique ; les espèces antarctiques nécessitant une protection spéciale; la gestion de l'espace marin et les zones protégées ; et la surveillance des écosystèmes et de l'environnement. Il a également été noté que le CS-CAMLR et ses groupes de travail avaient examiné le rapport rendant compte de l'atelier conjoint du CPE et du CS-CAMLR de 2016 sur les changements climatiques et leur suivi, et qu'ils avaient approuvé les recommandations reprises dans le rapport sur l'atelier.

35. La CCAMLR a par ailleurs indiqué qu'un symposium du Comité scientifique s'était déroulé les 13 et 14 octobre 2016. Au cours de celui-ci, le CS-CAMLR a confirmé qu'un Plan de travail comprenant des objectifs à court, moyen et long terme était nécessaire, et que le Plan de travail quinquennal du CPE constituerait un modèle utile à l'élaboration de celui-ci. En outre, le CS-CAMLR a noté qu'il conviendrait d'élargir le dialogue établi avec la communauté scientifique, et indiqué qu'il envisageait d'organiser des ateliers conjoints et d'harmoniser les priorités de travail à moyen et long terme avec des organisations comme le Comité scientifique sur la recherche océanique et le SCAR. La CCAMLR a par ailleurs souligné l'accord visant à établir l'Aire marine protégée (AMP) de la région de la mer de Ross, objet de la Mesure de conservation 91-05, et qu'un atelier de trois jours portant sur le Plan de suivi et la recherche dans cette AMP s'était tenu en Italie à la fin avril 2017.

36. Le Comité a remercié l'Observateur du CS-CAMLR pour son rapport, et a favorablement accueilli l'adoption par le Comité scientifique des recommandations émises lors de l'atelier conjoint du CPE et du CS-

CAMLR du 2016. Le Comité s'est réjoui de poursuivre le dialogue avec le CS-CAMLR, tant dans ce domaine que dans d'autres domaines d'intérêt commun, afin de garantir que l'approche des priorités communes soit coordonnée.

37. Le Président du CPE a rappelé que le Comité avait adopté lors du XIXe CPE les recommandations issues de l'atelier conjoint CPE/CS-CAMLR sur les changements climatiques et leur suivi qui s'est tenu à Punta Arenas, au Chili, en mai 2016, et qu'il avait reconnu l'importance du processus de suivi de la mise en œuvre de ces recommandations. Il a également noté que la XLe RCTA prendrait connaissance des conclusions de l'atelier conjoint, et a invité le Comité à envisager de remettre un avis actualisé à la RCTA sur la question.

Avis du CPE à la RCTA sur les conclusions de l'atelier conjoint CPE/CS-CAMLR sur les changements climatiques et leur suivi

38. Le Comité a rappelé l'avis qu'il avait rendu à la XXXIXe RCTA d'adopter les recommandations découlant de l'atelier conjoint CPE/CS-CAMLR sur les changements climatiques et leur suivi qui s'était tenu à Punta Arenas, au Chili, en mai 2016 et qu'il avait reconnu l'importance de suivre l'avancée de la mise en œuvre de ces recommandations. Prenant acte du fait que le Plan de travail stratégique pluriannuel de la RCTA comprend une action dans laquelle la XLe RCTA examine les conclusions de l'atelier conjoint, le Comité s'accorde à informer la RCTA que :

   • le CS-CAMLR a également salué le rapport sur l'atelier et adopté les recommandations qui en découlaient ;

   • des actions menées par le CPE destinées à faire progresser les recommandations de l'atelier ont été largement traitées, parallèlement à ses travaux permanents visant à mettre en œuvre le Programme de travail en réponse aux changements climatiques ; et

   • en référence à la Recommandation 16 de l'atelier, il est convenu d'actualiser son Plan de travail quinquennal afin d'y intégrer une action relative à la Planification d'un futur atelier conjoint, notamment une révision de la mise en œuvre des recommandations de l'atelier de 2016.

39. L'OMM a présenté les documents d'information IP 112 *Rapport annuel de l'OMM 2016-2017* et IP 116 *Southern Hemisphere Key Activities and Special Observing Periods during the Year of Polar Prediction* [Activités essentielles dans l'hémisphère sud et périodes d'observation spéciales pendant l'Année

de la prévision polaire]. Ces documents mettent en lumière les initiatives de l'OMM qui présentent un éventuel intérêt pour le CPE, et donne des informations actualisées sur l'Année de la prévision polaire (APP) et sur le développement prévu du réseau du Centre climatique régional polaire antarctique. Une période d'observation spéciale pour l'APP est prévue en Antarctique entre le 16 novembre 2018 et le 15 février 2019. Celle-ci servira à attirer l'attention sur l'amélioration des observations régulières afin de tenter de combler les lacunes existantes dans le système d'observation sur une longue période. La réussite de l'APP reposera sur l'enthousiasme et le soutien des Parties.

40.   Le Comité a remercié l'OMM et a exprimé son soutien, à nouveau, à l'Année de la prévision polaire, et s'est réjoui de recevoir d'autres rapports de l'OMM afin d'alimenter ses discussions sur les implications des changements climatiques pour l'environnement antarctique.

Nomination de représentants du CPE dans d'autres organisations

41.   Le Comité a nommé :

- le Dr Yves Frenot (France) pour représenter le CPE à la 29ᵉ Réunion générale annuelle du COMNAP, qui se tiendra à Brno, en République tchèque, du 29 juillet au 2 août 2017 ; et
- le Dr Polly Penhale (États-Unis) pour représenter le CPE à la 36ᵉ réunion du CS-CAMLR, qui se tiendra à Hobart, en Australie, du 16 au 20 octobre 2017.

Point 6 : Réparation ou réhabilitation des dommages causés à l'environnement

42.   L'Australie a présenté le document de travail WP 28 *Révision du Manuel de nettoyage de l'Antarctique*, préparé conjointement avec le Royaume-Uni. Dans la continuité d'une action identifiée dans le Plan de travail quinquennal du CPE, les coauteurs ont proposé d'établir un GCI afin d'examiner et réviser le Manuel de nettoyage de l'Antarctique. Ceci permettrait d'aborder ce sujet de manière collective et systématique.

43.   Le Comité a remercié l'Australie et le Royaume-Uni pour le document et est convenu qu'il était important de maintenir le Manuel de nettoyage à jour afin qu'il reflète l'état actuel des connaissances.

44. Le Comité a consenti à mettre sur pied un GCI chargé de réviser le Manuel de nettoyage de l'Antarctique, dont le mandat sera le suivant :

 1. collecter des informations sur les évolutions et les avancées des questions utiles pour l'assainissement des anciens sites terrestres de dépôt des déchets, des sites de travail abandonnés et des sites pollués ;

 2. réviser le Manuel de nettoyage de l'Antarctique, annexé à la Résolution 2 (2013) et mis à jour en 2014, afin de proposer des modifications et des orientations additionnelles ; et

 3. remettre un rapport au XXIe CPE.

45. Le Comité a favorablement accueilli la proposition du Dr Philip Tracey (Australie) de présider ce GCI.

46. Le Comité a également apprécié les autres documents repris au titre de ce point de l'ordre du jour, qui ont rendu compte des mesures prises par les Parties dans le respect de leurs obligations en matière de nettoyage, en vertu de l'Annexe III au Protocole ainsi que des grands principes directeurs repris dans le Manuel de nettoyage. Le Comité a indiqué que ces documents, ainsi que ceux relatifs à ce sujet et examinés lors des réunions précédentes constitueraient des références utiles pour les débats du GCI.

47. La République du Bélarus a présenté le document d'information IP 3 *Expérience en matière de réduction des sources de formation de déchets de l'expédition antarctique bélarussienne*. Le Bélarus a décrit les étapes qu'il avait entreprises en vue d'améliorer la gestion du carburant dans sa nouvelle station, conformément à l'Annexe III au Protocole, notamment l'installation d'une citerne à double paroi pour le carburant afin d'éviter d'utiliser des fûts de 200 litres. Le Bélarus a remercié la Fédération de Russie, ainsi que le COMNAP, pour leur aide technique, et souligné l'importance des réseaux internationaux pour les petits pays et les petites expéditions.

48. L'Italie a présenté le document d'information IP 74, intitulé *« Clean-up and removal of Italy installations at Sitry airfield camp along the avio-route MZS-DDU, Antarctica »* [Nettoyage et retrait des installations italiennes au camp de l'aérodrome de Sitry situé le long de la voie aérienne MZS-DDU, Antarctique], qui décrit les opérations visant au démantèlement du camp de l'aérodrome de Sitry, un point d'atterrissage situé entre la station italienne Mario Zucchelli et la station française Dumont D'Urville. L'Italie a indiqué que onze fûts enterrés et une tente Weatherhaven étaient restés sur le site, et qu'aucun projet n'avait été prévu pour les récupérer puisque

les incidences environnementales négatives d'une telle opération seraient supérieures au bénéfice attendu. Les fûts enfouis ne devraient pas produire de fuite significative, puisque les tonneaux utilisés sont construits dans un matériau de grande qualité. Si des activités futures nécessitent de s'approcher de ce site, les travaux seraient alors achevés.

49. Les documents suivants ont également été soumis au titre de ce point de l'ordre du jour :

- IP 48, intitulé « *Clean-up of Scientific Equipment and Infrastructure from Mt. Erebus, Ross Island, Antarctica* » [Nettoyage de l'équipement et de l'infrastructure scientifique du mont Erebus, île de Ross, Antarctique] (États-Unis).

- IP 49, intitulé « *Report on Clean-up at Metchnikoff Point, Brabant Island* » [Rapport sur le nettoyage à la pointe Metchinkoff, île Brabant] (Royaume-Uni).

- IP 108, intitulé « *Gestión de los desechos sólidos generados en la Estación Maldonado - XXI Campaña Antártica (2016-2017)* » [Gestion des déchets solides générés à la station Maldonado - XXIe campagne antarctique (2016-2017)] (Équateur).

Point 7 : Conséquences des changements climatiques pour l'environnement

7a) Approche stratégique

50. Faisant référence au document de travail WP 13 *Antarctica and the Strategic Plan for Biodiversity 2011-2020* [L'Antarctique et le Plan stratégique pour la biodiversité 2011-2020], le Japon a attiré l'attention du Comité sur le fait que le 22 mai la Journée internationale de la diversité biologique était célébrée.

51. Le SCAR a présenté le document d'information IP 80 rév. 1, intitulé « *Antarctic Climate Change and the Environment – 2017 Update* » [Changements climatiques et environnement antarctiques - Actualisation 2017], qui propose une actualisation du rapport sur les changements climatiques et l'environnement en Antarctique, publié initialement en 2009 et mis à jour en 2013. Le document décrit les récentes avancées scientifiques réalisées dans le domaine de la compréhension des changements climatiques dans le continent antarctique et l'océan Austral, et les incidences associées sur les biotes terrestre et marin. Les éléments marquants de la recherche incluent :

une réduction de la glace marine présente autour de la péninsule antarctique occidentale ; des signes d'amélioration en ce qui concerne le trou dans la couche d'ozone ; le réchauffement des océans qui baignent l'Antarctique ; le déplacement vers le sud d'une étoile de mer boréale qui présente un fort risque d'invasion pour les zones antarctique et subantarctique ; et une évolution des glaces de formation rapide et les effets que cela induit pour les populations de manchots Adélie. Le document souligne l'importance d'intensifier les recherches spécifiques aux espèces pour mieux comprendre les réponses de l'écosystème aux changements climatiques.

52. Le Comité a remercié le SCAR pour les mises à jour annuelles de son Rapport sur les changements climatiques et l'environnement en Antarctique, et a reconnu que la préparation du document IP 80 rév. 1 avait nécessité un travail considérable. Le Comité a fortement appuyé l'initiative du SCAR de présenter un rapport dans un format accessible à un large public. Il a été indiqué que le résumé des informations reprises dans le document IP 80 rév. 1 pourrait être utilisé lors de la préparation et de la révision du contenu du Portail des environnements de l'Antarctique. Le Comité a rappelé l'importance de la recherche scientifique, comme le souligne ce document, pour ses travaux visant à mieux comprendre et appréhender les implications environnementales des changements climatiques. Le Comité a favorablement accueilli l'idée que l'OMM collabore avec le SCAR sur les prochains rapports de mise à jour.

53. L'OMM a présenté le document d'information IP 115, intitulé *« The Polar Climate Predictability Initiative of the World Climate Research Programme »* [L'initiative sur la prévisibilité du climat polaire du Programme mondial de recherches sur le climat]. Le document rend compte des travaux de l'initiative sur la prévisibilité du climat polaire (IPCP) et ses six thèmes principaux, dont chacun est lié à un aspect différent de la prévisibilité polaire. L'IPCP était particulièrement axée sur l'identification des éléments du système climatique qui contribuent à la prévisibilité, et de la manière dont ces processus peuvent être améliorés dans des modèles. L'IPCP vise à améliorer la compréhension des sources de la prévisibilité du climat polaire sur des échelles temporelles variables, de saisonnière à pluridécennale. L'OMM a indiqué que ces travaux étaient pertinents pour le PTRCC et qu'ils étaient également liés au GIEC et au Programme de recherche scientifique AntClim21 du SCAR.

54. L'OMM a par ailleurs présenté le document d'information IP 119, intitulé *« Regional climate downscaling through the Antarctic-CORDEX project »* [Réduction de l'échelle du climat régional grâce au projet antarctique

CORDEX]. Le document fait état des travaux de l'Expérience régionale coordonnée de réduction d'échelle des prévisions climatologiques en Antarctique (CORDEX) qui vise à développer des réductions d'échelle des prévisions du climat antarctique afin de fournir une description précise des phénomènes climatiques de l'échelle régionale à locale, de leur variabilité et des changements qu'ils connaissent. L'OMM a indiqué qu'il existait actuellement dix groupes issus de sept pays participant à CORDEX, et a encouragé tous les Membres intéressés à prendre part à l'expérience.

55.   L'OMM a présenté le document d'information IP 118, intitulé « *Progress Update on WMO Polar Regional Climate Centres* » [Mise à jour sur les avancées des centres climatiques régionaux polaires de l'OMM]. L'OMM prend aujourd'hui des mesures afin de développer un réseau de centres climatiques régionaux polaires (CCRP) antarctiques qui génèrerait des produits climatiques régionaux, notamment un suivi climatique et des prévisions en appui aux activités régionales et nationales sur le climat. L'un des principaux objectifs visés est de répondre aux besoins des programmes antarctiques nationaux. L'OMM organisera un atelier d'exploration sur l'Antarctique en 2018 afin d'explorer les objectifs communs au niveau technique, et de mieux comprendre la nécessité de disposer d'un centre climatique régional antarctique, ainsi que la forme qu'il doit prendre et les fonctions qu'il doit remplir, et étendra l'invitation au CPE ainsi à d'autres organisations intéressées. L'OMM a invité les Membres, les experts et les Observateurs à soutenir l'initiative, et à aider l'OMM à prendre contact avec les services météorologiques nationaux et les programmes antarctiques nationaux.

56.   Le Comité a reconnu la grande diversité des activités climatiques menées par l'OMM dans la région antarctique, dont beaucoup sont susceptibles d'avoir un intérêt pour les travaux du Comité portant sur les questions liées aux changements climatiques. Le Comité a encouragé les Membres et Observateurs intéressés à s'engager auprès de l'OMM pour la soutenir dans ces différentes activités.

57.   L'ASOC a présenté le document d'information IP 147, intitulé « *Climate Change Report Card* » [Carnet de notes des changements climatiques]. L'ASOC a indiqué qu'elle préparait chaque année un rapport qui s'apparente à un carnet de notes des changements climatiques, qui résume les principaux évènements et conclusions liés aux changements climatiques en Antarctique. L'ASOC a recommandé que la RCTA, ainsi que le CPE et ses Membres :

- investissent dans un suivi solide de la région antarctique afin de comprendre les modèles généraux et les anomalies du système climatique de la Terre ;
- investissent dans un suivi écologique, qui est essentiel pour comprendre les réactions des espèces et des écosystèmes aux changements environnementaux, notamment aux impacts anthropiques immédiats et dispersés ;
- élaborent un mécanisme pour que la RCTA communique des informations climatologiques antarctiques au grand public ;
- développent des Plans de gestion préventifs ou de réaction rapide qui seront mis en place pour gérer les évènements soudains liés au climat. Par exemple, la CCAMLR a récemment accepté la Mesure de conservation (MC) 24-04, intitulé *« Establishing time-limited Special Areas for Scientific Study in newly exposed marine areas following ice-shelf retreat or collapse »* [Établir des zones spéciales temporaires pour l'étude scientifique dans des zones marines nouvellement exposées à la suite du recul ou de l'effondrement de la banquise]. La RCTA pourrait envisager de prendre des mesures similaires pour les zones terrestres et côtières nouvellement exposées à la suite d'un recul ou d'un effondrement de la banquise.
- établir des zones protégées qui peuvent être utilisées comme zones de référence pour observer l'évolution des changements climatiques, avec une interférence nulle ou minimale des activités locales et régionales.

58. Le Comité a salué le document d'information IP 147, et a indiqué que l'ASOC pourrait tenir compte de la suggestion du Royaume-Uni d'identifier les liens éventuels avec le PTRCC dans les prochains rapports de mise à jour. Le Comité a fait remarquer qu'un certain nombre de recommandations émises dans le document IP 147 étaient liées aux travaux permanents du CPE visant à mettre en œuvre le PTRCC.

59. L'ASOC a également présenté le document d'information IP 152 rév. 1, intitulé *« Tracking Antarctica - A WWF report on the state of Antarctica and the Southern Ocean »* [Suivi de l'Antarctique - Rapport du WWF sur l'état de l'Antarctique et de l'océan Austral]. L'ASOC a indiqué que le rapport fournissait une mise à jour scientifique sur l'état de l'Antarctique et de l'océan Austral. Le rapport a été publié en octobre 2016. L'ASOC a souligné que l'un des principaux résultats du rapport était que l'intensification des activités humaines aurait pour effet d'amplifier les incidences des changements

climatiques, et d'augmenter la vulnérabilité des écosystèmes antarctiques, des mammifères, des poissons et des oiseaux. L'ASOC a également déclaré que le rapport identifiait les manières de relever ces défis en fonction des dernières données scientifiques. L'ASOC a informé le Comité du fait que le rapport serait mis à jour tous les deux ans.

60. Le Comité a fait remarquer que ce rapport constituait une source de motivation supplémentaire à la poursuite des travaux sur les changements climatiques, notamment grâce au PTRCC. Le Comité a remercié l'ASOC et son organisation membre, le WWF, pour le document.

61. L'Australie a présenté le document d'information IP 84, intitulé *« Climate change impacts on Antarctic ice-free areas »* [Impacts des changements climatiques sur les zones libres de glace en Antarctique]. Le document résume un article qui sera prochainement publié dans la revue *Nature*, qui quantifie les effets potentiels des changements climatiques sur les zones libres de glace, lesquelles abritent plus de 99 % de la biodiversité terrestre antarctique. Il indique que la publication explore les implications potentielles des changements physiques pour la biodiversité terrestre, notamment une concurrence accrue et l'expansion d'espèces envahissantes. Les conclusions de l'article présentent un intérêt direct pour les travaux du CPE sur différents sujets prioritaires, en particulier les efforts visant à préparer et renforcer la résilience aux incidences environnementales d'un climat en pleine évolution.

62. Le Comité a reconnu que les documents présentés au titre de ce point à l'ordre du jour portaient sur des questions prioritaires dans le PTRCC et constitueraient des références utiles lors des débats du Comité sur les façons d'exploiter les meilleures connaissances scientifiques disponibles pour comprendre et combattre les effets des changements climatiques sur l'environnement.

63. La Fédération de Russie a rappelé qu'à l'occasion du XIXe CPE, elle avait évoqué l'évolution des glaces de mer en Antarctique. Elle a indiqué que jusqu'à l'été 2015-2016, l'étendue des glaces de mer avait augmenté en Antarctique, mais que lors de la saison 2016-2017, les glaces de mer avaient atteint un niveau minimum. En outre, elle a souligné qu'il importait de prêter attention à l'ensemble des facteurs qui influencent les dynamiques des glaces de mer en Antarctique, afin d'éviter de tirer des conclusions erronées.

64. L'OMM a affirmé qu'il était bien établi que l'étendue des glaces de mer en Antarctique avait connu en moyenne une augmentation relativement modeste

jusqu'à ces dernières années, tandis que l'étendue des glaces de mer dans l'Arctique diminuait constamment. L'OMM a expliqué qu'en raison de la réduction du trou dans la couche d'ozone, l'étendue des glaces de mer devrait encore diminuer en Antarctique, bien que de grandes incertitudes demeurent.

65. Le SCAR a souligné que le document *« 2017 Antarctic Climate Change update »* (IP 80 rév. 1) [Informations à jour sur les changements climatiques en Antarctique 2017] abordait les évolutions des glaces de mer en Antarctique dans le texte et à la Figure 1. Le SCAR a souligné que les séries chronologiques dans la Figure 1 n'étaient pas suffisantes pour établir des prévisions précises.

66. Les documents suivants ont également été soumis au titre de ce point de l'ordre du jour :

- Document d'information IP 13, intitulé *« U.K./U.S. Research Initiative on Thwaites: The Future of Thwaites Glacier and its Contribution to Sea-level Rise »* [Initiative de recherche du Royaume-Uni et des États-Unis sur le Glacier de Thwaites : l'avenir du Glacier de Thwaites et sa contribution à la hausse du niveau des mers] (États-Unis, Royaume-Uni).

- Document d'information IP 52, intitulé *« Integrating Climate and Ecosystem Dynamics in the Southern Ocean (ICED) programme »* [Programme d'intégration des dynamiques climatiques et écosystémiques dans l'océan austral (ICED)] (Royaume-Uni).

- Document du Secrétariat SP 8 *Actions adoptées par le CPE et la RCTA à la suite des recommandations de la RETA sur les changements climatiques* (STA).

7b) Mise en œuvre et examen du Programme de travail en réponse aux changements climatiques

67. La Nouvelle-Zélande a présenté le document de travail WP 2 *Discussions intersessions informelles : Mise en œuvre du Programme de travail en réponse aux changements climatiques (PTRCC)*. Constatant que la mise en œuvre du PTRCC était encouragée en priorité par les Parties dans le cadre de la Résolution 4 (2015), et que les débats du CPE sur la manière de mettre en œuvre le programme n'avaient pas encore abouti à ce jour, le document contenait cinq recommandations, notamment : que le CPE envisage des possibilités d'établissement d'un groupe subsidiaire pour réviser et gérer le PTRCC, et que le groupe mette en place des mécanismes opérationnels

pour assurer une bonne participation et une gestion efficace du travail, y compris un soutien du Secrétariat pour la traduction des textes clés, et un soutien technique pour coordonner et communiquer les informations à jour. La Nouvelle-Zélande a également fait observer que le groupe fournirait des conseils au CPE sur des mesures à adopter, que des méthodes de travail innovantes seraient requises pour assurer une bonne participation, et qu'il restait encore du travail pour procéder à une mise à jour du PTRCC afin de favoriser une communication claire du PTRCC aux Membres, aux Observateurs, aux organisations d'experts et à la RCTA.

68.   Le SCAR a présenté le document d'information IP 69, intitulé *« Mapping SCAR affiliated research to the CEPs Climate Change Response Work Programme (CCRWP) »* [Identification des recherches du SCAR liées au Programme de travail en réponse aux changements climatiques (PTRCC) du CPE] préparé lors de la période intersessions 2016-2017 à la suite d'une demande du Comité lors du XIXe CPE. Il est indiqué dans le document que les groupes du SCAR sont bien placés pour contribuer au PTRCC étant donné que les recherches liées du SCAR couvrent toutes les questions clés contenues dans le PTRCC et qu'elles sont véritablement interdisciplinaires, englobant notamment les sciences physiques, biologiques et sociales. Le SCAR a fait remarquer qu'une communication claire et en temps utile entre le CPE et le SCAR sur les priorités et les objectifs du PTRCC accroîtrait la probabilité que le potentiel de la contribution du SCAR au PTRCC soit exploité.

69.   Le Comité a remercié la Nouvelle-Zélande d'avoir dirigé les discussions intersessions sur la mise en œuvre du PTRCC et d'avoir préparé le rapport contenu dans le document de travail WP 2. Le Comité a salué tous les Membres et les Observateurs qui ont participé activement aux discussions et a exprimé son large soutien aux recommandations contenues dans ce document.

70.   S'agissant des mécanismes opérationnels, il a été suggéré qu'un Groupe subsidiaire pourrait utiliser le forum de discussion du CPE, ce qui favoriserait l'approche inclusive et transparente souhaitée pour gérer les travaux intersessions concernés. Il a également été suggéré qu'une amélioration du format du PTRCC pourrait contribuer à un perfectionnement d'une communication efficace avec les acteurs et la RCTA. Il a en outre été mentionné qu'au-delà des travaux susceptibles d'être effectués dans un Groupe subsidiaire, il serait primordial que le Comité continue de prévoir du

temps (voire organise un atelier) lors des prochaines réunions pour examiner le PTRCC en vue de promouvoir une implication large des Membres.

71. Le Comité a accepté que les textes importants, par exemple les textes de discussion ou les projets de mises à jour annuelles du PTRCC, soient traduits au cas par cas. Notant que le Groupe subsidiaire effectuera généralement ses activités à distance, le Comité a estimé que la traduction des textes importants respecterait les critères prévus à l'Article 21.

72. Le Comité a accepté, sous réserve de l'approbation de la RCTA en vertu de l'Article 10 du Règlement intérieur du CPE, d'établir un Groupe subsidiaire sur la réponse aux changements climatiques (GSRCC) conformément au cadre présenté à l'Annexe 2.

73. Le Comité est convenu de nommer Mme Birgit Njåstad (Norvège) en tant que coordinatrice du GSRCC.

74. Le XXe CPE a chargé le GSRCC, au-delà du mandat convenu, de mettre en place des mécanismes opérationnels lors de la période intersessions 2017-2018 pour assurer une bonne participation et une gestion efficace du travail, y compris un soutien du Secrétariat pour la traduction des textes clés et un soutien technique pour coordonner et communiquer les informations à jour.

75. Le XXe CPE a indiqué qu'à l'avenir le GSRCC pourra :

    • Envisager des méthodes de travail innovantes qui impliquent un grand groupe de Membres, notamment, par exemple, l'organisation de séances ou d'ateliers spécialisés, le cas échéant.

    • Aborder les recommandations 18 (Envisager d'adopter une approche plus régionale dans l'application des outils de gestion de l'environnement, en plus de l'approche actuelle couvrant le continent entier) et 29 (Suivre de très près la mise au point d'outils de conservation liés aux changements climatiques ailleurs dans le monde qui pourraient également avoir une application dans le contexte de l'Antarctique [par ex. : les Plans d'adaptation aux changements climatiques, les outils et mécanismes d'évaluation des risques pour la translocation assistée des espèces menacées]) de la Réunion d'experts du Traité sur l'Antarctique (RETA) de 2010 sur les changements climatiques.

76. Le Comité a souligné qu'il importait d'assurer une large participation et un engagement fort des Membres du CPE dans les travaux du Groupe subsidiaire.

77. Le Comité a salué les efforts considérables du SCAR en vue de fournir un rapport circonstancié sur les travaux substantiels associés au SCAR liés au PTRCC. Le Comité a reconnu les points soulevés dans le document d'information IP 69 et a noté que les recherches liées du SCAR couvraient toutes les questions associées au PTRCC. Le Comité a également souligné la difficulté d'intégrer les résultats des nombreuses initiatives en cours du SCAR dans le PTRCC pour aller au-delà de l'aperçu des travaux et voir comment les résultats des travaux peuvent contribuer aux efforts dans le cadre du PTRCC. Le Comité a admis qu'une communication efficace entre le CPE et le SCAR sur la mise en œuvre du PTRCC demeurait cruciale.

78. Le Comité a salué la proposition de l'OMM en vue de soumettre au XXIe CPE un document similaire identifiant ses propres activités sur les problèmes et les besoins désignés dans le PTRCC.

Avis du CPE à la RCTA sur la mise en œuvre du Programme de travail en réponse aux changements climatiques du CPE

79. Notant la demande de la RCTA dans la Résolution 4 (2015) en vue de recevoir des informations à jour chaque année du CPE sur la mise en œuvre du Programme de travail en réponse aux changements climatiques, le Comité a demandé à la RCTA :

   • D'approuver la mise en place d'un Groupe subsidiaire sur la réponse aux changements climatiques (GSRCC) en vertu de l'Article 10 du Règlement intérieur du CPE pour appuyer la mise en œuvre du PTRCC, comme prévu à l'Appendice 2.

   • De demander un soutien au Secrétariat pour la traduction des principaux textes, ainsi qu'un soutien technique pour la coordination et la communication des informations à jour afin de favoriser une bonne participation et la conduite efficace des travaux.

   • De noter qu'il avait salué un rapport circonstancié du SCAR sur les travaux de ses groupes affiliés et associés utiles pour les problèmes et les besoins identifiés dans le PTRCC, qui indiquait clairement que les groupes du SCAR sont bien placés pour contribuer.

   • De noter également qu'il avait salué une proposition de l'OMM en vue de soumettre un rapport au XXIe CPE sur ses activités pertinentes pour le PTRCC.

80. Le Président du CPE a fait référence au document du Secrétariat SP 8 *Actions adoptées par le CPE et la RCTA à la suite des recommandations de la RETA sur les changements climatiques.* Le Comité a souligné que les Recommandations 18-30 sont liées aux travaux du CPE et qu'elles avaient toutes été intégrées dans le PTRCC, hormis les Recommandations 18 (Envisager d'adopter une approche plus régionale dans l'application des outils de gestion de l'environnement) et 29 (Suivre de très près la mise au point d'outils de conservation liés aux changements climatiques ailleurs dans le monde). Aussi, le Comité est convenu que la prise en considération des Recommandations 18 et 29 figure parmi les prochaines activités du Groupe subsidiaire sur la réponse aux changements climatiques, et que le CPE ne demande pas d'autres mises à jour du Secrétariat. Le Comité a noté qu'il n'était pas exclu que la RCTA souhaite encore recevoir des informations à jour sur les progrès enregistrés sur les Recommandations, notamment, les Recommandations 1-17.

81. Le Royaume-Uni a présenté le document d'information IP 71, intitulé « *Agreement by CCAMLR to establish time-limited Special Areas for Scientific Study in newly exposed marine areas following ice shelf retreat or collapse in the Antarctic Peninsula region* » [Accord de la CCAMLR en vue d'établir des Zones spéciales limitées dans le temps pour l'étude scientifique dans des zones marines nouvellement exposées à la suite d'un retrait ou d'un effondrement de barrières de glace dans la région de la Péninsule antarctique], préparé conjointement avec l'Allemagne, la Belgique, l'Espagne, la Finlande, la France, l'Italie, les Pays-Bas, la Pologne et la Suède. Ledit document décrit le mécanisme de désignation des Zones spéciales réservées aux études scientifiques au titre de la Mesure de conservation MC 24-04 de la CCAMLR ainsi que les mesures de gestion qui s'appliqueraient, conformément à la Recommandation 26 de la Réunion d'experts du Traité sur l'Antarctique (RETA) sur les changements climatiques (2010).

82. Le Comité s'est félicité de la Mesure de conservation MC 24-04 de la CCAMLR en indiquant qu'il s'agissait d'une contribution positive en vue de réaliser la Recommandation 26 de la RETA de 2010.

Point 8 : Évaluation d'impact sur l'environnement (EIE)

8a) Projets dévaluations globales d'impact sur l'environnement

83. Aucun document n'a été soumis pour ce point de l'ordre du jour.

8b) Autres questions relatives aux EIE

84.	Le Royaume-Uni a présenté le document de travail WP 41 *Évaluations d'impact sur l'environnement - Le point sur le débat politique plus large*, préparé conjointement avec l'Australie, la Belgique, la Nouvelle-Zélande et la Norvège. Ce document a relevé que des discussions informelles en période intersessions avaient porté sur les problèmes politiques plus généraux relatifs aux évaluations d'impact sur l'environnement (EIE) identifiés à l'occasion du GCI organisé lors des périodes intersessions 2014-2015 et 2015-2016 pour réviser les *Lignes directrices pour l'évaluation d'impact sur l'environnement en Antarctique*. Le Royaume-Uni a souligné que le document ne cherchait pas à résumer les discussions, mais plutôt à distiller et à mettre en exergue les éléments importants et les points généraux de convergence. Les problèmes présentés dans le document ont été répartis en trois catégories, en fonction de la difficulté à les régler. Le document contient six recommandations au CPE, qui ont trait : aux mandats des discussions intersessions qui examinent les évaluations globales d'impact sur l'environnement (EGIE) ; à la mise en place d'un répertoire central de conseils et de ressources pratiques sur les EIE, en plus des lignes directrices relatives aux EIE ; à l'efficacité de la Résolution 1 (2005) ; à des approches harmonisées pour les études environnementales initiales ; à l'ajout des tâches liées aux EIE dans le Plan de travail quinquennal du CPE et à la demande de conseils auprès de la RCTA quant aux priorités des EIE.

85.	Le Comité a remercié le Royaume-Uni et les coauteurs pour le travail accompli afin de préparer ce document, en a souligné l'importance, et a également exprimé son soutien général aux recommandations. De surcroît, plusieurs Membres et l'ASOC ont fait part de leur intérêt en vue de participer aux prochaines discussions sur ce sujet.

86.	Le Comité est convenu de mettre à jour les *Procédures d'examen intersessions par le CPE des projets d'évaluation globale d'impact sur l'environnement* (Appendice 3) pour reprendre le mandat standard suivant :

- Que l'EGIE : i) identifie toutes les incidences environnementales de l'activité proposée et ii) propose des méthodes appropriées pour atténuer (réduire ou éviter) lesdits impacts.

87.	Le Comité est en outre convenu d'intégrer les actions suivantes au Plan de travail quinquennal du CPE :

- Les Membres et les Observateurs travaillent pour obtenir des informations et les coordonner de façon à contribuer à l'élaboration d'orientations pour identifier et évaluer les impacts cumulatifs.

- Demander au SCAR de fournir des orientations sur la manière de réaliser une étude sur les conditions environnementales initiales, et tenir compte de ses conseils au moment opportun.

- Encourager les Membres à formuler des commentaires sur l'utilité de l'ensemble révisé de *Lignes directrices pour l'évaluation d'impact sur l'environnement en Antarctique* dans la préparation des EIE.

- Envisager les changements potentiels requis à apporter à la base de données des EIE pour en accroître l'utilité en vue d'émettre des propositions au Secrétariat.

88. S'agissant du deuxième point, le SCAR a indiqué vouloir soutenir le CPE en fournissant des conseils. Il a cependant averti que l'étendue des conseils dépendrait des ressources disponibles pour soutenir ces activités.

89. Le Comité est convenu de l'intérêt d'avoir rassemblé des outils généralement utilisables pour faciliter la préparation des EIE et exploitables en complément aux lignes directrices révisées relatives aux EIE. En l'absence de consensus sur la présentation de ce matériel (comme répertoire centralisé d'informations, comme annexe aux lignes directrices révisées relatives aux EIE, ou comme manuel pour l'EIE), aucune action n'a été ajoutée au Plan de travail quinquennal du CPE. Le Comité a encouragé les Membres à partager leurs expériences et ressources et a noté que la présentation du matériel pourra être abordée dès lors qu'un nombre suffisant de supports auront été rassemblés.

90. Le Comité est convenu que la Résolution 1 (2005) était encore à jour et continuait de fournir des informations très précieuses.

Avis du CPE à la RCTA sur les problèmes politiques liés au processus d'évaluation d'impact sur l'environnement

91. Le Comité a examiné un rapport portant sur des discussions intersessions relatives aux problèmes politiques plus généraux liés aux dispositions concernant l'évaluation d'impact sur l'environnement énoncées à l'Annexe I, tels qu'ils avaient été identifiés par le GCI organisé lors des périodes intersessions 2014-2015 et 2015-2016 pour réviser les *Lignes directrices pour l'évaluation d'impact sur l'environnement en Antarctique*, et est convenu d'informer la RCTA que :

- Il a recommandé que toutes les Parties fournissent les informations demandées dans la Résolution 1 (2005) de manière appropriée et en temps utile.

- Il a demandé conseil à la RCTA pour savoir dans quelle mesure le CPE devrait initier des travaux sur :

  - La création d'une méthode appropriée et efficace au sein du système du Traité sur l'Antarctique pour éviter la mise en œuvre de projets nuisibles pour l'environnement.

  - L'application possible en Antarctique des processus de « vérification et délimitation » *(screening and scoping)* communément utilisés dans le cadre des processus d'EIE pour les grands projets dans d'autres parties du monde ;

  - Des processus pour une révision indépendante régulière des activités relevant du domaine des EGIE (notamment l'évaluation du respect des conditions du permis imposées par l'autorité compétente).

92. Le Belarus a présenté le document d'information IP 5, intitulé *« Towards establishing of values of critical loads and thresholds for the Antarctic environment »* [Pour l'établissement de valeurs de charges et de seuils critiques pour l'environnement de l'Antarctique], qui indique que bien que les écosystèmes exceptionnels de la région de l'Antarctique soient particulièrement sensibles à l'impact anthropique, les termes « charge », « limite », « seuil » et d'autres termes similaires n'apparaissent que rarement dans les documents du CPE. Le Bélarus a souligné que les données issues des Programmes de recherche scientifique du SCAR, comme l'État de l'écosystème antarctique (AntEco) et Seuils de l'Antarctique – résilience et adaptation de l'écosystème (AnT-ERA), pouvaient faciliter l'établissement des seuils. Le Bélarus a proposé que le CPE envisage d'ajouter l'élaboration d'un contexte méthodologique et d'une base d'informations pour l'évaluation des niveaux de charge critique lorsqu'il révise les orientations pour la préparation des évaluations globales d'impact sur l'environnement (EGIE).

93. L'Allemagne a présenté le document d'information IP 41, intitulé *« Final Modernization of Gondwana Station, Terra Nova Bay, Northern Victoria Land »* [Modernisation finale de la station Gondwana, baie Terra Nova, partie septentrionale de la terre Victoria], qui indique que tous les travaux pour rénover la Station Gondwana ont été achevés en octobre et novembre 2016. Elle a fait remarquer que la station était désormais prête à accueillir

des projets de recherches scientifiques dans la partie septentrionale de la terre Victoria pendant au moins 25 à 30 ans.

94.   L'Italie a présenté le document d'information IP 70, intitulé « *Final Comprehensive Environmental Evaluation for the construction and operation of a gravel runway in the area of Mario Zucchelli Station, Terra Nova Bay, Victoria Land, Antarctica* » [Évaluation globale finale d'impact sur l'environnement pour la construction et l'exploitation d'une piste en gravier dans la zone de la station Mario Zucchelli, baie Terra Nova, terre Victoria, Antarctique]. Ce document contient l'EGIE finale qui a été approuvée par le ministère italien de l'Environnement et de la Protection de la terre et des mers et dont la soumission a été autorisée par le ministère italien des Affaires étrangères et de la Coopération internationale. Elle a souligné que l'EGIE finale a tenu compte des commentaires émis par le Comité lors du XIXᵉ CPE. L'Italie est arrivée à la conclusion que les avantages de l'infrastructure proposée, à savoir une gestion plus fiable et économique des opérations scientifiques et logistiques italiennes ainsi qu'un renforcement de la sécurité et de la collaboration avec les programmes antarctiques voisins dépasseraient les incidences environnementales. L'Italie a réitéré qu'elle s'engageait à essayer de limiter le plus possible les incidences environnementales éventuelles liées à la construction de la piste en gravier.

95.   La République de Corée a félicité l'Italie pour la réalisation de son EGIE finale, et a noté que l'Italie avait envisagé à nouveau et rejeté l'utilisation d'explosifs pour la construction de la piste, afin de réduire au maximum les incidences sur une proche colonie de manchots. La République de Corée a fait part de sa volonté de collaborer avec l'Italie afin de réduire les impacts cumulatifs de leur utilisation de la zone.

96.   Le Comité a remercié l'Italie pour la présentation du document d'information IP 70, expliquant comment les commentaires sur le projet d'EGIE soulevés lors du XIXe CPE ont été pris en considération dans l'EGIE finale.

97.   L'Équateur a présenté le document d'information IP 106, intitulé « *Environmental Compliance Audit of the XX Ecuadorian Antarctic Expedition (2015-2016)* » [Audit de conformité environnementale de la XXᵉ expédition équatorienne en Antarctique (2015-2016)], qui rend compte de son premier audit de conformité environnementale visant à évaluer l'impact sur l'environnement des activités entreprises au sein de la station Maldonado dans le cadre de sa 20ᵉ expédition.

98. Les documents suivants ont également été soumis au titre de ce point de l'ordre du jour :

- Document du Secrétariat SP 7 rév. 2 *Liste annuelle des évaluations préliminaires (EPIE) et globales (EGIE) d'impact sur l'environnement réalisées entre le 1er avril 2016 et le 31 mars 2017* (STA).

- Document de contexte BP 3, intitulé *« Information on the Progress of the Renovation of the King Sejong Korean Antarctic Station on King George Island, South Shetland Islands »* [Informations sur les progrès en matière de rénovation de la station de recherche antarctique du roi Sejong sur l'île du roi George, îles Shetland du Sud] (République de Corée).

Point 9 : Plans de gestion et protection des zones

9a) Plans de gestion

   i) *Projets de Plans de gestion qui ont été révisés par le Groupe subsidiaire sur les Plans de gestion*

99. La coordinatrice du Groupe subsidiaire sur les Plans de gestion (GSPG), Mme Patricia Ortúzar (Argentine), s'est faite la porte-parole du GSPG pour la présentation de la première partie du document de travail WP 45 *Groupe subsidiaire sur les Plans de gestion – Rapport des activités pendant la période intersessions 2016-2017*. Elle a remercié tous les participants qui ont activement contribué au GSPG pour leur travail assidu, et elle n'a pas manqué de rappeler que tous les Membres étaient les bienvenus au sein du GSPG. Conformément aux points n° 1 à 3 du mandat, le GSPG a été convoqué afin de soumettre à un examen intersessions cinq projets de plans de gestion de Zones Spécialement Protégées de l'Antarctique (ZSPA) désignés par le CPE. Les ZSPA concernées sont les suivantes :

- ZSPA n° 125 : péninsule Fildes, île du roi George (25 de Mayo) (Chili).

- ZSPA n° 144 : baie du Chili (baie Discovery), île Greenwich, îles Shetland du Sud (Chili).

- ZSPA n° 145 : port Foster, île de la Déception, îles Shetland du Sud (Chili).

- ZSPA n° 146 : baie du Sud, île Doumer, archipel Palmer (Chili).

- ZSPA n° 150 : île Ardley, baie Maxwell, île du roi George (25 de Mayo) (Chili).

100. Le GSPG a informé le CPE que les cinq Plans de gestion sont en cours d'examen par le promoteur. Aussi, les versions révisées des Plans de gestion que le GSPG devrait examiner n'étaient-elles pas encore disponibles.

ii) *Projets de Plans de gestion révisés qui n'ont pas été revus par le Groupe subsidiaire sur les Plans de gestion*

101. Le Comité a analysé les Plans de gestion révisés de sept ZSPA et d'une Zone Gérée Spéciale de l'Antarctique (ZGSA). Pour chacun des Plans, le(s) auteur(s) ont résumé les modifications suggérées pour le Plan de gestion existant et recommandé sa validation par le Comité et sa soumission à la RCTA pour adoption :

- Document de travail WP 7 rév. 1 *Révision du Plan de gestion pour la Zone spécialement protégée de l'Antarctique (ZSPA) n° 111, île Powell du Sud et îles adjacentes, îles Orcades du Su*d (Royaume-Uni).

- Document de travail WP 8 *Révision du Plan de gestion pour la Zone spécialement protégée de l'Antarctique (ZSPA) n° 140, parties de l'île de la Déception, îles Shetland du Sud* (Royaume-Uni).

- Document de travail WP 9 rév. 1 *Révision du Plan de gestion pour la Zone spécialement protégée de l'Antarctique (ZSPA) n° 129, pointe Rothera, île Adélaïde* (Royaume-Uni).

- Document de travail WP 10 rév. 1 *Révision du Plan de gestion pour la Zone spécialement protégée de l'Antarctique (ZSPA) n° 110, île Lynch, îles Orcades du Sud* (Royaume-Uni).

- Document de travail WP 11 rév. 1 *Révision du Plan de gestion pour les zones spécialement protégées de l'Antarctique (ZSPA) n° 115, île Lagotellerie, baie Marguerite, terre de Graham* (Royaume-Uni).

- Document de travail WP 12 rév. 1 *Révision du Plan de gestion pour la Zone spécialement protégée de l'Antarctique (ZSPA) n° 109, île Moe, îles Orcades du Sud* (Royaume-Uni).

- Document de travail WP 14 rév. 1 *Plan de gestion et cartes révisés pour la zone gérée spéciale de l'Antarctique n° 5, station Amundsen-Scott South Pole, pôle Sud* (États-Unis et Norvège).

- Document de travail WP 38 *Révision du Plan de gestion pour la Zone spécialement protégée de l'Antarctique (ZSPA) n° 165, Pointe Edmonson, baie Wood, mer de Ross* (Italie).

102. Pour ce qui concerne les documents de travail WP 7 rév. 1 (ZSPA n° 111), WP 8 (ZSPA n° 140), WP 9 (ZSPA n° 129), WP 10 rév. 1 (ZSPA n° 110), WP 11 rév. 1 (ZSPA n° 115) et WP 12 rév. 1 (ZSPA n° 109), le Royaume-Uni a indiqué que les Plans avaient été étudiés et révisés conformément au *Guide pour l'élaboration des Plans de gestion des Zones spécialement protégées de l'Antarctique* (le Guide) et que seules de légères modifications avaient été proposées. Les Plans pour les ZSPA qui incluaient des colonies d'oiseaux ont été mis à jour à travers une déclaration précisant que le survol de la Zone par des systèmes aériens pilotés à distance (RPAS) ne devrait pas être autorisé, sauf à des fins scientifiques ou opérationnelles, et en vertu d'un permis émis par une autorité nationale compétente. Des références aux Régions de conservation biogéographiques de l'Antarctique (Résolution 6, 2012) et aux Zones importantes pour la conservation des oiseaux en Antarctique (Résolution 5, 2015) ont été ajoutées. Le Plan de gestion pour la ZSPA n° 140 a fait l'objet d'un examen afin de mieux protéger ses valeurs botaniques. Plus particulièrement, le statut du site J Perchué Cone a été modifié pour devenir une zone interdite (comme ce fut déjà le cas pour d'autres sites géothermiques) et une référence au Code de conduite pour les activités en environnement géothermique continental en Antarctique du SCAR a été ajoutée.

103. Pour ce qui concerne le document de travail WP 14 rév. 1 (ZGSA n° 5), les États-Unis et la Norvège ont fait observer que les révisions ont été effectuées en concertation avec plus de 50 membres de la communauté scientifique, ainsi qu'avec l'équipe de gestion de la station Amundsen-Scott South Pole, et avec la contribution de groupes de visiteurs non gouvernementaux comme l'IAATO. Les révisions du Plan de gestion ont poursuivi plusieurs objectifs, notamment : modifier les limites du secteur de façon à refléter les nouvelles données d'études, rebaptiser plusieurs zones préexistantes en « zones restreintes » afin d'assurer la cohérence avec les débats du CPE sur la création de zones, de simplifier le secteur calme en éliminant le « cercle calme », et de fournir une liste accompagnée des emplacements des Sites et Monuments Historiques (SMH) désignés au lieu de la zone historique.

104. Pour ce qui concerne le document de travail WP 38 (ZSPA n° 165), l'Italie a fait observer que seules de légères modifications avaient été proposées, parmi lesquelles une révision de la carte 4, afin de mettre en exergue les colonies de manchots, ainsi que l'ajout d'un nouveau camp saisonnier et d'un nouveau sentier. Les autres modifications mises en place portaient sur la mise à jour des activités, références et informations de recensement afin de refléter les études scientifiques récemment menées.

105. Afin de répondre aux commentaires formulés pendant la réunion concernant les dispositions révisées relatives à l'utilisation des UAV/RPAS, le Comité est convenu d'apporter de légers changements aux Plans de gestion révisés pour les ZSPA n° 109, 110, 111, 115 et 129. Le Comité est par ailleurs convenu d'opérer une légère modification proposée au cours de la réunion à une carte figurant dans le Plan de gestion révisé pour la ZGSA n° 5. À travers ces changements, le Comité a adopté tous les Plans de gestion révisés qui n'avaient pas fait l'objet d'un examen par le GSPG.

Avis du CPE à l'attention de la RCTA relatif aux Plans de gestion révisés pour les ZSPA et ZGSA :

106. Le Comité est convenu de soumettre les Plans de gestion révisés suivants à la RCTA pour adoption sous la forme d'une Mesure :

#	Nom
ZSPA n° 109	île Moe, îles Orcades du Sud
ZSPA n° 110	île lynch, îles Orcades du sud
ZSPA n° 111	île Powell du Sud et îles adjacentes, îles Orcades du Sud
ZSPA n° 115	île Lagotellerie, baie Marguerite, terre de Graham
ZSPA n° 129	pointe Rothera, île Adelaïde
ZSPA n° 140	parties de l'île de la Déception, îles Shetland du Sud
ZSPA n° 165	pointe Edmonson, baie de Wood, mer de Ross
ZGSA n° 5	station Amundsen-Scott South Pole, Pôle Sud

iii) Nouveaux projets de Plans de gestion pour des zones protégées ou gérées

107. Aucun nouveau projet de Plan de gestion pour des zones protégées ou gérées n'a été soumis.

iv) Autres questions relatives aux Plans de gestion pour les zones protégées ou gérées

108. La Chine a présenté le document de travail WP 35 *Rapport sur les discussions intersessions informelles pour la période 2016-2017 concernant la proposition d'une nouvelle zone spécialement gérée de l'Antarctique à la station antarctique chinoise Kunlun, Dôme A.* Faisant suite aux discussions menées à l'occasion des réunions précédentes du CPE et aux discussions intersessions informelles à propos de la proposition de la Chine de désigner une nouvelle ZGSA à la station antarctique chinoise de Kunlun, Dôme A, le document rend compte des discussions informelles supplémentaires

menées par la Chine pendant la période intersessions 2016-2017 concernant les options de gestion de la zone du Dôme A. La Chine a adressé ses remerciements aux sept Membres qui ont participé aux discussions informelles.

109. Le document rend compte des réponses de la Chine aux commentaires formulés par plusieurs participants, notant que : elle estime que la protection et la gestion du Dôme A devraient être maintenues dans le cadre du Système du Traité sur l'Antarctique et de ses outils de gestion ; elle convient que le Comité devrait encourager les Membres qui envisagent de mener des activités dans la zone à consulter la Chine le plus en amont possible dans la phase de Planification, selon les dispositions de l'Article 6.1 du Protocole et la Recommandation XV-17 (1989) ; et elle fait observer que plusieurs Membres ont partagé leur expérience en matière de gestion des stations antarctiques, mais continuent d'être préoccupés par la proposition consistant à appliquer les procédures nationales chinoises.

110. La Chine a fait part de sa disposition à en apprendre plus long sur les possibles options de gestion alternatives pour la région et a réaffirmé son point de vue selon lequel l'établissement d'une ZGSA constituait l'outil le plus adéquat pour gérer et protéger de manière proactive les valeurs scientifiques et environnementales du Dôme A. La Chine a informé le Comité de son intention de rédiger un Code de conduite comme première option de gestion pour le Dôme A et a proposé de conduire les discussions intersessions informelles pendant la saison 2017-2018 sur la base du projet. La Chine a recommandé que le CPE soutienne la proposition et encourage la participation des Membres et des organisations intéressés et concernés, tels que le SCAR et le COMNAP.

111. Le Comité a remercié la Chine d'avoir mené les discussions intersessions informelles et d'avoir établi le rapport présenté dans le document de travail WP 35. Il a également remercié les Membres qui ont contribué aux discussions. Le Comité a rappelé les discussions préliminaires à ce sujet et a salué les progrès réalisés. Le Comité a également salué l'engagement dont la Chine continue de faire preuve en faveur de différentes options pour la gestion de la zone du Dôme A.

112. L'Argentine a exprimé son point de vue selon lequel toutes les zones nécessitaient d'être protégées à l'aide des outils fournis dans le Protocole et de ceux adoptés par la RCTA plutôt que de s'appuyer sur des procédures nationales, soulignant que tous les codes de conduite devraient avoir trait à

la gestion des activités et de la conduite du personnel dans une zone donnée et non pas à la gestion de la zone en elle-même.

113. Le Comité a accueilli favorablement la proposition de la Chine consistant à rédiger un code de conduite pour le Dôme A et à diriger les discussions intersessions sur la base de ce projet. Certains Membres ont exprimé des réserves quant à l'approbation d'un Code de conduite par le biais d'une Résolution. La Chine a précisé qu'elle n'envisageait pas de demander l'adoption du code de conduite au moyen d'une Résolution à ce stade, mais elle a également souligné l'intérêt croissant de la recherche scientifique vis-à-vis du Dôme A et a noté qu'il serait approprié d'envisager de recourir à une telle procédure à l'avenir. Le Comité a encouragé les Membres et les Observateurs intéressés à apporter leur contribution à ces travaux et a déclaré attendre un rapport complémentaire sur les progrès accomplis.

9b) Sites et monuments historiques

114. La Norvège a présenté le document de travail WP 47 *Rapport du groupe de contact intersessions mis en place pour l'élaboration de documents d'orientation sur les approches de conservation pour la gestion des objets du patrimoine antarctique*, préparé conjointement avec le Royaume-Uni. Elle a présenté un rapport sur la première période du GCI mis en place à l'occasion du XIXe CPE pour l'élaboration d'orientations sur les approches de conservation pour la gestion des objets du patrimoine antarctique. Le GCI a discuté des principes fondamentaux ainsi que des contributions et des examens pour la liste de thèmes fournie dans le point n° 2 du mandat du GCI, affiné certains principes fondamentaux clés et entamé une discussion sur un cadre pour les documents d'orientation à élaborer. Il a présenté un rapport sur certains points spécifiques soulevés durant le GCI, notamment : le fait que la compréhension des termes « sites » et « monuments » devait faire l'objet d'un examen plus approfondi ; qu'il pourrait s'avérer utile d'envisager de faire la distinction entre les concepts de valeurs patrimoniales générales et valeurs patrimoniales spécifiques ; et que les documents d'orientation devraient fournir un aperçu de la vaste gamme de possibilités de gestion disponibles, en mettant l'accent sur la manière d'évaluer ces sites ou monuments en fonction de ces différentes options. Les coauteurs recommandent que le Comité : demande au GCI sur la gestion des objets du patrimoine de continuer ses travaux durant la période intersessions 2017-2018, et convienne d'un mandat modifié pour la poursuite des travaux du GCI avant l'élaboration de documents d'orientation pour le XXIe CPE.

115. Le Comité a remercié la Norvège et le Royaume-Uni d'avoir organisé la première période des travaux intersessions au sein du GCI, et a reconnu les contributions apportées par les autres Membres et Observateurs qui y ont pris part. Le Comité a salué le rapport sur les progrès réalisés dans le cadre des discussions du GCI. Il reconnaît la complexité des questions et des discussions que le GCI doit affronter.

116. Le Comité a noté que la nécessité de trouver un équilibre entre les dispositions de l'Annexe III concernant le nettoyage et l'Annexe V concernant la protection des sites historiques faisait partie intégrante des travaux du GCI.

117. Le Comité a souligné que plusieurs points parmi ceux soulevés pendant la discussion pourraient bénéficier d'un examen plus approfondi dans le cadre des débats se poursuivant au sein du GCI, notamment : qu'il serait utile de disposer d'une vision globale ; qu'il serait nécessaire d'approfondir la question de l'identification des différents niveaux d'importance des sites et des monuments ainsi que le concept d'universalité ; d'approfondir la manière de partager et de commémorer des événements et des actions représentés par des sites et des monuments ; ainsi que l'importance de tenir compte des impacts sur l'environnement pendant la poursuite des travaux dans le cadre de la gestion du patrimoine.

118. Le Comité est convenu que le GCI poursuivrait ses travaux pendant la période intersessions 2017-2018 dont les mandats seront les suivants :

    1. Terminer d'élaborer les lignes directrices à soumettre à l'examen du CPE afin d'évaluer les sites patrimoniaux et historiques en Antarctique, sur la base de la discussion menée au cours de la période intersessions 2016-2017 et éclairée par les discussions du XXe CPE. Ces lignes directrices devraient couvrir :

        • la fourniture d'orientations permettant de déterminer si un site ou un objet mérite la désignation de SMH ; et

        • la fourniture d'orientations en matière de solutions de gestion pour les SMH.

    2. Assurer la liaison dans le cadre de ce travail avec les spécialistes du patrimoine nationaux et internationaux, le cas échéant.

    3. Produire des documents d'orientation à soumettre à l'examen du XXIe CPE.

119. Le Comité a remercié la Norvège et le Royaume-Uni d'avoir accepté de continuer à mener les travaux du GCI pendant la prochaine période intersessions, encourageant une vaste participation au deuxième cycle d'échanges, et a déclaré se réjouir à l'avance de pouvoir obtenir un rapport supplémentaire à l'occasion du XXIe CPE.

120. Le document suivant a également été soumis au titre de ce point de l'ordre du jour :

- Document de contexte BP 4, intitulé *« Antarctic Historic Resources : Ross Sea Heritage Restoration Project: Conservation of Hillary's Hut, Base Scott, Antarctic HSM 75 »* [Ressources historiques de l'Antarctique : projet de restauration du patrimoine de la mer de Ross. Conservation de la cabane Hillary, base Scott, SMH de l'Antarctique n° 75] (Nouvelle-Zélande).

9c) Lignes directrices pour les visites de sites

121. L'IAATO a présenté le document d'information IP 164, intitulé *« Report on IAATO Operator Use of Antarctic Peninsula Landing Sites and ATCM Visitor Site Guidelines, 2016-17 Season »* [Rapport sur l'utilisation des sites de débarquement de la péninsule antarctique par les opérateurs membres de l'IAATO et des Lignes directrices de la RCTA pour les visites de sites, saison 2016-2017], qui rend compte des données collectées par l'IAATO à partir des rapports post-visite remis par les opérateurs membres de l'IAATO pour la saison 2016-2017. L'IAATO a fait remarquer que le tourisme en Antarctique avait atteint des niveaux records depuis la haute saison de 2007-2008, et que ces niveaux sont susceptibles d'être dépassés pendant la saison 2017-2018. Elle a noté que l'augmentation n'était pas uniforme, et qu'elle dépendait essentiellement de quelques sites, notant un déclin dans l'activité des autres sites. L'IAATO a souligné que le tourisme antarctique continuait de viser principalement le tourisme maritime commercial en péninsule antarctique, et représentait environ 95 % des activités terrestres. Elle a mentionné que l'augmentation du nombre de passagers était largement due aux nouveaux navires utilisés, ceux-ci disposant d'une capacité de transport plus élevée. L'IAATO a souligné que l'ensemble des sites les plus visités étaient couverts soit par les Lignes directrices pour les visites de sites de la RCTA soit par les Lignes directrices relatives à la gestion des programmes nationaux.

122. Le Comité a remercié l'IAATO pour le rapport et salué son engagement constant à fournir un rapport au CPE sur son utilisation des sites de débarquement et des Lignes directrices pour les visites de sites.

9d) Gestion et protection de l'espace marin

123. L'Argentine a présenté le document d'information IP 127, intitulé *« Actualización sobre el proceso de designación de un Área Marina Protegida (AMP) en el oeste de la Península Antártica y sur del Arco de Scotia (Dominio 1) »* [Mise à jour sur le processus de désignation des Aires marines protégées (AMP) dans la péninsule antarctique orientale et l'arc sud de Scotia (Domaine 1)], préparé conjointement avec le Chili. Il rend compte des activités menées par l'Argentine et le Chili afin d'identifier les zones prioritaires dans la péninsule antarctique orientale et l'arc sud de Scotia (Domaine 1). Ces activités furent le fruit d'efforts plurinationaux et de multiples contributions, en termes de données comme d'expériences. Les coauteurs espèrent présenter une proposition d'AMP pour le Domaine 1 lors de la prochaine réunion du Groupe de travail sur le contrôle et la gestion de l'écosystème (WG-EMM) de la CCAMLR, et encouragent le Comité à soutenir l'activité de la CCAMLR relative au processus de désignation des AMP. Ils ont également encouragé le Comité à prendre acte de l'importance des travaux menés par l'Argentine et le Chili, en collaboration avec plusieurs Membres, dans le but d'identifier les zones de conservation prioritaires du Domaine 1 et ont exhorté les Membres à collaborer avec l'Argentine et le Chili afin de mieux comprendre les activités d'extraction réalisées dans le Domaine 1 et de désigner plus efficacement les AMP.

124. Se félicitant de la présentation proposée par l'Argentine et le Chili à l'occasion de la WG-EMM, l'ASOC, au nom de l'Union internationale pour la conservation de la nature (UICN), a informé le Comité du quatrième congrès international des Aires marines protégées (IMPAC4), qui se tiendra en septembre 2017 à La Serena-Coquimbo, au Chili, et du fait que la réunion tiendra une session spéciale pour les AMP.

125. Le Comité a remercié l'Argentine et le Chili pour la présentation de ce document. Il a noté que la désignation des AMP dans la Zone de la convention avait fait l'objet d'une vaste discussion au sein de la CCAMLR, mais il a accueilli favorablement le rapport sur les progrès réalisés dans le cadre des travaux de planification dans le Domaine 1 menés par l'Argentine et le Chili.

126. Le Royaume-Uni et les États-Unis ont fait remarquer qu'ils avaient déjà contribué aux travaux sur le développement de la proposition et ont fait part, avec d'autres Membres, de leur intérêt à apporter leur contribution et à collaborer avec l'Argentine et le Chili aux travaux en cours. Le Comité a pris note des commentaires formulés pendant la discussion, notamment : l'encouragement aux copromoteurs des travaux d'envisager une certaine flexibilité dans la poursuite de l'élaboration des propositions. Il a encouragé les Membres intéressés à collaborer avec l'Argentine et le Chili à la poursuite des travaux dans les zones mises en relief dans le document.

127. Le Comité a noté qu'il pourrait s'avérer utile à l'avenir d'envisager et de discuter des moyens et des opportunités d'examiner le lien entre l'océan et la terre et d'analyser si, et comment, les mesures complémentaires figurant dans le Protocole relatif à la protection de l'environnement, en particulier dans l'Annexe V, pourraient soutenir et renforcer les initiatives de protection marine.

128. Plusieurs Membres ont également saisi cette opportunité pour noter les progrès réalisés en matière de protection marine spatiale par la CCAMLR, notamment la désignation de la région de la mer de Ross en tant qu'AMP.

9e) Autres questions relevant de l'Annexe V

129. La coordinatrice du GSPG, Patricia Ortúzar (Argentine), a présenté la deuxième partie du document WP 45 *Rapport d'activité du Groupe subsidiaire sur les Plans de gestion pendant la période intersessions 2016-2017*. Le GSPG a continué à élaborer des documents d'orientation pour les ZGSA, conformément aux points 4 et 5 du mandat concernant l'amélioration des Plans de gestion et aux procédures pour leur examen intersessions. Ce travail a été dirigé par des Membres du GSPG de Norvège et des États-Unis, et a été présenté dans le document de travail WP 16 *Lignes directrices pour les désignations en Zone gérée spéciale de l'Antarctique (ZGSA)*. L'Argentine a aussi présenté une proposition de Plan de travail du GSPG pour la période intersessions 2017-2018.

130. La Norvège a présenté le document de travail WP 16 *Lignes directrices pour les désignations en Zone gérée spéciale de l'Antarctique (ZGSA)*, préparé conjointement avec les États-Unis. Le document présente les conclusions des travaux du GSPG, conformément au Plan de travail convenu à l'occasion du XIXe CPE, visant à achever l'élaboration de lignes directrices pour déterminer si une zone mérite d'être désignée en tant que ZGSA et pour

entamer l'élaboration de lignes directrices pour préparer et présenter un Plan de gestion si une désignation en tant que ZGSA est justifiée. Il rapporte que les discussions ont été constructives et fructueuses et que neuf Membres et Observateurs ont participé au processus. Il propose que le Comité envisage deux ensembles de lignes directrices, en les ajustant le cas échéant, et qu'il convienne de les adopter et de les soumettre à la RCTA pour encourager leur diffusion et leur utilisation au moyen d'une Résolution.

131. Notant son rôle en tant qu'organisation non gouvernementale pour les questions relatives à la protection et à la gestion environnementales en Antarctique, l'ASOC a exprimé son intérêt à poursuivre sa participation aux discussions concernant les éventuelles ZGSA.

132. Le Comité a approuvé les *Lignes directrices pour évaluer une zone en vue d'une désignation éventuelle en Zone gérée spéciale de l'Antarctique et les Lignes directrices pour l'élaboration de Plans de gestion des ZGSA*, telles que modifiées pour répondre aux commentaires émis pendant la réunion.

133. Le Comité convient que dans une révision future des *Lignes directrices pour évaluer une zone en vue d'une désignation éventuelle en Zone gérée spéciale de l'Antarctique*, il serait utile d'inclure un schéma ou un tableau illustrant ou résumant le processus consistant à évaluer et à tirer des conclusions en matière d'évaluation d'une zone en vue de sa désignation éventuelle en ZGSA. Il a été noté que cela pourrait améliorer les lignes directrices et faciliter le processus de prise de décisions.

134. Le Royaume-Uni a noté que, bien qu'il soit prêt à supprimer un paragraphe sur les dénominations géographiques de la version initiale des *Lignes directrices pour l'élaboration des Plans de gestion des ZGSA* pour garantir l'adoption de ces Lignes directrices, il souhaite toutefois souligner l'excellent travail réalisé par le SCAR dans l'élaboration et l'entretien du journal officiel du SCAR, le «Composite Gazetteer of Antarctica». Il a également noté sa vive appréciation du journal, estimant qu'il se prête parfaitement à la soumission de nouvelles désignations géographiques.

135. Le Comité a remercié le GSPG pour ses conseils, a encouragé une participation accrue des Membres, et est convenu d'adopter le Plan de travail suivant du GSPG pour la période 2017-2018 :

Mandats	Travaux suggérés
Points 1 à 3 du mandat	Examiner les projets de Plans de gestion adressés par le CPE pour une révision intersessions et fournir des conseils aux auteurs des propositions (y compris les cinq plans différés de la période intersessions 2016-2017)
Points 4 à 5 du mandat	Collaborer avec les Parties concernées pour assurer la bonne progression de l'examen des Plans de gestion dont l'échéance de révision quinquennale est dépassée
	Étudier des améliorations supplémentaires aux Lignes directrices pour l'évaluation d'une zone candidate à une désignation ZGSA
	Examiner et mettre à jour le plan de travail du GSPG
Documents de travail	Préparer un rapport pour le XXIe CPE au titre des points 1 à 3 du mandat du GSPG
	Préparer un rapport pour le XXIe CPE au titre des points 4 à 5 du mandat du GSPG

Avis du CPE à l'attention de la RCTA relatifs aux Plans de gestion révisés pour les Zones gérées spéciales de l'Antarctique (ZGSA)

136. Le Comité a approuvé les *Lignes directrices pour évaluer une zone en vue d'une désignation éventuelle en Zone gérée spéciale de l'Antarctique et les Lignes directrices pour l'élaboration de Plans de gestion des ZGSA*, et est convenu de soumettre à l'approbation de la RCTA un projet de Résolution encourageant leur diffusion et leur utilisation.

137. Le Président du CPE a rappelé que le XIXe CPE avait approuvé le *Code de conduite du SCAR pour les activités en environnement géothermique continental en Antarctique*, et était convenu qu'il serait bénéfique d'encourager la diffusion et l'utilisation d'autres codes de conduite du SCAR par une Résolution de la RCTA.

138. Le SCAR a présenté le document de travail WP 17, *Code de conduite du SCAR pour l'exploration et la recherche dans des environnements aquatiques sous-glaciaires*, qui fournit des lignes directrices réexaminées et révisées sur la planification et la conduite d'explorations et de recherches dans des environnements aquatiques sous-glaciaires. Le SCAR a souligné que de nombreuses consultations approfondies ont été entreprises dans le cadre de l'examen et de la révision de ce Code de conduite non obligatoire, notamment avec des décideurs, des responsables environnementaux et des experts scientifiques et en s'appuyant sur les organes subsidiaires du SCAR, y compris le Comité permanent sur le Système du Traité sur

l'Antarctique (SCATS). En notant l'absence de changement majeur, le SCAR a recommandé que le CPE prenne le Code de conduite révisé en considération, et, le cas échéant, a encouragé la diffusion et l'utilisation du Code de conduite pour la poursuite et la conduite des explorations et des recherches dans des environnements aquatiques sous-glaciaires.

139. Le Comité a remercié le SCAR pour la présentation de ce document et pour sa consultation élargie avec les parties prenantes en vue de réviser et d'améliorer le Code de conduite non obligatoire. Suite à quelques légers amendements visant à intégrer les propositions soulevées pendant la réunion, le Comité est convenu d'encourager la diffusion et l'utilisation du Code de conduite lorsqu'il planifie et entreprend des explorations et des recherches dans des environnements aquatiques sous-glaciaires.

Avis du CPE à la RCTA sur le Code de conduite du SCAR pour l'exploration et la recherche dans des environnements aquatiques sous-glaciaires

140. Le Comité a approuvé le *Code de conduite du SCAR pour l'exploration et la recherche dans des environnements aquatiques sous-glaciaires*, et est convenu de le soumettre à l'approbation de la RCTA au moyen d'un projet de Résolution pour encourager sa diffusion et son utilisation.

141. Le SCAR a présenté le document de travail WP 18, *Code de conduite du SCAR pour la recherche scientifique de terrain en zone continentale en Antarctique*, qui présente des lignes directrices réexaminées et révisées sur la planification et l'activité de recherches scientifiques de terrain en milieu terrestre en Antarctique. Le SCAR a informé le Comité que de nombreuses consultations approfondies ont été menées dans le cadre de l'examen et de la révision de ce Code de conduite non obligatoire, notamment avec des décideurs, des responsables environnementaux et des experts scientifiques et en s'appuyant sur les organes subsidiaires du SCAR, y compris le SCATS. Le SCAR a rapporté que des modifications, améliorations et ajouts mineurs avaient été apportés au Code de conduite. Il a recommandé que le CPE prenne le Code de conduite en considération, et, le cas échéant, qu'il encourage sa diffusion et son utilisation lorsqu'il planifie et entreprend des recherches scientifiques de terrain dans la partie terrestre de l'Antarctique.

142. Le Comité a remercié le SCAR pour son travail de révision et d'amélioration de ce Code de conduite. Il a mis en relief l'importance de détenir ce Code de conduite, remarquant à quel point de telles orientations pour des types

spécifiques d'activités menées dans l'Antarctique contribuaient à améliorer la protection de l'Antarctique d'une manière générale. Il a également noté que la version actuelle du Code avait été d'une grande utilité.

143. Bien que certains Membres aient soutenu l'adoption du Code de conduite tel qu'il était présenté, d'autres Membres ont estimé qu'une consultation plus approfondie était nécessaire, y compris des programmes antarctiques nationaux qui soutiennent les activités des chercheurs sur le terrain.

144. Le Comité a accueilli favorablement la volonté du SCAR de poursuivre les consultations, y compris avec le COMNAP, l'objectif étant d'en proposer une nouvelle version au XXIe CPE.

145. Le Comité a également accueilli favorablement l'avis du SCAR selon lequel il soumettrait son *Code de conduite pour l'utilisation d'animaux à des fins scientifiques en Antarctique* à l'examen du Comité au XXIe CPE.

146. L'Argentine a noté l'utilité d'avoir eu ces Codes présentés au Comité en tant que documents de travail, permettant ainsi leur traduction officielle dans les quatre langues du Traité sur l'Antarctique.

147. Le Royaume-Uni a présenté le document de travail WP 21, *Processus d'évaluation préalable pour la désignation des ZSPA/ZGSA*, élaboré conjointement avec la Norvège. Rappelant les discussions du XIXe CPE, les coauteurs ont rendu compte des consultations intersessions qui avaient eu lieu avec les Membres intéressés, et ont présenté un modèle non obligatoire révisé pour l'évaluation préalable de ZSPA. Ils ont recommandé que le CPE reconnaisse les avantages liés à l'élaboration d'une présentation harmonisée des informations relatives aux propositions de désignation de nouvelles ZSPA, lorsque le ou les auteur(s) d'une proposition estiment judicieux d'engager le Comité dans une discussion sur une évaluation préalable et conviennent que les *Lignes directrices : Un processus d'évaluation préalable pour la désignation des ZSPA et de ZGSA* (Appendice 3 du Rapport final du XVIIIe CPE) a été modifié de façon à y intégrer le modèle de formulaire d'évaluation préalable non obligatoire pour la désignation des ZSPA.

148. Le Comité a remercié le Royaume-Uni et la Norvège pour ce document et pour la consultation intersessions avec les Membres intéressés. Le Comité a souligné que le modèle avait pour objectif de fournir des moyens pratiques et non obligatoires pour faciliter la transmission d'informations cohérentes avec lesdites lignes directrices, et aucunement de retarder ou entraver la désignation de nouvelles zones, ni de supposer de l'autorisation préalable de la désignation d'une nouvelle zone.

149. En réponse à une interrogation de l'IAATO, le Royaume-Uni a déclaré que l'intention était que les informations fournies dans le modèle en général soient basées sur de solides preuves scientifiques. Quelques légères modifications ont été suggérées et intégrées à la version finale du modèle.

150. Le Comité a noté qu'un modèle de ZGSA, bien qu'étant un sujet plus complexe, pourrait aussi se révéler utile, et a encouragé les Membres intéressés à en envisager l'élaboration.

Avis du CPE à la RCTA concernant les Lignes directrices : processus d'évaluation préalable pour la désignation des ZSPA et des ZGSA

151. Le Comité est convenu d'informer la RCTA de sa mise à jour des *Lignes directrices : processus d'évaluation préalable pour la désignation des ZSPA et des ZGSA* adoptées au XVIIIe CPE, de manière à inclure un modèle de formulaire d'évaluation préalable non obligatoire pour la désignation des ZSPA visant à faciliter la communication d'informations en conformité avec les Lignes directrices (Appendice 4). Cette nouvelle version des Lignes directrices remplace la version qui avait été jointe au rapport du XVIIIᵉ CPE en 2015.

152. L'Australie a présenté le document de travail WP 29 *Révision proposée pour les régions de conservation biogéographiques de l'Antarctique*, et a mentionné le document d'information IP 15 *Antarctic biogeography revisited: updating the Antarctic Conservation Biogeographic Regions* [Biogéographie de l'Antarctique revisitée: mise à jour des régions biogéographiques de l'Antarctique], tous deux présentés conjointement avec la Nouvelle-Zélande et le SCAR. Les documents résument une révision récente des régions de conservation biogéographiques de l'Antarctique (RCBA) adoptée en vertu de la Résolution 6 (2012). La révision souligne les mises à jour des couches spatiales sous-jacentes, y compris la représentation la plus actuelle des zones libres de glace de l'Antarctique, ainsi que les résultats de nouvelles analyses justifiant l'inclusion d'une nouvelle (16ᵉ) zone biologiquement distincte dans la région des montagnes du Prince Charles. Cette révision mentionne aussi que la couche spatiale révisée était disponible depuis le Centre des données antarctiques de l'Australie et qu'elle serait transmise au Secrétariat du Traité sur l'Antarctique afin d'en faciliter l'accès et l'utilisation. Les coauteurs ont recommandé que le CPE approuve les Régions de conservation biogéographiques de l'Antarctique révisées (RCBA Version 2), transmette le projet de Résolution présenté dans le document de travail WP 29 à la RCTA pour son adoption, et ont demandé

que le Secrétariat du Traité sur l'Antarctique rende disponible la couche de données actualisées via son site internet.

153. Le Comité a remercié l'Australie, la Nouvelle-Zélande et le SCAR pour leur travail sur le document de travail WP 29 et le document d'information IP 15 et a rappelé que son approbation au XVe CPE des RCBA constituait un cadre important pour ses discussions relatives aux valeurs spatiales et à la protection de l'environnement en Antarctique, et que l'adoption ultérieure des RCBA par la RCTA en vertu de la Résolution 6 (2012) constituait un modèle dynamique pour guider le travail du Comité.

154. Le Comité est convenu de l'importance de continuer à mettre le cadre à jour, notamment pour s'assurer qu'il incorpore des informations actualisées concernant la biodiversité des zones antarctiques libres de glace, en s'appuyant sur les meilleures sources disponibles. Par conséquent, le Comité est convenu d'approuver les RCBA révisées et demande au Secrétariat du Traité sur l'Antarctique de rendre la couche de données spatiales révisées disponible sur son site internet. Le Comité a également pris note du conseil de la Nouvelle-Zélande de rendre la couche de données spatiales révisées disponible au moyen de la carte présentée sur le site internet du Portail des environnements de l'Antarctique.

Avis du CPE à la RCTA sur une révision des Régions de conservation biogéographiques de l'Antarctique

155. Le Comité a examiné les conclusions de recherches récentes visant à réviser les Régions de conservation biogéographiques de l'Antarctique (RCBA) adoptées en vertu de la Résolution 6 (2012). Afin de s'assurer que le travail du CPE et des Parties s'appuie sur la compréhension de la distribution spatiale de la biodiversité terrestre antarctique la plus à jour, le Comité a recommandé que la RCTA adopte les Régions de conservation biogéographiques de l'Antarctique révisées (RCBA Version 2) et a soumis un projet de Résolution à la RCTA en vue de son adoption pour remplacer la Résolution 6 (2012).

156. Le Royaume-Uni a présenté le document de travail WP 37, *Zones spécialement protégées de l'Antarctique et Zones importantes pour la conservation des oiseaux*, soumis conjointement avec l'Australie, l'Espagne, la Norvège et la Nouvelle-Zélande. Rappelant que la Résolution 5 (2015) demandait au CPE dans quelle mesure les Zones importantes pour la conservation des oiseaux (ZICO) étaient, ou devraient être, représentées au

sein du réseau de ZSPA et d'en informer la RCTA, ce document rapporte que deux analyses récentes de ZICO ont examiné dans quelle mesure les colonies d'oiseaux représentatives et potentiellement vulnérables sont représentées au sein du réseau de ZSPA. Ces analyses ont été présentées dans le document d'information IP 16, intitulé « *Representation of Important Bird Areas in the network series of Antarctic Specially Protected Areas* » [Représentation des Zones importantes pour la conservation des oiseaux dans l'ensemble de réseaux de Zones spécialement protégées de l'Antarctique] (soumis par le Royaume-Uni, la Nouvelle-Zélande et la Norvège) et le document de travail IP 17, intitulé « *High resolution mapping of human footprint across Antarctica and its implications for the strategic conservation of bird life* » [Cartographie haute résolution de l'empreinte écologique humaine en Antarctique et implications pour la conservation stratégique des oiseaux] (soumis par le Royaume-Uni et l'Espagne). Les co-auteurs du document de travail WP 37 ont souligné l'importance de la protection de colonies d'un éventail d'espèces d'oiseaux antarctiques et qu'une approche plus cohérente doit être adoptée pour protéger toutes les espèces d'oiseaux antarctiques indigènes. Les co-auteurs ont également clarifié le fait qu'il ne faut pas présumer que toutes les ZICO devraient recevoir une désignation ZSPA, ni que les colonies d'oiseaux qui ne sont pas des ZICO ne devraient pas être prises en considération en vue d'une désignation ZSPA. Les co-auteurs du document de travail WP 37 ont recommandé que le Comité examine ces conclusions et ont encouragé de nouveaux travaux intersessions entre les Membres intéressés, de manière à élaborer des critères permettant d'évaluer le caractère adapté ou non des colonies d'oiseaux pour une désignation ZSPA, notamment en identifiant ce qui constitue de « grandes colonies d'oiseaux en phase de reproduction », comme indiqué à l'Article 3(2)(c) de l'Annexe V au Protocole ; et à recommander au Comité une liste de ZICO qui respectent ces critères.

157. Le Comité a remercié tous les auteurs des documents soumis à la réunion pour leur travail, qui a permis de soutenir et de faire progresser l'examen du Comité de la demande contenue dans la Résolution 5 (2015). Le Comité est convenu avec la recommandation du document de travail WP 37 visant à entreprendre des travaux intersessions pour élaborer des critères permettant d'évaluer le caractère adapté ou non des colonies d'oiseaux pour une désignation ZSPA, notamment en identifiant ce qui constitue de « grandes colonies d'oiseaux en phase de reproduction », comme indiqué à l'Article 3.2(c) de l'Annexe V au Protocole ; et à recommander au Comité une liste de ZICO qui respectent ces critères.

158. Le Comité s'est félicité de l'offre du Royaume-Uni de conduire les discussions au cours de la période intersessions en consultation avec les Membres et les Observateurs intéressés. De nombreux Membres ont manifesté leur volonté de participer aux travaux intersessions. Le Comité a noté que les points soulevés par les Membres pendant la discussion de la réunion pourraient être approfondis lors du travail intersessions, y compris : l'importance d'examiner des informations pertinentes ne figurant pas dans les documents d'information IP 16 et IP 17, notamment les études soumises à l'examen de pairs, basées sur des observations de terrain et des recherches en cours telles que celles mentionnées par plusieurs Membres ; les mécanismes de protection et de gestion actuels d'aires non désignées en tant que ZSPA ; et la pertinence de mécanismes disponibles à l'Annexe II, qui jouent un rôle important dans la protection de colonies d'oiseaux antarctiques. Sur ce dernier point, le Comité s'est félicité de la récente entrée en vigueur de la version révisée de l'Annexe II.

159. En ce qui concerne le document d'information IP 17, le Comité a souligné qu'il était important de prendre en considération l'évaluation présentée à la lumière des résultats obtenus sur le terrain par le biais de la recherche et du suivi ainsi que les caractéristiques de sites particuliers, et les résultats d'études sur l'impact humain. Le Comité a également noté le commentaire émis par les Pays-Bas au sujet de la pertinence potentiellement plus large des résultats présentés dans cet article sur la poursuite des discussions du Comité relatives au problème de développement de l'empreinte humaine, de la protection et de la faune sauvage en Antarctique, ainsi que de son appel à de nouveaux travaux.

160. Le Comité a noté les commentaires émis par l'Argentine à propos des méthodes et des résultats qui figurent dans l'article scientifique en annexe du document d'information IP 17. L'Argentine a déclaré que les valeurs relatives à l'empreinte humaine associée à la colonie d'oiseaux située à proximité de la station d'Esperanza n'incluaient pas de données au sol et d'autres informations pertinentes, ce qui pourrait fausser les résultats. L'Argentine considère que cette évaluation doit ainsi être utilisée avec prudence.

161. La Belgique a présenté le document d'information WP 42, *Évaluation préalable de la Zone spécialement protégée de l'Antarctique (ZSPA) proposée aux monts Sør Rondane*. La Belgique a informé le Comité qu'elle avait effectué une évaluation antérieure pour la proposition d'une ZSPA, conformément aux dispositions de l'annexe V du protocole et aux *Lignes directrices : Processus d'évaluation préalable pour la désignation de ZSPA*

et de ZGSA (voir l'appendice 3 du rapport du XVIIIᵉ CPE) La Belgique a demandé des directives supplémentaires aux Membres, en ce qui concerne les étapes suivantes du processus, notamment la version préliminaire d'un programme de gestion. La Belgique a recommandé que le Comité : accepte que les valeurs inhérentes à la ZSPA proposée aux monts Sør Rondane fassent l'objet d'une protection spéciale ; soutienne le développement d'un programme de gestion pour la zone qui soit dirigé par la Belgique ; et que le CPE encourage les Membres intéressés à travailler avec la Belgique de manière non officielle au cours de la période intersessions au développement d'un programme de gestion pour une possible soumission au XXIᵉ CPE.

162. Le Comité a accueilli favorablement les informations présentées par la Belgique et en accord avec les *Lignes directrices : Processus d'évaluation préalable pour la désignation de ZSPA et de ZGSA* et modèle facultatif associé. Le Comité a noté que le document offrait d'ores et déjà une occasion aux Membres de s'impliquer dans le processus d'examen de la proposition et de participer à son développement. En même temps, le Comité a souligné le fait que les lignes directrices étaient facultatives et qu'elles n'étaient pas destinées à fournir ou à nécessiter une approbation de désignation antérieure par le Comité.

163. Le Comité est convenu que les valeurs environnementales et scientifiques découvertes sur le site des monts Sør Rondane, notamment les organismes généralement insuffisamment étudiés, méritaient d'être examinées plus attentivement, afin que le site soit potentiellement désigné en tant que ZSPA, améliorant ainsi la représentation des ZSPA dans la RCBA 6. Il a également été observé que les informations apportées à la XLᵉ RCTA indiquaient une croissance potentielle du trafic dans la zone à l'avenir, ce qui pourrait renforcer la nécessité de protéger des zones vierges dans cette région. Le Comité a accueilli favorablement l'intention de la Belgique d'envisager de développer un projet de programme de gestion pour cette zone, et noté que plusieurs Membres avaient manifesté de l'intérêt pour contribuer au projet. Il a encouragé d'autres Membres et Observateurs intéressés à collaborer avec la Belgique au cours de la période intersessions.

164. Le Comité a noté une série de domaines et de sujets qui pourraient faire l'objet d'un examen plus approfondi par la Belgique. Ceux-ci comprenaient : la prise en compte de nouvelles explications des valeurs de la zone au vu des dispositions de l'Annexe V, notamment ses « valeurs exceptionnelles » ; l'examen du fondement de la désignation de la zone en tant que ZSPA au vu des modalités de gestion existantes ; l'examen des implications d'une

croissance éventuelle des activités dans la zone; l'examen des activités historiques susceptibles de fournir des informations sur l'identification d'éventuelles zones vierges qui pourraient justifier une protection spécifique supplémentaire ; l'exclusion possible de zones recouvertes par les glaces entre des zones libres de glace ; l'intégration possible de la crête rocheuse d'Utsteinen dans la zone proposée ; l'identification de risques potentiels liés aux interactions entre les activités de la station et la zone en question ; et la mise à disposition d'informations supplémentaires sur la présence d'une colonie de pétrels et sur la présence possible de microbes endémiques, d'invertébrés et de lichens.

165. De manière générale, le Comité a suggéré que les Membres qui utiliseraient le modèle précédent d'évaluation fournissent à l'avenir une description des valeurs de la zone considérée, outre l'identification de la présence ou de l'absence de types particuliers de valeurs.

166. Le Comité a remercié la Belgique pour son travail et attend avec intérêt des informations relatives à de futurs progrès. La Belgique a remercié le Comité de sa réponse positive au WP 42 et a indiqué qu'elle avait l'intention de tenir compte de toutes les observations soulevées.

167. L'ASOC a présenté le document d'information IP 149, intitulé *« ASOC update on Marine Protected Areas in the Southern Ocean 2016-2017 »* [Mise à jour 2016-2017 de l'ASOC sur les aires marines protégées dans l'océan Austral] qui rend compte des discussions relatives aux aires marines protégées (AMP) qui se sont tenues à la XXXVe CCAMLR en octobre 2016. L'ASOC a observé qu'avec l'adoption de l'aire marine protégée de la région de la mer de Ross, le CCAMLR pouvait à présent aborder l'adoption d'AMP supplémentaires dans l'océan Austral. L'ASOC a déclaré que de nouvelles avancées sur la désignation d'AMP pour l'Antarctique oriental et la mer de Weddel pourraient être réalisées lors de la XXXVIe CCAMLR en octobre 2017, et a noté que les propositions d'AMP pour ces deux régions ont tout d'abord été respectivement présentées en 2010 et en 2016. L'ASOC a également noté qu'un voyagiste de l'Antarctique avait publié une déclaration appuyant la création des AMP actuelles et futures dans l'océan Austral, et exprimé son souhait que d'autres voyagistes fassent de même. L'ASOC a recommandé que le CPE prenne acte des progrès accomplis par la CCAMLR quant à l'adoption des AMP dans l'océan Austral et encourage la CCAMLR à poursuivre ses travaux sur cette question jusqu'à ce qu'ils soient achevés. Il a également recommandé que le CPE envisage de développer un processus similaire de planification systématique de la conservation dans

le but d'étendre le réseau de zones terrestres et marines protégées dans l'Antarctique. L'ASOC a en outre constaté qu'en temps voulu, la RCTA, le CPE et la CCAMLR devraient envisager d'améliorer l'harmonisation de leurs travaux sur la protection spatiale marine.

168. L'IAATO a remercié l'ASOC d'avoir fourni un récapitulatif utile qui pourrait se révéler intéressant pour les personnes extérieures aux processus du CCALMR. Reconnaissant le commentaire de l'ASOC, l'IAATO a signalé que son secrétariat recueillait des informations relatives à ce problème, afin de faciliter la prise de décision parmi les membres de l'IAATO.

169. L'ASOC a présenté le document d'information IP 153, intitulé « *Considerations for the systematic expansion of the protected areas network* » [Considérations pour le développement systématique du réseau de zones protégées], dans lequel elle constate que le système de ZSPA n'était toujours pas capable de protéger les valeurs répertoriées dans l'Annexe V du Protocole. L'ASOC a suggéré que, dans le but de développer le système de ZSPA, la RCTA devait initier un processus de planification systématique de la conservation, afin d'identifier et de désigner de nouvelles ZSPA. L'ASOC a informé le CPE qu'elle avait compilé une base de données en ligne d'ensemble de données qu'il espérait utile dans le processus de désignation de nouvelles ZSPA. L'ASOC a recommandé que le Comité : continue d'alimenter la liste de métadonnées pertinentes disponibles dans le but d'améliorer la classification de milieux de l'Antarctique créés grâce à l'analyse des domaines environnementaux et de son application au développement systématique des zones protégées ; initie un processus de planification systématique de la conservation sur cinq à dix ans ayant pour objectif d'établir un réseau de zones protégées dans la zone du Traité sur l'Antarctique conformément à l'Annexe V, articles 3(1) et (2) ; et de compléter ce processus en utilisant d'autres instruments de protection axés sur les régions, y compris les ZGSA et ceux disponibles sous d'autres instruments du Système du Traité sur l'Antarctique (tels que les AMP de la CCAMLR).

170. Le Comité a remercié l'ASOC pour les documents qu'elle a présentés et a observé que certaines des questions abordées dans le document d'information IP 153 étaient déjà soulevées dans le PTRCC et faisaient l'objet d'une attention particulière. Le Comité s'est accordé à dire que le développement du réseau de zones protégées représentait un sujet important et s'est engagé à l'étudier à l'avenir.

171. Le SCAR a présenté le document d'information IP 166, intitulé « *Systematic Conservation Plan for the Antarctic Peninsula* » [Plan de conservation

systématique pour la péninsule antarctique] rédigé conjointement avec l'IAATO. Le SCAR et l'IAATO ont noté qu'ils étaient récemment convenus d'initier un effort collaboratif visant à développer un plan de conservation systématique pour la péninsule antarctique, tout particulièrement dans le but de gérer la durabilité à long terme du tourisme en Antarctique. Tout en rappelant qu'il s'agissait d'une nouvelle initiative, le SCAR a invité les Membres intéressés à collaborer à ce processus.

172. Le Comité a remercié le SCAR et l'IAATO pour le conseil présenté dans le document d'information IP 166. Plusieurs Membres et Observateurs ont exprimé leur intérêt à contribuer à l'initiative, notamment grâce au partage d'expériences suite à d'autres travaux pertinents, mais également à contribuer à des discussions sur la définition d'objectifs en matière de conservation, et à tenir compte des interactions entre ce projet et d'autres projets en cours ou planifiés par le CPE et ses membres. Le Comité a noté que l'avis de l'IAATO établissait que l'initiative faisait partie d'une stratégie multidimensionnelle que cette dernière développait dans le but de gérer une croissance future, notamment la gestion des sites, et a encouragé les Membres intéressés à contacter le SCAR ou l'IAATO, qui ont accueilli favorablement toute collaboration.

173. Le Portugal a présenté le document d'information IP 23, intitulé « *Historical and geo-ecological values of Elephant Point, Livingston Island, South Shetland Islands* » [Valeurs historiques et géologiques de la pointe Elephant, île Linvingston, îles Shetland du Sud], présenté conjointement avec le Brésil, l'Espagne et le Royaume-Uni. Il fournit des informations sur la grande valeur écologique et l'importance historique d'une zone exempte de glace à la pointe Elephant (île Livingston, îles Shetland du Sud, Antarctique), et souligné l'importance des cinq valeurs définies dans l'Annexe V du Protocole (environnementales, scientifiques, historiques, esthétiques et région sauvage). Le Portugal a observé que le document était destiné à informer des considérations du Comité sur la protection et la gestion de cette zone, probablement en la désignant comme ZSPA, ou en l'intégrant à la ZSPA 126 située à proximité sur la péninsule Byers, île Livingston.

174. L'IAATO a informé le Comité que le site de la pointe Elephant, île Livingston était un lieu visité par les voyagistes. L'IAATO a signalé que le site avait accueilli quelque 1 900 visiteurs au cours de la saison dernière et qu'en l'absence de consignes spécifiques, les *Lignes directrices générales pour les visiteurs en Antarctique* (en annexe à la Résolution 3, 2011) et les mécanismes de l'IAATO servaient de référence pour la gestion des

atterrissages. L'IAATO a proposé de partager son expertise du site lors de futures discussions, selon les besoins.

175. Le Comité a déclaré attendre avec intérêt des mises à jour supplémentaires pendant que les coauteurs continuent de développer des options de protection et de gestion pour la pointe Elephant.

176. L'Australie a présenté le document d'information IP 25, intitulé *« Report of the Antarctic Specially Managed Area No. 6 Larsemann Hills Management Group »* [Rapport sur la zone spécialement protégée de l'Antarctique n° 6, Groupe de gestion des collines Larsemann], présenté conjointement avec l'Australie, la Chine, l'Inde et la Fédération de Russie. Le document relatait brièvement les activités menées de 2015 à 2016 par le groupe de gestion établi pour superviser la mise en œuvre du programme de gestion de la ZGSA 6 (collines Larsemann). Les principales questions abordées par le groupe incluaient : la coordination de l'aviation ; la collaboration en matière de recherche scientifique ; et des améliorations planifiées de la principale voie d'accès dans la zone. L'Australie a également noté que la Chine présiderait la prochaine période du groupe de gestion.

177. La Nouvelle-Zélande a présenté le document d'information IP 86, intitulé *« Use of UAS for Improved Monitoring and Survey of Antarctic Specially Protected Areas »* [Utilisation d'UAS pour une surveillance et un suivi améliorés des zones spécialement protégées de l'Antarctique], qui proposait un récapitulatif des travaux récemment réalisés par des scientifiques néo-zélandais grâce à l'utilisation de systèmes aériens pilotés à distance destinés à effectuer des relevés détaillés à haute résolution dans deux zones spécialement protégées de l'Antarctique dans la région de la mer de Ross. Baie Botany (ZSPA 154) et cap Evans (ZSPA 155). La Nouvelle-Zélande a signalé que les relevés effectués à la baie Botany prendraient fin à la saison 2017-2018, et qu'un plan de gestion mis à jour serait préparé sur la base des résultats des relevés et soumis au XXIe CPE.

178. Le Royaume-Uni a noté que l'approche de la Nouvelle-Zélande pour l'utilisation d'UAV et de RPAS afin de contrôler et inspecter les ZSPA montre la voie à suivre à l'avenir pour surveiller des zones protégées en Antarctique, et que ces technologies allaient permettre d'améliorer la compréhension des zones protégées.

179. Les documents suivants ont également été soumis au titre de ce point de l'ordre du jour :

- Document d'information IP 34, intitulé « *Workshop on Environmental Assessment of the McMurdo Dry Valleys: Witness to the Past and Guide to the Future* » [Atelier sur l'évaluation environnementale des vallées sèches McMurdo : témoins du passé et guide pour l'avenir] (États-Unis).

- Document d'information IP 44, intitulé « *Significant change to ASPA No 151 Lions Rump, King George Island (Isla 25 de Mayo), South Shetland Islands* » [Changement significatif de la ZSPA n° 151, Lion Rump, île du roi George (Isla 25 de Mayo), îles Shetland du Sud] (Pologne).

- Document d'information IP 73, intitulé « *Deception Island Antarctic Specially Managed Area (ASMA n° 4) - 2017 Management report* » [Zone gérée spéciale de l'Antarctique n° 4, île de la Déception - Rapport de gestion 2017] (Argentine, Chili, Espagne, États-Unis, Norvège et Royaume-Uni).

Point 10 : Conservation de la faune et de la flore antarctique

10a) Quarantaine et espèces non indigènes

180. Le Royaume-Uni a présenté le document d'information WP 5, intitulé *Protocole de réponse aux espèces non indigènes*, conjointement préparé avec l'Espagne. Celui-ci présentait un protocole de réponse facultatif visant à faciliter la prise de décision dans l'éventualité où une espèce non indigène serait découverte dans la région du Traité sur l'Antarctique. Le document indique que le CPE a reconnu à maintes reprises l'importance du développement de lignes directrices supplémentaires ayant pour objectif d'aider les Parties à réagir à l'introduction potentielle d'espèces non indigènes.

181. Les coauteurs ont recommandé que le Comité discute du protocole de réponse au cours de la période intersessions, dans le but d'adopter celui-ci dans le Manuel sur les espèces non indigènes du CPE lors du XXIe CPE.

182. Le Comité a remercié le Royaume-Uni et l'Espagne de leur présentation du Protocole de réponse facultatif proposé, et noté que ce projet se rapportait aux besoins et aux actions identifiés dans le Manuel sur les espèces non indigènes du CPE, dans le plan de travail quinquennal du CPE et dans le programme de travail en réponse au changement climatique. Le Comité a souligné qu'il était important d'inclure ce protocole de réponse dans le Manuel sur les espèces non indigènes.

183. Plusieurs Membres ont indiqué qu'ils seraient d'accord d'adopter le Protocole de réponse, tel que présenté dans le document de travail WP 5. D'autres Membres ont exprimé le souhait d'engager des discussions plus approfondies sur le document. Le Comité a accueilli favorablement l'offre du Royaume-Uni et de l'Espagne consistant à consulter les Membres intéressés au cours de la période intersessions afin d'étudier plus en détail le Protocole de réponse, dans le but de l'intégrer au Manuel sur les espèces non indigènes du CPE au XXIe CPE.

184. Le Comité a observé que, le cas échéant, un certain nombre de commentaires soulevés par les Membres pouvait faire l'objet d'un examen plus approfondi au cours des discussions intersessions, notamment : les exigences en rapport avec l'évaluation de l'impact environnemental des mesures d'intervention ; des questions relatives aux espèces non indigènes récemment découvertes, mais établies depuis un certain temps ; et le projet d'élaborer un guide illustré destiné à favoriser l'identification d'espèces particulières sur le terrain afin de compléter le manuel.

185. De manière plus générale, la Norvège a suggéré que le Comité examine à l'avenir les circonstances dans lesquelles des mesures d'intervention relatives aux espèces non indigènes pourraient constituer des mesures d'intervention d'urgence, conformément aux dispositions du Protocole, et donc ne pas nécessiter d'évaluation préalable d'impact sur l'environnement.

186. Le Comité a pris note de la très généreuse proposition du SCAR de présenter des informations au XXIe CPE à propos de travaux existants et d'une expertise qui seraient disponibles pour identifier des espèces non indigènes.

187. Au sujet du processus de mise à jour du Manuel sur les espèces non indigènes, le Comité est convenu que :

    • le manuel était destiné à être un outil dynamique, capable d'être rapidement mis à jour, afin de refléter les bonnes pratiques ;

    • il demanderait au Secrétariat de mettre à jour la version en ligne du manuel après chaque réunion, si nécessaire, pour indiquer toute modification acceptée par le Comité ;

    • ces modifications seraient signalées d'une manière qui indiquerait qu'elles ont été approuvées par le Comité, mais qu'elles n'ont pas été officiellement adoptées par la RCTA ;

    • le Comité intégrerait une action dans son Plan de travail quinquennal afin d'entreprendre régulièrement une révision intégrale du manuel, et qu'il présenterait la version révisée à la RCTA afin qu'elle soit adoptée au moyen d'une résolution.

188. Conformément à cet accord, le Comité a demandé au Secrétariat de mettre à jour la version en ligne du Manuel sur les espèces non indigènes, de façon appropriée, afin de refléter l'accord du Comité visant à :

- mettre à jour les régions de conservation biogéographiques de l'Antarctique (WP 29) ;
- appuyer le *Code de conduite du SCAR pour l'exploration et la recherche dans des environnements aquatiques sous-glaciaires* (WP 17) ; et
- insérer un lien vers le Manuel sur les espèces non indigènes développé par l'Argentine pour les activités de son programme antarctique national (IP 128 rév. 1).

189. La République de Corée a présenté le document d'information WP 26 *Plan d'action inter-Parties pour la gestion des moustiques non indigènes sur l'île du roi George, îles Shetland du Sud*, conjointement préparé avec le Chili, le Royaume-Uni, et l'Uruguay. Le document indique qu'au XIXe CPE, le Comité était convenu que les Parties ayant des stations sur l'île du roi Georges devraient vérifier que leurs stations de traitement des eaux usées n'étaient pas infestées par des invertébrés non indigènes et, dans l'éventualité où des espèces seraient présentes, qu'ils mettraient en commun des efforts de recherche afin de déterminer l'origine de ces espèces et d'identifier une réponse de gestion pratique et coordonnée de l'éradication ou du contrôle des moustiques. Il rend également compte de la répartition de moustiques dans l'environnement naturel et dans les stations, ainsi que des premières étapes d'une réponse internationale coordonnée visant à gérer les moustiques.

190. Le Comité a accueilli favorablement le document d'information WP 26 et remercié les coauteurs de la mise à jour relative à des questions traitées au XIXe CPE. Le Comité a félicité les Parties impliquées de leurs efforts constants visant à éradiquer ce moustique non indigène des stations de traitement des eaux usées dans certaines stations de l'île du roi George. Le Comité a encouragé les Parties qui possèdent des stations sur l'île du roi George à vérifier que leurs installations ne sont pas infestées par des moustiques non indigènes, et de procéder à une surveillance permanente et périodique afin de déceler la présence de moustiques non indigènes dans les alentours. Il a également encouragé les Parties à mettre en place, conjointement, des programmes harmonisés de surveillance et d'éradication de manière à assurer un contrôle efficace de la dispersion des moustiques et à se joindre au projet de recherche collaborative. En l'occurrence, le

Comité a noté que l'Argentine et la Chine, qui possèdent également des stations sur l'île, avaient exprimé leur volonté de s'impliquer dans cet effort collaboratif.

191. Le Comité a également pris acte du fait que les membres du COMNAP avaient développé une liste de contrôle des espèces non indigènes et des modules de formation sur les questions relatives aux espèces non indigènes, et qu'il se tiendrait prêt à contribuer à ces efforts continus, au besoin.

192. En réponse à une question, la République de Corée a noté qu'elle avait nettoyé les réservoirs d'eaux usées situés dans ses stations et utilisé des pièges à insectes, mais que ces actions avaient malheureusement échoué à éradiquer les moustiques. Elle entreprendra donc des actions supplémentaires pour envisager d'autres options d'éradication. Le Comité s'est réjoui de recevoir un rapport sur ces questions lors d'une prochaine réunion.

193. La Pologne a présenté le document d'information IP 47, intitulé « *Eradication of a non-native grass Poa annua L. from ASPA n° 128 Western Shore of Admiralty Bay, King George Island, South Shetland Islands* » [Éradication d'une herbe non indigène, la Poa annua L., de la ZSPA n° 128, rive occidentale de la baie de l'Amirauté, île du roi George, îles Shetland du Sud]. Ce document présente les résultats d'une étude de recherche relative à l'éradication de l'espèce non indigène, Poa annua, de la ZSPA 128 et de la station Arctowski. Des activités de suivi de la saison antarctique 2016-2017 ont également été rapportées, et il a été indiqué que pour que l'éradication soit menée à bien, il devait s'agir d'un projet à long terme.

194. Le Comité a remercié la Pologne pour la présentation de ce document. Rappelant sa demande de recevoir des mises à jour sur cette activité et accueillant favorablement les activités d'éradication et de surveillance en cours, le Comité a félicité la Pologne pour ses efforts continus et a noté qu'il espérait recevoir d'autres mises à jour sur les résultats de cette activité de la part de la Pologne.

195. L'Argentine a présenté le document d'information IP 128 rév. 1, intitulé « *Prevention of the Introduction of Non-native Species to the Antarctic Continent: Argentine Antarctic Program Operations Manual* » [Prévention de l'introduction d'espèces non indigènes sur le continent antarctique : manuel d'opérations du programme antarctique argentin]. Ce document explique qu'un manuel d'opérations a été élaboré par l'Argentine pour prévenir la propagation d'espèces non indigènes par son programme antarctique national, qui effectue de nombreuses activités scientifiques et logistiques. Le manuel a

été rédigé sous forme de fiches d'informations spécifiques et organisé selon les moyens logistiques (entrepôts de marchandises, aéronefs, navires) et selon le personnel affecté (logistique et scientifique). L'Argentine a souligné qu'il s'agissait du premier document écrit sur le sujet en espagnol et que tous les documents originaux étaient soumis dans cette langue, facilitant la liaison avec les autres programmes de pays hispanophones. L'Argentine a souhaité partager cet outil avec les autres Membres et a proposé que le CPE étudie ce manuel et l'incorpore dans la section « Lignes directrices et ressources » de son Manuel sur les espèces non indigènes.

196. Le Comité a remercié l'Argentine pour la présentation de son manuel sur la prévention d'introduction d'espèces non indigènes lors des activités de ses programmes antarctiques nationaux. Plusieurs Membres ont remarqué que la mise à disposition de cette documentation en espagnol offrait une aide précieuse et que d'autres programmes antarctiques de pays hispanophones pourraient utiliser ces documents et les adopter s'ils les jugent appropriés. Le Comité a soutenu la proposition de l'Argentine d'incorporer le manuel dans la section « Lignes directrices et ressources » de son Manuel sur les espèces non indigènes.

197. Les documents suivants ont également été soumis au titre de ce point de l'ordre du jour :

• Document d'information IP 54, intitulé *« Detection and eradication of a non-native Collembola incursion in a hydroponics facility in East Antarctica »* [Détection et éradication d'une espèce de collembole non indigène dans une installation hydroponique en Antarctique oriental] (Australie).

10b) Espèces spécialement protégées

198. Aucun document n'a été soumis pour ce point de l'ordre du jour.

10c) Autres questions relevant de l'Annexe II

199. Le SCAR a présenté le document WP 13 *L'Antarctique et le Plan stratégique pour la biodiversité 2011-2020*, préparé conjointement avec Monaco et la Belgique. Ce document contient un résumé des résultats et des recommandations issus de la réunion tenue par le SCAR, la Principauté de Monaco et d'autres partenaires en juin 2015 pour évaluer la biodiversité de l'Antarctique et de l'océan Austral ainsi que leur statut de conservation dans le contexte du Plan stratégique pour la biodiversité 2011-2020 et ses objectifs

d'Aichi. Les principales conclusions de l'évaluation étaient : les cinq buts du Plan stratégique et des objectifs d'Aichi s'accordent parfaitement au travail considérable et inclusif mené dans le cadre du STA pour garantir une protection complète de l'environnement antarctique ; et les accords du STA offrent des opportunités sans précédent pour renforcer la conservation pour les cinq années à venir, et en particulier à l'aide de la Déclaration de Santiago (RCTA XXXIX-CPE XIX) et du soutien à la conservation de toutes les organisations impliquées dans la région. Les coauteurs ont recommandé que le Comité envisage le développement, en collaboration avec ses partenaires, d'un plan d'action stratégique intégré pour la biodiversité en Antarctique et dans l'océan Austral. Cela permettrait de concrétiser l'engagement des Parties consultatives au Traité sur l'Antarctique à renforcer encore leurs efforts pour préserver et protéger l'Antarctique terrestre et les milieux marins, et de constituer la base d'une contribution antarctique et de l'océan Austral à une évaluation véritablement mondiale de l'état de la biodiversité et de sa gestion en 2020. La Belgique a suggéré que le portail « *biodiversity.aq* » pourrait jouer un rôle clé dans ce processus.

200. Le Comité a remercié le SCAR, la Belgique et Monaco pour ce document et pour leurs efforts continus dans l'évaluation du statut de la biodiversité en Antarctique et dans l'océan Austral. Plusieurs Membres ont encouragé la recommandation qui demande au Comité d'envisager le développement d'un plan d'action stratégique intégré pour la biodiversité en Antarctique et dans l'océan Austral. Certains d'entre eux ont noté que ce projet était en adéquation avec l'Article 3(2) du Traité. D'autres Membres, bien que ne soutenant pas cette recommandation, ont exprimé leur appui aux efforts du CPE vers une meilleure compréhension de la biodiversité et de sa conservation en Antarctique, et notamment à la poursuite du travail planifié par le SCAR, la Belgique et Monaco. Ils ont également salué l'avis du SCAR, qui précisait qu'il progressait dans sa stratégie de conservation.

201. Le Comité a noté qu'une meilleure compréhension de l'état de la biodiversité en Antarctique permettrait d'optimiser les efforts de conservation à l'échelle mondiale et a souligné que le système du Traité sur l'Antarctique était le cadre adéquat pour la conservation de la biodiversité dans la zone du Traité sur l'Antarctique. Il a porté l'attention sur le fait que de nombreuses mesures étaient déjà en place pour s'assurer que tout le continent antarctique disposait d'un haut niveau de protection et de conservation conformément aux dispositions du Protocole sur l'environnement et de la CCAMLR. Le Comité a rappelé qu'une grande partie de ses travaux visait à protéger et conserver la biodiversité antarctique, y compris les actions identifiées dans le plan de

travail quinquennal et le PTRCC. Le Comité a salué les efforts du SCAR, de la Belgique, de Monaco et d'autres Membres dans le développement d'outils et de méthodes fondés sur des données probantes, y compris par le biais d'un atelier ultérieur planifié pour juillet 2017 pour aider le CPE à faire face aux défis que pose la conservation de la biodiversité antarctique ; et a encouragé les entités impliquées à lui soumettre leurs découvertes pour examen.

202. L'ASOC a exprimé sa reconnaissance pour les efforts déployés par les coauteurs pour évaluer l'état de la biodiversité en Antarctique et attirer l'attention sur les points nécessitant des efforts accrus. Plus particulièrement, elle a pris note qu'au vu du réchauffement et de l'acidification de l'océan Austral et des impacts sur les services écosystémiques qui en résultent, il devenait impératif de tout mettre en œuvre pour gérer et sauvegarder ces services écosystémiques à l'échelle mondiale. L'ASOC a souligné le besoin de travailler davantage à la désignation de zones protégées pour les environnements terrestres et marins, et en particulier de s'assurer que ces zones soient représentatives des aires importantes pour la biodiversité. L'ASOC a appuyé la recommandation des coauteurs proposant que le Comité élabore un plan d'action stratégique intégré pour la biodiversité en Antarctique et dans l'océan Austral. L'ASOC a indiqué qu'il espérait voir des progrès significatifs dans la mise en œuvre du plan stratégique et du plan d'action d'ici 2020.

Véhicules aériens sans pilote / systèmes aériens pilotés à distance

203. Le Comité a rappelé qu'il avait débattu des impacts environnementaux de l'utilisation des véhicules aériens sans pilote (UAV) et des systèmes aériens pilotés à distance (RPAS) en Antarctique, salué l'accord du SCAR pour présenter un rapport au XXᵉ CPE sur les impacts de ces dispositifs sur la faune, et accepté d'examiner plus avant au CEP XX les aspects environnementaux de l'utilisation des UAV/RPAS en Antarctique. Rappelant que le sujet faisait l'objet de discussions depuis plusieurs années, le Comité a noté en outre que le plan stratégique pluriannuel de la RCTA comprenait une action nécessitant l'avis du CPE pour la XLᵉ RCTA.

204. Le SCAR a présenté le document de travail WP 20 *État des connaissances sur les réactions de la faune sauvage aux systèmes aériens pilotés à distance (RPAS)* et a mentionné le document BP 1, intitulé *« Best Practice for Minimising Remotely Piloted Aircraft System Disturbance to Wildlife in Biological Field Research »* [Bonnes pratiques pour réduire au minimum

les perturbations causées aux espèces sauvages par les systèmes aériens pilotés à distance dans le domaine de la recherche biologique], qui comporte une synthèse de 23 articles scientifiques publiés sur les impacts des RPAS sur la faune. Conformément aux recommandations du SCAR contenues dans le document de travail WP 27 présenté lors de la XXXVIIIᵉ RCTA, le document conclut qu'il n'existe pas de solution universelle pour l'atténuation des impacts des RPAS sur les espèces sauvages et que les lignes directrices devraient être spécifiques aux sites et aux espèces et prendre en compte le type de RPAS employé, incluant ses émissions sonores. Le SCAR a recommandé que le Comité envisage de mettre en œuvre des lignes directrices préliminaires sur les bonnes pratiques relatives à toutes les utilisations de RPAS à proximité des espèces sauvages en Antarctique, telles qu'elles sont présentées dans le document de travail WP 20, jusqu'à ce que des informations complémentaires soient disponibles. Il a également identifié les priorités pour des études ultérieures sur les réactions des espèces sauvages à l'utilisation des RPAS en Antarctique.

205. L'Allemagne a présenté le document d'information IP 38, intitulé *« Use of UAVs in Antarctica, A competent authority's perspective and lessons learned »* [Utilisation des UAV en Antarctique : point de vue d'une autorité compétente et leçons tirées], qui donne le point de vue de l'autorité compétente allemande sur différents aspects de l'utilisation des UAV en Antarctique. En se basant sur son expérience dans l'autorisation et l'emploi de drones en Antarctique par différentes parties prenantes, l'Allemagne a fait remarquer qu'elle considérait que des lignes directrices étaient nécessaires pour l'utilisation d'UAV en Antarctique. Elle a également encouragé les autres autorités nationales compétentes à partager leurs expériences dans leurs procédures d'autorisation et de délivrance de permis pour les opérations impliquant des UAV.

206. La Pologne a présenté le document d'information IP 45, intitulé *« UAV remote sensing of environmental changes on King George Island (South Shetland Islands): update on the results of the third field season 2016/2017 »* [Télédétection des changements environnementaux sur l'île du roi George (îles Shetland du Sud) par des UAV : mise à jour sur les résultats de la troisième saison 2016-2017], qui fournit une mise à jour sur la troisième saison achevée avec succès d'un programme de suivi utilisant des UAV à voilure fixe afin de recueillir des données géospatiales sur l'environnement. Des scientifiques polonais ont utilisé un UAV doté d'un moteur à piston pour collecter des données sur la taille et la distribution des populations de manchots et de pinnipèdes et cartographier des communautés végétales.

Ils ont également émis des observations sur les impacts du survol sur les éléphants de mer. La Pologne a remercié le Chili pour son assistance dans l'exécution de ses opérations d'UAV.

207. La Pologne a présenté le document d'information IP 46, intitulé *« UAV impact – problem of a safe distance from wildlife concentrations »* [Impact des UAV - question de la distance de sécurité par rapport aux concentrations d'espèces sauvages], qui traite d'une étude sur la perturbation des manchots Adélie nicheurs par les UAV, ainsi que de l'expérience accumulée par trois saisons antarctiques sur l'utilisation d'UAV à voilure fixe pour collecter des données environnementales. Elle a fait remarquer que, par souci de respect pour l'environnement, une grande partie des premières phases de tests des caméras et des détecteurs a été effectuée en Pologne avant d'être mise en pratique sur le terrain. La Pologne a également soumis, en tant que pièce jointe au document, un projet de lignes directrices préparé par le programme antarctique polonais, pour les utilisations futures d'UAV à voilure fixe près des colonies d'espèces sauvages.

208. Le COMNAP a présenté le document d'information IP 77, intitulé *« Update from the COMNAP Unmanned Aerial Systems Working Group (UAS-WG) »* [Mise à jour par le groupe de travail du COMNAP sur les systèmes aériens sans pilotes]. Il a noté que le document comportait deux questions particulièrement pertinentes dans le cadre des discussions du CPE. Premièrement, l'étude sur l'utilisation des RPAS en Antarctique par les programmes antarctiques nationaux a montré que 80 % des pays disposaient de législations locales relatives aux RPAS et que, parmi ceux-ci, 33 % appliquaient ces législations à leurs opérations en Antarctique. Deuxièmement, le document met en lumière les usages scientifiques et de gestion environnementale des RPAS.

209. Le SCAR a noté que des recherches considérables étaient actuellement en cours sur l'utilisation de RPAS dans l'Antarctique. En ce qui concerne les distances que les RPAS doivent maintenir avec les colonies d'oiseaux, le SCAR a souligné que les lignes directrices présentées dans le document de travail WP 20 étaient à caractère préventif, bien que basées sur des faits scientifiques. Le SCAR a fait remarquer qu'il continuerait à se concentrer sur des données scientfiques probantes, et a encouragé à soutenir de plus amples recherches sur la question.

210. Le Comité a remercié le SCAR pour son rapport complet sur l'état des connaissances sur les réactions des espèces sauvages aux RPAS en Antarctique, et a également remercié les auteurs des autres documents

soumis pour information au Comité. Le Comité a reconnu une nouvelle fois les avantages de l'utilisation d'UAV et de RPAS pour la recherche et le suivi, y compris la réduction potentielle des risques environnementaux. Il a reconnu en outre la valeur des lignes directrices préventives sur les bonnes pratiques pour l'utilisation de RPAS près des colonies d'espèces sauvages en Antarctique, présentées dans le document de travail WP 20, et a encouragé la diffusion et l'utilisation de ces lignes directrices en tant que mesure provisoire en attendant l'élaboration d'informations plus détaillées sur les aspects environnementaux de l'utilisation des UAV et des RPAS en Antarctique. Le Comité a pris acte que d'autres travaux en intersessions pourraient examiner : les impacts environnementaux associés aux UAV/RPAS en Antarctique, autres que la perturbation des espèces sauvages ; des recommandations sur leur utilisation spécifiques aux sites et aux espèces ; et comment l'emploi des UAV/RPAS pourrait être évalué à l'avenir.

211. Le Comité a soutenu la recommandation du SCAR, qui demande à ce que les prochaines études sur les réactions des espèces sauvages aux UAV/RPAS en Antarctique prennent en considération :

   - Un éventail d'espèces, y compris les oiseaux marins volants et les phoques.
   - Les réactions tant comportementales que physiologiques.
   - Les effets démographiques, y compris les nombres de reproducteurs et le succès de reproduction.
   - Les conditions environnementales ambiantes, comme le vent et le bruit.
   - Les effets des RPAS de différentes tailles et caractéristiques.
   - La contribution du bruit des RPAS à la perturbation de la faune sauvage.
   - Des comparaisons avec des sites de contrôle et des perturbations humaines.
   - Les effets d'accoutumance.

212. Le Comité a noté que la liste des besoins scientifiques identifiés dans le document de travail WP 34 pourrait être actualisée dans le cadre de la révision de la liste lors du XXIe CPE.

213. Le COMNAP a fait remarquer qu'il avait accueilli favorablement les conseils du SCAR, qu'il a partagés avec ses membres et qui lui serviront de référence pour de futures révisions du manuel sur les UAS du COMNAP, ajoutant

qu'il convenait que les lignes directrices sur les RPAS soient adaptées à chaque situation. L'IAATO a indiqué que ses membres avaient consenti à maintenir l'interdiction de l'emploi des UAV/RPAS à des fins récréatives dans les zones côtières.

214. Le CPE a décidé d'établir un GCI chargé de développer des lignes directrices sur les aspects environnementaux de l'utilisation des UAV et RPAS en Antarctique. Il a noté que le travail du GCI pourrait s'appuyer sur les documents WP 20/XLe RCTA (SCAR), IP 77/XLe RCTA(COMNAP) et d'autres textes sur la question soumis lors des réunions du CPE, ainsi que sur les résultats des études et scientifiques en cours et sur les expériences des autorités nationales compétentes.

215. Le Comité a consenti à ce que le GCI opère en conformité avec les mandats suivants :

    1. réviser et actualiser les informations disponibles relatives aux aspects environnementaux des UAV/RPAS, y compris les expériences sur leur utilisation par les programmes nationaux et l'IAATO ;

    2. collecter les informations auprès des autorités compétentes sur les aspects environnementaux de leur procédure d'autorisation/de délivrance de permis pour les opérations d'UAV/RPAS ;

    3. développer, en se basant sur une approche préventive, des orientations pour les aspects environnementaux de l'utilisation des UAV/RPAS en Antarctique, en prenant en considération les différents objectifs (par exemple scientifiques, logistiques, commerciaux et de loisir) et le type d'UAV/RPAS, y compris les conditions spécifiques aux sites et aux espèces ;

    4. établir un rapport sur les résultats incluant une proposition de lignes directrices pour le XXIe CPE.

216. Le Comité a salué la proposition du Dr Heike Herata (Allemagne) d'assurer le rôle de responsable du GCI.

217. Le SCAR, le COMNAP et l'IAATO ont exprimé leur engagement à poursuivre leurs contributions aux travaux du Comité sur ces questions, y compris par le biais du GCI.

Avis du CPE à la RCTA sur les véhicules aériens sans pilote (UAV) / systèmes aériens pilotés à distance (RPAS)

218. Prenant acte que le plan de travail stratégique pluriannuel de la RCTA comprenait une action nécessitant l'avis du Comité sur les UAV et les RPAS, le CPE est convenu d'informer la RCTA qu'il avait :

  - encouragé la diffusion et l'utilisation des lignes directrices préventives sur les bonnes pratiques relatives à toutes les utilisations d'UAV et de RPAS à proximité de la faune sauvage en Antarctique, telles que définies dans le document de travail WP 20 ;

  - consenti que les prochaines études sur les réactions de la faune sauvage aux UAV/RPAS devraient prendre en compte les questions identifiées dans le document de travail WP 20 ; et

  - accepté d'établir un groupe de contact intersessions chargé de développer des lignes directrices sur les aspects environnementaux de l'utilisation des UAV et RPAS en Antarctique pour examen lors du XXIᵉ CPE.

219. L'Argentine a présenté le document de travail WP 44 *Mécanismes de protection pour la colonie de manchots empereurs de l'île Snow Hill, au nord-est de la péninsule antarctique*, qui propose une évaluation des différents mécanismes de protection pour la colonie de manchots empereurs de l'île Snow Hill dans le contexte actuel de changement climatique et de pressions anthropiques. L'Argentine a noté qu'il était nécessaire d'entamer un débat sur les différents mécanismes de protection supplémentaires de la colonie. Dans le cadre du Système du Traité sur l'Antarctique (STA), elle a mentionné différentes façons d'apporter une protection supplémentaire, telles que la désignation d'espèces spécialement protégées (ESP), la création d'une zone spécialement protégée de l'Antarctique (ZSPA), et la régulation du nombre de visiteurs à travers la mise en place de lignes directrices pour le site. En soulignant qu'elle estime qu'il y a suffisamment d'éléments pour proposer la protection de la colonie à travers la création d'une ZSPA, l'Argentine a fait remarquer que la désignation réelle est un processus qui pourrait prendre plusieurs années. En attendant qu'il soit déterminé s'il faut mettre en place ce mécanisme de protection ou une autre mesure plus restrictive, selon une approche préventive, l'Argentine a présenté une série de lignes directrices spécifiques pour les comportements sur le terrain pour la colonie de manchots empereurs de l'île Snow Hill, qui pourrait être adoptée et appliquée immédiatement. L'Argentine a recommandé au CPE : d'évaluer

la pertinence du développement de nouvelles mesures pour la protection de la colonie de manchots empereurs de l'île Snow Hill ; d'envisager l'adoption des lignes directrices pour le comportement présentées dans l'Annexe au document de travail WP 44, en attendant que des mécanismes de protection plus restrictifs soient examinés; et d'apporter son aide pour identifier d'autres mécanismes de protection qui n'ont pas été mentionnés dans le document de travail WP 44.

220. Le SCAR a attiré l'attention du Comité sur l'article de Robin Cristofari et d'autres chercheurs, intitulé *Full circumpolar migration ensures unity in the Emperor penguin* [Une migration circumpolaire complète garantit l'unité des manchots empereurs], publié dans le journal *Nature Communications* en 2016. Ces travaux suggèrent que les manchots empereurs sont une seule unité démographique, ce qui implique que des actions locales concernant les manchots empereurs pourraient être influencées par les processus qui se produisent dans des régions éloignées du continent. Le Royaume-Uni a affirmé sa volonté d'apporter des faits concrets au XXIe CPE sur les variations au sein des colonies de manchots empereurs dans la région de la péninsule antarctique, espérant ainsi contribuer à cette analyse.

221. Le Comité a remercié l'Argentine pour son document et a confirmé l'importance de l'évaluation de la pertinence du développement de nouvelles mesures pour la protection de la colonie de manchots empereurs de l'île Snow Hill. Le Comité est convenu de recommander l'application des *Lignes directrices pour le comportement à proximité de la colonie de manchots empereurs de l'île Snow Hill*, présentées dans le document de travail WP 44 en tant que mesure provisoire jusqu'à ce que des mécanismes de protection plus restrictifs soient examinés.

222. Le Comité est convenu de soutenir l'Argentine à entreprendre de nouveaux travaux pour développer des mécanismes de protection pour la colonie et a encouragé les autres Membres et Observateurs intéressés à apporter leur contribution. Le Comité a également encouragé les Membres à poursuivre leurs recherches sur les manchots empereurs afin de surveiller les tendances démographiques dans les colonies. Il a en outre salué l'information fournie par l'IAATO qu'elle distribuerait à ses Membres les lignes directrices sur le comportement à adopter à proximité de la colonie et qu'elle ferait parvenir au CPE ses commentaires par rapport à l'application de ces lignes directrices. Le Comité a salué les recherches pertinentes récentes du SCAR qui pourraient être prises en considération lorsque l'Argentine et le Comité

étudient ces questions. Le Comité a déclaré attendre avec impatience une mise à jour de la part de l'Argentine lors d'une réunion ultérieure.

Avis du CPE à la RCTA sur les mécanismes de protection pour la colonie de manchots empereurs de l'île Snow Hill

223.   Le Comité est convenu d'informer la RCTA qu'il avait accueilli favorablement le document de travail WP 44 et de recommander l'entrée en vigueur des *Lignes directrices pour le comportement à proximité de la colonie de manchots empereurs de l'île Snow Hill* en tant que mesure provisoire jusqu'à ce que le besoin de développer des mécanismes de protection plus restrictifs soit examiné.

224.   L'Espagne a présenté le document d'information IP 20, intitulé « *The role of monitoring, education and EIA in the prevention of vegetation trampling within ASPA n° 140, Site C: Caliente Hill* » [Le rôle du suivi, de l'éducation et des EIE dans la prévention du piétinement de la végétation au sein de la ZSPA n° 140, site C : Caliente Hill [colline Caliente], préparé conjointement avec le Royaume-Uni. Le document résume les impacts cumulatifs du piétinement dont ont été victimes les communautés de plantes extrêmement rares situées en environnement géothermique sur le Site C : colline Caliente de la ZSPA 140 île de la Déception. Il signale que les coauteurs ont développé un système de cartographie de haute précision et cartographié chaque communauté et qu'ils transmettront ces informations à tous les opérateurs touristiques et scientifiques actifs dans la région. Les coauteurs ont encouragé d'autres Parties actives dans la région à sensibiliser leurs scientifiques et leur personnel de soutien logistique entrant dans la zone à la vulnérabilité des communautés végétales, et à incorporer des mesures visant à atténuer les effets potentiels de piétinement dans l'évaluation de l'impact sur l'environnement pour les études de terrain proposées.

225.   L'Allemagne a attiré l'attention du Comité sur le document d'information IP 37 « *Bird Monitoring in the Fildes Region* » [Surveillance des oiseaux dans la région de Fildes] et le document d'information IP 39 « *Study on monitoring penguin colonies in the Antarctic using remote sensing data* » [Étude sur le suivi des colonies de manchots en Antarctique à l'aide de données de télédétection], et a souligné que les rapports complets de chacun des projets de recherche étaient disponibles en ligne aux adresses suivantes : Document d'information IP 37 *http://www.umweltbundesamt. de/publikationen/monitoring-the-consequences-of-local-climate-change* et

IP 39 *https://www.umweltbundesamt.de/publikationen/monitoring-penguin-colonies-in-the-antarctic-using.*

226. Les documents suivants ont également été soumis pour ce point de l'ordre du jour :

   • Document d'information IP 75, intitulé *« A report on the development and use of the UAS by the US National Marine Fisheries Service for surveying marine mammals »* [Un rapport sur le développement et l'utilisation des UAS par le US National Marine Fisheries Service pour l'étude des mammifères marins] (États-Unis).

Point 11 : Suivi environnemental et rapports

227. Le Comité a rappelé que la XXXIXe RCTA avait demandé au CPE d'élaborer une série de seuils de déclenchement, sur la base des meilleures estimations possibles, afin d'orienter les efforts de surveillance, tel que stipulé dans la Recommandation 7 figurant dans l'étude du CPE de 2012 relative au tourisme. Il a noté que la Recommandation 7 faisait référence à la Recommandation 3, qui faisait l'objet de travaux en cours pour élaborer une méthodologie permettant d'évaluer la sensibilité des sites fréquentés par les visiteurs.

228. L'Australie a présenté le document d'information IP 83 rév. 1, intitulé *« Update on work to develop a methodology to assess the sensitivity of sites used by visitors »* [Mise à jour sur les travaux visant à développer une méthodologie permettant d'évaluer la sensibilité des sites fréquentés par les visiteurs], préparé conjointement avec la Nouvelle-Zélande, la Norvège, le Royaume-Uni et les États-Unis, et en collaboration avec l'IAATO. Ce document fournit une nouvelle mise à jour sur le travail mené depuis le XIXe CPE pour élaborer une méthodologie permettant d'évaluer la sensibilité des sites fréquentés par les visiteurs (Recommandation 3) et sur les prochaines étapes prévues. À la suite de la discussion de ce sujet au XIXe CPE en 2016, d'autres Membres et Observateurs ont présenté des suggestions sur le développement du projet de méthodologie relative à la sensibilité des sites. Les auteurs envisagent de réviser la méthodologie, en s'appuyant sur ces suggestions, puis de procéder à des tests assistés par ordinateur, en prévision d'essais potentiels sur le terrain. Le document présente également les points de vue initiaux des coauteurs concernant la Recommandation 7 issue de l'étude du CPE de 2012 relative au tourisme sur les seuils de déclenchement, basés sur les estimations les plus précises, afin d'orienter

les efforts en matière de suivi. Ils ont noté que l'identification des seuils de déclenchement pour guider les efforts de suivi et de gestion des sites serait bien documentée par une analyse de la sensibilité des sites aux visites, et le travail continu visant à développer davantage la méthodologie relative à la sensibilité des sites serait une étape suivante pertinente pour faire progresser à la fois la Recommandation 3 et la Recommandation 7.

229. Le Comité a remercié les auteurs du document et a salué leurs efforts permanents pour élaborer une méthodologie permettant d'évaluer la sensibilité des sites fréquentés par les visiteurs, notant que ce travail contribuerait à faire avancer à la fois la Recommandation 3 et la Recommandation 7 de l'étude du CPE relative au tourisme.

230. L'IAATO a indiqué qu'elle restait disposée à contribuer au processus si nécessaire.

Avis du CPE à la RCTA sur les recommandations de l'étude du CPE de 2012 relative au tourisme

231. Le Comité a noté que la XXXIXe RCTA avait demandé au CPE d'élaborer une série de seuils de déclenchement, sur la base des estimations les plus précises, afin d'orienter les efforts de surveillance, tel que stipulé dans la Recommandation 7 figurant dans l'étude du CPE de 2012 relative au tourisme. Il a examiné un rapport sur les travaux en cours dans le cadre de la Recommandation 3, afin d'élaborer une méthodologie permettant d'évaluer la sensibilité des sites aux visites touristiques et a noté que ce travail serait également pertinent pour répondre à la Recommandation 7.

232. L'OMM a présenté le document d'information IP 113, intitulé « *The Global Cryosphere Watch and CryoNet* » [Veille mondiale de la cryosphère et CryoNet]. Le document explique que Global Cryosphere Watch (GCW), lorsque pleinement opérationnelle, permettrait d'évaluer la cryosphère et ses changements, et de fournir un large accès à ses informations. Il rend également compte du réseau de stations d'observation normalisées de la GCW (CryoNet) et du fait que les stations en cours d'exploitation de huit pays en Antarctique s'étaient engagées à participer au réseau d'observation de GCW. L'OMM a encouragé les Membres et les Observateurs à envisager de contribuer à GCW en : examinant si des stations d'observation qu'ils gèrent et opèrent en Antarctique pourraient être proposées comme sites ou stations CryoNet; et en informant GCW d'éventuelles sources existantes de données

cryosphériques pour l'Antarctique qui pourraient contribuer au programme GCW et être rendues accessibles via le portail de données de GCW.

233. L'OMM a également présenté le document d'information IP 114, intitulé *« The Polar Space Task Group: : Coordinating Space Data in the Antarctic Region »* [Le groupe de travail sur l'espace : Coordination des données spatiales dans la région de l'Antarctique]. Ce document décrit le travail du Groupe de travail sur l'espace polaire (GTEP), dont le mandat comprenait l'acquisition et la distribution d'ensembles de données par satellite et le soutien au développement de produits pour la recherche et les applications scientifiques cryosphériques et polaires. Ces produits associent une grande variété de données complémentaires d'altimétrie radar par satellite, d'images radar à ouverture synthétique, d'images optiques et d'ensembles de données gravimétriques. D'autres outils développés pour permettre l'accès facile à ces jeux de données étaient l'outil de traçage de la série chronologique gravimétrique de la couche de glace de la TU Dresden Antarctic (*https:// data1.geo.tu-dresden.de/ais_gmb/* et le ENVEO CryoPortal (*http:// cryoportal.enveo.at/*). Le groupe a également élaboré des produits de glace atmosphérique et de glace de mer.

234. Le Comité a réitéré la valeur des activités liées à la climatologie de l'OMM dans la région de l'Antarctique.

235. Le Portugal a présenté le document d'information IP 22, intitulé *« Trace element contamination within the Antarctic Treaty area »* [La contamination et la disponibilité des éléments traces dans la zone du Traité sur l'Antarctique], préparé conjointement avec le Chili, l'Allemagne, la Fédération de Russie et le Royaume-Uni. Ce document se base sur des rapports antérieurs portant sur des éléments traces présents dans le sol et des échantillons de mousse prélevés dans la péninsule Fildes et dans la ZSPA n° 150 île Ardley et qui signalent que la contamination provient de sources anthropiques spécifiques et peut avoir un effet négatif sur le biote indigène. Les auteurs ont encouragé les Membres à partager leurs données de suivi afin d'aider à la recherche et à l'élaboration de politiques de surveillance futures, et à envisager la mise en place de contrôles de contamination et de méthodes d'assainissement appropriés.

236. Le SCAR a présenté le document d'information IP 68, intitulé *« Update on activities of the Southern Ocean Observing System (SOOS) »* [Dernières informations sur le Système d'observation de l'océan Austral (SOOS)], qui souligne les efforts à venir, résume les activités et identifie les principaux défis auxquels est confronté le SOOS. Le document signale que le groupe de travail du SOOS sur le recensement des populations d'animaux à

partir de l'espace (CAPS) avait pour but de mettre au point une méthode économique basée sur la télédétection pour surveiller les populations d'animaux à partir de l'espace, et qui soit pertinente pour les discussions du Comité sur ces questions. Il a également signalé qu'en 2018 se tiendrait une conférence internationale parrainée par le SOOS intitulée *« Marine Ecosystem Assessment for the Southern Ocean (MEASO) »* [Évaluation des écosystèmes marins pour l'océan Austral (MEASO)] qui viserait à évaluer l'état et la tendance des habitats, des espèces majeures et des écosystèmes dans l'océan Austral. Il a souligné que le SOOS s'alignait complètement sur les objectifs du Comité et était essentiel à la compréhension de l'océan Austral et de sa conservation.

237. L'OMM a souligné la valeur significative du SOOS et l'importance d'assurer son financement continu. Il a également remercié l'Australie et la Suède pour leur soutien continu.

238. Le Comité a réitéré l'importance des travaux entrepris par le SOOS pour faciliter la collecte et la diffusion d'observations sur la dynamique et le changement dans les systèmes de l'océan Austral.

239. La Nouvelle-Zélande a présenté le document d'information IP 76, intitulé *« Supporting the analysis of environments and impacts:A tool to enable broader-scale environmental management »* [Soutenir l'analyse des environnements et des impacts : un outil visant une gestion environnementale à plus grande échelle]. Le document fournit les dernières informations disponibles sur un projet de recherche néo-zélandais visant à développer un outil destiné à aider à la planification, aux autorisations et à la mise en œuvre des activités de l'Antarctique tout en limitant les impacts négatifs sur l'environnement antarctique. La Nouvelle-Zélande a souligné qu'il s'agirait d'un outil facile à utiliser et a invité les Membres à continuer à participer au développement de cet outil.

240. Le Comité a remercié la Nouvelle-Zélande pour ce document, a salué la poursuite du développement de l'outil et a dit attendre avec intérêt de nouveaux rapports sur son outil de développement.

241. Le SCAR a présenté le document d'information IP 81 *Report of Oceanites, Inc.* [Rapport d'Oceanites, Inc.] qui décrit les activités d'Oceanites, Inc. depuis la XXXIXe RCTA, notamment : les résultats de l'inventaire des sites antarctiques de la dernière 23e saison consécutive sur le terrain ; les documents scientifiques récents ; la mise à jour sur la demande de cartographie d'Oceanites pour les populations de manchots et les dynamiques

projetées et les analyses des défis climatiques d'Oceanites et les efforts de conservation des manchots ; et le rapport inaugural *State Of Antarctic Penguins* [État des manchots antarctiques].

242. Le Royaume-Uni a rappelé qu'il avait travaillé avec Oceanites pendant de nombreuses années et qu'il continuait à soutenir ses activités.

243. L'IAATO a signalé que ses navires avaient soutenu le travail d'Oceanites depuis sa création, fournissant une aide et une assistance logistiques, et que ses opérateurs se réjouissaient de continuer ce soutien.

244. Les documents suivants ont également été soumis au titre de ce point de l'ordre du jour :

- Document d'information IP 8, intitulé « *Field Project Reviews: Fulfilling Environmental Impact Assessment (EIA) Monitoring Obligations* » [Examens de projets sur le terrain : satisfaire les obligations d'évaluation de l'impact sur l'environnement (EIE)] (États-Unis).

- Document d'information IP 34, intitulé « *Workshop on Environmental Assessment of the McMurdo Dry Valleys: Witness to the Past and Guide to the Future* » [Atelier sur l'évaluation environnementale des vallées sèches McMurdo : témoin du passé et guide pour l'avenir] (États-Unis).

- Document d'information IP 79, intitulé « *Environmental monitoring of the reconstruction work of the Brazilian Antarctic Station (2015/16 and 2016/17)* » [Surveillance environnementale des travaux de reconstruction de la station antarctique brésilienne (2015-2016 et 2016-2017)] (Brésil).

- Document du Secrétariat SP 9 *Mise à jour sur l'état actuel des recommandations concernant l'étude 2012 du CPE relative au tourisme* (STA).

- Document de contexte BP 8, intitulé « *Using virtual reality technology for low-impact monitoring and communication of protected and historic sites in Antarctica* » [Utilisation de la technologie de réalité virtuelle pour le suivi à faible impact et la communication des sites protégés et historiques en Antarctique] (Nouvelle-Zélande).

Point 12 : Rapports d'inspection

245. Le Chili a présenté le document de travail WP 43 *Recommandations pour les inspections conjointes menées par l'Argentine et le Chili en vertu de l'Article VII du Traité sur l'Antarctique et de l'Article 14 du Protocole*

relatif à la protection de l'environnement*, et a mentionné le document d'information IP 126, intitulé *« Report of the Joint Inspections' Program undertaken by Argentina and Chile under Article VII of the Antarctic Treaty and Article 14 of the Environmental Protocol »* [Rapport du programme d'inspections conjointes entrepris par l'Argentine et le Chili en vertu de l'Article VII du Traité sur l'Antarctique et de l'Article 14 du Protocole relatif à la protection de l'environnement], tous deux préparés conjointement avec l'Argentine. Les coauteurs ont noté des commentaires généraux et des recommandations relatives aux inspections conjointes entreprises en vertu de l'Article VII du Traité sur l'Antarctique et de l'Article 14 du Protocole environnemental. Ceux-ci étaient fondés sur des expériences lors des inspections conjointes argentino-chiliennes entreprises entre le 20 janvier et le 24 février 2017, qui concernaient la station Johann Gregor Mendel de la République tchèque et la station Rothera du Royaume-Uni. L'Argentine et le Chili ont noté que les deux stations étaient conformes au Protocole sur l'environnement et ont souligné les progrès en matière d'efficacité énergétique, le nombre de lignes directrices utiles et la formation dans les stations, ainsi que l'importance des processus de gestion des déchets, y compris pour les déchets historiques. L'Argentine et le Chili ont également chaleureusement remercié la République tchèque et le Royaume-Uni pour leur coopération et leur hospitalité au cours des inspections et ont noté que les inspections représentaient un outil d'apprentissage précieux tant pour les Parties responsables de l'inspection que pour les Parties inspectées.

246. La République tchèque a remercié l'Argentine et le Chili pour leur inspection conjointe de la station Johann Gregor Mendel et a accueilli favorablement leurs recommandations constructives, qui ont contribué à améliorer le fonctionnement de la station. Elle a par ailleurs remercié l'Argentine et le Chili d'avoir reconnu le pourcentage élevé d'énergie renouvelable utilisée à la station.

247. Le Royaume-Uni a remercié l'Argentine et le Chili pour leur inspection conjointe de la station de Rothera. Il a reconnu les avantages de réduire la dépendance aux combustibles fossiles. Il a également décrit les paramètres surveillés à l'intérieur de la ZSPA 129 Rothera Point, île d'Adélaïde, en notant que ceux-ci incluaient : le suivi du nombre de skuas et du succès de reproduction ; la surveillance de la pollution des sols ; la recherche d'espèces non indigènes ; et l'examen de la teneur en métaux des lichens. Le Royaume-Uni a noté que les EIE à venir liés à la modernisation du quai et de la station seront disponibles sur le site Web de la British Antarctic Survey (BAS) et sur la base de données EIE.

248. Le Comité a remercié le Chili et l'Argentine pour le rapport sur les inspections entreprises en 2017. Il s'est félicité des résultats positifs de l'équipe d'inspection en ce qui concerne le degré élevé de conformité au Protocole sur l'environnement, ainsi que l'utilisation des énergies renouvelables, la gestion des déchets et la disponibilité de protocoles environnementaux à jour dans les stations inspectées. Notant que la RCTA examinerait également le rapport d'inspection, le Comité a exprimé son soutien aux recommandations générales présentées dans le document de travail WP 43.

249. Un certain nombre de points ont été soulevés pendant les discussions, à savoir : l'importance d'avoir des informations à jour dans les EIE ; la valeur des rapports d'inspection précédents comme ressource pour la planification des inspections ; les avantages de conduire des inspections dans un esprit de coopération ; et l'utilité de recevoir les rapports des Parties inspectées sur les mesures prises en réponse aux recommandations découlant des inspections. Dans cette optique, le Comité a salué les rapports soumis par la Pologne (document de contexte BP 7) et la République tchèque (document de contexte BP 14).

250. L'Australie a présenté le document d'information IP 30, intitulé « *Australian Antarctic Treaty and Environmental Protocol inspections : December 2016* » [Traité sur l'Antarctique australien et inspections du Protocole environnemental : Décembre 2016]. Ce document rend compte d'une inspection de la station du pôle Sud Amundsen-Scott, exploitée par les États-Unis, et de la Zone gérée spéciale de l'Antarctique (ZGSA) n° 5, station pôle Sud Amundsen-Scott, menée par des observateurs australiens en décembre 2016. Il attire l'attention du CPE sur la conclusion de l'équipe d'inspection selon laquelle la ZSGA n° 5 fonctionnait efficacement et atteignait les objectifs de gestion pour lesquels elle avait été désignée et que la station pôle Sud Amundsen-Scott fonctionnait conformément aux dispositions et aux objectifs du Protocole relatif à la protection de l'environnement. Les États-Unis ont remercié l'Australie pour son inspection.

251. Le Comité a accueilli favorablement les résultats positifs de l'équipe d'inspection selon laquelle la ZSGA 5 parvenait à atteindre les objectifs de gestion pour lesquels elle a été désignée et que la station pôle Sud Amundsen-Scott était en conformité avec le Protocole sur l'environnement.

252. Les documents suivants ont également été soumis au titre de ce point de l'ordre du jour :

- Document de contexte BP 7, intitulé *« Measures taken on the recommendations by Inspection team at Arctowski Polish Antarctic Station in 2016/2017 »* [Mesures prises sur les recommandations de l'équipe d'inspection de la station antarctique polonaise d'Arctowski en 2016-2017] (Pologne).

- Document de contexte BP 14, intitulé *« Follow-up to the Recommendations of the Inspection Teams at the Eco-Nelson Facility »* [Suivi des recommandations des équipes d'inspection du refuge Eco-Nelson] (République tchèque).

Point 13 : Questions diverses

253. La Chine a présenté le document de travail WP 36 *Expédition verte en Antarctique*, préparé conjointement avec l'Australie, le Chili, la France, l'Allemagne, l'Inde, la République de Corée, la Nouvelle-Zélande, la Norvège, le Royaume-Uni et les États-Unis. Le document présent le concept d'« expédition verte », qui porte sur la promotion d'activités respectueuses de l'environnement en Antarctique par par ceux qui sont chargés de la planification et de l'organisation d'activités, et explique que cela impliquerait de minimiser les impacts sur l'environnement par tous les moyens. Ceci impliquerait de mettre en œuvre les méthodes et les orientations détaillées dans les résolutions actuelles et les discussions du CPE / de la RCTA et toute nouvelle méthode développée suite aux progrès récents dans la gestion et la technologie modernes. Le document contient une proposition de résolution, encourageant les Parties à planifier et à mener leurs activités en Antarctique d'une manière efficace et durable.

254. Le Comité a remercié la Chine et les coauteurs pour ce document. Les coauteurs ont souligné le leadership de la Chine à l'égard de cette initiative. Le Comité a appuyé le concept d'« expédition verte », tel que décrit dans le document de travail WP 36, pour promouvoir la planification et la conduite écologiques de toutes les activités en Antarctique. Certains membres ont fourni des exemples supplémentaires d'initiatives qu'ils avaient menées en accord avec le concept d'« expédition verte ».

255. L'Argentine a fait remarquer que les procédures et les lignes directrices de conduite contribuent également à la conduite des activités respectueuses de l'environnement.

Avis du CPE à la RCTA concernant les expéditions vertes

256. Le CPE a accepté de transmettre un projet de résolution à la RCTA pour adoption, encourageant et promouvant le concept des « expéditions vertes ».

257. Le Portugal a présenté le document d'information IP 24, intitulé *« Future Challenges in Southern Ocean Ecology Research : another outcome of the 1st SCAR Horizon Scan »* [Les défis futurs dans la recherche sur l'écologie de l'océan Austral : un autre résultat du 1er projet Horizon Scan du SCAR], préparé conjointement avec la Belgique, le Brésil, la France, l'Allemagne, les Pays-Bas, le SCAR, le Royaume-Uni et les États-Unis. Le document fait état d'un résultat du programme Antarctic and Southern Ocean Science Horizon Scan du SCAR. Il indique que le travail présenté ici reflète les contributions de nombreux scientifiques et décideurs politiques de l'Antarctique. Il se concentre sur des domaines de recherche très intéressants liés spécifiquement à la vie et à l'écologie de l'océan Austral qui, bien que tous ne soient pas considérés comme des priorités majeures parmi les domaines scientifiques abordés, ont une pertinence considérable pour la biologie et l'écologie de l'océan Austral. Il souligne que la recherche sur l'écologie de l'océan Austral exigerait un engagement à long terme des Parties pour mener des recherches internationales et interdisciplinaires, aidées par le développement de la technologie (en coopération avec des organisations telles que le COMNAP et le SCAR). Il note en outre que l'éducation et la sensibilisation (en coopération avec des organisations telles que l'Association pour les jeunes scientifiques polaires et Polar Educators International) et des stratégies de financement coordonnées pour les différentes parties prenantes seraient essentielles pour relever avec succès les défis de la recherche en Antarctique.

258. Le Comité a remercié les coauteurs pour la présentation de ces travaux. Il note la cohérence entre les besoins scientifiques identifiés par le Comité dans les documents comme le PTRCC, comme indiqué dans le document de travail WP 34 et les domaines de recherche identifiés dans le présent document.

259. L'Équateur a présenté le document d'information IP 110, intitulé *« Plan de contingencias y riesgos durante la XXI Campaña Antártica Ecuatoriana (2016-2017) »* [Plan de contingences et risques pendant la XXIe campagne antarctique équatorienne (2016-2017)], qui décrit les plans de contingence et d'urgence pour la station équatorienne Campaña Antártica Ecuatoriana. Ce document informe que ces plans traitent des problèmes liés à la

sécurité humaine, à la sécurité des infrastructures et à la protection de l'environnement.

Point 14 : Élection des membres du bureau

260. Le Comité a élu le Dr Kevin Hughes, originaire du Royaume-Uni, au poste de vice-président pour un mandat de deux ans et il l'a félicité pour son élection à ce poste.

261. Le Comité a chaleureusement remercié le Dr Polly Penhale des États-Unis pour son excellent travail et ses contributions importantes tout au long de son mandat de quatre ans en tant que vice-présidente.

Point 15 : Préparation de la prochaine réunion

262. Le Comité a adopté l'ordre du jour provisoire du XXIe CPE (Annexe 5).

Point 16 : Adoption du rapport

263. Le Comité a adopté son rapport.

Point 17 : Clôture de la réunion

264. Le Président a clos la réunion le vendredi 26 mai 2017.

Plan de travail quinquennal du CPE 2017

Question / Pression sur l'environnement : Introduction d'espèces non indigènes

Priorité : 1

Actions :
1. Poursuivre le développement de lignes directrices et de ressources pratiques pour tous les opérateurs antarctiques.
2. Mettre en œuvre les actions connexes identifiées dans le programme de travail en réponse aux changements climatiques.
3. Examiner les évaluations de risques spatialement explicites, différenciées par activité afin d'atténuer les risques posés par les espèces terrestres non indigènes.
4. Développer une stratégie de surveillance pour les zones à haut risque d'implantation d'espèces non indigènes.
5. Porter une attention accrue aux risques posés par le transfert intra-antarctique de propagules.

Période intersession 2017-2018	• Entamer les travaux afin de développer une stratégie de réponse pour les espèces non indigènes, y compris des réponses appropriées aux maladies des espèces sauvages • Afin d'aider le Comité à évaluer l'efficacité du manuel, demander un rapport au COMNAP sur la mise en œuvre de la quarantaine et des mesures de biosécurité par ses membres • Poursuivre la discussion, menée par le Royaume-Uni, avec les Membres et les Observateurs intéressés sur la poursuite du développement d'un protocole d'intervention facultatif en cas d'espèces non indigènes
XXIe CPE 2018	• Discuter des travaux intersessions concernant le développement d'une stratégie de réponse à inclure dans le manuel sur les espèces non indigènes, et la mise en œuvre de la quarantaine et des mesures de biosécurité par les membres du COMNAP. Examen du rapport de l'OMI relatif aux directives sur l'encrassement biologique • Examiner le rapport sur les discussions intersessions portant sur le protocole d'intervention en cas d'espèces non indigènes et son inclusion dans le Manuel sur les espèces non indigènes • Présentation par le SCAR des informations sur le mécanisme en place contribuant à l'identification des espèces non indigènes
Période intersession 2018-2019	• Demander au SCAR de dresser une liste des bases de données et sources d'informations disponibles sur la biodiversité pour aider les Parties à identifier les espèces indigènes qui sont présentes sur les sites antarctiques pour pouvoir ainsi identifier l'échelle et la portée des introductions actuelles et futures • Développer des lignes directrices de suivi généralement applicables. Suivi plus détaillé ou spécifique aux sites qui pourrait être nécessaire pour des lieux spécifiques • Demander un rapport aux Parties et Observateurs sur la mise en œuvre des lignes directrices sur la biosécurité par leurs membres
XXIIe CPE 2019	• Discuter des travaux intersessions relatifs au développement de lignes directrices en matière de suivi, à inclure dans le Manuel sur les espèces non indigènes. Examiner les rapports des Parties et Observateurs sur la mise en œuvre des lignes directrices relatives à la biosécurité par leurs membres

Période intersession 2019-2020	• Entamer les travaux visant à évaluer le risque d'introductions d'espèces marines non indigènes
XXIIIᵉ CPE 2020	• Discuter des travaux intersessions liés aux risques présentés par les espèces marines non indigènes
Période intersession 2020-2021	• Développer des lignes directrices spécifiques afin de réduire la dissémination d'espèces non indigènes lors de l'évacuation des eaux usées • Examiner les progrès et le contenu du Manuel sur les espèces non indigènes du CPE
XXIVᵉ CPE 2021	• Décision du CPE sur la nécessité d'opérer une révision/mise à jour du Manuel sur les espèces non indigènes, par le biais de travaux intersessions
Période intersession 2021-2022	• Le cas échéant, travaux intersessions pour réviser le Manuel sur les espèces non indigènes
XXVᵉ CPE 2022	• Examen par le CPE du rapport du GCI, le cas échéant, et envisager l'adoption par la RCTA d'une révision des espèces non indigènes à travers une résolution

Question / Pression sur l'environnement : Tourisme et activités des ONG

Priorité : 1

Actions :
1. Fournir un avis à la RCTA, comme demandé.
2. Promouvoir les recommandations émises par la RETA sur le tourisme à bord de navires.

Période intersession 2017-2018	• Poursuivre le développement de la méthodologie permettant l'évaluation de la sensibilité des sites et examiner les seuils de déclenchement (recommandations 3 et 7 de l'étude sur le tourisme)
XXIᵉ CPE 2018	
Période intersession 2018-2019	
XXIIᵉ CPE 2019	
Période intersession 2019-2020	
XXIIIᵉ CPE 2020	
Période intersession 2020-2021	
XXIVᵉ CPE 2021	

Question / Pression sur l'environnement : Conséquences du changement climatique pour l'environnement

Priorité : 1

Actions :
1. Envisager les implications du changement climatique pour la gestion de l'environnement antarctique.
2. Promouvoir les recommandations de la RETA sur le changement climatique.
3. Mettre en œuvre le programme de travail en réponse aux changements climatiques.

Période intersession 2017-2018	• Sous réserve de l'approbation de la RCTA, un groupe subsidiaire mène des travaux conformément au plan de travail convenu
XXIᵉ CPE 2018	• Point permanent de l'ordre du jour • Examiner les avis sur la manière dont les activités de l'OMM correspondent au PTRCC • Sous réserve de l'approbation de la RCTA, examiner le rapport du groupe subsidiaire • Le SCAR fournit une mise à jour du rapport ACCE avec, le cas échéant, des contributions de la part de l'OMM, l'ICED et du SOOS

214

Période intersession 2018-2019	• Sous réserve de l'approbation de la RCTA, un groupe subsidiaire mène des travaux conformément au plan de travail convenu
XXIIe CPE 2019	• Point permanent de l'ordre du jour • Sous réserve de l'approbation de la RCTA, examiner le rapport du groupe subsidiaire • Le SCAR fournit une mise à jour du rapport ACCE avec, le cas échéant, des contributions de la part de l'OMM, l'ICED et du SOOS
Période intersession 2019-2020	
XXIIIe CPE 2020	• Point permanent de l'ordre du jour • Le SCAR fournit une mise à jour du rapport ACCE avec, le cas échéant, des contributions de la part de l'OMM, l'ICED et du SOOS • Examiner la révision du groupe subsidiaire • Examiner la mise en œuvre des actions faisant suite à l'atelier conjoint CPE/SC-CAMLR de 2016 • Plan quinquennal pour l'atelier conjoint SC-CAMLR/CPE pendant la période intersessions 2021-2022
Période intersession 2020-2021	
XXIVe CPE 2021	• Selon la finalisation du plan pour l'atelier conjoint CS-CAMLR/CPE pendant la période intersessions 2021-2022
Période intersession 2021-2022	• Atelier conjoint CS-CAMLR/CPE quinquennal régulier

Question / Pression sur l'environnement : Traitement des plans de gestion de zones protégées / gérées nouveaux et révisés	
Priorité : 1	
Actions : 1. Affiner la procédure d'examen des plans de gestion nouveaux et révisés. 2. Mettre à jour les lignes directrices existantes. 3. Promouvoir les recommandations de la RETA sur le changement climatique. 4. Développer des lignes directrices relatives à la préparation de ZGSA.	
Période intersession 2017-2018	• Le GSPG mène des travaux conformes à son plan de travail • Préparation par la Norvège et les Membres intéressés d'un document fournissant des orientations pour le retrait de certaines ZSPA
XXIe CPE 2018	• Examiner le rapport du GSPG • Examiner le document présenté par la Norvège et les Membres intéressés
Période intersession 2018-2019	
XXIIe CPE 2019	
Période intersession 2019-2020	
XXIIIe CPE 2020	
Période intersession 2020-2021	
XXIVe CPE 2021	

Question / Pression sur l'environnement : Fonctionnement du CPE et planification stratégique	
Priorité : 1	
Actions :	
1. Maintenir le plan quinquennal à jour sur la base de l'évolution des circonstances et des besoins de la RCTA. 2. Identifier les possibilités d'améliorer l'efficacité du CPE. 3. Examiner les objectifs à long terme pour l'Antarctique (période de 50 à 100 ans). 4. Examiner les possibilités d'améliorer les relations de travail entre le CPE et la RCTA.	
Période intersession 2017-2018	• Le président du CPE consulte le Secrétariat et les Membres intéressés afin de développer des manières d'obtenir et de gérer des financements permettant de soutenir les travaux du CPE
XXIe CPE 2018	• Le CPE examine le rapport de son président • Le CPE passe en revue la liste des besoins scientifiques présentée lors de la XLe RCTA, dans le WP 34
Période intersession 2018-2019	
XXIIe CPE 2019	
Période intersession 2019-2020	
XXIIIe CPE 2020	
Période intersession 2020-2021	
XXIVe CPE 2021	

Question / Pression sur l'environnement : Réparation et réhabilitation des dégâts causés à l'environnement	
Priorité : 2	
Actions :	
1. Répondre aux requêtes complémentaires émises par la RCTA concernant la réparation et la réhabilitation, le cas échéant. 2. Suivre les avancées de la création d'un inventaire des sites dans l'ensemble de l'Antarctique ayant fait l'objet d'activités antérieures. 3. Examiner les lignes directrices relatives à la réparation et la réhabilitation. 4. Les Membres élaborent des lignes directrices pratiques et les ressources associées afin de les inclure dans le Manuel de nettoyage. 5. Poursuivre l'élaboration des pratiques de biodépollution et de réparation afin de les inclure dans le Manuel de nettoyage.	
Période intersession 2017-2018	• Le GCI révise le Manuel de nettoyage
XXIe CPE 2018	• Examiner le rapport du GCI sur la révision du Manuel de nettoyage
Période intersession 2018-2019	
XXIIe CPE 2019	
Période intersession 2019-2020	
XXIIIe CPE 2020	
Période intersession 2020-2021	
XXIVe CPE 2021	

Question / Pression sur l'environnement : Suivi et rapports sur l'état de l'environnement	
Priorité : 2	
Actions :	
1. Identifier les indicateurs et outils environnementaux clés.	
2. Mettre en place une procédure pour les rapports faits à la RCTA.	
3. Le SCAR transmet les informations au COMNAP et au CPE.	
Période intersession 2017-2018	• Le SCAR consulte le COMNAP et les Membres intéressés sur la révision du *Code de conduite du SCAR pour la recherche scientifique de terrain en zone continentale en Antarctique* • Le GCI se penche sur les orientations relatives aux aspects environnementaux des UAV/RPAS
XXIe CPE 2018	• Le CPE examine le rapport du SCAR sur la révision effectuée en période intersessions du Code de conduite • Examiner le rapport du GCI sur les UAV/RPAS
Période intersession 2018-2019	
XXIIe CPE 2019	• Examiner le *Code de conduite du Comité scientifique pour la recherche en Antarctique (SCAR) pour l'utilisation d'animaux à des fins scientifiques*
Période intersession 2019-2020	
XXIIIe CPE 2020	
Période intersession 2020-2021	
XXIVe CPE 2021	• Examiner le rapport de suivi du Royaume-Uni sur la ZSPA 107

Question / Pression sur l'environnement : Gestion et protection de l'espace marin	
Priorité : 2	
Actions :	
1. Coopération entre le CPE et le CS-CAMLR sur des questions d'intérêt commun.	
2. Coopérer avec la CCAMLR dans le domaine de la biorégionalisation de l'océan Austral et d'autres domaines d'intérêt commun et sur les principes adoptés.	
3. Identifier et appliquer des procédures de gestion et de protection de l'espace marin.	
4. Promouvoir les recommandations de la RETA sur le changement climatique.	
5. Examiner la connectivité entre la zone continentale et l'océan, et déterminer quelles actions complémentaires pourraient être prises par les Parties relativement aux AMP.	
Période intersession 2017-2018	
XXIe CPE 2018	
Période intersession 2018-2019	
XXIIe CPE 2019	
Période intersession 2019-2020	
XXIIIe CPE 2020	
Période intersession 2020-2021	
XXIVe CPE 2021	

Question / Pression sur l'environnement : Lignes directrices spécifiques aux sites visités par les touristes	
Priorité : 2	
Actions :	
1. Examiner régulièrement la liste des lignes directrices de sites et déterminer si des lignes directrices devraient être développées pour d'autres sites.	
2. Fournir un avis à la RCTA, comme demandé.	
3. Revoir le format des lignes directrices relatives aux sites.	
Période intersession 2017-2018	
XXIᵉ CPE 2018	• Point permanent de l'ordre du jour ; les Parties rendront compte de leur examen des lignes directrices relatives aux sites
Période intersession 2018-2019	
XXIIᵉ CPE 2019	• Point permanent de l'ordre du jour ; les Parties rendront compte de leur examen des lignes directrices relatives aux sites
Période intersession 2019-2020	
XXIIIᵉ CPE 2020	• Point permanent de l'ordre du jour ; les Parties rendront compte de leur examen des lignes directrices relatives aux sites
Période intersession 2020-2021	
XXIVᵉ CPE 2021	

Question / Pression sur l'environnement : Présentation du système de zones protégées	
Priorité : 2	
Actions :	
1. Appliquer l'Analyse des domaines environnementaux (ADE) et les Régions de conservation biogéographiques de l'Antarctique (RCBA) afin d'améliorer le système des zones protégées.	
2. Promouvoir les recommandations de la RETA sur le changement climatique.	
3. Maintenir et développer la base de données des zones protégées.	
4. Évaluer dans quelle mesure les zones importantes pour la conservation des oiseaux (IBA) sont ou devraient être représentées dans la série de ZSPA.	
Période intersession 2017-2018	• Le Royaume-Uni mène les discussions avec les Membres et les Observateurs intéressés, sur les zones spécialement protégées de l'Antarctique et les zones importantes pour la conservation des oiseaux
XXIᵉ CPE 2018	• Plan pour un atelier conjoint SCAR/CPE sur la biogéographie de l'Antarctique, notamment pour : identifier les applications pratiques des outils biogéographiques de gestion et les futurs besoins de recherche • Fournir un rapport à la RCTA sur l'état du réseau des zones protégées de l'Antarctique • Examiner le rapport sur les travaux intersessions portant sur les zones spécialement protégées de l'Antarctique et les zones importantes pour la conservation des oiseaux
Période intersession 2018-2019	• Atelier conjoint SCAR/CPE sur la biogéographie antarctique
XXIIᵉ CPE 2019	• Examiner le rapport sur l'atelier conjoint SCAR/CPE sur la biogéographie antarctique
Période intersession 2019-2020	
XXIIIᵉ CPE 2020	
Période intersession 2020-2021	
XXIVᵉ CPE 2021	

Question / Pression sur l'environnement : Sensibilisation et éducation	
Priorité : 2	
Actions :	
1. Examiner les exemples actuels et identifier les occasions permettant d'élargir la portée des actions d'éducation et de sensibilisation. 2. Encourager les Membres à échanger des informations concernant leurs expériences dans ce domaine. 3. Mettre en place une stratégie et des lignes directrices pour l'échange d'information entre les Membres dans les domaines de l'éducation et de la sensibilisation dans une perspective à long terme.	
Période intersession 2017-2018	• Célébration du 20e anniversaire du CPE
XXIe CPE 2018	• La Bulgarie devra attirer l'attention du Comité sur les résultats du GCI chargé de l'éducation et la sensibilisation ayant une pertinence directe pour les travaux du CPE
Période intersession 2018-2019	
XXIIe CPE 2019	
Période intersession 2019-2020	
XXIIIe CPE 2020	
Période intersession 2020-2021	
XXIVe CPE 2021	

Question / Pression sur l'environnement : Mettre en œuvre et améliorer les dispositions de l'Annexe I relatives aux EIE	
Priorité : 2	
Actions :	
1. Affiner le processus d'examen des EGIE et informer la RCTA en conséquence. 2. Développer des lignes directrices relatives à l'évaluation des impacts cumulatifs. 3. Réviser les lignes directrices des EIE et envisager une politique plus large, ainsi que d'autres questions. 4. Envisager l'application d'une évaluation environnementale stratégique en Antarctique. 5. Promouvoir les recommandations de la RETA sur le changement climatique.	
Période intersession 2017-2018	• Mettre sur pied un GCI chargé d'examiner les projets d'EGIE, en tant que de besoin • Les Parties, les Experts et les Observateurs travaillent afin de faire progresser et de coordonner les informations qui aideront à élaborer des orientations en matière d'identification et d'évaluation des impacts cumulatifs • Envisager les modifications potentielles de la base de données EIE requises pour améliorer son utilité
XXIe CPE 2018	• Discuter des changements à apporter à la base de données EIE en vue de présenter des propositions au Secrétariat • Examen des rapports du GCI sur les projets d'EGIE, le cas échéant
Période intersession 2018-2019	• Mettre sur pied un GCI chargé d'examiner les projets d'EGIE, en tant que de besoin • Les Parties, les Experts et les Observateurs travaillent afin de faire progresser et de coordonner les informations qui aideront à élaborer des orientations en matière d'identification et d'évaluation des impacts cumulatifs
XXIIe CPE 2019	• Examen des rapports du GCI sur les projets d'EGIE, le cas échéant

Période intersession 2019-2020	• Mettre sur pied un GCI chargé d'examiner les projets d'EGIE, en tant que de besoin • Les Parties, les Experts et les Observateurs travaillent afin de faire progresser et de coordonner les informations qui aideront à élaborer des orientations en matière d'identification et d'évaluation des impacts cumulatif
XXIIIe CPE 2020	• Demander au SCAR de fournir des conseils sur la façon de faire un sondage sur la condition environnementale de référence et de prendre en compte ses conseils en temps voulu • Examen des rapports du GCI sur les projets d'EGIE, le cas échéant
Période intersession 2020-2021	• Mettre sur pied un GCI chargé d'examiner les projets d'EGIE, en tant que de besoin • Les Parties, les Experts et les Observateurs travaillent afin de faire progresser et de coordonner les informations qui aideront à élaborer des orientations en matière d'identification et d'évaluation des impacts cumulatifs
XXIVe CPE 2021	• Inviter les parties à fournir des commentaires sur l'utilité de l'ensemble révisé de *lignes directrices pour l'évaluation de l'impact sur l'environnement en Antarctique* dans la préparation des EIE • Examen des options pour préparer des orientations en matière d'identification et d'évaluation des impacts cumulatifs • Examen des rapports du GCI sur les projets d'EGIE, le cas échéant

Question /Pression sur l'environnement : Désignation et gestion des Sites et monuments historiques
Priorité : 2
Actions :
1. Maintenir la liste et examiner les nouvelles propositions lorsqu'elles se présentent.
2. Examiner en tant que de besoin les questions stratégiques, y compris les questions relatives à la désignation de SMH en regard des dispositions du Protocole relatives au nettoyage.
3. Réviser la présentation de la liste de SMH dans le but d'améliorer l'accès aux informations.

Période intersession 2017-2018	• GCI sur l'élaboration d'orientations relatives à la désignation de SMH
XXIe CPE 2018	• Examiner le rapport du GCI
Période intersession 2018-2019	
XXIIe CPE 2019	
Période intersession 2019-2020	
XXIIIe CPE 2020	
Période intersession 2020-2021	
XXIVe CPE 2021	

Question / Pression sur l'environnement : Connaissances en matière de biodiversité	
Priorité : 3	
Actions :	
1. Poursuivre la sensibilisation aux menaces posées à la biodiversité.	
2. Promouvoir les recommandations de la RETA sur le changement climatique.	
3. Le CPE examinera les avis scientifiques complémentaires sur les nuisances causées à la faune sauvage.	
Période intersession 2017-2018	
XXIᵉ CPE 2018	• Discussion de la mise à jour du SCAR sur le bruit sous-marin
Période intersession 2018-2019	
XXIIᵉ CPE 2019	
Période intersession 2019-2020	
XXIIIᵉ CPE 2020	
Période intersession 2020-2021	
XXIVᵉ CPE 2021	

Question /Pression sur l'environnement : Protection des valeurs géologiques exceptionnelles	
Priorité : 3	
Actions :	
1. Envisager de nouveaux mécanismes visant à la protection des valeurs géologiques exceptionnelles.	
Période intersession 2017-2018	
XXIᵉ CPE 2018	• Examiner l'avis émis par le SCAR
Période intersession 2018-2019	
XXIIᵉ CPE 2019	
Période intersession 2019-2020	
XXIIIᵉ CPE 2020	
Période intersession 2020-2021	
XXIVᵉ CPE 2021	

221

Annexe 2

Groupe subsidiaire chargé de la réponse au changement climatique – Cadre

Contexte

Alors que le CPE inscrivait la question du changement climatique à son ordre du jour en 2008, le SCAR publiait en 2009 un rapport portant sur le changement climatique et l'environnement en Antarctique. En 2010, la RCTA tenait quant à elle une réunion d'experts du Traité sur l'Antarctique (RETA) sur le changement climatique et ses implications pour la gestion et l'administration de l'Antarctique, qui aboutira à la formulation de 30 recommandations à soumettre à la RCTA et au CPE. Parmi celles-ci, on retrouve la recommandation selon laquelle le CPE doit examiner l'élaboration d'un programme de travail en réponse au changement climatique, qui devrait prendre notamment en compte les éléments suivants :

- la nécessité de continuer d'accorder une haute priorité à la gestion des espèces non indigènes ;
- l'établissement d'une classification des zones protégées existantes en fonction de leur vulnérabilité au changement climatique ;
- la nécessité de mettre en place une surveillance plus sophistiquée et coordonnée des écosystèmes, y compris la nécessité de renforcer la collaboration entre le CPE et le CS-CAMLR ;
- la réalisation d'un examen des outils de gestion actuellement disponibles en vue d'en évaluer la pertinence à long terme dans le contexte d'un climat en pleine évolution (p. ex. les lignes directrices relatives aux EIE [surtout pour les activités planifiées à long terme], les lignes directrices relatives aux espèces spécialement protégées, le guide pour la préparation des plans de gestion).

Le CPE a mis sur pied un GCI chargé de développer un programme de travail en réponse au changement climatique (PTRCC), salué par la RCTA en 2015 dans la Résolution 4. La RCTA a de plus encouragé le CPE à accorder la priorité à la mise en œuvre du PTRCC, à lui transmettre annuellement un rapport sur ses avancées et à procéder à sa révision régulière. La mise en œuvre du PTRCC fait dès lors partie des priorités majeures du Plan de travail quinquennal du CPE.

Organes subsidiaires du CPE

Le Comité, avec l'aval de la RCTA, peut créer des organes subsidiaires, le cas échéant. Lesdits organes subsidiaires fonctionnent selon le Règlement intérieur du Comité dans la mesure du possible (Article 10). Le XXe CPE est convenu de recommander à la RCTA d'établir un groupe subsidiaire chargé de la réponse au changement climatique de façon à soutenir la mise en œuvre du PTRCC.

Mandat du Groupe subsidiaire chargé de la réponse au changement climatique

Le XXe CPE a adopté le mandat décrit ci-après pour orienter le groupe subsidiaire dans ses travaux :

Contribuer en temps voulu à une mise en œuvre efficace du PTRCC en :

- facilitant la coordination et la communication du PTRCC entre les Membres, les Observateurs et les Experts, en identifiant clairement les actions pour les prochaines années et en requérant des mises à jour pertinentes sur les activités prévues ;
- rédigeant annuellement des projets de mise à jour pour le PTRCC, concernant notamment la gestion, la recherche et la surveillance ;
- rédigeant annuellement des rapports d'avancement sur la mise en œuvre du PTRCC à l'attention du CPE pour étayer les mises à jour soumises à la RCTA.

Le mandat du Groupe subsidiaire chargé de la réponse au changement climatique est sujet à modification par le CPE, et ce à tout moment.

Traduction

Le CPE est convenu de faire traduire, au cas par cas, les textes principaux, comme les textes nécessaires aux discussions ou les projets de mise à jour annuels du PTRCC. Prenant acte que le Groupe subsidiaire chargé de la réponse au changement climatique travaillera généralement à distance, le CPE estime que la traduction des textes principaux doit se faire selon les exigences énoncées au titre de l'Article 21.

Adhésion

L'adhésion au Groupe subsidiaire chargé de la réponse au changement climatique est ouverte à tous les Membres, Observateurs et Experts. Il serait souhaitable de voir des représentants du SCAR et de l'OMM se joindre aux membres du groupe. Les Membres sont encouragés à participer au Groupe subsidiaire chargé de la réponse au changement climatique pendant une période de plus d'une année de façon à assurer une certaine continuité au niveau de l'adhésion des membres du groupe de même que de la transmission des connaissances.

Le Comité a reconnu l'importance d'une large participation au groupe subsidiaire et est convenu que ce dernier doit comprendre en permanence au moins quatre membres du CPE. Le président du Groupe subsidiaire chargé de la réponse au changement climatique doit s'assurer que celui-ci comprend toujours assez de membres.

Président

La présidence du Groupe subsidiaire chargé de la réponse au changement climatique peut être assurée par le vice-président du CPE ou l'un de ses membres, à condition d'avoir été élu le cas échéant selon les mêmes critères énoncés pour l'élection du vice-président au titre de l'Article 15 du Règlement intérieur. Le président peut, sans y être tenu, apporter une contribution technique aux activités du Groupe subsidiaire chargé de la réponse au changement climatique.

Révision

Le XXe CPE a souligné son intention d'examiner l'efficacité du Groupe subsidiaire chargé de la réponse au changement climatique au bout de trois années.

Annexe 3

Procédures pour l'examen intersessions par le CPE de projets d'EGIE

1.   L'ordre du jour de chaque réunion du CPE devra inclure un élément en rapport avec l'examen des projets d'évaluations globales transférés au CPE, conformément au paragraphe 4 de l'Article 3 de l'Annexe 1 du Protocole.*

2.   Le CPE devra, au titre de ce point de l'ordre du jour, prendre en considération tout projet d'évaluation globale et conseiller la RCTA sur ceux-ci, conformément à l'Article 12 et l'Annexe 1 du Protocole.*

3.   Les promoteurs de ces EGIE sont encouragés à communiquer les projets d'évaluations globales au Comité le plus tôt possible et, conformément au paragraphe 4 de l'Article 3 de l'Annexe I du Protocole, ils devront le faire au moins 120 jours avant la Réunion consultative du Traité sur l'Antarctique suivante.

4.   Simultanément, un projet d'évaluation globale sera diffusé aux Membres par voie diplomatique. Les promoteurs devront notifier le président du CPE, de préférence par e-mail, qu'un projet d'évaluation globale a été diffusé.**

5.   Le promoteur devra poster le projet d'évaluation globale sur un site Web, dans la ou les langues d'origine. Un lien vers ce site Web sera également inséré sur le site Web du CPE. Si le promoteur ne possède pas de site Web sur lequel poster le projet d'évaluation globale, une version électronique devra être transférée au président du CPE, qui le postera sur le site Web du CPE.**

[Le Secrétariat devra également traduire chaque projet d'évaluation globale dans toutes les langues officielles et poster ces versions sur le site Web du CPE le plus tôt possible.]

6.   Le président du CPE devra immédiatement notifier les points de contact du CPE de la disponibilité de chaque projet d'évaluation globale, et fournir des détails du site Web sur lequel il sera possible d'accéder aux documents.**

7.   Le président suggèrera un responsable de réunion pour qu'un groupe de contact intersessions ouvert examine le projet d'évaluation globale. Le responsable devra de préférence ne pas appartenir à la Partie dont sont issus les promoteurs.**

8.   Le président devra prévoir une période de 15 jours pour que les Membres puissent émettre une objection ou proposer des commentaires, des suggestions ou des propositions concernant :

 i.   Le responsable proposé

 ii.   Des mandats supplémentaires, au-delà des questions génériques suivantes :

- la question de savoir dans quelle mesure le projet d'évaluation globale se conforme aux dispositions de l'Article 3 de l'Annexe I du Protocole relatif à la protection de l'environnement ;

- la question de savoir si le projet d'évaluation globale : i) a identifié tous les impacts environnementaux de l'activité proposée ; et ii) suggère des méthodes appropriées d'atténuation (réduction ou évitement) de ces impacts ;

- la question de savoir si les conclusions du projet d'évaluation globale sont bien étayées par les informations que renferme le document ;

- la clarté, le format et la présentation du projet d'évaluation globale.**

9. Si le président ne reçoit pas de réponse dans les 15 jours, il sera considéré que les Membres acceptent le responsable proposé et les mandats génériques. Si le président reçoit des commentaires sur les points i) ou ii) cités ci-dessus dans la limite de 15 jours, celui-ci devra, le cas échéant, diffuser une suggestion révisée pour l'un des points, ou les deux. Une limite supplémentaire de 15 jours s'applique alors, afin que les Membres puissent donner une réponse.**

10. Toute correspondance devra être rendue disponible à tous les représentants via le forum de discussion du CPE.*

11. Le droit d'une Partie de soulever un problème concernant un projet d'évaluation globale au CPE ou à la RCTA n'est pas affecté par son action concernant la création – ou non – d'un groupe de contact intersessions ouvert.

12. Les conclusions des délibérations du groupe de contact, indiquant les points d'accord et les points sur lesquels les opinions divergent, devront être consignées dans un document de travail soumis par le responsable à la prochaine réunion du CPE.*

---

* Copié ou modifié des «Lignes directrices pour la prise en considération par le CPE des brouillons de projets d'évaluation globale» (Annexe 4 du Rapport final du CPE II, 1999).
** Copié ou modifié des «Procédures opérationnelles d'établissement de groupes de contact intersessions pour la prise en considération de projets d'évaluation globale» (Annexe 3 du Rapport final du CPE III, 2000).

Lignes directrices : Processus d'évaluation préalable pour la désignation de ZSPA et de ZSGA

Le CPE a noté les avantages que présente un processus d'évaluation préalable pour de potentielles nouvelles ZSPA et ZSGA, notamment : i) engager toutes les Parties dans le processus de désignation de nouveaux sites ; ii) reconnaître que toutes les ZSPA et ZSGA sont désignées au niveau international ; iii) aider les Membres à préparer les plans de gestion en leur permettant de recevoir des retours d'information et des commentaires de la part des autres Membres plus tôt dans le processus ; et iv) faciliter l'examen d'une évolution plus systématique du système des zones protégées conformément à l'Article 3 de l'Annexe V du Protocole, et en prenant en considération les implications des changements climatiques. Le(s) promoteur(s) des nouvelles ZSPA et ZSGA potentielles est (sont) donc encouragé(s) à discuter d'une évaluation au préalable avec le Comité.

Par conséquent, les lignes directrices suivantes ont été adoptées au Rapport final du XVIIIe CPE (Annexe 3).

1. Après avoir identifié des sites comme éventuelles nouvelles ZSPA ou ZSGA, le promoteur devrait soumettre des informations au sujet du projet de ZSPA et de ZSGA dès la réunion suivante du CPE, indépendamment de la décision de commencer ou non à travailler sur un plan de gestion. L'idéal serait que le promoteur soumette ces informations au plus tard un an avant qu'il ait l'intention de proposer un plan de gestion au CPE pour examen.

2. Les informations soumises au CPE doivent inclure :

   - la situation géographique proposée de la ZSGA/ZSPA.

   - La raison initiale justifiant la proposition de désignation , y compris la base juridique pour la désignation, conformément à l'Annexe V ; la mesure dans laquelle cette désignation contribue à la représentativité du réseau de zones protégées et la façon dont elle s'inscrit dans l'outil de planification RCBA.

   - Toute autre information pertinente relative à l'élaboration d'un plan de gestion dont le pays promoteur dispose au moment de la soumission de la proposition à la réunion du CPE.

3. Le pays promoteur est incité à faciliter des discussions et questions supplémentaires sur les plans préliminaires, par exemple par des discussions / échanges informels sur le forum du CPE ou directement avec les États membres.

Modèle d'évaluation préalable de ZSPA

Pour aider les promoteurs à fournir les informations détaillées dans les Lignes directrices (voir ci-dessus) pour des ZSPA potentielles, un modèle facultatif a été développé, pour utilisation volontaire, et est disponible à l'Annexe A : *Modèle d'évaluation préalable de Zone spécialement protégée de l'Antarctique.*

Annexe A

Modèle d'évaluation préalable de Zone spécialement protégée de l'Antarctique*

Les promoteurs doivent uniquement remplir les sections du modèle qu'ils jugent utiles à l'évaluation qu'ils ont terminée.

1	Nom de la Zone spécialement protégée de l'Antarctique (ZSPA) potentielle :
2	Promoteur de la ZSPA potentielle :
3	Emplacement et coordonnées approximatives de la ZSPA potentielle :
4	La ZSPA potentielle se situe-t-elle dans une zone spécialement gérée de l'Antarctique (ZSGA) existante ?
5	Superficie approximative de la ZSPA potentielle :
6	Principales composantes physiques figurant au sein de la ZSPA potentielle (par ex. terrain libre de glace, lacs, océan, plate-forme de glace, glace permanente):
7	Description de la raison initiale motivant la protection de la ZSPA potentielle :
8	Indication des valeurs à protéger au sein de la ZSPA potentielle, conformément à l'Article 3(1) de l'Annexe V :

Valeur	*Valeur principale*	*Valeur secondaire*	*Sans objet*
Valeurs environnementales			
Valeurs scientifiques			
Valeurs historiques			
Valeurs esthétiques			
Valeurs de la nature à l'état sauvage			
Association de valeurs			
Activités scientifiques prévues ou en cours			

9	Description plus détaillée des valeurs à protéger	
10	Les caractéristiques suivantes figurent dans la ZSPA potentielle :	(Oui/ Non)
a)	des zones encore vierges de toute intrusion humaine, afin de pouvoir ultérieurement effectuer des comparaisons avec des régions qui ont été perturbées par les activités humaines ;	

* Il convient à cet égard d'indiquer les *« Lignes directrices pour l'application de l'Article 3 de l'Annexe V du Protocole au Traité sur l'Antarctique relatif à la protection de l'environnement - Zones spécialement protégées de l'Antarctique »* (figurant à la Résolution 1 [2000]) qui indiquent la marche à suivre pour ce type de processus d'évaluation.

N.B. Pour les ZSPA qui présentent une forte composante marine, un accord préalable doit être obtenu de la CCAMLR (Annexe V, Article 6[2]).

b)	des exemples représentatifs des principaux écosystèmes terrestres, y compris glaciaires et aquatiques, ainsi que des écosystèmes marins ;
c)	des régions qui abritent des rassemblements d'espèces inhabituels ou importants, y compris de grandes colonies d'oiseaux ou de mammifères se reproduisant sur place ;
d)	la localité type ou le seul habitat connu d'une ou de plusieurs espèces ;
e)	des régions présentant un intérêt particulier pour des travaux de recherche scientifique en cours ou programmés ;
f)	des exemples de caractéristiques géologiques, glaciologiques ou géomorphologiques exceptionnelles ;
g)	des régions dont les paysages et la nature à l'état sauvage présentent une valeur exceptionnelle ;
h)	des sites ou monuments ayant une valeur historique reconnue ;
i)	toute autre région dont il conviendrait de protéger les valeurs environnementales, scientifiques, historiques ou esthétiques, ou l'état sauvage de la nature, ou toute association de ces valeurs, ainsi que toute recherche scientifique en cours ou programmée.
11	Examen visant à déterminer si la ZSPA doit être protégée principalement pour la conservation ou à des fins de recherche scientifique :
12	Description de la manière dont la qualité des zones mérite la désignation ZSPA (par exemple représentativité, diversité, caractère distinctif, importance écologique, degré d'interférence, fins scientifiques et de surveillance) :
13	Évaluation du risque posé à la région par les activités et les impacts humains, les processus naturels, la variabilité et la viabilité naturelles, les menaces non antarctiques, l'urgence et l'incertitude scientifique :
Désignation de l'aire protégée au sein d'un cadre environnemental et géographique systématisé:	
14	La zone se situe dans la (les) région(s) d'analyse environnementale de domaines (Résolution 3 [2008]) suivantes :
15	La zone se situe dans la région de conservation biogéographique de l'Antarctique (Résolution 6 [2012]) suivante :
16	La zone comprend les Zones importantes pour la conversation des oiseaux (Résolution 5 [2015]) suivantes:
17	Brève description de la manière dont la ZSPA potentielle peut améliorer la représentativité du réseau de zones protégées :
18	Autres informations utiles tirées du processus d'évaluation :
19	Tout support documentaire pertinent

Annexe 5

Ordre du jour prévisionnel pour le XXIe CPE (2018)

1. Ouverture de la Réunion
2. Adoption de l'ordre du jour
3. Débat stratégique sur les travaux futurs du CPE
4. Fonctionnement du CPE
5. Coopération avec d'autres organisations
6. Réparation et réhabilitation des dommages causés à l'environnement
7. Conséquences du changement climatique pour l'environnement
    a. Approche stratégique
    b. Mise en œuvre et examen du programme de travail en réponse au changement climatique
8. Évaluation d'impact sur l'environnement (EIE)
    a. Projets d'évaluations globales d'impact sur l'environnement
    b. Autres questions relatives aux EIE
9. Plans de gestion et protection des zones
    a. Plans de gestion
    b. Sites et monuments historiques
    c. Lignes directrices pour les visites de sites
    d. Gestion et protection de l'espace marin
    e. Autres questions relevant de l'Annexe V
10. Conservation de la faune et de la flore antarctique
    a. Quarantaine et espèces non indigènes
    b. Espèces spécialement protégées
    c. Autres questions relevant de l'Annexe II
11. Suivi environnemental et rapports
12. Rapports d'inspection
13. Questions diverses
14. Élection des membres du bureau
15. Préparatifs de la prochaine réunion
16. Adoption du rapport
17. Clôture de la réunion

3. Appendices

Ordre du jour préliminaire pour la XLIᵉ RCTA, groupes de travail et répartition des points de l'ordre du jour

Plénière

1. Ouverture de la session.

2. Élection des responsables et mise sur pied des groupes de travail.

3. Adoption de l'ordre du jour, répartition des points entre les groupes de travail et examen du Plan de travail stratégique pluriannuel.

4. Fonctionnement du Système du Traité sur l'Antarctique : Rapports des Parties, des Observateurs, et des Experts.

5. Rapport du Comité pour la protection de l'environnement.

Groupe de travail 1 : *(Politique, juridique, institutionnel)*

6. Fonctionnement du Système du Traité sur l'Antarctique : Questions générales.

7. Fonctionnement du Système du Traité sur l'Antarctique : Questions liées au Secrétariat.

8. Responsabilité.

9. Prospection biologique en Antarctique.

10. Échange d'informations.

11. Questions éducatives.

12. Plan de travail stratégique pluriannuel.

Groupe de travail 2 : *(Science, opérations, tourisme)*

13. Sécurité et opérations en Antarctique.

14. Inspections effectuées en vertu du Traité sur l'Antarctique et du Protocole relatif à la protection de l'environnement.

15. Questions scientifiques, défis scientifiques futurs, coopération et facilitation scientifiques.

16. Conséquences du changement climatique pour la zone du Traité sur l'Antarctique.

17. Tourisme et activités non gouvernementales dans la zone du Traité sur l'Antarctique, y compris les questions relatives aux autorités compétentes.

Plénière

18. Préparation de la XLIIᵉ Réunion.

19. Autres questions.

20. Adoption du rapport final.

21. Clôture de la réunion.

Communiqué du pays hôte

La 40ᵉ Réunion consultative du Traité sur l'Antarctique (XLᵉ RCTA) s'est tenue à Pékin, en Chine, du 23 mai au 1ᵉʳ juin 2017. La réunion était présidée par Son Excellence Liu Zhenmin, vice ministre des Affaires étrangères de la République populaire de Chine. La 20ᵉ réunion du Comité pour la protection de l'environnement (CPE) s'est tenue du 22 au 26 mai 2017, et était présidée par Ewan McIvor (Australie). Les réunions ont été coorganisées par le ministère des Affaires étrangères chinois et l'Administration océanique nationale chinoise.

Plus de 400 participants représentant les Parties au Traité sur l'Antarctique, les Observateurs et les Experts invités issus d'organisations internationales ont assisté à la réunion annuelle. Son Excellence Zhang Gaoli, vice premier du Conseil d'État de la République populaire de Chine, a officiellement ouvert la XLᵉ RCTA. Son Excellence Yang Jiechi, conseiller d'État du Conseil d'État de la République populaire de Chine, a quant à lui rencontré l'ensemble des délégués.

Les discussions qui se sont déroulées lors de la RCTA se sont axées autour des questions suivantes : fonctionnement du système du Traité sur l'Antarctique, responsabilité, prospection biologique en Antarctique, échange d'informations, questions d'éducation, plan de travail stratégique pluriannuel, sécurité et opérations en Antarctique, inspections en vertu du Traité sur l'Antarctique et du Protocole environnemental, questions scientifiques, coopération et facilitation scientifiques, défis scientifiques à venir en Antarctique, implications du changement climatique pour la gestion de la zone couverte par le Traité sur l'Antarctique, activités touristiques et non gouvernementales dans la zone du Traité sur l'Antarctique.

Les sujets suivants ont par ailleurs été discutés lors du CPE : fonctionnement et travaux futurs du CPE, coopération avec d'autres organisations, réparation et réhabilitation suite aux dégâts causés à l'environnement, implications du changement climatique pour l'environnement, évaluation d'impact sur l'environnement, protection de zones et plans de gestion, conservation de la faune et de la flore antarctiques, suivi et reporting environnementaux, et rapports d'inspection.

Albert Lluberas Bonaba, originaire d'Uruguay, a été élu en qualité de nouveau Secrétaire exécutif du Secrétariat du Traité sur l'Antarctique pour un mandat couvrant la période entre 2017 et 2021. Les Parties ont félicité Albert Lluberas Bonaba et remercié le Dr Manfred Reinke, l'actuel Secrétaire exécutif, pour l'excellent travail qu'il a fourni au cours des huit dernières années.

Une réunion spéciale intitulée « Notre Antarctique : protection et utilisation », initiée par la Chine, le pays hôte de la Réunion, a eu lieu le 23 mai 2017, après l'ouverture de la XLe RCTA. Bien que la réunion n'était pas inscrite officiellement à l'ordre du jour de la RCTA, les délégués de la RCTA et du CPE ont été invités à y participer. Son Excellence Liu Zhenmin a présidé la réunion. Après le discours inaugural prononcé par Son Excellence Zhang Yesui, premier vice ministre des Affaires étrangères de Chine, huit autres intervenants, notamment des représentants gouvernementaux et des scientifiques de Russie, de Pologne, d'Argentine, des États-Unis, de Chine, du Royaume-Uni, du Chili et d'Australie ont été invités par la Chine à exprimer leur avis sur des questions liées à la protection et à l'utilisation de l'Antarctique. Afin de refléter les présentations faites par les orateurs, la Chine a proposé un Résumé du président, sous la forme d'un document d'information soumis au titre du point 6 de l'ordre du jour de la RCTA.

Les Parties ont remercié le gouvernement chinois d'avoir accueilli la XLe RCTA, ainsi que pour la qualité des installations qui ont été mises à leur disposition pour la réunion.

La prochaine RCTA sera accueillie par l'Équateur en 2018.

DEUXIÈME PARTIE

Mesures, décisions et résolutions

1. Mesures

Zone spécialement protégée de l'Antarctique n° 109
(île Moe, îles Orcades du Sud) :
Plan de gestion révisé

Les représentants,

Rappelant les articles 3, 5 et 6 de l'Annexe V du Protocole au Traité sur l'Antarctique relatif à la protection de l'environnement (« le Protocole ») qui disposent de la désignation des Zones spécialement protégées de l'Antarctique (« ZSPA ») et de l'adoption des Plans de gestion pour ces zones ;

Rappelant

- la Recommandation IV-13 (1966) qui a désigné l'île Moe, îles Orcades du Sud comme Zones spécialement protégées (« ZSP ») n° 13 et a mis en annexe la carte de la zone ;

- la Recommandation XVI-6 (1991), qui a mis en annexe une description révisée de la ZSP n° 13 et un Plan de gestion de la zone ;

- la Mesure 1 (1995), qui a mis en annexe une description révisée et un plan de gestion révisé pour la ZSP n° 13 ;

- la Décision 1 (2002) qui a renommé et renuméroté la ZSP n° 13 en ZSPA n° 109 ;

- la Mesure 1 (2007) et la Mesure 1 (2012) qui ont adopté des Plans de gestion révisés pour la ZSPA n° 109 ;

Rappelant que la Recommandation IV-13 (1966) a été désignée comme caduque par la Décision 1 (2011), que la Résolution 9 (1995) a été désignée comme caduque par la Résolution 1 (2008), que la Recommandation XVI-6 (1991) n'est pas entrée en vigueur et a été retirée par la Décision (D) (2017) et la Mesure 1 (1995) n'est pas entrée en vigueur et a été retirée par la Mesure 3 (2012) ;

Notant que le Comité pour la protection de l'environnement a approuvé un Plan de gestion révisé pour la ZSPA n° 109 ;

Désireux de remplacer Plan de gestion existant pour la ZSPA n° 109 par le Plan de gestion révisé ;

Recommandent à leurs gouvernements d'approuver la Mesure suivante conformément au paragraphe 1 de l'article 6 de l'Annexe V du Protocole :

Que :

1. le Plan de gestion révisé pour la Zone spécialement protégée de l'Antarctique n° 109 (île Moe, îles Orcades du Sud), joint à la présente Mesure, soit approuvé ; et

2. le Plan de gestion pour la Zone spécialement protégée de l'Antarctique n° 109 annexé à la Mesure 1 (2012) soit abrogé.

Zone spécialement protégée de l'Antarctique n° 110
(île Lynch, Îles Orcades du Sud) :
Plan de gestion révisé

Les Représentants,

Rappelant les articles 3, 5 et 6 de l'Annexe V du Protocole au Traité sur l'Antarctique relatif à la protection de l'environnement (« le Protocole ») qui disposent de la désignation des Zones spécialement protégées de l'Antarctique (« ZSPA ») et de l'adoption des Plans de gestion pour ces zones ;

Rappelant

- la Recommandation IV-14 (1966) qui a désigné l'île Lynch, îles Orcades du Sud comme Zone spécialement protégées (« ZSP ») n° 14 et a mis en annexe la carte de la zone ;

- la Recommandation XVI-6 (1991), qui a mis en annexe le Plan de gestion de la zone ;

- la Mesure 1 (2000), qui a mis en annexe un Plan de gestion révisé pour la ZSP n° 14 ;

- la Décision 1 (2002) qui a renommé et renuméroté la ZSP n° 14 en ZSPA n° 110 ;

- la Mesure 2 (2012) par laquelle était adopté le Plan de gestion révisé de la ZSPA n° 110 ;

Rappelant que la Recommandation XVI-6 (1991) et la Mesure 1 (2000) ne sont pas entrées en vigueur et ont été retirées par la Décision (D) (2017) ;

Notant que le Comité pour la protection de l'environnement a approuvé un Plan de gestion révisé pour la ZSPA n° 110 ;

Désireux de remplacer le Plan de gestion existant pour la ZSPA n° 110 par le Plan de gestion révisé ;

Recommandent à leurs gouvernements d'approuver la Mesure suivante conformément au paragraphe 1 de l'article 6 de l'Annexe V du Protocole :

Que :

1. le Plan de gestion révisé pour la Zone spécialement protégée de l'Antarctique n° 110 (île Lynch, îles Orcades du Sud), joint à la présente Mesure, soit approuvé ; et

2. le Plan de gestion pour la Zone spécialement protégée de l'Antarctique n° 110 annexé à la Mesure 2 (2012) soit abrogé.

Zone spécialement protégée de l'Antarctique n° 111
(île Powell du Sud et îles adjacentes, îles Orcades du Sud) : Plan de gestion révisé

Les Représentants,

Rappelant les articles 3, 5 et 6 de l'Annexe V du Protocole au Traité sur l'Antarctique relatif à la protection de l'environnement (« le Protocole ») qui disposent de la désignation des Zones spécialement protégées de l'Antarctique (« ZSPA ») et de l'adoption des Plans de gestion pour ces zones ;

Rappelant

- la Recommandation IV-15 (1966) qui a désigné l'île Powell du Sud et îles adjacentes, îles Orcades du Sud comme Zones spécialement protégées (« ZSP ») n° 15 et a mis en annexe la carte de la zone ;

- la Recommandation XVI-6 (1991), qui a mis en annexe le Plan de gestion révisé de la ZSP n° 15 ;

- la Mesure 1 (1995), qui a mis en annexe une description modifiée et un Plan de gestion révisé pour la ZSP n° 15 ;

- la Décision 1 (2002) qui a renommé et renuméroté la ZSP n° 15 en ZSPA n° 111 ;

- la Mesure 3 (2012) par laquelle fut adopté le Plan de gestion révisé de la ZSPA n° 111 ;

Rappelant que la Recommandation XVI-6 (1991) n'est pas entrée en vigueur et a été retirée par la Décision (D) (2017) et que la Mesure 1 (1995) n'est pas entrée en vigueur et a été retirée par la Mesure 3 (2012) ;

Notant que le Comité pour la protection de l'environnement a approuvé un Plan de gestion révisé pour la ZSPA n° 111 ;

Désireux de remplacer le Plan de gestion existant pour la ZSPA n° 111 par le Plan de gestion révisé ;

Recommandent à leurs gouvernements d'approuver la Mesure suivante conformément au paragraphe 1 de l'article 6 de l'Annexe V du Protocole :

Que :

1. le Plan de gestion révisé pour la Zone spécialement protégée de l'Antarctique n° 111 (île Powell du Sud et îles adjacentes, îles Orcades du Sud), joint à la présente Mesure, soit approuvé ; et

2. le Plan de gestion pour la Zone spécialement protégée de l'Antarctique n° 111 annexé à la Mesure 3 (2012) soit abrogé.

Zone spécialement protégée de l'Antarctique n° 115
(île Lagotellerie, baie Marguerite, terre de Graham) : Plan de gestion révisé

Les Représentants,

Rappelant les articles 3, 5 et 6 de l'Annexe V du Protocole au Traité sur l'Antarctique relatif à la protection de l'environnement (« le Protocole ») qui disposent de la désignation des Zones spécialement protégées de l'Antarctique (« ZSPA ») et de l'adoption des Plans de gestion pour ces zones ;

Rappelant

- la Recommandation XIII-11 (1985) qui a désigné l'île Lagotellerie, baie Marguerite, terre de Graham comme zone spécialement protégée (« ZSP ») n° 19 et a mis en annexe la carte de la zone ;

- la Recommandation XVI-6 (1991), qui a mis en annexe le Plan de gestion de la zone ;

- la Mesure 1 (2000), qui a mis en annexe un Plan de gestion révisé pour la ZSP n° 19 ;

- la Décision 1 (2002) qui a renommé et renuméroté la ZSP n° 19 en ZSPA n° 115 ;

- la Mesure 5 (2012) par laquelle fut adopté le Plan de gestion révisé de la ZSPA n° 115 ;

Rappelant que la Recommandation XVI-6 (1991) et la Mesure 1 (2000) ne sont pas entrées en vigueur et ont été retirées par la Décision (D) (2017) ;

Notant que le Comité pour la protection de l'environnement a approuvé un Plan de gestion révisé pour la ZSPA n° 115 ;

Désireux de remplacer le Plan de gestion existant pour la ZSPA n° 115 par le Plan de gestion révisé ;

Recommandent à leurs gouvernements d'approuver la Mesure suivante conformément au paragraphe 1 de l'article 6 de l'Annexe V du Protocole :

Que :

1. le Plan de gestion révisé pour la Zone spécialement protégée de l'Antarctique n° 115 (île Lagotellerie, baie Marguerite, terre de Graham), joint à la présente Mesure, soit approuvé ; et

2. le Plan de gestion pour la Zone spécialement protégée de l'Antarctique n° 115 annexé à la Mesure 5 (2012) soit abrogé.

Zone spécialement protégée de l'Antarctique n° 129
(Pointe Rothera, île Adelaïde) : Plan de gestion révisé

Les Représentants,

Rappelant les articles 3, 5 et 6 de l'Annexe V du Protocole au Traité sur l'Antarctique relatif à la protection de l'environnement (« le Protocole ») qui disposent de la désignation des Zones spécialement protégées de l'Antarctique (« ZSPA ») et de l'adoption des Plans de gestion pour ces zones ;

Rappelant

- la Recommandation XIII-8 (1985), qui a désigné la pointe Rothera, île Adélaïde comme site présentant un intérêt scientifique particulier (« SISP ») n° 9 et a mis en annexe le Plan de gestion du site ;

- la Résolution 7 (1995), qui a prorogé la date d'expiration du SISP n° 9 ;

- la Mesure 1 (1996), qui a mis en annexe une description révisée et un Plan de gestion révisé pour le SISP n° 9 ;

- la Décision 1 (2002), qui a renommé et renuméroté la SISP n° 9 en ZSPA n° 129 ;

- la Mesure 1 (2007), qui a adopté un Plan de gestion révisé pour la ZSPA n° 129 et a révisé ses limites ;

- la Mesure 6 (2012), qui a adopté un Plan de gestion révisé pour la ZSPA n° 129 ;

Rappelant que la Résolution 7 (1995) a été désignée comme caduque par la Décision 1 (2011) et que la Mesure 1 (1996) n'est pas entrée en vigueur et a été retirée par la Mesure 10 (2008) ;

Notant que le Comité pour la protection de l'environnement a approuvé un Plan de gestion révisé pour la ZSPA n° 129 ;

Désireux de remplacer le Plan de gestion existant pour la ZSPA n° 129 par le Plan de gestion révisé ;

Recommandent à leurs gouvernements d'approuver la Mesure suivante, conformément au paragraphe 1 de l'article 6 de l'Annexe V du Protocole :

Que :

1. le Plan de gestion révisé pour la Zone spécialement protégée de l'Antarctique n° 129 (pointe Rothera, île Adélaïde), joint à la présente Mesure, soit approuvé ; et

2. le Plan de gestion pour la Zone spécialement protégée de l'Antarctique n° 129 annexé à la Mesure 6 (2012) soit abrogé.

Zone spécialement protégée de l'Antarctique n° 140
(Parties de l'île de la Déception, îles Shetland du Sud) : Plan de gestion révisé

Les Représentants,

Rappelant les articles 3, 5 et 6 de l'Annexe V du Protocole au Traité sur l'Antarctique relatif à la protection de l'environnement (« le Protocole ») qui disposent de la désignation des Zones spécialement protégées de l'Antarctique (« ZSPA ») et de l'adoption des Plans de gestion pour ces zones ;

Rappelant

- la Recommandation XIII-8 (1985), qui désignait les côtes de Port Foster, île de la Déception, îles Shetland du Sud, comme Site présentant un intérêt scientifique particulier (« SISP ») n° 21 et annexait un Plan de gestion pour le site ;
- la Résolution 7 (1995) et la Mesure 2 (2000), qui ont prorogé les dates d'expiration du SISP n° 21 ;
- la Décision 1 (2002), qui a renommé et renuméroté le SISP n° 21 en ZSPA n° 140 ;
- la Mesure 3 (2005) et la Mesure 8 (2012), qui ont adopté des Plans de gestion révisés pour la ZSPA n° 140 ;

Rappelant que la Résolution 7 (1995) a été désignée comme caduque par la Décision 1 (2011) et que la Mesure 2 (2000) n'est pas entrée en vigueur et a été retirée par la Mesure 5 (2009) ;

Notant que le Comité pour la protection de l'environnement a approuvé un Plan de gestion révisé pour la ZSPA n° 140 ;

Désireux de remplacer le Plan de gestion existant pour la ZSPA n° 140 par le Plan de gestion révisé ;

Recommandent à leurs gouvernements d'approuver la Mesure suivante conformément au paragraphe 1 de l'article 6 de l'Annexe V du Protocole :

Que :

1. le Plan de gestion révisé pour la Zone spécialement protégée de l'Antarctique n° 140 (parties de l'île de la Déception, îles Shetland du Sud), joint à la présente Mesure, soit approuvé ; et

2. le Plan de gestion pour la Zone spécialement protégée de l'Antarctique n° 140 annexé à la Mesure 8 (2012) soit abrogé.

Zone spécialement protégée de l'Antarctique n° 165
(pointe Edmonson, baie Wood, mer de Ross) : Plan de gestion révisé

Les Représentants,

Rappelant les articles 3, 5 et 6 de l'Annexe V du Protocole au Traité sur l'Antarctique relatif à la protection de l'environnement qui disposent de la désignation des Zones spécialement protégées de l'Antarctique (« ZSPA ») et de l'adoption des Plans de gestion pour ces zones ;

Rappelant la Mesure 1 (2006), laquelle désigne comme ZSPA n° 165 la pointe Edmonson, baie de Wood, mer de Ross, et contient en annexe un Plan de gestion pour la zone ;

Rappelant la Mesure 8 (2011), qui a adopté un Plan de gestion révisé pour la ZSPA n° 165 ;

Notant que le Comité pour la protection de l'environnement a approuvé un Plan de gestion révisé pour la ZSPA n° 165 ;

Désireux de remplacer le Plan de gestion existant pour la ZSPA n° 165 par le Plan de gestion révisé ;

Recommandent à leurs gouvernements d'approuver la Mesure suivante conformément au paragraphe 1 de l'article 6 de l'Annexe V du Protocole au Traité sur l'Antarctique relatif à la protection de l'environnement :

Que :

1. le Plan de gestion révisé pour la Zone spécialement protégée de l'Antarctique n° 165 (pointe Edmonson, baie de Wood, mer de Ross), joint à la présente Mesure, soit approuvé ; et

2. le Plan de gestion pour la Zone spécialement protégée de l'Antarctique n° 165 annexé à la Mesure 8 (2011) soit abrogé.

Zone gérée spéciale de l'Antarctique n° 5
(station Amundsen-Scott South Pole, pôle Sud) : Plan de gestion révisé

Les Représentants,

Rappelant les articles 4, 5 et 6 de l'Annexe V du Protocole au Traité sur l'Antarctique, relatif à la protection de l'environnement (« le Protocole »), qui prévoient la désignation des Zones gérées spéciales de l'Antarctique (« ZGSA ») et l'approbation des Plans de gestion pour ces zones ;

Rappelant la Mesure 2 (2007), qui a désigné la station Amundsen-Scott South Pole, pôle Sud, en tant que Zone gérée spéciale de l'Antarctique n° 5 ;

Notant que le Comité pour la protection de l'environnement a approuvé un Plan de gestion révisé pour la ZGSA n° 5 ;

Désireux de remplacer le Plan de gestion existant pour la ZGSA n° 5 par le Plan de gestion révisé ;

Recommandent à leurs gouvernements d'approuver la Mesure suivante conformément au paragraphe 1 de l'article 6 de l'Annexe V du Protocole :

Que :

1. le Plan de gestion révisé de la Zone gérée spéciale de l'Antarctique n° 5 (station Amundsen-Scott South Pole, pôle Sud), qui figure en annexe à la présente Mesure, soit approuvé ; et

2. le Plan de gestion de la Zone gérée spéciale de l'Antarctique n° 5 figurant en annexe de la Mesure 2 (2007) soit révoqué

2. Décisions

Groupe subsidiaire du Comité pour la protection de l'environnement sur la réponse au changement climatique (GSRCC)

Les Représentants,

Rappelant l'article 10 du Règlement intérieur révisé du Comité pour la protection de l'environnement joint à la Décision 2 (2011), qui dispose que le Comité pour la protection de l'environnement (« CPE ») « peut, avec l'approbation de la Réunion consultative du Traité sur l'Antarctique, créer des organes subsidiaires selon que de besoin » et que ces organes subsidiaires doivent fonctionner selon les dispositions du règlement intérieur du CPE, si elles sont applicables ;

Rappelant la Résolution 4 (2015) qui encourageait le CPE, à titre prioritaire, à initier la mise en œuvre du Programme de travail en réponse au changement climatique (« PTRCC ») ;

Prenant acte que lors de sa vingtième réunion, le CPE a demandé à la Réunion consultative du Traité sur l'Antarctique d'approuver la mise sur pied d'un groupe subsidiaires sur la réponse au changement climatique (« GSRCC ») chargé d'accompagner la mise en œuvre du PTRCC (cf. paragraphe 79 du rapport de la vingtième réunion du Comité pour la protection de l'environnement [XXᵉ CPE]) (Rapport du XXᵉ CPE) ;

Notant que le cadre dans lequel travaille le GSRCC, notamment son mandat, est décrit dans l'Annexe 2 jointe au Rapport du XXᵉ CPE ;

Décident d'approuver l'établissement par le Comité pour la protection de l'environnement (« CPE ») du groupe subsidiaire sur la réponse au changement climatique en tant qu'organe subsidiaire du CPE, conformément à l'article 10 du règlement intérieur révisé du Comité pour la protection de l'environnement jointe à la Décision 2 (2011).

Lignes directrices sur la procédure à suivre pour obtenir le statut des Parties consultatives

Les Représentants,

Reconnaissant la nécessité de disposer d'une procédure de consultation et d'évaluation actualisée dans l'éventualité où un autre État, ayant accédé au Traité sur l'Antarctique, notifie au Gouvernement dépositaire qu'il s'estime en droit de nommer des Représentants qui participeront aux Réunions consultatives du Traité sur l'Antarctique (« RCTA ») ;

Rappelant l'obligation qu'impose l'article X du Traité sur l'Antarctique de « prendre des mesures appropriées, compatibles avec la Charte des Nations Unies, en vue d'empêcher que personne n'entreprenne dans l'Antarctique aucune activité contraire aux principes ou aux intentions » du Traité sur l'Antarctique ;

Reconnaissant qu'une Partie contractante ayant adhéré au Traité sur l'Antarctique sera en droit de nommer des Représentants qui participeront aux Réunions consultatives du Traité sur l'Antarctique (RCTA), en vertu du paragraphe 2 de l'article IX du Traité sur l'Antarctique « tant que cette Partie contractante démontre l'intérêt qu'elle porte à l'Antarctique en y menant des activités substantielles de recherche scientifique, telles que l'établissement d'une station scientifique ou l'envoi d'une expédition scientifique » ;

Rappelant l'obligation stipulée au paragraphe 4 de l'article 22 du Protocole au Traité sur l'Antarctique relatif à la protection de l'environnement (« le Protocole ») de ne pas se prononcer sur une notification concernant le droit d'une Partie contractante au Traité sur l'Antarctique de nommer des Représentants qui participeront aux RCTA, à moins que cette Partie contractante n'ait d'abord ratifié, accepté, approuvé ce Protocole, ou qu'elle n'y ait adhéré ;

Soulignant qu'il est important que les Parties contractantes au Traité sur l'Antarctique sollicitant le statut de Partie consultative approuvent toutes les annexes au Protocole qui sont entrées en vigueur ;

Prenant en compte que la Décision 4 (2005), adoptée à la XXVIIIᵉ RCTA, et les Lignes directrices sur la notification relative au statut Consultatif adoptées à la XIVᵉ RCTA, doivent être actualisées ;

Décident que :

1. Une Partie contractante qui s'estime habilitée à nommer des représentants conformément au paragraphe 2 de l'article IX du Traité sur l'Antarctique en notifiera le gouvernement dépositaire du Traité sur l'Antarctique et fournira des informations sur ses activités en Antarctique, au plus tard 210 jours avant la Réunion consultative du Traité sur l'Antarctique (« RCTA ») au cours de laquelle la demande de reconnaissance du statut de Partie consultative sera examinée, en particulier tel que la RCTA le recommande dans la présente décision et son annexe. Le Gouvernement dépositaire devra transmettre sans délai la notification précitée pour information à l'ensemble des autres Parties consultatives.

2. Conformément à l'obligation que leur impose l'article X du Traité sur l'Antarctique, les Parties consultatives doivent examiner les informations fournies par la Partie contractante sur ses activités, peuvent engager une enquête appropriée (y compris exercer le droit d'inspection qui leur est conféré par l'article VII du Traité sur l'Antarctique) et peuvent, par le truchement du Gouvernement dépositaire, appeler cette Partie contractante à faire une déclaration d'intention en vue d'approuver des Recommandations et Mesures adoptées par la RCTA et ultérieurement approuvées par l'ensemble des Parties contractantes dont les Représentants étaient habilités à participer à ces réunions. Les Parties consultatives peuvent, par le truchement du Gouvernement dépositaire, inviter la Partie contractante à envisager l'approbation des autres Recommandations et Mesures.

3. Dans le cadre de la préparation de l'ordre du jour provisoire de la RCTA suivante conformément au Règlement intérieur de la RCTA, le Gouvernement chargé d'accueillir la prochaine RCTA inclura à cet ordre du jour provisoire un point relatif à l'examen de la notification.

4. Sur la base de toutes les informations dont elle dispose, la RCTA décidera d'accorder ou non le statut de Partie consultative à la Partie contractante

en question, conformément au paragraphe 2 de l'Article IX du Traité sur l'Antarctique et au paragraphe 4 de l'article 22 du Protocole au Traité sur l'Antarctique relatif à la Protection de l'environnement. Une Décision de la RCTA d'accorder le statut de Partie consultative doit être communiquée à la Partie contractante par le Gouvernement hôte.

5. Les *Lignes directrices sur la notification relative au statut de Partie consultative* figurent en annexe à cette Décision.

6. Les *Lignes directrices sur la notification relative au statut de Partie consultative* adoptées à la XIVᵉ RCTA et la Décision 4 (2005) sont remplacées par cette Décision et son annexe.

Lignes directrices sur la procédure à suivre pour obtenir le statut des Parties consultatives

Les Lignes directrices suivantes concernant la notification et la procédure à suivre relative au statut des Parties consultatives doivent être suivies par les Parties contractantes qui estiment être en droit de nommer des représentants aux Réunions consultatives du Traité sur l'Antarctique («RCTA») et par les Parties consultatives lors de la procédure et de l'évaluation par la RCTA des demandes :

a. La Partie contractante demandant le statut de Partie consultative (PCdSC) doit informer les Parties consultatives de son intention de demander la reconnaissance du statut de Partie consultative dès que possible avant la RCTA lors de laquelle la demande doit être examinée.

b. La PCdSC doit notifier officiellement le Gouvernement dépositaire et fournir les informations nécessaires au plus tard 210 jours avant la RCTA lors de laquelle sa demande doit être examinée.

c. Le dossier d'informations doit être transmis par la PCdSC par le biais du Gouvernement dépositaire dans au moins l'une des quatre langues officielles de la RCTA, avec un résumé analytique à faire traduire dans les quatre langues du Traité par les services de traduction du Secrétariat du Traité sur l'Antarctique dès sa réception.

d. Il est rappelé à la PCdSC qu'une Partie contractante ayant adhéré au Traité sur l'Antarctique sera en droit de nommer des Représentants qui participeront aux RCTA, en vertu du paragraphe 2 de l'article IX du Traité sur l'Antarctique «tant que cette Partie contractante démontre l'intérêt qu'elle porte à l'Antarctique en y menant des activités substantielles de recherche scientifique, telles que l'établissement d'une station scientifique ou l'envoi d'une expédition scientifique» et que ces exemples ne sont pas exhaustifs.

e. Le dossier d'informations de la PCdSC doit comporter une description de tous les programmes et activités scientifiques réalisés en Antarctique au cours des dix dernières années. Ceci pourrait inclure :

• une liste de publications liées à l'Antarctique, comprenant tant des articles de revues scientifiques révisés par des pairs que des documents adressés à des organes internationaux ;

• une liste de publications rédigées par des co-auteurs de plusieurs pays ;

• les références de citations de documents pertinents ayant obtenu un bon score dans un indice de citations scientifiques ;

• les références de données fournies par la PCdSC, en soulignant les données citées dans des publications ayant obtenu un bon score dans un indice de citations scientifiques et les données fournies à des programmes scientifiques et à des bases de données liés à l'Antarctique ;

- la création d'ensembles de données accessibles à la communauté scientifique ; et/ou

- des exemples de prix récompensant la recherche ou de reconnaissance formelle d'accomplissements.

f. La PCdSC doit aussi inclure toutes les informations exhaustives indiquant des contributions soutenues à la science. Ceci pourrait inclure :

- les programmes scientifiques en cours et prévus en Antarctique, notamment la participation à des groupes de recherche, programmes et organisations internationaux en Antarctique ;

- les détails et l'état des évaluations d'impacts sur l'environnement nécessaires en fonction des activités prévues en Antarctique ;

- les détails de ses installations de recherche et de ses ressources logistiques existantes ou planifiées soutenant ses activités de recherche en Antarctique ;

- la proportion de personnel scientifique et logistique en été et en hiver ;

- les objectifs de recherche et plans de recherche à long terme ; et/ou

- la nomination d'une autorité nationale compétente, conformément à l'article 1 de l'Annexe II du Protocole au Traité sur l'Antarctique relatif à la protection de l'environnement (« le Protocole »).

g. La PCdSC doit donner une description de l'ensemble de la planification, de la gestion et de l'exécution de ses programmes scientifiques et de ses activités de soutien logistique en Antarctique, conformément au Traité sur l'Antarctique et au Protocole. Ceci pourrait inclure :

- la façon dont les affaires antarctiques sont gérées au sein des structures de son gouvernement ;

- la législation nécessaire pour garantir le respect des dispositions contraignantes de la RCTA par les institutions nationales appropriées ;

- l'identification de toutes les autres institutions gouvernementales et non gouvernementales impliquées ; et/ou

- les investissements dédiés tant aux programmes scientifiques antarctiques qu'aux activités de soutien logistique.

h. La PCdSC doit fournir des détails quant à sa capacité à et à sa volonté de promouvoir la coopération internationale, conformément à l'article III du Traité sur l'Antarctique. Ceci pourrait inclure des informations sur :

- les arrangements ou accords coopératifs que la Partie peut avoir mis en place avec d'autres nations antarctiques pour faire progresser ses programmes antarctiques ;

- le nombre de scientifiques d'autres pays participant aux projets antarctiques (sur le terrain ou en laboratoire) ;
- le nombre de scientifiques de la PCdSC participant à une expédition sur le terrain organisée par une autre Partie ;
- la liste de projets internationaux conjoints dans lesquels la PCdSC est partenaire ; et/ou
- les mesures prises pour faciliter les inspections des observateurs désignés, conformément à l'article VII du Traité sur l'Antarctique et à l'article 14 du Protocole, de ses propres sites ou navires, ou de tout appui logistique fourni.

i. La PCdSC doit prendre acte de l'obligation pour les Parties consultatives, au titre de l'article 22(4) du Protocole, de ne pas statuer sur une notification concernant la reconnaissance du statut d'une Partie consultative à moins que la Partie contractante n'ait d'abord ratifié, accepté, approuvé, ou accédé au Protocole, et également approuvé toutes les annexes au Protocole entrées en vigueur.

j. La PCdSC doit déclarer son intention d'approuver les Recommandations et les Mesures adoptées à la RCTA et approuvées ensuite par toutes les Parties consultatives.

k. Lorsqu'une expédition scientifique est la seule ou la principale justification pour une demande de statut de Partie consultative, la PCdSC doit fournir des informations concernant le degré auquel l'expédition est autogérée et sous sa responsabilité, en utilisant ses propres actifs, ceux d'un prestataire de services, ou ceux d'une Partie consultative existante, mais organisés, financés et dirigés par la PCdSC.

l. La PCdSC doit noter que le fait que son autorité compétente devienne membre à part entière du Conseil des directeurs des Programmes antarctiques nationaux (« COMNAP ») sera considéré comme un indicateur positif de son engagement dans les questions opérationnelles en soutien à la science, et que le fait que son organisme scientifique pertinent devienne membre à part entière du Comité scientifique pour la recherche en Antarctique (« SCAR ») sera considéré comme un indicateur important de sa participation à la science antarctique.

m. La PCdSC devra télécharger toutes les données pertinentes dans le Système électronique d'échange d'informations (« SÉÉI ») du Traité sur l'Antarctique, y compris la section « Informations scientifiques ».

n. La PCdSC est encouragée à demander l'aide, le cas échéant, des autres Parties consultatives tout au long du processus visant à obtenir le statut de Partie consultative.

Mesures retirées

Les Représentants,

Rappelant la Décision 3 (2002), la Décision 1 (2007), la Décision 1 (2011), la Décision 1 (2012), la Décision 1 (2014) et la Décision 2 (2015), qui établissaient la liste de mesures[*] considérées comme dépassées ou caduques ;

Ayant examiné un certain nombre de mesures identifiées par le Secrétariat du Traité sur l'Antarctique comme ayant le statut de « pas encore en vigueur » ;

Reconnaissant que les mesures énumérées dans l'annexe à cette Décision sont caduques ou ont été dépassées par des mesures ultérieures adoptées par les Parties sur les mêmes sujets ;

Décident :

1. que les mesures répertoriées dans l'annexe à la présente Décision soient retirées ; et

2. de demander au Secrétariat du Traité sur l'Antarctique d'indiquer le texte des mesures figurant dans l'annexe à cette Décision sur son site internet en soulignant que ces mesures ne sont pas entrées en vigueur et ont été retirées.

---

[*] Les mesures précédemment adoptées en vertu de l'article IX du Traité sur l'Antarctique constituaient des Recommandations jusqu'à la XIXᵉ RCTA (1995), avant d'être réparties en Mesures, Décisions et Résolutions par la Décision 1 (1995).

Mesures retirées

Recommandation XV-2 (1989)

Recommandation XV-16 (1989)

Recommandation XVI-6 (1991)

Recommandation XVII-1 (1992)

Recommandation XVII-4 (1992)

Mesure 1 (2000)

Procédure de désignation des Présidents des groupes de travail de la Réunion consultative du Traité sur l'Antarctique

Les Représentants,

Rappelant que l'article 11 du Règlement intérieur révisé de la Réunion Consultative du Traité sur l'Antarctique annexé à la Décision 2 (2015) (« Règlement intérieur ») accorde à la Réunion consultative du Traité sur l'Antarctique (« RCTA ») le pouvoir d'établir des groupes de travail et de nommer les Présidents des groupes de travail ;

Notant que l'article 11 du Règlement intérieur ne fait pas mention des modalités pratiques pour la nomination des Présidents des groupes de travail ;

Rappelant que lors de la XXXIXe RCTA (2016), la Réunion a accepté d'élaborer des procédures régissant la nomination des Présidents des groupes de travail ;

Décident de sélectionner et nommer les Présidents des groupes de travail conformément à la procédure suivante :

1. Au moins 180 jours avant chaque Réunion consultative du Traité sur l'Antarctique (« RCTA »), le Secrétariat du Traité sur l'Antarctique (« le Secrétariat ») consultera tous les Présidents des groupes de travail nommés lors de la précédente réunion au sujet de leur disponibilité pour présider un groupe de travail, s'ils répondent aux critères d'éligibilité énoncés dans l'article 11 du Règlement intérieur révisé de la Réunion consultative du Traité sur l'Antarctique annexé à la Décision 2 (2015) (« le Règlement intérieur »).

2. Au moins 120 jours avant chaque RCTA, le Secrétariat publiera une circulaire pour :

   a) rappeler aux Parties consultatives les arrangements provisoires pour les groupes de travail, déterminés lors de la Réunion précédente, conformément à l'article 11 du Règlement intérieur, y compris :

i. les groupes de travail mis en place ;

ii. les Présidents des groupes de travail nommés ; et

iii. l'attribution provisoire de points de l'ordre du jour à chaque groupe de travail ;

et

b) informer les Parties consultatives :

i. de tout Président de groupe de travail nommé provisoirement ayant notifié qu'il n'est pas disponible pour remplir ce rôle lors ou au-delà de la prochaine réunion, ou qui n'est pas en droit de continuer de servir comme Président d'un groupe de travail au-delà de la prochaine réunion, conformément à l'article 11 ; et

ii. le nombre de réunions consécutives pour lesquelles d'autres Présidents de groupes de travail actuels ont servi comme Président du même groupe de travail et le nombre d'années pour lesquelles ils ont été nommés ;

et

c) si des postes sont susceptibles d'être vacants, appeler les Parties consultatives à soumettre des candidatures pour les postes de Présidents des groupes de travail au moins 60 jours avant la RCTA, précisant les exigences selon lesquelles chaque nomination doit :

i. se rapporter à un candidat avec des connaissances pratiques solides du système du Traité sur l'Antarctique, des pratiques de la RCTA et des questions à l'étude ;

ii. indiquer que le candidat bénéficie de l'appui de la Partie à laquelle il appartient pour remplir son rôle au moins pour la prochaine réunion et éventuellement jusqu'à quatre années consécutives, compte tenu des exigences selon lesquelles les Présidents des groupes de travail doivent participer et se préparer adéquatement pour les réunions annuelles et être disponibles pour diriger ou coordonner les activités pendant la période intersessions ; et

iii. indiquer le ou les domaines d'expertise pour lesquels le candidat est présenté, notant que la prochaine réunion peut décider d'établir des groupes de travail nouveaux ou différents.

3. Avant la RCTA, le Secrétariat publiera une autre circulaire résumant les résultats des appels à candidatures.

4. Lors de la RCTA, dans le cadre de l'ordre du jour portant sur l'élection des responsables et la création de groupes de travail, le Président de la RCTA :

   a) rappellera aux Parties consultatives la capacité d'établir des groupes de travail et de nommer les Présidents des groupes de travail, conformément à l'article 11 du Règlement intérieur de la RCTA ;

   b) confirmera les Présidents des groupes de travail nommés provisoirement à la fin de la Réunion précédente et leur disponibilité à remplir ce rôle pendant la Réunion actuelle ;

   c) si le Président d'un groupe de travail nommé provisoirement à la fin de la Réunion précédente n'est plus en mesure de remplir ce rôle, confirmera si des candidatures ont été reçues avant la Réunion ; et

   d) demandera la présentation de candidatures, et en présence d'une ou plusieurs candidatures pour le même poste, la procédure définie au paragraphe 5(c) à (f) s'appliquera ;

5. Lors de la RCTA, sous le point du jour traitant de l'organisation de la prochaine Réunion, les Parties consultatives utiliseront, autant que possible, la procédure suivante pour nommer le Président (et tout co-président, le cas échéant) pour tout groupe de travail à être provisoirement établi pour la Réunion suivante :

   a) le Président résumera la situation actuelle s'agissant de la disponibilité et de l'éligibilité des Présidents des groupes de travail actuels à présider à la prochaine RCTA, et décrira les autres déclarations d'intérêt et les candidatures reçues par le Secrétariat ;

   b) le Président demandera que les déclarations d'intérêt ou les candidatures lui soient transmises lors de la Réunion ;

   c) un quorum sera requis pour que l'élection soit valide ;

   d) chacune des Parties consultatives aura droit à un vote (à chaque tour de scrutin, si plusieurs tours sont nécessaires) ;

   e) le résultat de l'élection sera décidé à la majorité simple des Parties consultatives présentes et votantes ; et

f) lorsqu'il y a plus de deux candidats pour un poste de Président de groupe de travail, des tours de scrutin seront organisés, éliminant le candidat ayant obtenu le moins de voix à chaque tour.

6. Lors de la désignation des Présidents des groupes de travail, si cela est possible :

a) les mandats des Présidents des différents groupes de travail seront échelonnés pour assurer une certaine continuité pour le groupe des Présidents des groupes de travail à travers les RCTA ; et

b) lorsqu'il y a plusieurs Présidents pour les groupes de travail, ceux-ci ne seront pas des représentants de la même Partie, et les nominations offriront une diversité sexospécifique et géographique.

Rapport, programme et budget du Secrétariat

Les Représentants,

Rappelant la Mesure 1 (2003) relative à la création du Secrétariat du Traité sur l'Antarctique ;

Rappelant la Décision 2 (2012) sur la création du Groupe de contact intersessions à composition non limitée sur les questions financières, dont la présidence revient au prochain pays organisateur de la Réunion consultative du Traité sur l'Antarctique ;

Gardant à l'esprit le Règlement financier du Secrétariat, présenté en annexe de la Décision 4 (2003) ;

Décident :

1. d'approuver le Rapport financier vérifié pour 2015-2016, annexé à la présente Décision (Annexe 1) ;

2. de prendre note du Rapport 2016-2017 du Secrétariat, qui comprend le Rapport financier provisoire pour 2016-2017, annexé à la présente Décision (Annexe 2) ;

3. de prendre note du profil de budget prévisionnel quinquennal pour la période 2017-2018 à 2021-2022, et d'approuver le Programme du Secrétariat pour 2017-2018, qui comprend le budget pour l'exercice 2017-2018, annexé à la présente Décision (Annexe 3) ; et

4. d'inviter le pays hôte de la prochaine Réunion consultative du Traité sur l'Antarctique (« RCTA ») à prier le Secrétaire exécutif d'ouvrir le forum de la RCTA pour le Groupe de contact intersessions à composition non limitée sur les questions financières et de lui apporter l'assistance dont il aurait besoin.

Rapport financier certifié 2015-2016

*Présidence nationale
Conseil des administrateurs de la République
d'Argentine (Sindicatura General de la Nación,
SIGEN).*

ANNEXE 1

Rapport de l'auditeur

Au : Secrétaire
du Traité sur l'Antarctique
Maipu 757, 4° piso
N° fiscal (CUIT) 30-70892567-1
Sujet : XLe RCTA - XXe CPE Réunion consultative du Traité sur l'Antarctique, 2017 - Pékin, Chine

1. Rapport sur les états financiers

Nous avons audité les états financiers du Secrétariat du Traité sur l'Antarctique joints au présent rapport, lesquels comprennent : la situation des recettes et des dépenses, l'état de position financière, l'évolution des capitaux propres, les flux de trésorerie et les notes explicatives pour la période allant du 1er avril 2015 au 31 mars 2016.

2. Responsabilité de la direction pour les états financiers

Le Secrétariat du Traité sur l'Antarctique, créé conformément à la Loi argentine n° 25.888 du 14 mai 2004, est chargé de préparer et de présenter les états financiers figurant en annexe, conformément aux principes comptables fondés sur les opérations de trésorerie, et dans le respect des normes internationales de comptabilité et des normes spécifiques aux Réunions consultatives du Traité sur l'Antarctique. Cette responsabilité consiste en l'élaboration, la mise en œuvre et le maintien des dispositions relatives au contrôle interne de préparation et de présentation des états financiers, de telle sorte qu'ils ne soient pas sujets à caution pour cause de fraude ou d'erreur. La responsabilité implique également le choix et l'application de politiques comptables appropriées et l'élaboration d'une comptabilité prévisionnelle raisonnable pour les circonstances.

3. Responsabilité de l'auditeur

Notre responsabilité consiste à émettre une opinion sur lesdits états financiers en fonction de l'audit qui a été effectué.

L'audit a été réalisé conformément aux normes internationales d'audit et à l'Annexe à la Décision 3 (2012) de la XXXIe Réunion consultative du Traité sur l'Antarctique, laquelle décrit les tâches de l'audit externe. Lesdites normes requièrent le respect de règles éthiques ainsi que la planification et l'exécution de l'audit de manière à apporter la garantie raisonnable que les états financiers sont exempts d'anomalies significatives.

Un audit implique par ailleurs l'exécution de procédures dont le but est de réunir des preuves concernant les montants et les postes de transactions renseignés dans les états financiers. Les procédures choisies dépendent du bon jugement de l'auditeur et de l'évaluation de risques d'erreurs significatives dans les états financiers.

Dans le cadre d'une telle évaluation des risques, l'auditeur prend en compte le contrôle interne relatif à l'élaboration et à la présentation objective des états financiers réalisés par l'organisation, afin d'élaborer des procédures adaptées aux circonstances.

L'audit consiste en outre à évaluer le caractère approprié des principes comptables utilisés, à émettre une opinion quant au caractère raisonnable des estimations comptables effectuées par la direction, sans oublier l'évaluation de la présentation générale des états financiers.

Nous pensons que les preuves ainsi obtenues constituent une base suffisante pour émettre une opinion d'audit.

4.   Opinion

Selon notre appréciation, les états financiers du Secrétariat du Traité sur l'Antarctique figurant en annexe pour l'exercice clos le 31 mars 2016 ont été élaborés, dans tous les aspects significatifs, conformément aux normes internationales de comptabilité, aux normes spécifiques aux Réunions consultatives du Traité sur l'Antarctique et aux principes comptables fondés sur les opérations de trésorerie.

5.   Autres questions

Les informations sur la Note 1 des états financiers révèlent que ceux-ci ont été préparés par le Secrétariat du Traité sur l'Antarctique conformément aux dispositions de la réglementation financière annexée à la Décision 4 (2003), qui diffèrent, en termes d'évaluation spécifique et de critères de présentation, des normes de comptabilité applicables et en vigueur à Buenos Aires, République d'Argentine.

6.   Informations supplémentaires requises par la loi

Conformément à l'analyse présentée dans la section 3, nous rendons compte que les états financiers mentionnés ci-dessus émanent de registres qui ne sont pas transcrits sur des livres comptables en vertu des normes argentines en vigueur.

Nous rendons également compte que, selon la comptabilité au 31 mars 2016, les passifs accumulés pour le système unique de sécurité sociale d'Argentine en pesos argentins, et conformément aux calculs effectués par le Secrétariat, s'élevaient à 124 004,85 $ (14 059,51 dollars des États-Unis), somme qui était non due et non exigible en pesos argentins à cette date.

Il est à noter que les rapports de travail sont régis par le Statut du personnel du Secrétariat du Traité sur l'Antarctique.

Buenos Aires, 27 avril 2017

Conseil des administrateurs de la République
d'Argentine (Sindicatura General de la Nación,
SIGEN).

[signature]
Horacio Canaveri
Comptable agrée (U.M.)

1. État des recettes et des dépenses de tous les fonds pour la période allant du 1er avril 2015 au 31 mars 2016, comparativement à l'année précédente.

	31/03/2015	Budget 31/03/2015	31/03/2016
RECETTES			
Cotisations (Note 10)	1.379.710	1.378.097	1.378.099
Autres recettes (Note 2)	6.162	1.000	13.956
Recettes totales	1.385.872	1.379.097	1.392.055
DÉPENSES			
Salaires et traitements	677.760	706.570	692.454
Services de traduction et d'interprétation	294.318	340.000	304.821
Frais de déplacement et de séjour	104.207	99.000	92.238
Technologies de l'information	33.224	47.815	39.259
Impression, édition, reprographie	18.910	24.850	23.963
Services généraux	73.382	49.447	53.818
Communications	15.254	20.685	20.827
Frais de bureau	12.471	26.110	25.772
Frais administratifs	8.582	16.315	7.101
Frais de représentation	4.267	4.000	4.154
Autre	0	0	0
Financement	7.986	11.393	2.251
Total des dépenses	1.250.361	1.346.185	1.266.656
Dotation des fonds			
Fonds d'indemnisation pour licenciement du p	30.314	32.912	32.988
Fonds de remplacement du personnel	0	0	0
Fonds de roulement	6.685	0	0
Fonds de réserve	0	0	0
Total dotation de fonds	36.999	32.912	32.988
Frais & dotations totaux	1.287.360	1.379.097	1.299.644
(Déficit) / Excédent pour la période	98.512	0	92.412

Ce tableau doit être lu de concert avec les **NOTES 1 à 10 ci-dessous.**

2. État de la situation financière au 31 mars 2016, comparativement à l'année précédente

ACTIFS	31/03/2015	31/03/2016
Actifs à court terme		
Trésorerie et équivalents de trésorerie (Note 3)	1.057.170	1.227.598
Cotisations dues (Note 9 et 10)	196.163	136.317
Autres créances (Note 4)	39.306	44.805
Autres actifs à court terme (Note 5)	146.017	65.550
Total actifs à court terme	1.438.656	1.474.271
Actifs immobilisés		
Actifs immobilisés (Note 1.3 et 6)	109.434	100.459
Total des actifs immobilisés	109.434	100.459
Total actifs	1.548.090	1.574.730

PASSIF		
Passif à court terme		
Créance (Note 7)	30.461	17.163
Cotisations versées à l'avance (Note 10)	467.986	347.173
Fonds volontaire spécial pour objectifs spécifiques (Note 1.9)	13.372	14.516
Salaires et contributions à verser (Note 8)	30.163	73.345
Total du passif à court terme	541.983	452.197
Passif immobilisé		
Fonds d'indemnisation pour licenciement du personnel (Note 1.4)	207.194	240.181
Fonds de remplacement du personnel (note 1.5)	50.000	50.000
Fonds pour risques et charges (note 1.7)	30.000	30.000
Fonds de remplacement des actifs immobilisés (note 1.8)	43.137	34.163
Total passif immobilisé	330.332	354.344
Total passif	872.314	806.541
ACTIFS NETS	675.776	768.189

Ce tableau doit être lu de concert avec les NOTES 1 à 10 ci-dessous.

3. État de l'évolution de l'actif net au 31 mars 2015 et 2016

Représenté par	Actifs nets 31/03/2015	Recettes	Dépenses et Crédit	Autres Recettes	Actifs nets 31/03/2016
Fonds général	445.824	1.378.099	(1.299.644)	13.956	538.237
Cotisations dues (Note 9)	0	0			0
Fonds de roulement (Note 1.6)	229.952		0		229.952
Actifs nets	675.776				768.189

Ce tableau doit être lu de concert avec les NOTES 1 à 10 ci-dessous.

4 Tableau des flux de trésorerie pour la période allant du 1er avril 2015 au 31 mars 2016, comparativement à l'année précédente

Flux des espèces et quasi-espèces		31/03/2016	31/03/2015
Espèces et quasi-espèces au début de l'exercice	1.057.170		
Espèces et quasi-espèces en fin d'exercice	1.227.598		
Augmentation nette en espèces et quasi-espèces		170.428	(174.633)
Causes des flux des espèces et quasi-espèces			
Activités de fonctionnement			
Cotisations versées	969.959		
Paiement de salaires et traitements	(681.184)		
Paiement des services de traduction	(243.109)		
Paiement de voyage, hébergement, etc.	(69.052)		
Paiement pour impression, édition, reprographie	(23.963)		
Paiement des services généraux	(55.625)		
Autres paiements aux fournisseurs	(54.523)		
Net des espèces et quasi-espèces résultant de l'activité d'exploitation		(157.497)	(585.302)
Activités d'investissement			
Acquisition d'actifs immobilisés	(38.362)		
Fonds spécial volontaire	0		
Net des espèces et quasi-espèces résultant de l'activité d'investissement		(38.362)	(35.719)
Activités de financement			
Cotisations versées à l'avance	347.173		
Recouvrement Art. 5.6 du Statut du personnel	159.060		
Paiement Art. 5.6 du Statut du personnel	(162.397)		
Pré paiement bail net	34.050		
Remboursement net de AFIP	(24.132)		
Recettes accessoires	13.793		
Net des espèces et quasi-espèces résultant des activités de financement		367.546	454.379
Activités en devises étrangères			
Perte nette	(1.260)		
Net des espèces et quasi-espèces résultant des activités en devises étrangères		(1.260)	(7.991)
Augmentation nette en espèces et quasi-espèces		170.428	(174.633)

Ce tableau doit être lu de concert avec les NOTES 1 à 10 ci-dessous.

NOTES AFFÉRENTES AUX ÉTATS FINANCIERS AU 31 MARS 2015 et 2016

1 BASE POUR L'ÉLABORATION DES ÉTATS FINANCIERS

Ces états financiers sont exprimés en dollars des États-Unis, conformément aux lignes directrices
établies dans le Règlement financier, annexe à la Décision 4 (2003). Ces états financiers ont été élaborés
conformément aux normes internationales d'information financière (IFRS), publiées par le Conseil international des normes comptables
(IASB).

1,1 Coût historique

Ces états financiers ont été élaborés conformément à la convention du coût historique, sauf autre disposition expressément mentionnée.

1,2 Frais de bureau :

Les bureaux du Secrétariat sont fournis par le Ministère des affaires étrangères, du commerce extérieur et du culte de la République argentine.
Ces locaux sont exemptés de loyer et de charges communes.

1,3 Actifs immobilisés

Tous les biens sont estimés selon leur coût historique, moins l'amortissement cumulé. La dépréciation est calculée suivant le mode linéaire
au taux annuel estimé pour amortir les actifs sur leur durée de vie attendue. La valeur résiduelle globale des
actifs immobilisés n'excède pas leur valeur d'usage.

1,4 Fonds d'indemnisation pour licenciement du personnel d'encadrement

Conformément à l'article 10.4 du règlement du personnel, ce fonds doit être suffisamment financé pour compenser
du personnel de direction à hauteur d'un mois de salaire de référence par année de service.

1,5 Fonds de remplacement du personnel

Ce fonds sert à couvrir les frais de déplacement du personnel de direction à destination et en provenance du Secrétariat.

1,6 Fonds de roulement

Conformément à l'alinéa a) du paragraphe 2 de l'article 6 du règlement financier, le fonds a été fixé à un sixième (1/6) du budget de l'exercice.

1,7 Fonds de réserve

Conformément à la Décision 4 (2009), ce fonds a été créé pour couvrir les frais de traduction provenant
l'augmentation inattendue du volume des documents déposés auprès de la RCTA à des fins de traduction.

1,8 Fonds de remplacement des actifs immobilisés

Conformément aux normes IAS, les actifs dont la durée de vie utile s'étend au-delà d'un exercice doivent être renseignés comme actif dans
l'état de la situation financière Jusqu'en mars 2010, ces actifs faisaient l'objet d'un ajustement au niveau du fonds général. A compter d'avril 2010,
la contrepartie doit être présentée comme passif sous cette rubrique.

1,9 Fonds spécial volontaire pour des objectifs spécifiques

Art. 82 du rapport final de la XXXVᵉ RCTA, concernant la réception de contributions volontaires par les Parties. Le Fonds de contributions
volontaires se réfère à l'argent pour payer les loyers de location et les dépenses communes pour l'exercice financier.

NOTES AFFÉRENTES AUX ÉTATS FINANCIERS AU 31 MARS 2015 et 2016

	31/03/2015	31/03/2016
2 Autres revenus		
Intérêts perçus	6.162	13.810
Escomptes obtenus	0	146
Total	6.162	13.956
3 Trésorerie et équivalents de trésorerie		
Trésorerie en dollars des États-Unis	61	965
Trésorerie en pesos argentins	480	63
Compte spécial à la BNA en dollars	539.324	611.910
Compte à la BNA en pesos argentins	17.077	34.327
Investissements	500.170	580.334
Total	1.057.112	1.227.598
4 Autres créances		
Statut du personnel, Art. 5.6	39.306	44.805
5 Autres actifs courants		
Paiements anticipés	86.992	8.848
Crédit de TVA	54.250	51.995
Autres créances à recouvrer	4.776	4.706
Total	146.017	65.550
6 Actifs immobilisés		
Livres et abonnements	8.667	10.406
Matériel de bureau	37.234	37.234
Mobilier	45.466	49.818
Matériel informatique et logiciels	120.262	135.452
Coût initial total	211.629	232.910
Amortissements	(102.195)	(132.451)
Total	109.434	100.459
7 Comptes payables		
Commerce	8.670	5.022
Charges engagées	18.287	11.991
Autres	3.504	150
Total	30.461	17.163
8 Salaires et cotisations à verser		
Rémunération	9.274	38.774
Cotisations	20.889	34.579
Total	30.163	73.353

9 Cotisations non perçues

À la fin de chaque année, il y a des cotisations non réglées. Cela implique que le
Fonds général est augmenté d'un montant égal aux cotisations non réglées. Conformément au
paragraphe 3 de l'article 6 du règlement financier : «... Notifier les Parties consultatives de tout excédent de trésorerie
dans le Fonds général », 136 317 $ doivent être déduits pour l'exercice terminé le 31 mars 2016.
Cette déduction s'élevait à 196 613 $ dans l'exercice précédent.

NOTES AFFÉRENTES AUX ÉTATS FINANCIERS AU 31 MARS 2015 et 2016

10 Cotisations dues, engagées, versées ou reçues à l'avance

Cotisations Parties	Dues 31/03/2015	Engagées	Annulées $	Dues 31/03/2016	Prépayées 31/03/2016
Argentine		60.347	60.347	0	0
Australie	25	60.347	60.347	25	60.347
Belgique	50	40.021	40.021	50	0
Brésil	40.268	40.021	40.053	40.236	0
Bulgarie		33.923	33.923	0	33.923
République tchèque		40.021	40.021	0	0
Chili		46.119	46.119	0	0
Chine	25	46.119	46.119	25	0
Équateur	34.039	33.923	67.962	0	0
Finlande		40.021	40.021	0	40.001
France		60.347	60.347	0	0
Allemagne	11	52.217	52.217	11	0
Inde	112	46.119	46.156	75	0
Italie		52.217	52.192	25	0
Japon		60.347	60.347	0	0
Corée		40.021	40.021	0	0
Pays-Bas		46.119	46.119	0	46.119
Nouvelle-Zélande	25	60.347	60.392	-20	60.342
Norvège	60	60.347	60.347	60	0
Pérou	1.087	33.923	33.848	1.162	0
Pologne		40.021	40.021	0	0
Russie		46.119	46.119	0	46.119
Afrique du Sud		46.119	46.119	0	0
Espagne	25	46.119	46.144	0	0
Suède	30	46.119	46.149	0	0
Ukraine	80.220	40.021	25.635	94.606	0
Royaume-Uni		60.347	60.347	0	60.322
États-Unis d'Amérique	25	60.347	60.347	25	0
Uruguay	40.160	40.021	80.115	66	0
Total	196.162	1.378.099	1.437.915	136.346	347.173

Dr Manfred Reinke
Secrétaire exécutif

Roberto A. Fennell
Fonctionnaire des finances

Rapport financier provisoire 2016-2017

Estimation des recettes et des dépenses pour tous les fonds pour la période du 1er avril 2016 au 31 mars 2017

POSTES BUDGÉTAIRES	États financiers révisés 2015-2016	Budget 2016-2017	États financiers provisoires 2016-2017
RECETTES			
CONTRIBUTIONS annoncées	$ -1.378.099	$ -1.378.097	$ -1.378.097
*) Autres recettes	$ -12.466	$ -55.207	$ -58.827
Recettes totales	$ -1.390.565	$ -1.433.304	$ -1.436.924
DÉPENSES			
SALAIRES			
Cadres	$ 331.679	$ 336.376	$ 336.376
Personnel général	$ 329.957	$ 336.801	$ 329.047
Personnel de soutien à la RCTA	$ 16.398	$ 18.092	$ 18.810
Stagiaires	$ 1.867	$ 9.600	$ 2.313
Heures supplémentaires	$ 12.552	$ 16.000	$ 13.615
	$ 692.454	$ 716.869	$ 700.162
TRADUCTION ET INTERPRÉTATION			
Traduction et interprétation	$ 304.821	$ 326.326	$ 302.260
DÉPLACEMENTS			
Déplacements	$ 92.238	$ 99.000	$ 73.701
TECHNOLOGIES DE L'INFORMATION			
Matériel informatique	$ 13.019	$ 11.000	$ 8.140
Logiciels	$ 2.287	$ 9.000	$ 2.193
Développement	$ 14.123	$ 21.500	$ 21.136
Assistance	$ 7.242	$ 9.500	$ 8.067
	$ 39.259	$ 53.000	$ 39.536
IMPRESSION, ÉDITION ET REPRODUCTION			
Rapport final	$ 18.273	$ 18.386	$ 14.435
Compilation	$ 0	$ 3.412	$ 2.373
Lignes directrices pour les visites de sites	$ 5.689	$ 3.396	$ 0
	$ 23.963	$ 25.194	$ 16.809
SERVICES GÉNÉRAUX			
Conseil juridique	$ 2.008	$ 3.500	$ 1.126
Audit externe	$ 9.294	$ 10.815	$ 9.163
*) Services de rapporteur		$ 53.207	$ 53.207
Nettoyage, entretien et sécurité	$ 8.713	$ 15.000	$ 9.091
Formation	$ 4.357	$ 6.500	$ 2.774
Opérations bancaires	$ 5.254	$ 6.489	$ 6.342
Location de matériel	$ 2.543	$ 3.245	$ 2.503
	$ 32.169	$ 98.756	$ 84.205
COMMUNICATION			
Téléphone	$ 7.251	$ 7.000	$ 5.046
Internet	$ 2.956	$ 3.000	$ 2.533
Hébergement Internet	$ 7.975	$ 8.500	$ 7.288
Affranchissement	$ 2.645	$ 2.704	$ 1.180
	$ 20.827	$ 21.204	$ 16.047

	États financiers révisés 2015-2016	Budget 2016-2017	États financiers provisoires 2016-2017
BUREAU			
Fournitures de bureau	$ 4.273	$ 4.650	$ 5.689
Livres et abonnements	$ 3.079	$ 3.245	$ 984
Assurance	$ 3.216	$ 4.200	$ 3.388
Mobilier	$ 4.535	$ 4.565	$ 97
Matériel de bureau	$ 21.650	$ 4.326	$ 1.321
Amélioration du bureau	$ 10.669	$ 2.704	$ 5.503
	$ **47.422**	$ **23.690**	$ **16.982**
ADMINISTRATION			
Fournitures de bureau	$ 2.582	$ 4.867	$ 2.648
Transport local	$ 351	$ 865	$ 377
Divers	$ 3.036	$ 4.326	$ 2.567
Fournisseurs (Énergie)	$ 1.132	$ 11.897	$ 2.994
	$ **7.101**	$ **21.955**	$ **8.585**
REPRÉSENTATION			
Représentants	$ **4.154**	$ **4.000**	$ **3.646**
FINANCEMENT			
Pertes de change	$ **-536**	$ **11.893**	$ **10.691**
SOUS-TOTAL DES DOTATIO	$ **1.263.870**	$ **1.401.887**	$ **1.272.625**
ALLOCATION AUX FONDS			
Fonds de réserve pour la traduction	$ 0	$ 0	$ 0
Fonds de remplacement du personnel	$ 0	$ 0	$ 0
Fonds de licenciement du personnel	$ 32.988	$ 31.417	$ 31.417
Fonds de roulement	$ 0	$ 0	$ 0
	$ **32.988**	$ **31.417**	$ **31.417**
TOTAL DES DOTATIONS	$ **1.296.858**	$ **1.433.304**	$ **1.304.041**
**) Contributions non acquittées	$ **0**	$ **0**	$ **49.165**
SOLDE	$ **93.707**	$ **0**	$ **83.717**
Synthèse des fonds			
Fonds de réserve pour la traduction	$ 30.000	$ 30.000	$ 30.000
Fonds de remplacement du personnel	$ 50.000	$ 50.000	$ 50.000
Fonds de licenciement du personnel	$ 240.182	$ 271.518	$ 271.599
***) Fonds de roulement	$ 229.952	$ 229.952	$ 229.952

* Le Chili a remboursé les frais engagés pour les rapporteurs sous forme de contribution spéciale

**

Contributions non acquittées au 31 mars 2016

Montant maximum requis
*** Fonds de roulement (Reg. fin. 6.2) $ 229.683 $ 229.683 $ 229.683

Programme 2017-2018 du Secrétariat

Introduction

Le présent programme de travail présente les activités proposées au Secrétariat pour l'exercice 2017-2018 (du 1ᵉʳ avril 2017 au 31 mars 2018). Les domaines d'activité principaux du Secrétariat sont abordés dans les quatre premières parties, qui sont suivies d'une section sur la gestion et d'une prévision de programme pour l'exercice 2018-2019.

Le budget de l'exercice 2017-2018, le budget prévisionnel de l'exercice 2018-2019 et le barème des contributions et la grille des salaires qui les accompagnent sont inclus dans les appendices.

Le programme et les chiffres du budget 2017-2018 qui l'accompagnent se fondent sur le budget prévisionnel pour l'exercice 2017-2018 (Décision 3 (2016), Annexe 3, Appendice 1).

Le programme est axé sur les activités régulières, comme les préparatifs de la XLᵉ et de la XLIᵉ RCTA, la publication des Rapports finaux et les diverses tâches spécifiques attribuées au Secrétariat en vertu de la Mesure 1 (2003).

Table des matières :

1. Soutien à la RCTA/au CPE

2. Technologie de l'information

3. Documentation

4. Informations publiques

5. Gestion

6. Programme prévisionnel pour l'exercice financier 2018-2019 et l'exercice financier 2019-2020

- Appendice 1 : Rapport prévisionnel de l'exercice financier 2016-2017, budget prévisionnel de l'exercice financier 2017-2018, budget de l'exercice financier 2017-2018, budget prévisionnel de l'exercice financier 2018-2019

- Appendice 2 : Barème des contributions pour l'exercice financier 2018-2019

- Appendice 3 : Grille des salaires

1. Soutien à la RCTA/au CPE

XLᵉ RCTA

Le Secrétariat soutiendra la XLᵉ RCTA en recueillant et en assemblant les documents de réunion et en les publiant dans une section réservée sur le site internet du Secrétariat. Le Secrétariat fournira également, au moyen d'une clé USB distribuée à tous les délégués, une application qui permettra de consulter tous les documents en mode hors-ligne et de les synchroniser automatiquement avec les dernières mises à jour de la base de données en ligne. La section Délégués permettra aux délégués de s'inscrire en ligne et de télécharger une liste mise à jour des délégués.

Le Secrétariat apportera son soutien aux activités de la RCTA, par la production des documents du Secrétariat, d'un Manuel pour les délégués et des résumés des documents destinés à la RCTA, au CPE et aux groupes de travail de la RCTA.

Le Secrétariat gèrera les services de traduction et d'interprétation. Il est responsable de l'organisation des prestations de traduction en phases pré-session, en session et post-session de la RCTA. Il demeure en contact avec le fournisseur de services d'interprétation, ONCALL.

Le Secrétariat organisera les services de prise de notes en coopération avec le secrétariat du pays hôte et se chargera de la compilation et de l'édition des rapports du CPE et de la RCTA, qui doivent être adoptés durant les dernières réunions en session plénière.

XLIe RCTA

Le Secrétariat du pays hôte, l'Équateur, et le Secrétariat du Traité sur l'Antarctique prépareront conjointement la XLIe RCTA qui se tiendra en Équateur, vraisemblablement en mai ou juin 2018.

Coordination et contact

Outre le maintien d'un contact régulier avec les Parties et les institutions internationales du système du Traité sur l'Antarctique par courriel, téléphone ou tout autre moyen à sa disposition, le Secrétariat profite de sa présence aux différentes réunions, pour renforcer sa coordination et sa communication.

Les déplacements à prévoir sont les suivants :

- XXIXe Assemblée générale annuelle du COMNAP (AGA), à Brno, en République tchèque, du 31 juillet au 02 août 2017. Sa présence lors de la réunion lui permettra de renforcer ses liens et sa collaboration avec le COMNAP.

- CCAMLR à Hobart, en Australie, du 16 au 27 octobre 2017. La réunion de la CCAMLR, qui intervient à mi-chemin entre deux RCTA, permet au Secrétariat d'informer les représentants de la RCTA, pour la plupart présents à la CCAMLR, des évolutions dans les travaux qu'il a entrepris. Les contacts avec le Secrétariat de la CCAMLR revêtent également une certaine importance pour le Secrétariat du Traité sur l'Antarctique puisqu'une grande partie de ses réglementations sont inspirées de celles du Secrétariat de la CCAMLR.

- Réunions de coordination en Équateur en sa qualité de pays hôte de la XLIe RCTA, vraisemblablement en octobre 2017 et mars 2018.

Soutien aux activités intersessions

Ces dernières années, le CPE et la RCTA ont produit un volume substantiel de travail en période intersessions, principalement par le biais des Groupes de contact intersessions (GCI). Le Secrétariat apportera un soutien technique à la mise en ligne des GCI convenus lors de la XLe RCTA et du XXe CPE, et à la production de documents spécifiques en cas de requête émise par la RCTA et le CPE.

Le Secrétariat mettra à jour son site Internet en y ajoutant les mesures adoptées par la RCTA, accompagnées des informations produites par le CPE et la RCTA.

Impression

Le Secrétariat traduira, publiera et distribuera le Rapport final de la XLe RCTA et ses annexes dans les quatre langues officielles du Traité, conformément aux procédures de soumission, de traduction et de distribution des documents de la RCTA et du CPE. Le texte du Rapport final sera publié sur le site du Secrétariat et imprimé sur support papier. Le texte intégral du Rapport final sera disponible sous la forme d'un ouvrage (en deux volumes) auprès de détaillants en ligne et en version électronique.

2. Technologie de l'information

Échange d'informations et Système électronique d'échange d'information
Le Secrétariat continuera d'aider les Parties à publier leurs documents d'échange d'informations et à traiter les informations mises en ligne en recourant à la fonctionnalité Mise en ligne de fichiers.

Le Secrétariat continuera de prodiguer ses conseils lors des discussions en cours relatives au Plan stratégique pluriannuel de la RCTA sur la révision des conditions d'échanges d'informations et du SEEI, et procèdera aux modifications, améliorations et ajouts que ces discussions pourraient susciter.

Base de données des responsables à contacter

Le Secrétariat prévoit la publication de la nouvelle version de cette base de données. Il s'agit d'une refonte complète avec une sécurité renforcée et l'introduction de nouvelles technologies visant à rendre son interface plus intuitive et plus accessible sur divers appareils.

En outre, des procédures internes améliorées pour la gestion des contacts et des communications, au moyen notamment de la conception d'un logiciel adéquat, seront mises en œuvre.

Développement du site Internet du Secrétariat
L'amélioration du site Internet se poursuivra pour le rendre plus concis, plus ergonomique et donner une plus grande visibilité aux pages et aux informations les plus pertinentes.

3. Documentation

Documents de la RCTA

Le Secrétariat poursuivra ses efforts d'archivage de Rapports finaux et de documents émanant de la RTCA et d'autres réunions du Traité sur l'Antarctique, dans les quatre langues officielles du Traité. La contribution des Parties, invitées à rechercher leurs documents, sera essentielle pour conserver une archive exhaustive au Secrétariat. Le projet se poursuivra au long de l'exercice financier 2017-2018. Une liste détaillée et exhaustive des documents manquants dans notre base de données est accessible à toutes les délégations souhaitant collaborer.

Glossaire

Le Secrétariat va continuer d'élaborer son glossaire des termes et des expressions de la RCTA afin de produire une nomenclature dans les quatre langues officielles du Traité. Il continuera ensuite d'améliorer la mise en œuvre du serveur de vocabulaire contrôlé électroniquement pour gérer, publier et partager les ontologies, thésaurus et listes de la RCTA.

Base de données du Traité sur l'Antarctique

La base de données contenant les recommandations, mesures, décisions et résolutions de la RCTA est à ce jour complète en anglais, et quasiment complète en espagnol et en français, même si le Secrétariat déplore encore l'absence de plusieurs exemplaires de Rapports finaux dans ces langues. Davantage de Rapports finaux manquent en langue russe.

4. Informations publiques

Le Secrétariat et son site Internet continueront d'exercer la fonction de centre de diffusion d'informations sur les activités des Parties et sur les évolutions significatives intervenant en Antarctique.

5. Gestion

Personnel

Au 1er avril 2017, le personnel du Secrétariat se composait comme suit :

Personnel de direction

Dénomination	Poste	Depuis	Rang	Échelon	Mandat
Manfred Reinke	Secrétaire exécutif	1-09-2009	E1	8	31-08-2017
José María Acero	Secrétaire exécutif adjoint	1-01-2005	E3	13	31-12-2018

Personnel général

Dénomination	Poste	Depuis	Rang	Échelon	Mandat
José Luis Agraz	Fonctionnaire chargé de l'information	1-11-2004	G1	6	
Diego Wydler	Fonctionnaire chargé des TIC	1-02-2006	G1	6	
Roberto Alan Fennell	Comptable (à temps partiel)	1-12-2008	G2	6	
Pablo Wainschenker	Rédacteur	1-02-2006	G2	3	
Violeta Antinarelli	Bibliothécaire (à temps partiel)	1-04-2007	G3	6	

Anna Balok	Spécialiste en communication (à temps partiel)	1-10-2010	G4	2
Viviana Collado	Chef de bureau	15-11-2012	G4	2
Margarita Tolaba	Agent de propreté (à temps partiel)	1-07-2015	G7	2

La XXXIXe RCTA a décidé de nommer un nouveau Secrétaire exécutif lors de la XLe RCTA conformément à la Décision 4 (2016) Le Secrétariat a reçu six candidatures, immédiatement soumises aux Parties. Une candidature a été retirée par une Partie le 12 décembre 2016. Une autre candidature a été retirée en avril 2017. Le Secrétariat soutiendra la RCTA dans l'exécution de la procédure de sélection adoptée.

Le Secrétariat va inviter des stagiaires internationaux issus des Parties dans le cadre d'un stage auprès du Secrétariat. Le Secrétariat a également invité l'Équateur, qui accueillera la XLIe RCTA, à envoyer l'un des membres de son équipe organisatrice pour un stage à Buenos Aires.

Questions financières

Le budget de l'exercice financier 2017-2018 et le budget prévisionnel de l'exercice financier 2018-2019 sont présentés à l'Appendice 1.

Salaires

Le coût de la vie a continué d'augmenter de manière significative en Argentine durant l'année 2016. En raison d'un changement de méthode dans le calcul de l'augmentation des coûts (indice des prix à la consommation, IPC) par l'Institut national de statistique et de recensement (INDEC) d'Argentine, les dernières données statistiques pour l'année 2016 ne sont pas encore disponibles. Des publications d'autres sources (sociétés privées, publication de l'IPC par le Congrès argentin) estiment le taux d'inflation à 40 % environ. Tenant compte de la dévaluation du Peso argentin de 18,2 % par rapport au dollar des États-Unis, de l'augmentation des salaires de la fonction publique en Peso argentin de 32,6 %, et des répercussions de la dévaluation du Peso argentin en 2015, le Secrétaire exécutif propose d'accorder une augmentation de six pour cent (6 %) au personnel général afin de compenser l'augmentation du coût de la vie. Le personnel exécutif ne bénéficiera d'aucune augmentation.

L'Article 5.10 du Statut du personnel prévoit la compensation des membres du personnel général lorsqu'ils doivent travailler plus de 40 heures en une semaine. Les heures supplémentaires sont nécessaires durant les réunions de la RCTA.

À la fin de son contrat, le Secrétaire exécutif sortant, le Dr Manfred Reinke, peut prétendre aux compensations pour cessation de service conformément à l'Article 10.4 du Statut du personnel. La XXXIIIe RCTA, à Punta de l'Este en 2010, *« a convenu que l'Article 10.4 s'appliquait à toutes les cessations de service des cadres, en tenant dûment compte des mises en garde stipulées à l'Article 10 »* (Rapport final de la XXXIIIe RCTA, p.35, para. 100.)

Fonds

Fonds de roulement

Conformément à l'alinéa (a) de l'article 6.2 du Règlement financier, le fonds de roulement doit être maintenu à 1/6e du budget du Secrétariat (229 952 USD) au cours des prochaines années. Les contributions des Parties servent de base au calcul du taux du fonds de roulement.

Fonds de licenciement du personnel

Conformément à l'Article 10.4 du Statut du personnel, le Secrétaire exécutif sortant va recevoir 127 438 USD provenant du fonds de licenciement du personnel, conformément à l'Article 10.4 du Statut du Personnel de la RCTA. Le fonds de licenciement du personnel sera crédité de 29 986 USD, conformément à l'Article 10.4 du Statut du Personnel de la RCTA. (Appendice 1 du SP 5 : Rapport provisoire 2016-2017, Prévisions 2017-2018, Budget 2017-2018, Prévisions 2018-2019).

Fonds de remplacement du personnel

50 000 USD provenant du surplus fonds général ont été réalloués aux « revenus » pour couvrir les frais de transfert des Secrétaires exécutifs sortant et entrant (Appendice 1 du SP 5 : Rapport provisoire 2016-2017, Prévisions 2017-2018, Budget 2017-2018, Prévisions 2018-2019). Le fonds de remplacement du personnel est maintenu, avec 50 000 USD (Décision 1 (2006), Annexe 3, Appendice 1 : Budget 2006-2007, Budget prévisionnel 2007-2008 et allocation des ressources).

Fonds général

Au 31 mars 2017, l'excédent de trésorerie s'élevait à 621 954 USD. Les contributions restantes s'élèvent à 49 125 USD. 50 000 USD provenant du fonds général seront réalloués aux « revenus » en 2017 pour couvrir les frais de transfert des Secrétaires exécutifs sortant et entrant, et 25 000 USD pour le Sous-Secrétaire exécutif entrant. Le montant du fonds général est estimé à 621 119 USD pour le 31 mars 2018.

Informations additionnelles sur le projet de budget de l'exercice financier 2017-2018

Le gouvernement chinois et le Secrétariat sont convenus que le Secrétariat contracterait les rapporteurs internationaux pour la XLᵉ RCTA et que le gouvernement chinois rembourserait les coûts encourus.

La répartition des fonds sur les différentes lignes de crédit se conforme à la proposition formulée l'année dernière. Quelques ajustements mineurs ont été apportés en fonction des dépenses prévues pour l'exercice financier 2017-2018.

L'Appendice 1 présente le budget des Parties pour l'exercice financier 2017-2018. La grille des salaires est présentée à l'Appendice 3.

Contributions pour l'exercice financier 2018-2019

Les contributions pour l'exercice financier 2018-2019 ne seront pas augmentées.

L'Appendice 2 présente les contributions des Parties pour l'exercice financier 2018-2019.

6. Programme prévisionnel pour l'exercice financier 2018-2019 et l'exercice financier 2019-2020

La plupart des activités actuelles du Secrétariat se poursuivront au cours des exercices financiers 2018-2019 et 2019-2020 et, à moins que le programme ne subisse de profonds changements, aucune modification de poste du personnel n'est prévue pour les prochaines années.

Appendice 1

SP 5 Annexe 1 rév 2 : Rapport provisoire 2016-2017, Prévisions 2017-2018, Budget 2017-2018, Prévisions 2018-2019

Rapport provisoire 2016-2017, Prévisions 2017-2018,
Budget 2017-2018 et Prévisions 2018-2019

POSTES BUDGÉTAIRES	États financiers provisoires 2016 -2017 *)		Prévisions 2017-2018		Budget 2017-2018		Prévisions 2018-2019
RECETTES							
CONTRIBUTIONS annoncées	$	-1.378.097	$	-1.378.097	$	-1.378.097	$ -1.378.097
**)Contributions volontaires	$	-53.207					
***)du Fonds général					$	-50.000	$ -25.000
****)du Fonds de licenciement du personnel					$	-127.438	$ -175.281
Placements à intérêt	$	-5.620	$	-2.000	$	-3.000	$ -3.000
Recettes totales	$	-1.436.924	$	-1.380.097	$	-1.558.535	$ -1.581.378
DÉPENSES							
SALAIRES							
Directeurs	$	336.376	$	326.636	$	326.636	$ 313.333
Licenciement du personnel					$	127.438	$ 175.281
Remplacement du personnel					$	50.000	$ 25.000
Etat-major général	$	329.047	$	345.666	$	362.892	$ 372.992
Personnel de soutien à la RCTA	$	18.810	$	18.092	$	21.160	$ 21.160
Stagiaire	$	2.313	$	9.600	$	9.600	$ 9.600
Dépassement horaire	$	13.615	$	16.000	$	16.000	$ 16.000
	$	700.162	$	715.994	$	913.726	$ 933.366
TRADUCTION ET INTERPRÉTATION							
Traduction et interprétation	$	302.260	$	331.518	$	316.388	$ 334.967
DÉPLACEMENTS							
Voyages	$	73.701	$	99.000	$	103.000	$ 91.000
TECHNOLOGIES DE L'INFORMATION							
Matériel informatique	$	8.140	$	11.000	$	10.000	$ 10.000
Logiciel	$	2.193	$	3.500	$	6.000	$ 3.000
Développement	$	21.136	$	21.500	$	22.000	$ 22.500
Maintenance du matériel informatique et des	$	1.620	$	2.040	$	2.250	$ 2.250
Aide	$	6.447	$	10.000	$	7.500	$ 7.750
	$	39.536	$	48.040	$	47.750	$ 45.500
IMPRESSION, ÉDITION ET REPRODUCTION							
Rapport final	$	14.435	$	18.937	$	20.000	$ 20.100
Compilation	$	2.373	$	3.271	$	2.500	$ 2.512
Lignes directrices pour les sites	$	0	$	3.497	$	3.205	$ 3.221
	$	16.809	$	25.705	$	25.705	$ 25.833
SERVICES GÉNÉRAUX							
Conseil juridique	$	1.126	$	3.605	$	3.000	$ 3.060
**)Services de rapporteur	$	53.207					
Audit externe	$	9.163	$	11.139	$	11.139	$ 11.362
Nettoyage, entretien et sécurité	$	9.091	$	16.480	$	11.000	$ 11.220
Formation	$	2.774	$	7.298	$	8.000	$ 8.160
Opérations bancaires	$	6.342	$	6.683	$	9.983	$ 10.183
Location de matériel	$	2.503	$	3.342	$	3.042	$ 3.103
	$	84.205	$	48.547	$	46.164	$ 47.087
COMMUNICATION							
Téléphone	$	5.046	$	7.210	$	7.210	$ 7.354
Internet	$	2.533	$	3.000	$	2.500	$ 2.550
Hébergement Internet	$	7.288	$	8.500	$	8.500	$ 8.670
Affranchissement	$	1.180	$	2.785	$	2.785	$ 2.841
	$	16.047	$	21.495	$	20.995	$ 21.415

	États financiers provisoires 2016-2017	Prévisions 2017-2018	Budget 2017-2018	Prévisions 2018-2019
BUREAU				
Fournitures de bureau	$ 5.689	$ 4.789	$ 4.789	$ 4.885
Livres et abonnements	$ 964	$ 3.342	$ 3.342	$ 3.409
Assurance	$ 3.388	$ 4.326	$ 4.326	$ 4.413
Mobilier	$ 97	$ 1.255	$ 1.255	$ 1.280
Matériel de bureau	$ 1.321	$ 4.455	$ 4.455	$ 4.544
Amélioration du bureau	$ 5.503	$ 2.785	$ 2.785	$ 2.841
	$ 11.479	$ 20.952	$ 20.952	$ 21.371
ADMINISTRATION				
Fournitures de bureau	$ 2.648	$ 5.013	$ 5.013	$ 5.113
Transport local	$ 377	$ 890	$ 890	$ 908
Divers	$ 2.567	$ 4.455	$ 4.455	$ 4.544
Fournisseurs (Énergie)	$ 2.994	$ 12.253	$ 7.262	$ 7.407
	$ 8.585	$ 22.611	$ 17.620	$ 17.972
REPRÉSENTATION				
Représentation	$ 3.646	$ 4.000	$ 4.000	$ 4.000
FINANCEMENT				
Pertes de change	$ 10.691	$ 12.249	$ 12.249	$ 12.494
SOUS-TOTAL DES DOTATIONS	$ 1.272.625	$ 1.350.111	$ 1.528.549	$ 1.555.006
ALLOCATION AU FONDS				
Fonds de réserve pour la traduction	$ 0	$ 0	$ 0	$ 0
Fonds de remplacement du personnel	$ 0	$ 0	$ 0	$ 0
Fonds de licenciement du personnel	$ 31.417	$ 29.986	$ 29.986	$ 26.372
Fonds de roulement	$ 0	$ 0	$ 0	$ 0
	$ 31.417	$ 29.986	$ 29.986	$ 26.372
TOTAL DES POSTES OUVERTS	$ 1.304.041	$ 1.380.097	$ 1.558.535	$ 1.581.379
*****) **Contributions non acquittées**	$ 49.165	$ 0	$ 0	$ 0
SOLDE	$ 83.717	$ 0	$ 0	$ 0
Synthèse des fonds				
Fonds de réserve pour la traduction	$ 30.000	$ 30.000	$ 30.000	$ 30.000
Fonds de remplacement du personnel	$ 50.000	$ 50.000	$ 50.000	$ 50.000
Fonds de licenciement du personnel	$ 271.599	$ 174.065	$ 174.065	$ 25.156
******) Fonds de roulement	$ 229.952	$ 229.952	$ 229.952	$ 229.952
Fonds général (Reg. Fin. 6.3)	$ 621.954	$ 671.119	$ 621.119	$ 596.120

. Rapport provisoire au 31 mars 2016

** Services de rapporteur contractés par le Secrétariat et remboursés par le pays hôte de la XXXIXe RCTA.

*** Coûts de cessation (Réglementations du personnel 9.6 (b) et 10.6 (b)) pour les Secrétaires de direction en 2017 et le Secrétaire de direction adjoint en 2018 pris du Fonds général

**** Compensation du licenciement du personnel (Réglementation du personnel 10.4 et rapport final de la XXXIIIe RCTA paragraphe 100) pour les secrétaires de direction en 2017 et le secrétaire exécutif adjoint en 2018

***** Contributions non acquittées au 31 mars 2017

****** Montant maximum requis Fonds de roulement (Reg. fin. 6.2) $ 229.683 $ 229.683 $ 229.683 $ 229.683

Appendice 2

Barème des contributions 2018-2019

2018-2019	Cat.	Mult.	Variable	Fixe	Total
Argentine	A	3,6	$ 36.587	$ 23.760	$ 60.347
Australie	A	3,6	$ 36.587	$ 23.760	$ 60.347
Belgique	D	1,6	$ 16.261	$ 23.760	$ 40.021
Brésil	D	1,6	$ 16.261	$ 23.760	$ 40.021
Bulgarie	E	1	$ 10.163	$ 23.760	$ 33.923
Chili	C	2,2	$ 22.359	$ 23.760	$ 46.119
Chine	C	2,2	$ 22.359	$ 23.760	$ 46.119
République Tchèque	D	1,6	$ 16.261	$ 23.760	$ 40.021
Équateur	E	1	$ 10.163	$ 23.760	$ 33.923
Finlande	D	1,6	$ 16.261	$ 23.760	$ 40.021
France	A	3,6	$ 36.587	$ 23.760	$ 60.347
Allemagne	B	2,8	$ 28.456	$ 23.760	$ 52.216
Inde	C	2,2	$ 22.359	$ 23.760	$ 46.119
Italie	B	2,8	$ 28.456	$ 23.760	$ 52.216
Japon	A	3,6	$ 36.587	$ 23.760	$ 60.347
République de Corée	D	1,6	$ 16.261	$ 23.760	$ 40.021
Pays-Bas	C	2,2	$ 22.359	$ 23.760	$ 46.119
Nouvelle-Zélande	A	3,6	$ 36.587	$ 23.760	$ 60.347
Norvège	A	3,6	$ 36.587	$ 23.760	$ 60.347
Pérou	E	1	$ 10.163	$ 23.760	$ 33.923
Pologne	D	1,6	$ 16.261	$ 23.760	$ 40.021
Fédération de Russie	C	2,2	$ 22.359	$ 23.760	$ 46.119
Afrique du Sud	C	2,2	$ 22.359	$ 23.760	$ 46.119
Espagne	C	2,2	$ 22.359	$ 23.760	$ 46.119
Suède	C	2,2	$ 22.359	$ 23.760	$ 46.119
Ukraine	D	1,6	$ 16.261	$ 23.760	$ 40.021
Royaume-Uni	A	3,6	$ 36.587	$ 23.760	$ 60.347
États-Unis d'Amérique	A	3,6	$ 36.587	$ 23.760	$ 60.347
Uruguay	D	1,6	$ 16.261	$ 23.760	$ 40.021
Budget					**$1.378.097**

SP 5 Annexe 3 : Grille des salaires
Grille des salaires 2017-2018

Tableau A
GRILLE SALARIALE - PERSONNEL DE DIRECTION
(USD)

2017-2018 Classe		ÉCHELONS														
		I	II	III	IV	V	VI	VII	VIII	IX	X	XI	XII	XIII	XIV	XV
E1	A	$135.302	$137.819	$140.337	$142.855	$145.373	$147.890	$150.407	$152.926							
E1	B	$169.127	$172.274	$175.421	$178.569	$181.716	$184.863	$188.009	$191.158							
E2	A	$113.932	$116.075	$118.218	$120.359	$122.501	$124.642	$126.783	$128.926	$131.069	$133.211	$135.352	$135.595	$137.709		
E2	B	$142.415	$145.093	$147.772	$150.449	$153.126	$155.802	$158.479	$161.158	$163.837	$166.513	$169.190	$169.494	$172.136		
E3	A	$95.007	$97.073	$99.140	$101.207	$103.275	$105.341	$107.408	$109.476	$111.542	$113.608	$115.675	$116.915	$118.154	$120.193	$122.231
E3	B	$118.758	$121.341	$123.925	$126.509	$129.094	$131.676	$134.260	$136.845	$139.427	$142.010	$144.594	$146.143	$147.693	$150.242	$152.788
E4	A	$78.779	$80.693	$82.609	$84.518	$86.435	$88.347	$90.257	$92.174	$94.089	$96.000	$97.915	$98.448	$100.336	$102.223	$104.110
E4	B	$98.474	$100.866	$103.262	$105.648	$108.044	$110.434	$112.822	$115.217	$117.611	$119.999	$122.393	$123.060	$125.419	$127.778	$130.137
E5	A	$65.315	$67.029	$68.739	$70.452	$72.162	$73.873	$75.586	$77.293	$79.007	$80.719	$82.427	$82.981			
E5	B	$81.644	$83.786	$85.924	$88.065	$90.203	$92.342	$94.482	$96.617	$98.759	$100.899	$103.034	$103.726			
E6	A	$51.706	$53.351	$54.994	$56.641	$58.284	$59.928	$61.575	$63.219	$64.862	$65.862	$66.508				
E6	B	$64.632	$66.689	$68.742	$70.801	$72.855	$74.910	$76.969	$79.024	$81.078	$82.328	$83.135				

Note : La ligne B, correspond à la rémunération de base (ligne A) plus un montant additionnel de 25 % pour les frais indirects (caisse de retraite et primes d'assurance, primes d'installation et de rapatriement, indemnités pour frais d'études, etc.) et représente le montant total du traitement auquel a droit le personnel de direction conformément à l'article 5.

Tableau B
GRILLE SALARIALE - PERSONNEL SERVICES GÉNÉRAUX
(USD)

Classe	ÉCHELONS														
	I	II	III	IV	V	VI	VII	VIII	IX	X	XI	XII	XIII	XIV	XV
G1	$64.788	$67.810	$70.834	$73.856	$77.006	$80.291									
G2	$53.990	$56.508	$59.028	$61.546	$64.172	$66.909									
G3	$44.990	$47.089	$49.189	$51.288	$53.477	$55.760									
G4	$37.493	$39.242	$40.991	$42.741	$44.564	$46.466									
G5	$30.972	$32.419	$33.863	$35.310	$36.818	$38.391									
G6	$25.388	$26.571	$27.756	$28.941	$30.177	$31.465									
G7	$12.724	$13.317	$13.911	$14.505	$15.124	$15.770									

Nomination du Secrétaire exécutif

Les Représentants,

Rappelant l'article 3 de la Mesure 1 (2003) relative à la nomination d'un Secrétaire exécutif à la tête du Secrétariat du Traité sur l'Antarctique ;

Rappelant la Décision 2 (2013), par laquelle le Dr. Manfred Reinke a été reconduit au poste de Secrétaire exécutif du Secrétariat du Traité sur l'Antarctique pour un mandat de quatre ans à partir du 1er septembre 2013 ;

Rappelant la Décision 4 (2016) relative à la procédure de sélection et de nomination du Secrétaire exécutif du Secrétariat du Traité sur l'Antarctique ;

Rappelant l'article 6.1 du Statut du personnel du Secrétariat du Traité sur l'Antarctique, en annexe à la Décision 3 (2003) ;

Décident :

1. que M. Albert Lluberas Bonaba est nommé en qualité de Secrétaire exécutif du Secrétariat du Traité sur l'Antarctique pour un mandat de quatre ans, conformément aux clauses et conditions décrites dans la lettre du président de la XLe Réunion consultative du Traité sur l'Antarctique, qui figure en annexe à la présente décision ; et

2. qu'il prendra ses fonctions à compter du 1er septembre 2017.

Lettres

M. Albert Lluberas Bonaba

Secrétaire général de l'Institut antarctique uruguayen

MONTEVIDEO

Uruguay

Cher Monsieur Lluberas Bonaba,

Nomination au poste de Secrétaire exécutif

En ma qualité de Président de la XLe Réunion consultative du Traité sur l'Antarctique (« RCTA ») et conformément à la Décision X (2017) de cette même réunion, j'ai le plaisir de vous nommer au poste de Secrétaire Exécutif du Secrétariat du Traité sur l'Antarctique (« le Secrétariat »).

Les conditions et modalités de votre nomination sont spécifiées ci-dessous. Si vous acceptez cette offre, veuillez signer la copie ci-jointe de cette lettre et me la renvoyer.

Conditions et modalités de nomination

1. En acceptant votre nomination, vous vous engagez à vous acquitter fidèlement de votre charge et à vous conduire avec à l'esprit les seuls intérêts de la Réunion consultative du Traité sur l'Antarctique. La lettre d'acceptation du poste de Secrétaire exécutif comporte une déclaration écrite par laquelle vous reconnaissez connaître et accepter les conditions définies au Statut du personnel pour le Secrétariat du Traité sur l'Antarctique, annexé à la Décision 3 (2003) (« Statut du personnel ») ainsi que toute modification susceptible d'y être ponctuellement apportée. En particulier, votre acceptation du poste vous engage à :

- adhérer fidèlement aux articles 2.6 et 2.7 du Statut du personnel relatifs à tout emploi extérieur et aux intérêts commerciaux/financiers respectivement ;

- vous acquitter des responsabilités liées à la nomination, la direction et l'encadrement du personnel en vertu de l'article 3 (2) de la Mesure 1 (2003) conformément à l'article 6.2 du Statut du personnel ainsi que des critères d'efficacité, de compétence et d'intégrité figurant à l'article 2.3 du Statut du personnel, et notamment afin d'éviter ne serait-ce que l'apparence d'irrégularité ou de népotisme ;

- vous conformer aux normes de conduite éthique les plus élevées en observant toutes les réglementations et politiques de l'organisation et en veillant à ce que toutes les décisions et les actions du Secrétariat s'inspirent des critères d'efficacité, de compétence et d'intégrité figurant à l'article 2.3 du Statut du personnel ;

- éviter ne serait-ce que l'apparence d'un conflit d'intérêts ; et

- superviser les ressources confiées au Secrétariat de manière responsable, notamment à travers une utilisation efficace et transparente des ressources financières conformément au Règlement financier du Secrétariat du Traité sur l'Antarctique, en annexe à la Décision 4 (2003) (« Règlement financier »).

2. Il incombe au Secrétaire exécutif de nommer, de diriger et d'encadrer les autres membres du personnel et de veiller à ce que le Secrétariat s'acquitte des fonctions définies à l'article 2 de la Mesure 1 (2003).

3. Conformément à la Décision X (2017), votre date d'entrée en fonction est fixée au 1ᵉʳ septembre 2017.

4. Votre mandat est d'une durée de quatre ans, renouvelable une fois pour un second mandat de quatre ans, sous réserve de l'accord de la RCTA.

5. Votre poste relève de la catégorie des cadres supérieurs. Votre salaire de départ est fixé à la classe E1B, échelon 1, de l'appendice A du Statut du personnel, tel que modifié.

6. Le traitement susvisé comprend la rémunération de base (classe E1A, échelon I, appendice A) plus un montant additionnel de 25% au titre des frais indirects (caisse de retraite, assurances, primes d'installation et de rapatriement, indemnités pour frais d'études, etc.) et constitue le traitement total visé à l'article 5.1 du Statut du personnel. Des indemnités de voyage et de réinstallation vous seront en outre versées conformément à l'article 9 du Statut du personnel.

7. La RCTA peut résilier votre nomination sur préavis écrit d'au moins trois mois, conformément aux dispositions de l'article 10.3 du Statut du personnel. Vous- pouvez démissionner à tout moment en fournissant un préavis écrit de trois mois ou d'une durée moindre approuvée par la RCTA.

Je vous souhaite plein succès dans ce rôle.

Salutations distinguées,

{signature}

NOM ET TITRE

Président de la XLᵉ Réunion consultative du Traité sur l'Antarctique

Je soussigné, Albert Lluberas Bonaba, déclare par la présente accepter la nomination présentée dans cette lettre ainsi que les conditions qui y sont spécifiées, et déclare en outre connaître et accepter les dispositions énoncées au Statut du personnel ainsi que toute modification susceptible d'y être ponctuellement apportée.

M. Albert Lluberas Bonaba

Signature :

Date :

Mme Susana Malcorra

Ministre des Affaires étrangères et du Culte

République d'Argentine

Buenos Aires

Monsieur le Ministre Malcorra,

Je m'adresse à vous en qualité de Président de la XLe Réunion consultative du Traité sur l'Antarctique (« RCTA »), en vertu de l'article 21 de l'Accord de siège du Secrétariat du Traité sur l'Antarctique, annexé à la Mesure 1 (2003), de la lettre de la République argentine au Président de la XXVIe Réunion consultative du Traité sur l'Antarctique en date du 16 juin 2003, et de la notification faite par la République argentine au Gouvernement dépositaire le 19 mai 2004.

Conformément aux dispositions de l'article 21 tel que provisoirement appliqué, j'ai l'honneur par la présente de notifier le Gouvernement de la République argentine de la nomination par la XLe Réunion consultative du Traité sur l'Antarctique de M. Albert Lluberas Bonaba au poste de Secrétaire exécutif pour un mandat de quatre ans, à compter du 1er septembre 2017.

Je vous prie de bien vouloir agréer l'expression de ma très haute considération.

Salutations distinguées,

{signature}

NOM ET TITRE

Président de la XLe Réunion consultative du Traité sur l'Antarctique

Plan de travail stratégique pluriannuel pour la Réunion consultative du Traité sur l'Antarctique

Les Représentants,

Réaffirmant les valeurs, les objectifs et les principes repris dans le Traité sur l'Antarctique et son Protocole relatif à la protection de l'environnement ;

Rappelant la Décision 3 (2012) sur le Plan de travail stratégique pluriannuel (« le Plan ») et ses principes ;

Gardant à l'esprit que le Plan est complémentaire à l'ordre du jour de la Réunion consultative du Traité sur l'Antarctique (« RCTA ») et que les Parties et les autres participants à la RCTA sont invités à contribuer normalement aux autres questions inscrites à l'ordre du jour de la RCTA ;

Décident :

1. d'adopter le Plan qui figure en annexe à la présente Décision ; et

2. que le plan en annexe à la Décision 6 (2016) est caduc.

Plan de travail stratégique pluriannuel de la RCTA

	Priorité	XLᵉ RCTA (2017)	Intersession	XLIᵉ RCTA (2018)	Intersession	XLIIᵉ RCTA (2019)	XLIIIᵉ RCTA (2020)
1.	Effectuer un examen complet des exigences actuelles relatives à l'échange d'informations et au fonctionnement du Système électronique d'échange d'informations, et identifier les exigences supplémentaires.	• Examen du fonctionnement du SÉÉI par le GT1.	• Coopération du STA avec le COMNAP en vue de réduire le dédoublement et d'augmenter la compatibilité entre leurs bases de données. • Poursuite du perfectionnement du SÉÉI par le STA, notamment en ce qui concerne la traduction de l'interface du site internet dans les quatre langues du Traité.	• Examen du fonctionnement du SÉÉI par le GT1.			
2.	Envisager une démarche coordonnée pour impliquer les États non parties dont les ressortissants ou les avoirs sont actifs en Antarctique et les États qui sont Parties mais qui n'ont pas encore ratifié le Protocole.	• Identification et sensibilisation par la RCTA d'États non parties ayant des nationaux actifs en Antarctique.		• Identification et sensibilisation par la RCTA d'États non parties ayant des nationaux actifs en Antarctique.			
3.	Contribuer à des activités d'éducation et de sensibilisation coordonnées aux niveaux national et international du point de vue du Traité sur l'Antarctique.	• Examen du rapport du GCI sur l'éducation et la sensibilisation par le GT1.	• GCI sur l'éducation et la sensibilisation	• Examen du rapport du GCI sur l'éducation et la sensibilisation par le GT1.			
4.	Échanger sur et discuter des priorités scientifiques stratégiques afin d'identifier et de saisir les occasions de collaboration et de renforcement de capacités scientifiques, et plus particulièrement dans le domaine des changements climatiques.	• Le GT2 rassemble et compare les priorités stratégiques scientifiques en vue d'identifier les occasions de coopération.	• Poursuivre les débats intersessions informels sur les priorités stratégiques scientifiques.	• Examiner les conclusions des discussions intersessions portant sur les priorités stratégiques scientifiques.			

	Priorité	XLe RCTA (2017)	Intersession	XLIe RCTA (2018)	Intersession	XLIIe RCTA (2019)	XLIIIe RCTA (2020)
5.	Améliorer l'efficacité de la coopération entre les Parties (p. ex. inspections conjointes, projets scientifiques communs et appui logistique partagé) et la participation efficace aux réunions (p. ex., examen de méthodes de travail efficaces pendant les réunions).	• Le GT2 examine le compte rendu du GCI sur les inspections conjointes.	• Poursuivre les consultations informelles sur les inspections conjointes.	• Examiner les conclusions des consultations informelles portant sur les inspections conjointes.			
6.	Renforcement de la coopération entre le CPE et la RCTA.	• La RCTA examine les questions soulevées par le rapport du CPE lors des XXXIXe et XLe RCTA. • La RCTA reçoit les avis du CPE nécessitant des mesures de suivi.					
7.	Entrée en vigueur de l'Annexe VI et poursuite de la collecte d'informations relatives à la réparation et à la réhabilitation des dégâts causés à l'environnement et à d'autres questions pertinentes pour documenter les négociations futures sur la responsabilité.	• La RCTA évalue l'état d'avancement de l'entrée en vigueur de l'Annexe VI en vertu de l'article IX du Traité sur l'Antarctique, ainsi que les éventuelles actions nécessaires et propices à encourager les Parties à approuver l'Annexe VI en temps voulu.	• [Le STA établira une page Internet sur le site Internet du STA qui comportera les informations relatives à la transposition de l'Annexe VI dans les législations nationales, volontairement fournies par les Parties et accessibles aux Parties].	• La RCTA évalue l'état d'avancement de l'entrée en vigueur de l'Annexe VI en vertu de l'article IX du Traité sur l'Antarctique, ainsi que les éventuelles actions nécessaires et propices à encourager les Parties à approuver l'Annexe VI en temps voulu.			• [La RCTA prend une décision en 2020 sur la mise en place d'un calendrier pour la reprise des négociations relatives à la responsabilité, conformément à l'article 16 du Protocole relatif à la protection de l'environnement, ou plus tôt si les Parties le décident au vu de l'état d'avancement vers l'approbation de la Mesure 1 (2005) – voir la Décision 5 (2015)].
8.	Évaluer les progrès du CPE dans ses travaux permanents visant à définir les meilleures pratiques, améliorer et développer les outils de protection de l'environnement, y compris les procédures d'évaluation d'impact sur l'environnement.	• Le GT1 étudie les avis du CPE et discute des considérations politiques découlant de l'examen des Lignes directrices pour l'évaluation d'impact sur l'environnement (ÉIE).		• Le GT1 approfondit l'examen des questions soulevées dans la section 8b du Rapport du XXe CPE.		• Le GT1 étudie les avis du CPE et examine les considérations politiques découlant de la révision de l'évaluation d'impact sur l'environnement.	

	Priorité	XLᵉ RCTA (2017)	Intersession	XLIᵉ RCTA (2018)	Intersession	XLIIᵉ RCTA (2019)	XLIIIᵉ RCTA (2020)
8 bis.	Collecte et utilisation de matériel biologique en Antarctique.			• Le GT1 discute de la collecte et de l'utilisation de matériel biologique en Antarctique.			
9.	Prendre en considération les recommandations de la Réunion d'experts du Traité sur l'Antarctique sur les implications des changements climatiques dans la gestion et la gouvernance en Antarctique (CPE-ICG).	• Examen par le GT2 des Recommandations 4 à 6. • Le GT2 examine les conclusions de l'atelier conjoint SC-CCAMLR et CPE.	• Les Parties intéressées prépareront les discussions sur les recommandations en suspens de la RETA sur les conséquences du changement climatique (2010).	• Convenir d'une façon de traiter les recommandations en suspens de la RETA sur les conséquences du changement climatique (2010).		• Donner suite aux recommandations relatives au traitement des recommandations en suspens de la RETA sur les conséquences du changement climatique (2010).	
10.	Débattre de la mise en œuvre du Programme de travail en réponse au changement climatique (PTRCC).	• Le GT2 examine le compte rendu annuel du CPE sur la mise en œuvre du PTRCC.		• Le GT2 examine le compte rendu annuel du CPE sur la mise en œuvre du PTRCC.		• Le GT2 examine le compte rendu annuel du CPE sur la mise en œuvre du PTRCC.	
11.	Modernisation des stations antarctiques dans un contexte de changement climatique.	• Discussion du GT2 sur l'échange d'informations et l'avis du COMNAP.		• Discussion du GT2 sur l'échange d'informations et l'avis du COMNAP.			
12.	Examen et discussion sur les questions liées à l'intensification de l'activité aéronautique en Antarctique et évaluation de l'éventuel besoin d'actions complémentaires.		• Demande d'informations sur l'aviation en Antarctique adressée à l'OACI par le Secrétariat, l'invitant à participer à la XLIᵉ RCTA. • Demande adressée au COMNAP et à l'IAATO de fournir une vue d'ensemble de l'activité aéronautique et de la présenter à la XLIᵉ RCTA pour éclairer la discussion.	• Discussion du GT2 de la XLIᵉ RCTA consacrée à l'activité aéronautique, notamment au trafic aérien non gouvernemental et aux UAV/RPA en Antarctique. • Examen par le GT2 de la XLIᵉ RCTA des avis de l'OACI sur les questions de sécurité aérienne.	• La réunion sollicitera des avis pour répondre aux risques et aux autres questions identifiés lors des discussions de la XLIᵉ RCTA.		
12 bis.	Prendre acte du Code international de sécurité pour les navires opérant dans les eaux polaires ; poursuivre le renforcement de la coopération entre opérateurs maritimes antarctiques ; prendre en compte les évolutions survenues à l'OMI.		• Contact du Secrétariat avec l'OMI pour définir l'intérêt prioritaire de la RCTA en matière de sécurité maritime et l'inviter à présenter une mise à jour et à participer à la XLIᵉ RCTA.	• Prise en considération par le GT2 des évolutions à l'OMI et discussion d'autres questions de sécurité maritime.		• Échange de points de vue sur les expériences nationales relatives à l'autorisation d'activités de navires en Antarctique, suite à l'entrée en vigueur du Code polaire.	

	Priorité	XLe RCTA (2017)	Intersession	XLIe RCTA (2018)	Intersession	XLIIe RCTA (2019)	XLIIIe RCTA (2020)
13.	Relevés carto-graphiques en Antarctique.		• Préparation par l'OHI, en consultation avec le STA et le pays hôte, d'un séminaire sur l'état et l'impact de l'hydrographie dans les eaux antarctiques à l'occasion de la XLIe RCTA.	• Séminaire de la RCTA consacré à l'hydrographie en Antarctique, avec une présentation de l'OHI.			
14.	Examen et évalua-tion des actions supplémentaires éventuellement nécessaires en matière de gestion des zones et des infrastructures permanentes liées au tourisme et aux questions liées au tourisme terrestre et d'aventure. Réponse aux re-commandations de l'étude sur le tourisme du CPE.	• Examen d'un rapport du Secré-tariat sur l'état d'avancement par rapport à la Recommandation 1 de l'étude de 2012 du CPE sur le tourisme.		• Présentation d'un rapport provisoire du SCAR et de l'IAATO sur l'état d'avancement du programme de conservation systématique de la péninsule antarctique. • Discussion des pistes d'élaboration d'une méthodolo-gie de surveillance harmonisée pour la gestion de sites. • Discussion des propositions relatives au besoin éventuel d'actions supplémentaires en matière de gestion de zones. • Confronter les avancées réalisées au regard des recommandations émises dans l'étude sur le tourisme du CPE.	• Donner suite aux conclusions relatives à l'étude sur le tourisme du CPE.		
15.	Élaborer une ap-proche stratégique de l'écotourisme et des activités non œuvernementales en Antarctique.	• Examen par le GT2 de la mise à jour du Secrétariat. • Élaborer une vision stratégique pour les activités touristiques et non gouver-nementales en Antarctique.	• Poursuivre les discussions en vue de préparer la XLIe RCTA.	• Discussion sur les actions spécifiques permettant d'op-timiser la mise en œuvre des Princi-pes généraux de 2009 du tourisme en Antarctique.			
16.	Surveillance des sites destinés aux visiteurs.			• Analyse des progrès du CPE réalisés sur les Recommandations 3 et 7 de l'étude sur le tourisme du CPE.			

NOTE : Les groupes de travail de la RCTA mentionnés ci-dessus ne sont pas permanents. Ils sont établis par consensus au début de chaque Réunion consultative du Traité sur l'Antarctique.

3. Résolutions

Lignes directrices pour les désignations en Zone gérée spéciale de l'Antarctique (ZGSA)

Les Représentants,

Constatant que l'article 4 de l'Annexe V du Protocole au Traité sur l'Antarctique relatif à la protection de l'environnement (« le Protocole ») prévoit la désignation de Zones gérées spéciales de l'Antarctique (« ZGSA ») pour « faciliter la planification et la coordination des activités, éviter d'éventuels conflits, améliorer la coopération entre les Parties et réduire au minimum les répercussions sur l'environnement » ;

Rappelant les obligations stipulées dans les articles 5 et 6 de l'Annexe V du Protocole relatives à la préparation et la révision des Plans de gestion pour les Zones spécialement protégées de l'Antarctique et les ZGSA ;

Constatant que le Guide pour l'élaboration des Plans de gestion des Zones spécialement protégées de l'Antarctique (Résolution 2 [2011]) et les Lignes directrices pour l'application du Cadre pour les Zones protégées prévus à l'article 3 de l'Annexe V du Protocole relatif à la protection de l'environnement (Résolution 1 [2000]) ont été élaborés afin de soutenir les Parties dans leur travail, mené conformément avec l'Annexe V ;

Reconnaissant l'importance de disposer également de lignes directrices pour aider les Parties dans l'évaluation de ZGSA éventuelles et dans l'élaboration de Plans de gestion pour ces zones ;

Constatant le travail du Comité pour la protection de l'environnement dans l'élaboration de ces lignes directrices ;

Reconnaissant que des lignes directrices sont facultatives ;

Recommandent à leurs gouvernements que:

1. les lignes directrices relatives à l'évaluation d'une zone en vue d'une désignation éventuelle en Zone gérée spéciale de l'Antarctique, qui figure en annexe à la présente Résolution (Annexe A) soient utilisées par ceux qui se chargeront de l'évaluation d'une zone en vue d'une désignation éventuelle en Zone gérée spéciale de l'Antarctique (« ZGSA ») ; et

2. le Guide de préparation des Plans de gestion pour les Zones gérées spéciales de l'Antarctique, joint en annexe à la présente Résolution (Annexe B) soit utilisé par ceux qui prennent part à la préparation ou à la révision des Plans de gestion pour les ZGSA.

Lignes directrices pour l'évaluation d'une zone candidate à une désignation ZGSA

Introduction

L'objectif du présent document est d'offrir conseils et soutien à tout promoteur potentiel pour la procédure visant à évaluer et à déterminer si, pourquoi et comment une zone mérite d'être désignée comme Zone gérée spéciale de l'Antarctique (ZGSA). Ce document est indicatif, mais il présente des pistes de réflexions pour les Parties qui envisagent la désignation d'une ZGSA.

L'article 4 de l'Annexe V au Protocole sur l'environnement prévoit que toute zone, y compris toute zone marine, où des activités sont menées ou pourraient être menées à l'avenir, peut être désignée comme ZGSA en vue de faciliter la planification et la coordination d'activités, d'éviter les conflits éventuels, d'améliorer la coopération entre les Parties ou de réduire au minimum les impacts environnementaux. Les ZGSA peuvent inclure des zones dans lesquelles des activités présentent des risques d'interférence mutuelle ou d'impacts environnementaux cumulatifs, et des sites ou monuments ayant une valeur historique reconnue. Elles peuvent comporter des Zones spécialement protégées de l'Antarctique (ZSPA) et des Sites et monuments historiques (SMH). L'article 5 de l'Annexe V stipule que toute Partie, le Comité scientifique pour la recherche antarctique (SCAR) ou la Commission pour la Conservation de la Faune et la Flore Marines de l'Antarctique (CCAMLR) peuvent proposer une zone pour une désignation ZGSA en soumettant une proposition de Plan de gestion à la Réunion consultative du Traité sur l'Antarctique (RCTA). L'article 6 de l'Annexe V décrit les procédures de désignation, notamment la nécessité d'obtenir l'accord préalable de la CCAMLR si la ZGSA comporte une aire marine.

Les articles 5 et 6 de l'Annexe V au Protocole relatif à la protection de l'environnement précisent très clairement que le processus de désignation de ZGSA débute officiellement par une proposition de Plan de gestion au Comité pour la protection de l'environnement (CPE). Le présent document offre des conseils et un soutien aux promoteurs de désignations, suggérant une procédure pratique en vue de présenter une proposition formelle via la soumission d'un Plan de gestion.

L'expérience acquise au cours de l'élaboration des ZGSA existantes a montré que le processus de mise en œuvre d'une ZGSA peut être long et complexe. Plus particulièrement, la tâche peut s'avérer plus complexe en fonction de la superficie de la zone et du nombre d'activités et/ou de Parties ou parties prenantes impliquées.

Ce document est axé sur la procédure d'évaluation d'une zone en vue d'une désignation potentielle en tant que ZGSA. Selon les conditions et les caractéristiques de la zone en question, d'autres options peuvent être envisagées pour satisfaire aux objectifs de gestion spatiale (comme une désignation ZSPA, des accords bilatéraux entre les Parties, des procédures nationales ou des Codes de conduite).

Toutes les propositions de ZGSA doivent être examinées par le CPE et être approuvées par les Parties consultatives lors d'une RCTA. Le Plan de gestion de ZGSA est l'instrument approuvé au niveau international applicable à tous les visiteurs de la Zone et doit être mis en œuvre par les autorités nationales des Parties au travers de la législation nationale, conformément aux dispositions du Traité sur l'Antarctique et du Protocole. En conséquence, chaque proposition de ZGSA est pertinente non seulement pour les Parties et les autres opérateurs menant des activités dans la zone en question, mais aussi pour l'ensemble des Parties.

Le présent document est à considérer à titre indicatif et a pour objectif de veiller à ce que les éléments pertinents soient pris suffisamment et convenablement en compte dans le cadre de la décision du promoteur de proposer, ou non, une zone en tant que ZGSA. Toutes les zones faisant l'objet d'une proposition de désignation ZGSA présentent des qualités, des pressions et des défis de gestion associés très différents et variables au fil du temps, et les circonstances spécifiques devront être prises en compte au moment du processus de désignation.

Outre l'orientation fournie aux promoteurs du projet, l'objectif à long terme est que ces orientations contribuent à établir un certain degré de cohérence et de comparabilité au sein des processus d'évaluation (tout en reconnaissant que chaque ZGSA potentielle a ses propres exigences et dynamiques) et garantissent que le processus soit suffisamment documenté pour pouvoir servir de référence plus tard.

Le présent document doit être utilisé, le cas échéant, en faisant également référence aux documents suivants :

- Annexe V su Protocole (en particulier les articles 4, 5 et 6),
- Lignes directrices : *Un processus d'évaluation préalable pour la désignation de ZSPA et de ZGSA* (Annexe 3 au Rapport final du XVIIIᵉ CPE, 2015),
- *Lignes directrices pour la mise en œuvre du cadre pour les zones protégées* (Résolution 1, 2000),[*] et
- *Report of the CEP Workshop on Marine and Terrestrial Antarctic Specially Managed Areas Montevideo, Uruguay, 16-17 June 2011 [« Rapport de l'atelier du CPE sur les Zones marines et terrestres spécialement gérées de l'Antarctique, Montevideo, Uruguay, 16-17 juin 2011 »]* (IP 136, XXXIVᵉ RCTA /XIVᵉ CPE, 2011).

[*] Veuillez noter que bien que ce document se rapporte aux ZSPA, il contient des principes généraux qui peuvent se révéler utiles dans le projet de désignation d'une ZGSA.

Déterminer le besoin d'une désignation ZGSA

Si une ou plusieurs Parties menant des opérations dans une zone estiment que des activités en cours ou raisonnablement prévisibles posent des risques d'interférence mutuelle ou d'impacts environnementaux cumulatifs, ou qu'il est nécessaire de participer à la planification et à la coordination des activités ou de renforcer la coopération parmi les Parties, elles peuvent envisager une désignation ZGSA pour la zone.

Documentation de la procédure

Il est important de bien documenter les méthodes utilisées pour l'élaboration et la soumission d'un Plan de gestion pour une désignation ZGSA. Les documents peuvent être des résultats de projets scientifiques ou de surveillance, des rapports d'atelier, des documents de travail, des listes des principales réunions et de leurs résultats principaux, la liste des parties prenantes consultées, des listes de documents de référence, etc.

Les conclusions issues du processus d'évaluation doivent être clairement documentées et communiquées aux parties prenantes, quel que soit le résultat final du processus d'évaluation.

Identification et engagement des parties prenantes

Comme indiqué ci-dessus, la RCTA prendra la décision finale quant à la désignation en tant que ZGSA. Cette décision reflètera les opinions consensuelles des Parties consultatives au Traité sur l'Antarctique.

Puisque la décision de désignation de ZGSA sera vraisemblablement étayée par de nombreux points de vue, la ou les Parties à l'origine du processus de désignation peuvent juger approprié d'impliquer d'autres parties prenantes *dans le processus, pour disposer d'une vue d'ensemble exhaustive des questions à considérer pour la gestion future de la zone.* La ou les Parties à l'origine du processus d'évaluation peuvent par exemple chercher à identifier les Parties pouvant être intéressées et prendre contact avec elles ; ou, au besoin, s'adresser aux organisations concernées (comme le SCAR, le COMNAP, l'IAATO) qui peuvent avoir des intérêts dans la zone du fait de leurs activités passées, présentes ou futures. Le cas échéant, l'implication peut aller d'un simple partage d'informations à la participation active au processus d'évaluation.

Il convient de noter qu'il pourrait s'avérer nécessaire de présenter une proposition de ZGSA à la CCAMLR pour examen, conformément à la Décision 9 (2005), lorsqu'elles concernent des zones dans lesquelles la faune et la flore marines font ou pourraient faire l'objet de prélèvements qui risquent d'être perturbés par la désignation du site ; ou auxquelles s'appliquent des dispositions d'un projet de Plan de gestion susceptibles d'empêcher ou de limiter les activités de la CCAMLR dans ces zones.

Méthodes de travail

Lorsque les promoteurs envisagent de proposer la désignation d'une ZGSA pour satisfaire aux objectifs de gestion spatiale d'une zone, les méthodes suivantes, en soutien au processus d'évaluation, peuvent être employées afin de garantir l'engagement des parties prenantes, ainsi qu'une analyse détaillée et une évaluation complète des enjeux :

- Documents initiaux : une ou plusieurs parties prenantes doivent initier le processus en élaborant un document de travail (sur la base d'une évaluation initiale, d'une étude théorique ou de discussions générales avec d'autres parties ayant des intérêts dans la zone), en mettant à disposition des documents de référence nécessaires pour évaluer et envisager les possibilités de gestion.
- Atelier(s) : organiser une ou plusieurs réunions centrées sur les points principaux devant faire l'objet d'une évaluation. Inviter des spécialistes et des parties prenantes.
- Groupes de travail : mettre en place des groupes chargés d'examiner différents éléments identifiés comme pertinents pour la zone en question afin de garantir un examen global et ciblé des divers éléments.
- Activités sur place : organiser un atelier ou une visite sur le terrain en incluant les parties prenantes, au besoin et si cela est possible.
- Utiliser les forums de discussion en ligne et d'autres moyens de communication à distance pour publier des documents de travail et d'autres documents pertinents, afin d'impliquer le plus grand nombre de parties prenantes dans le processus.

Identifier les activités, les valeurs et les objectifs de gestion

Les objectifs de gestion d'une zone dépendront des valeurs, des activités et des pressions que celle-ci connaît. Le ou les promoteurs auront déjà une idée des objectifs de gestion de la zone lorsqu'ils amorceront l'évaluation, bien qu'au fil des consultations avec d'autres parties prenantes ayant des activités ou des intérêts dans la zone soient susceptibles de contribuer, la manière d'appréhender ces questions puisse évoluer. Enfin, il est crucial d'avoir une vision claire des objectifs de gestion d'une zone afin que la ou les Parties proposant la désignation, les parties prenantes et le CPE puissent entreprendre la procédure.

Une ZGSA peut être mise en place afin renforcer la coopération entre les Parties ayant des intérêts dans la zone, de réduire au maximum les incidences négatives sur des valeurs spécifiques de la zone, ou limiter les conflits entre différentes activités. Lorsque l'on étudie les objectifs et les possibilités de gestion pour une zone, il est nécessaire d'identifier ses valeurs ainsi que les activités passées, présentes et futures qu'elle a connues. Les conseils suivants peuvent être utiles. L'emplacement et l'étendue des valeurs et des activités doivent être cartographiés, dans la mesure du possible.

Il convient de noter que cette étape du processus est très semblable à celle de la désignation d'une nouvelle ZSPA, et que par conséquent, ce qui suit reflète étroitement les *Lignes* directrices pour la mise en œuvre du cadre pour les zones protégées définies dans l'article 3, Annexe V du Protocole relatif à la protection de l'environnement.

Valeurs

Examiner si l'une des valeurs suivantes de la zone est présente :

- *Valeurs environnementales :* la zone présente-t-elle des caractéristiques physiques, chimiques ou biologiques, par exemple des glaciers, des lacs d'eau douce, des bassins d'eaux de fonte, des affleurements rocheux, des biotes, qui représentent des composantes particulièrement exceptionnelles ou représentatives de l'environnement de l'Antarctique (par exemple des Zones importantes pour la conservation des oiseaux) ?[*]

- *Valeurs scientifiques :* la zone contient-elle des caractéristiques physiques, chimiques et biologiques qui présentent un intérêt particulier pour les chercheurs et pour lesquelles les principes et méthodes scientifiques seraient applicables ? Notez qu'il est pertinent de mener une évaluation prospective ainsi qu'un examen des intérêts scientifiques actuels dans ce contexte. Examiner également s'il existe plusieurs valeurs scientifiques dans la même zone, car cela peut être important dans l'évaluation des potentiels intérêts scientifiques en compétition et des effets cumulatifs d'activités scientifiques sur le terrain.

- *Valeurs historiques et patrimoniales* : la zone contient-elle un Site ou monument historique visé à l'Annexe V, ou d'autres caractéristiques ou objets qui représentent, suggèrent ou rappellent des événements, des expériences, des réalisations, des lieux ou des dossiers qui sont importants, significatifs ou inhabituels dans le cadre d'évènements et d'activités anthropiques en Antarctique ?

- *Valeurs esthétiques* : la zone contient-elle des caractéristiques ou des attributs (éléments d'une grande beauté, paysage agréables, qui sont sources d'inspiration, attrayants) qui contribuent à développer l'intérêt des individus, leur perception de cette région ?

- *Valeurs de la nature à l'état sauvage :* la zone comporte-t-elle des caractéristiques de vie sauvage (lieu isolé, peu voire pas de présence humaine, absence d'objets faits par l'homme, de traces, de sons ou d'odeurs, lieux non visités ou rarement visités par l'homme) qui sont particulièrement exceptionnels ou représentatifs de l'environnement antarctique ?

- *Valeurs pédagogiques :* la zone offre-t-elle une occasion de sensibiliser et d'éduquer le public dans le but de promouvoir les valeurs visées ci-dessus et définies dans le Protocole, et d'améliorer la compréhension de l'importance de l'Antarctique dans le contexte mondial ?

---

[*] Pour plus d'informations, se reporter à la Résolution 5 (2015) sur les Zones importantes pour la conservation des oiseaux en Antarctique.

Lorsque vous examinerez les valeurs de la zone, notez également les ZSPA qu'elle contient ou des autres zones bénéficiant d'une gestion visant à la protection de leur valeur environnementale (ou autres).

Activités

Examiner si l'une des activités suivantes est menée ou est prévue dans la zone, si ces activités se déroulent régulièrement, en continu, rarement ou de manière saisonnière, et l'évolution des types d'activités au cours des dernières années. Il est important de déterminer si les activités en cours ont évolué dans le temps ou s'il est prévu qu'elles changent dans le futur, étant donné que cela pourrait avoir des impacts variés sur d'autres activités ou sur d'autres valeurs dans la zone :

- *Activités scientifiques :* des activités scientifiques sont-elles menées (y compris de la surveillance) dans la zone ? De quel type, et dans quels lieux? Ces activités doivent-elles être menées à des périodes et à des lieux différents des autres activités afin d'éviter les interférences (établir par exemple une zone tampon), ou bien dépendent-elles de l'état des valeurs environnementales de tout ou partie de la zone ?

- *Exploitation de la station et activités de soutien scientifique :* existe-t-il des stations (scientifiques) ou d'autres installations ou équipements dans la zone ? À quel endroit ? Quelle est l'étendue spatiale et temporelle de la station lorsqu'elle fonctionne   normalement ?

- *Transports :* y a-t-il des zones, des couloirs ou des sites particulièrement importants pour les activités de transport ? Où sont-ils situés ?

- *Activités de loisir :* existe-t-il des zones utilisées pour des activités de loisir par les Programmes nationaux antarctiques ? Où sont-elles situées et quels sont les types d'activités menées ?

- *Tourisme :* existe-t-il des zones utilisées à des fins touristiques ou pour des expéditions privées ? Quel est le type d'activités organisées ? Où ces zones sont-elles situées ?

- *Prélèvement / pêche :* si une zone contient un élément marin, un prélèvement de ressources marines a-t-il lieu ou aura-t-il lieu dans la zone, et si oui, à quel endroit ?

- *Gestion de l'environnement :* des zones font-elles l'objet d'activités de gestion environnementale permanentes (par exemple ZSPA, lignes directrices des sites pour les visiteurs, ou autres) ?

- *Autres activités :* d'autres activités sont-elles menées dans cette zone ? Quel type d'activités et à quel endroit ?

- *Activités futures :* une augmentation de l'activité ou de nouvelles activités au sein de la zone sont-elles prévues dans un avenir proche ? Quel type d'activités et à quel endroit ? D'autres modifications aux activités sont-elles prévues (diminution, arrêt, modification du calendrier, etc.) ?

Interactions entre plusieurs activités ou opérateurs, et entre les activités et les valeurs de la zone

Pressions potentielles / incidences environnementales

Examiner les valeurs environnementales et les autres valeurs à la lumière des activités se déroulant dans la zone en posant les questions listées ci-dessous. Notez qu'il est particulièrement important de donner l'occasion aux scientifiques et aux gestionnaires qui connaissent bien la zone, ou à tout autre expert compétent, de discuter de ces questions, en particulier en ce qui concerne l'identification des valeurs environnementales importantes.

- Y a-t-il des valeurs environnementales particulièrement importantes dans la zone auxquelles une activité en cours ou prévue au niveau individuel ou collectif pourrait porter atteinte? Activités spécifiques ? Niveau d'activité ? Fréquence/calendrier de l'activité ?

- Existe-t-il des moyens plus efficaces pour mener ces activités tout en en réduisant les impacts ?

- Existe-t-il des secteurs ou des environnements dans la zone pouvant présenter des problèmes de sécurité ?

- Y-a-t-il des sites ou des lieux dans la zone comportant des valeurs plus vulnérables que d'autres aux impacts anthropiques ?

Déterminer s'il existe des lacunes dans les connaissances relatives aux points identifiés ci-dessus qui appellent de plus amples investigations, et envisager d'entreprendre les études pertinentes (y compris des travaux sur le terrain pour évaluer les véritables valeurs, activités, conflits potentiels, etc.) afin de combler d'éventuelles lacunes, le cas échéant.

Déterminer si les pressions associées aux activités en cours ou raisonnablement prévisibles dans la zone nécessitent une coordination entre les parties afin d'atteindre les objectifs de gestion souhaités dans la zone.

Examiner s'il existe des initiatives de coordination spécifiques pouvant être mises en œuvre afin de réduire au maximum les impacts dans la zone, par exemple :

- Le partage d'installations.

- Le partage de la logistique, tel que les déplacements du personnel, le transport de marchandises, etc.

- Encourager et mettre en œuvre une coopération scientifique pour optimiser la production scientifique et éviter autant que possible le dédoublement des activités de recherche.

- Le partage d'informations lors de réunions de gestion ou d'autres initiatives de communication.

- L'application des aires de gestions (aires scientifiques, à accès limité, réservées aux visiteurs, historiques etc.) Veuillez vous reporter aux *Lignes directrices sur l'application des aires de gestion dans les ZGSA et ZSPA*.
- Autre.

Coordination, coopération et conflits potentiels

Afin d'évaluer des conflits en cours ou potentiels,* ainsi que les possibilités de planification, de coordination et de coopération pour désamorcer ces conflits ou atteindre d'autres objectifs de gestion, il peut être utile d'envisager les activités dans le contexte de l'environnement dans lequel elles se déroulent et, en ce qui concerne d'autres activités ayant lieu dans la zone, de répondre aux questions détaillées ci-dessous pour toutes les activités identifiées. Veuillez noter qu'il est particulièrement important de donner aux Parties et parties prenantes l'occasion de réfléchir à ces questions, en particulier en ce qui concerne les susceptibilités liées à l'activité dans laquelle elles sont engagées.

- Existe-t-il des activités actuellement en cours ou prévues qui sont incompatibles, ou des sites spécifiques dans la zone où des activités incompatibles sont en cours ?
- Les activités actuelles ou prévues sont-elles particulièrement susceptibles d'être perturbées par d'autres activités ? Examiner s'il s'agit d'une sensibilité générale ou limitée dans le temps. Examiner la sensibilité à tous les types de perturbations et pas seulement à celles qui découlent des activités en cours dans la zone.
- Existe-t-il des aspects de l'activité qui sont dangereux ou risqués et qui, par conséquent, entravent ou limitent d'autres types d'activités dans la même zone ? Examiner si ces risques sont généraux ou limités dans le temps.
- L'activité est-elle particulièrement perturbatrice pour l'environnement ou pour des valeurs spécifiques de l'environnement, que ce soit de manière permanente ou temporaire ?
- Est-il possible d'entrevoir de futurs conflits potentiels, par exemple lors de l'introduction de nouvelles méthodes scientifiques (telles que des drones ou des véhicules télécommandés) ou d'installations scientifiques d'envergure augmentant les capacités logistiques, qui pourraient élever le nombre de personnes menant des activités sur le site ?

Examiner si des mesures peuvent être prises en vue de limiter les conflits potentiels identifiés en posant les questions suivantes aux parties prenantes :

- Des mesures peuvent-elles être prises pour prévenir ou limiter l'impact négatif sur vos intérêts dans la zone ?
- Des mesures peuvent-elles être prises pour prévenir ou limiter l'impact négatif sur d'autres intérêts dans la zone ?

---

* Par conflit, on entend l'incompatibilité de deux ou plusieurs activités à se dérouler dans la même zone au même moment.

Conclusion

Lorsque le ou les promoteurs envisagent de proposer la désignation d'une ZGSA pour satisfaire aux objectifs de gestion spatiale d'une zone, ils sont invités à examiner si l'implication de plusieurs groupes de Parties/parties prenantes sera requise.

Les outils de gestion pouvant contribuer à réaliser les objectifs de gestion spatiale d'une zone incluent, mais sans s'y limiter : désignation ZSPA, accords bilatéraux entre les Parties, procédures nationales ou Codes de conduites.

Résumer les constatations précédentes et évaluer si la gestion de la zone pourrait être améliorée par une désignation d'une ZGSA associée à un Plan de gestion. Inclure dans les délibérations, le cas échéant et dans la mesure du possible, l'utilité que présente un groupe de gestion des ZGSA pour faciliter et coordonner les actions visant à réaliser les objectifs de gestion.

Si l'évaluation réalisée par les promoteurs potentiels conclut que la désignation d'une ZGSA peut se révéler opportune, conformément au Protocole, la ou les Parties impliquées peuvent, à ce stade, informer le CPE d'une possible proposition de ZGSA, et demander à d'autres Membres des commentaires et des avis conformes aux *Lignes directrices du CPE : Processus d'évaluation préalable pour la désignation de ZSPA et de ZGSA*.

Une fois que le ou les promoteurs potentiels ont entrepris le processus d'évaluation décrit ci-dessus, ils peuvent juger opportun de développer un Plan de gestion pour la zone qui soit conforme aux *Lignes directrices pour la préparation des Plans de gestion de ZGSA*, qu'ils pourront par la suite soumettre pour un examen plus approfondi, conformément aux articles 5 et 6 de l'Annexe V au Protocole.

Références et informations de référence

Général

- Annexe V au Protocole (en particulier les articles 4, 5 et 6)
- Lignes directrices : *Processus d'évaluation préalable pour la désignation de ZSPA et de ZGSA* (Annexe 3 au Rapport final du XVIIIᵉ CPE, 2015)
- *Lignes directrices pour la préparation des plans de gestion de ZGSA* (Résolution 2 [2011])
- *Lignes directrices pour l'application des aires de gestion dans les ZGSA et les ZSPA (WP 10, XXXIIIᵉ RCTA/ XIIIᵉ CPE, 2010)*
- *Lignes directrices pour la mise en œuvre du cadre pour les zones protégées* (Résolution 1 [2000])
- *Report of the CEP Workshop on Marine and Terrestrial Antarctic Specially Managed Areas Montevideo, Uruguay, 16-17 June 2011 [« Rapport de l'atelier du CPE sur les Zones marines et terrestres spécialement gérées de l'Antarctique,*

Montevideo, Uruguay, 16-17 juin 2011 »] (IP 136, XXXIVe RCTA /XIVe CPE, 2011)

- *Guide pour la présentation de documents de travail contenant des propositions de désignation de zones spécialement protégées de l'Antarctique, de zones gérées spéciales de l'Antarctique ou de sites et monuments historiques* adopté par la Résolution 5 (2011)

- *Liste de contrôle pour aider à l'inspection de Zones spécialement protégées de l'Antarctique et de Zones gérées spéciales de l'Antarctique* (Résolution 4 [2008])

Documents issus des précédents processus de ZGSA[*]

- Downie, RH. And Smellie, JL. *A management Strategy for Deception Island* (2001)

- Valencia J. and Downie, RH. (eds.). *Workshop on a Management Plan for Deception Island* (2002)

- Report from workshop: *Description of the biological research program in the vicinity of Palmer Station, Antarctica and possible impacts on the program from activities in the area to serve as a basis for development of a provisional research/ management plan for the Palmer area* (1988)

- Report from McMurdo Dry Valley workshops: *Environmental Management of a cold desert ecosystem: The McMurdo Dry Valleys* (1995) and *McMurdo Dry Valley Lakes: impacts of research activities* (1998)

- Harris C.M. 1998: Science and environmental management in the McMurdo Dry Valleys Southern Victoria Land, Antarctica

- Report from McMurdo Dry Valley workshop: *Environmental Assessment of the McMurdo Dry Valleys: Witness to the Past and Guide to the Future* (2016)

- Report from workshop: *'Larsemann Hills: an Antarctic Microcosm* (1997)

---

[*] Ces documents relatifs aux processus de précédentes ZGSA peuvent fournir des idées et des informations sur les différentes étapes du processus d'évaluation et sur la méthode utilisée pour les documenter dans ces cas.

Lignes directrices pour l'élaboration des Plans de gestion des ZGSA

1. Contexte

1.1 Objectif du guide

En 1991, les Parties consultatives au Traité sur l'Antarctique ont adopté le Protocole au Traité sur l'Antarctique relatif à la protection de l'environnement (Protocole environnemental) pour assurer la protection complète de l'environnement en Antarctique. Le Protocole l'environnement définit l'ensemble de l'Antarctique comme une « réserve naturelle consacrée à la paix et à la science ».

L'Annexe V au Protocole environnemental, adoptée suite à la XVIᵉ RCTA par la Recommandation XVI-10, fournit un cadre juridique pour la création de Zones spécialement protégées et des Zones gérées spéciales au sein de la « réserve naturelle ». Le texte de l'Annexe V est disponible sur le site du STA : *http://www.ats.aq/documents/recatt/Att004_f.pdf*.

L'Annexe V précise que toute zone couverte par le Traité sur l'Antarctique, y compris toute zone marine, dans laquelle des activités sont conduites ou pourraient l'être à l'avenir, peut être désignée comme Zone gérée spéciale de l'Antarctique (ZGSA) afin d'aider à l'organisation et à la coordination des activités, d'éviter les conflits potentiels, de renforcer la coopération entre les Parties ou réduire au maximum les impacts sur l'environnement (article 4.1, Annexe V). Les Zones gérées spéciales de l'Antarctique peuvent inclure des zones dans lesquelles des activités entraînent des risques d'interférence mutuelle ou d'impacts environnementaux cumulatifs, ainsi que des Sites ou monuments aux valeurs historiques reconnues (article 4.2, Annexe V). Une Zone gérée spéciale de l'Antarctique peut en outre contenir une ou plusieurs Zones spécialement protégées de l'Antarctique (article 4.4, Annexe V).

L'Annexe spécifie en outre que toute Partie au Traité, le Comité pour la protection de l'environnement (CPE), le Comité scientifique pour la recherche antarctique (SCAR) ou la Commission pour la conservation de la faune et de la flore marines de l'Antarctique (CCAMLR) peuvent proposer la désignation d'une zone comme Zone gérée spéciale de l'Antarctique en soumettant un projet de Plan de gestion à la Réunion consultative du Traité sur l'Antarctique (article 5.1, Annexe V).

Ce guide a pour but de venir en aide à tout promoteur qui propose une désignation de ZGSA, avec les objectifs suivants :

- aider les Parties dans leur préparation de Plans de gestion pour la ZGSA proposée, conformément au Protocole environnemental (article 5, Annexe V) ;

- fournir un cadre qui permette aux Plans de gestions de répondre aux exigences du Protocole ; et
- aider à l'élaboration de Plans de gestion clairs, cohérents au regard des autres Plans de gestion, et faciliter leur révision, leur adoption et leur mise en œuvre.

Il est important de souligner que le présent guide n'est qu'un aide-mémoire pour l'élaboration de Plans de gestion pour les ZGSA. Il n'a pas de statut légal. Toute Partie ayant l'intention de préparer un Plan de gestion doit consulter avec attention les dispositions de l'Annexe V au Protocole environnemental et demander conseil à son autorité nationale le plus tôt possible.

1.2 Identifier des zones demandant une gestion spéciale

La désignation d'une zone comme Zone gérée fournit un cadre pour la planification, la coordination et la gestion des activités en cours ou futures afin d'éviter des conflits potentiels, d'améliorer la coopération entre les Parties ou de réduire au maximum les impacts sur l'environnement, notamment les effets cumulatifs. Au moment de déterminer si une zone nécessite effectivement des modalités de gestion spéciales, il est nécessaire d'évaluer les rapports entre ses valeurs, ses activités et les pressions que subit la zone. Le CPE a adopté des directives spécifiques pour l'évaluation d'une zone en vue de sa potentielle désignation comme ZGSA, qui aideront tout initiateur d'une désignation au cours du processus de cette évaluation.

Une analyse approfondie et méticuleuse lors du processus d'évaluation se révélera un atout précieux pour déterminer si c'est un Plan de gestion de ZGSA qui répond au mieux aux besoins de la zone en matière de gestion. Une fois que la décision a été prise par le(s) promoteur(s), le présent document servira de guide à l'élaboration d'un Plan de gestion pour la Zone.

1.3 Documents d'orientation pertinents

- Annexe V au Protocole environnemental *(http://www.ats.aq/documents/recatt/ Att004_f.pdf)*
- Lignes directrices pour l'évaluation d'une zone candidate à une désignation ZGSA
- Lignes directrices pour l'application des aires de gestion dans les ZGSA et ZSPA[*]
- Lignes directrices : Processus d'évaluation préalable pour la désignation des ZSPA et des ZGSA[**]

---

[*] WP 10. XXXIIIe RCTA/XIIIe CPE , 2010, y compris sa pièce jointe « Lignes directrices pour l'application des aires de gestion dans les Zones gérées spéciales et spécialement protégées de l'Antarctique ».
[**] Annexe 3 au Rapport final du CPE XVIII.

2. Format des Plans de gestion pour les ZGSA

Le CPE a souligné l'importance de promouvoir la cohérence entre les différents Plans de gestion. De même, la cohérence des Plans de gestion est souhaitable même si les conditions, les activités et les pressions des zones candidates à une désignation ZGSA diffèrent. L'article 5.3 de l'Annexe V désigne les points que tout Plan de gestion de ZGSA doit aborder, le cas échéant. Les sections suivantes de ce guide offrent des lignes directrices pour répondre à ces exigences (résumées dans le Tableau 1).

Tableau 1 : Vue d'ensemble de la structure du Plan de gestion de ZGSA proposée

Section du Plan de gestion/Section du Guide	Référence à l'article 5
1. Table des matières	
2. Introduction	
3. Description des valeurs à protéger	3 a
4. Buts et objectifs	3 b
5. Activités de gestion	3 c
6. Durée de désignation	3 d
7. Cartes	3 g
8. Description de la Zone	3 e (i - iv)
9. Zones protégées et aires de gestion à l'intérieur de la Zone	3 f
10. Bibliographie	3 h
11. Code de conduite et autres lignes directrices	3 j (i-viii)
12. Échange d'informations avancé	3 k

3. Lignes directrices pour le contenu des Plans de gestion

Puisque l'élaboration de Plans de gestion pour les ZGSA est un processus évolutif, les rédacteurs de ces plans doivent se tenir informés des bonnes pratiques actuelles et sont encouragés à consulter pour exemples des Plans de gestion en vigueur ou ayant fait l'objet d'une révision récente. Le Plan de gestion actuel pour chaque ZGSA est disponible dans la base des données du site du Secrétariat du Traité sur l'Antarctique : *http://ats.aq/devPH/apa/ep_protected.aspx?lang=f.*

Un Plan de gestion doit fournir assez de précisions sur les caractéristiques, les activités et les pressions particulières de la Zone et sur toute disposition nécessaire pour gérer les activités dans la Zone afin que les activités planifiées soient conformes aux buts et objectifs de la Zone. Les sections suivantes donnent des directives sur les contenus à évoquer dans les différentes rubriques d'un Plan de gestion standard.

3.1 Table des matières

La table des matières aide le lecteur à situer une rubrique particulière au sein du Plan de gestion de ZGSA, souvent dense et complexe. Le Tableau 1 donne un aperçu d'une table des matières standard, qui peut être agrémentée de sous-sections.

3.2 Introduction

Une introduction au Plan de gestion n'est pas requise par l'article 5 de l'Annexe V, mais est toujours bienvenue pour donner une vue d'ensemble. On peut y inclure un résumé des caractéristiques importantes de la Zone, un bref historique des désignations et révisions, les activités en cours et passées, ainsi que les pressions/menaces qui justifient un régime de gestion spéciale.

Il est important de justifier la désignation de la zone comme ZGSA dans les premières pages du Plan de gestion. Ce faisant, il conviendra de rédiger un bref résumé des pressions, des menaces et des exigences en termes de coordination.

3.3 Valeurs à protéger

Cette section offre une vue d'ensemble et une brève description des valeurs identifiées dans la Zone qui justifient des dispositions de gestion spéciale pour limiter les impacts négatifs et les conflits. Ces valeurs peuvent être :

- Des valeurs environnementales.
- Des valeurs scientifiques.
- Des valeurs historiques et patrimoniales.
- Des valeurs esthétiques.
- Des valeurs de la nature à l'état sauvage.
- Des valeurs pédagogiques.

Il est à noter que la description des valeurs constituera un facteur fondamental pour la planification d'activités par les acteurs qui souhaiteraient œuvrer dans la Zone. En conséquence, les valeurs décrites doivent être spécifiques et non génériques.

3.4. Activités à gérer

Cette section donne un aperçu et présente brièvement les activités en cours, planifiées ou raisonnablement prévisibles dans la Zone qui peuvent représenter une pression ou une menace pour les valeurs identifiées, ou qui imposent un effort de coordination en vue de limiter au maximum les impacts négatifs ou les conflits :

- Activités scientifiques.
- Fonctionnement des stations et activités de soutien scientifique.
- Transports.
- Activités de loisir.

- Tourisme.
- Prélèvement/pêche.
- Gestion de l'environnement.

3.5 Buts et objectifs

Cette section vise à définir les objectifs du Plan de gestion et ses solutions pour une bonne gestion des valeurs décrites plus haut.

Par exemple, les objectifs du Plan peuvent être de :

- protéger les projets de recherche scientifiques à long terme, en cours et à venir ;
- gérer les conflits potentiels ou en cours entre les différentes activités et les valeurs de la zone ;
- réduire au maximum les impacts sur l'environnement, y compris les effets cumulatifs ;
- concourir à la planification et à la coordination des activités humaines ;
- encourager la communication et la coopération entre les utilisateurs de la Zone ;
- et examiner les conséquences du changement climatique sur les activités de coordination et de gestion.

Il est à noter que la description des objectifs sera essentielle pour la planification par les acteurs qui gèrent la Zone et par ceux qui souhaitent œuvrer dans la Zone. En conséquence, les objectifs du plan doivent être définis de manière spécifique et non générique.

3.6 Activités de gestion

Les activités de gestion définies dans cette section doivent faire écho aux buts du Plan de gestion et aux objectifs afférents à la désignation de la Zone.

Par exemple, le Plan peut mettre en avant les objectifs de gestion suivants :

- création d'un Groupe de gestion de la ZGSA pour faciliter et assurer la bonne communication entre les personnes travaillant au sein de la Zone ou la visitant ;
- création d'un forum pour résoudre tout conflit réel ou potentiel et aider à limiter les activités redondantes ;
- diffusion des informations relatives à la Zone, en particulier sur les activités en cours et les mesures de gestion en vigueur ;
- tenue d'un registre reprenant les activités et, le cas échéant, sur leurs impacts dans la Zone et développement de stratégies visant à identifier et gérer les impacts cumulatifs ;
- passage en revue des activités passées, présentes et futures et évaluation de l'efficacité des mesures de gestion, éventuellement via des visites sur le site ; et
- collecte de données en vue de poursuivre le soutien, de renforcer les connaissances et d'identifier tout changement dans les valeurs de la Zone.

Il est important de noter dans le Plan de gestion qu'une gestion active peut exiger la réalisation d'une évaluation d'impact sur l'environnement, conformément aux dispositions de l'Annexe 1 au Protocole relatif à la protection de l'environnement.

3.7 Durée de désignation

Une ZGSA est désignée pour une période indéterminée, sauf disposition contraire spécifiée dans le Plan de gestion. L'article 6.3 de l'Annexe V stipule qu'une révision du Plan de gestion doit être entreprise au moins tous les cinq ans, et que celui-ci doit être mis à jour, au besoin.

3.8 Cartes

Les cartes constituent un élément essentiel des Plans de gestion ; elles doivent être claires et suffisamment détaillées. Si la Zone est particulièrement vaste, plusieurs cartes de différentes échelles peuvent être judicieuses.

Il est primordial que les cartes indiquent clairement les limites de la Zone, comme indiqué dans la section 6.1 ci-dessous.

Des photographies ou des images peuvent être incluses dans le Plan de gestion lorsqu'elles font valoir des arguments pertinents justifiant un objectif de gestion et lorsqu'elles illustrent des points particuliers. Si tel est le cas, elles doivent être claires, avoir une résolution suffisamment élevée, leur source doit être précisée et la localisation clairement identifiée.

Des lignes directrices pour les cartes [et images] sont fournies dans l'Appendice 1 avec une liste des caractéristiques à inclure.

3.9 Description de la Zone

Cette section proposera une description détaillée de la Zone, et, le cas échéant, de ses environs afin que les personnes responsables de la planification d'activités soient suffisamment familières avec les caractéristiques particulières de la Zone.

Il est capital que les caractéristiques, les activités et les besoins de coordination de la Zone qui nécessitent une gestion particulière soient définis de manière adéquate dans cette section, afin de bien informer les utilisateurs du Plan de gestion des caractéristiques importantes. Il est préférable que cette section ne reproduise pas la description des valeurs de la Zone.

Bien que les descriptions doivent être précises et pertinentes, il est également important qu'elles soient concises et donnent une vue d'ensemble, plutôt que de noyer le lecteur dans une profusion de détails et de références scientifiques. Ainsi, l'attention sera portée sur les dispositions opérationnelles du Plan de gestion. Les informations sur la faune et la flore nécessaires à la mise en œuvre de mesures de gestion spécifiques doivent être incluses dans la description. Cependant, des descriptions plus détaillées avec des citations ou les listes des espèces de faune et de flore peuvent être mises à disposition par d'autres moyens, notamment sur des sites Internet consacrés aux ZGSA, des sites Internet de programmes nationaux, ou dans une annexe au Plan de gestion.

Cette section peut se diviser en plusieurs sous-sections, comme suit :

3.9.1 Coordonnées géographiques, bornage et caractéristiques du milieu naturel

La Zone doit être délimitée sans ambiguïté, et ses caractéristiques importantes clairement définies, car la délimitation servira de base pour la gestion des activités. Les limites de la Zone doivent être déterminées et définies avec précision. Il est préférable de sélectionner des frontières identifiables en toute période de l'année. Il est conseillé de choisir des bornes statiques comme des rochers exposés ou des bandes côtières. Il serait mal avisé de choisir des caractéristiques susceptibles de changer de position pendant l'année ou la période quinquennale de révision du Plan de gestion, par exemple les périphéries de champs de neige ou des colonies d'espèces sauvages. Dans certains cas, il est préférable d'ériger des bornes si les marqueurs naturels ne sont pas suffisants.

Il faut tenir compte des conséquences futures probables du changement climatique lorsque les limites de la Zone gérée sont déterminées ou révisées. En particulier, il convient de réfléchir à un bornage qui n'utilise pas les sols libres de glace. Par exemple, les changements climatiques à venir peuvent causer le recul de glaciers, l'effondrement de barrières de glace ou un changement du niveau des lacs, ce qui influencera la ZGSA dont le bornage était défini par ces caractéristiques.

Les coordonnées géographiques incluses dans la description du bornage doivent être aussi précises que possible. Elles doivent être exprimées en latitude et longitude, avec les degrés, minutes et secondes. Dans la mesure du possible, des références à des cartes ou graphiques publiés seront données afin de pouvoir identifier les frontières de la Zone sur la carte.

On ne saurait trop insister sur l'importance des données GPS pour déterminer les positions. Il est fortement recommandé que la localisation GPS soit utilisée pour délivrer des informations précises quant à la position des marqueurs de la Zone, et que ces informations soient incluses dans les Plans de gestion de la ZGSA. Lorsque cela est possible, l'imagerie satellite ou les techniques de télédétection peuvent s'avérer utiles pour compléter ces informations.

La description des caractéristiques physiques de la Zone doit inclure une description de la topographie locale, notamment la neige et les glaces permanentes, la présence d'étendues d'eau (lacs, cours d'eau, bassins) ou d'îles, ou d'autres caractéristiques de ce type pour les Zones marines, ainsi qu'un résumé de la géologie et de la géomorphologie locales. Une description brève et précise des caractéristiques biologiques de la Zone est également utile. On peut notamment y décrire les principales communautés de végétaux, les colonies d'oiseaux et de phoques ainsi qu'une estimation des couples reproducteurs d'oiseaux et de mammifères marins.

Les techniques de télédétection offrent de bonnes perspectives pour produire une documentation pertinente pour les Plans de gestion des ZGSA. Elles peuvent être utilisées tant pour la cartographie (y compris l'identification des limites de la Zone) que la quantification de la végétation, des eaux en surface et potentiellement des sols perturbés. Avec les progrès de cette technologie, notamment avec l'amélioration de la résolution et l'imagerie hyperspectrale, il y aura de plus en plus d'informations utiles pour la gestion.

Si la Zone comprend un élément marin, le Plan de gestion peut être soumis à la CCAMLR pour examen (voir la section ci-dessous « Procédure d'approbation des Plans de gestion des ZGSA »).

3.9.2 Structures dans la Zone

Il est nécessaire de décrire et de situer précisément toutes les structures présentes dans la Zone ou à proximité. Ces structures comprennent les bornes, les panneaux, les cairns, les cabanes de campement, les dépôts et les installations de recherche. Dans la mesure du possible, la date de mise en place de la structure et le nom du pays qui l'utilise ou l'a utilisé doivent être consignés, ainsi que les détails relatifs à tout SMH dans la Zone. Le cas échéant, la date prévue pour le retrait de toute structure devra également être indiquée (par exemple dans le cas d'installations temporaires pour les activités scientifiques ou autres).

3.9.3 Autres Zones bénéficiant de statuts spéciaux dans les alentours de la ZGSA

L'article 5.3 (iv) stipule que les Plans de gestion de la ZGSA doivent reprendre brièvement les autres zones protégées ou gérées à proximité. Il n'existe pas de rayon spécifique à appliquer pour faire référence à des zones « à proximité », mais de nombreux plans adoptés jusqu'à présent ont opté pour une distance approximative de 50 kilomètres. Toutes ces Zones protégées (ZSPA, ZGSA, SMH, réserves de phoques de la Convention pour la conservation des phoques de l'Antarctique, sites du Programme de contrôle de l'écosystème (PCE) de la CCAMLR, etc.) à proximité du site doivent être référencées par nom, et, le cas échéant, par numéro. Les coordonnées, ainsi que la distance et la direction approximatives de la Zone en question devraient également être fournies.

3.10 Zones protégées et aires de gestion à l'intérieur de la Zone

L'article 4.4 de l'Annexe V précise qu'une Zone gérée spéciale de l'Antarctique peut contenir une ou plusieurs Zones spécialement protégées de l'Antarctique (ZSPA). Cette rubrique donne une vue d'ensemble et une brève description de toutes les ZSPA comprises dans les limites de la ZGSA.

Il est également avisé de noter et de décrire tout site couvert par les lignes directrices pour les visites de sites spécifiques adoptées par la RCTA, ainsi que tout Site et monument historique (SMH) situé dans la Zone.

En outre, un site du Programme de contrôle de l'écosystème (PCE) de la CCAMLR peut être situé au sein d'une ZGSA. Si tel est le cas, un aperçu et une brève description du site devront être inclus. Si un statut de protection spéciale a été accordé au site PCE par la CCAMLR, le Plan de gestion du site devra être mentionné dans le Plan de gestion de la ZGSA, avec un lien d'accès. La procédure est la même si une Aire marine protégée (AMP) officiellement adoptée au préalable se situe dans les limites de la Zone.

L'article 5.3(f) de l'Annexe V permet « l'identification des secteurs de la Zone dans lesquels les activités doivent être interdites, limitées ou gérées en vue d'atteindre les buts et objectifs... » du Plan de gestion.

Avec des aires clairement délimitées, il est plus aisé de faire comprendre aux visiteurs où, quand et pourquoi les conditions de gestion spéciales s'appliquent. Les zones peuvent servir d'outils pour communiquer les objectifs et les conditions de gestion de façon claire et simple.

Afin de rendre l'outil de zonage plus cohérent en Antarctique, un ensemble d'aires fréquemment utilisées qui peuvent répondre aux besoins de gestion dans la plupart des situations a été identifié et défini (Tableau 2).

Comme avec toutes lignes directrices, les exceptions peuvent dans certains cas se révéler nécessaires et désirables ; il peut alors être envisagé d'utiliser des aires alternatives. Cependant, il est important de garder à l'esprit que les Plans de gestion doivent utiliser les aires les plus simples et cohérentes pour tous les sites antarctiques.

Si aucune aire n'est désignée au sein de la ZGSA, cela doit être précisé dans le Plan de gestion.

Tableau 2 : Aperçu des aires pouvant être utilisées au sein d'une ZGSA

Aire	Objectifs spécifiques de l'aire
Aire d'installations et d'opérations	Veiller à ce que les installations appuyant la recherche scientifique de la Zone et les activités humaines connexes soient contenues dans la Zone et gérées à l'intérieur d'aires désignées.
Aire d'accès	Fournir une orientation à l'approche ou l'atterrissage des aéronefs et des navires, des véhicules ou des piétons ayant accès à la Zone, et ce faisant protéger les espaces abritant des rassemblements d'espèces vulnérables ou du matériel scientifique, etc., ou pour assurer la sécurité de tous.
Aire historique	Veiller à ce que les personnes pénétrant dans la Zone soient informées des secteurs ou des caractéristiques de la zone, notamment les sites, les bâtiments et / ou les objets revêtant une importance historique, et pour les gérer de manière appropriée.
Aire scientifique	Veiller à ce que les personnes pénétrant dans la Zone soient informées des secteurs de la zone qui sont des sites d'études scientifiques en cours ou de longue date, ou qui contiennent des installations scientifiques vulnérables.
Aire à accès limité	Restreindre l'accès à un certain secteur de la Zone et/ou restreindre les activités dans la Zone pour diverses raisons scientifiques ou de gestion, par exemple en raison de valeurs scientifiques ou écologiques spéciales, en cas de vulnérabilité, de la présence de dangers, ou pour limiter les émissions ou les constructions sur un site spécifique. L'accès aux aires à accès limité se fait normalement pour des raisons impérieuses qui ne peuvent être satisfaites autre part à l'intérieur de la Zone.
Aire réservée aux visiteurs	Gérer les visites des organisateurs de voyages commerciaux, des expéditions privées et du personnel du Programme antarctique national réalisant des activités de loisir dans la Zone, afin de réduire au maximum les effets potentiels de ces visites.

3.11 Bibliographie

Cette rubrique vise à indiquer au lecteur où trouver des informations plus détaillées, ou toute documentation relative à la Zone, par exemple avec un lien vers le site de la ZGSA ou la page d'accueil du programme national, la base de données des Zones protégées, la référence à une annexe, etc.

3.12 Code de conduite général et autres lignes directrices

Cette section présente un code de conduite général pour la Zone. Le code de conduite général définit le cadre de gestion et constitue le principal instrument pour la gestion des activités menées dans la Zone. Il doit définir les principes généraux de gestion et d'opération pour la Zone, et couvrir, entre autres choses, les points suivants :

- *Accès à la Zone et déplacements à l'intérieur de celle-ci* : cette sous-section doit comporter les descriptions des itinéraires d'accès à la Zone à privilégier par la terre, les airs ou la mer. Ces itinéraires doivent être clairement décrits afin d'éviter toute confusion, et des itinéraires alternatifs peuvent être indiqués si les premiers sont impraticables. Toutes les voies d'accès ainsi que les aires de mouillage des embarcations et d'atterrissage des hélicoptères doivent être décrites et clairement indiquées sur la carte jointe de la Zone. Les restrictions de survol, s'il y en a, doivent être indiquées. La sous-section doit aussi préciser les voies privilégiées pour les piétons et les véhicules dans la Zone.

- *Activités pouvant être menées dans la Zone* : cette rubrique détaille les activités perçues comme pertinentes dans la Zone, et les conditions dans lesquelles de telles activités sont autorisées.

- *Camps* : les conditions dans lesquelles la mise en place de camps est autorisée doivent être indiquées. Il est possible que des campements soient uniquement acceptables dans certaines parties de la Zone. Si tel est le cas, ces sites devront être précisés et indiqués sur les cartes supplémentaires.

- *Restrictions sur les matériaux et organismes pouvant être introduits dans la Zone* : dans cette section seront définies les interdictions et les orientations quant à la gestion des matériaux ou organismes utilisés ou entreposés dans la Zone.

- *Prélèvement ou retrait d'éléments trouvés dans la Zone* : il peut être admissible d'enlever de la Zone des matériaux tels que des détritus abandonnés sur une plage, des plantes ou des animaux morts ou malades, ou des reliquats et objets abandonnés lors de précédentes activités. Les objets ou échantillons pouvant être retirés doivent être clairement mentionnés.

- *Gestion des déchets* : les conditions d'élimination et de retrait des déchets produits dans la Zone seront présentés ici.

- *Installation, modification ou retrait de structures* : il est utile d'identifier les éventuelles structures dont l'installation sera bénéfique à la Zone. Par exemple, il peut être permis d'installer du matériel scientifique, des bornes ou d'autres structures.

Le Plan de gestion devra, le cas échéant, inclure des lignes directrices spécifiques pour les activités pouvant être menées dans la Zone. Ces lignes directrices seront incluses sous la forme d'annexes au Plan de gestion et peuvent traiter des questions évoquées plus haut. Pourront être incluses les lignes directrices suivantes :

- Lignes directrices pour la recherche scientifique.
- Lignes directrices pour les installations et les activités opérationnelles.
- Lignes directrices de sites pour les visiteurs.
- Lignes directrices sur la prévention des risques.
- Lignes directrices sur les espèces non indigènes.

Dans les cas où les lignes directrices constituent un document indépendant adopté par la RCTA, il peut suffire de les mentionner et de fournir un lien d'accès plutôt que d'en faire une annexe.

3.13 Échange d'informations avancé

L'échange d'informations avancé annuel sur les activités planifiées à mener dans la ZGSA est la clé d'une mise en œuvre efficace du Plan de gestion. Dans cette section du plan, il est conseillé de faire référence à l'échange d'information normal via les rapports nationaux annuels soumis aux Parties au Traité sur l'Antarctique, au SCAR et au COMNAP. En outre, le Plan de gestion devra définir des arrangements de communication et de partage d'informations adéquats à propos des activités menées dans la Zone, éventuellement en incorporant des notifications par les programmes antarctiques nationaux sur les activités scientifiques planifiées dans la Zone et par les autorités nationales compétentes sur les activités non gouvernementales autorisées et planifiées, y compris le tourisme et la récolte.

3.14 Appendices

Il est avisé de proposer une documentation pertinente et interdépendante sous forme d'annexes au Plan de gestion. Les détails dépendront de la Zone en question, mais elle pourra inclure, entre autres choses :

- Des lignes directrices spécifiques pour les activités pouvant être menées dans la Zone (voir section 3.12)
- Des lignes directrices pour la gestion de la Zone (voir section 3.10)
- Des informations et une documentation plus détaillée de la Zone (voir section 3.9)
- La description des végétaux, des oiseaux et de mammifères présents dans la Zone
- Les stratégies de conservation des SMH dans la Zone
- Les coordonnées des programmes nationaux
- Des cartes et/ou des images

Plutôt que d'inclure les Plans de gestion pour les ZSPA, les lignes directrices de sites pour les visiteurs adoptées par la RCTA et les Plans de gestion des sites PCE de la Zone (voir section 3.10) comme annexes au Plan de gestion de la ZGSA, il serait peut-être plus approprié de les nommer et de donner un lien d'accès à ces documents indépendants.

4. Procédure d'approbation des Plans de gestion des ZGSA

L'article 5 de l'Annexe V prévoit que toutes les Parties, le CPE, le SCAR ou la CCAMLR peuvent soumettre un projet de Plan de gestion à la RCTA pour examen. En pratique, les projets de Plan de gestion sont généralement soumis au CPE par une ou plusieurs Parties pour examen.

La procédure d'approbation des projets de Plans de gestion est résumée dans l'organigramme de la Figure 1. Elle s'appuie sur les dispositions de l'article 6 de l'Annexe V, les *Lignes directrices pour l'examen par le CPE de projets de plans de gestion nouveaux et révisés pour des Zones spécialement protégées et gérées spéciales de l'Antarctique* (Annexe 1 de l'Appendice 3 au Rapport final du XIᵉ CPE), et sur d'autres lignes directrices liées.

La procédure d'approbation d'un Plan de gestion de ZGSA comporte plusieurs étapes cruciales, et peut demander un certain temps. Cependant, ces étapes sont nécessaires, car un Plan de gestion de ZGSA requiert l'accord de toutes les Parties consultatives au Traité sur l'Antarctique lors d'une RCTA.

4.1 Préparation du projet de Plan de gestion

Il est recommandé d'étudier avec attention les différents éléments scientifiques, environnementaux et opérationnels du plan aux niveaux national et international lors des premières étapes de rédaction du Plan de gestion. Dès lors, le plan s'inscrira plus aisément dans une procédure plus formelle lors de la RCTA.

Les Parties proposant de nouvelles Zones sont fortement encouragées à prendre en compte les lignes directrices et les références appropriées qui les aideront à examiner, sélectionner, définir et proposer des Zones qui pourraient nécessiter une gestion spéciale et être désignées comme ZGSA, notamment :

- *Lignes directrices pour l'évaluation d'une zone candidate à une désignation ZGSA*
- *Lignes directrices : Processus d'évaluation préalable pour la désignation des ZSPA et des ZGSA.*[*]

Lorsqu'une Partie envisage la désignation d'une nouvelle ZGSA, elle est encouragée à en faire part au CPE le plus tôt possible (idéalement bien avant de rédiger un Plan de gestion pour la Zone) afin que les propositions puissent être discutées dans le contexte global du système des Zones protégées. À cet égard, il est pertinent de se référer au document adopté en tant qu'orientation par le CPE : *Lignes directrices : Processus d'évaluation préalable pour la désignation des ZSPA et des ZGSA.*[**]

---

[*] Appendice 3 au Rapport final du XVIIIᵉ CPE (*http://www.ats.aq/documents/cep/cep%20documents/ATCM38_CEPrep_f.pdf*).
[**] Ibid.

Figure 1. Organigramme illustrant la procédure d'approbation des Plans de gestion pour les ZGSA

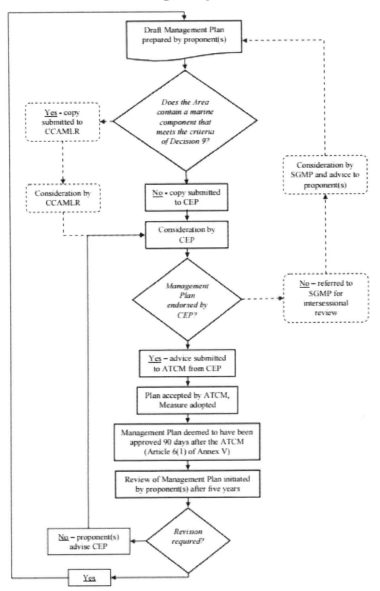

Lors de la révision d'un Plan de gestion existant, il peut se révéler utile de consulter la *Liste de vérification pour faciliter l'inspection des Zones spécialement protégées et gérées spéciales de l'Antarctique* (Résolution 4 [2008]), afin d'identifier les modifications et améliorations nécessaires.

4.2 Soumission du projet de Plan de gestion pour examen

Le projet de Plan de gestion sera soumis au CPE sous forme de pièce jointe à un document de travail préparé conformément au *Guide pour la présentation de documents de travail contenant des propositions de désignation de Zones spécialement protégées de l'Antarctique, de Zones spécialement gérées de l'Antarctique ou de sites et monuments historiques* (Résolution 5 [2016]).

Si la Zone comporte un élément marin qui remplit les critères définis dans la Décision 9 (2005) (*Aires marines protégées et autres zones d'intérêt pour la CCAMLR*), le projet de Plan de gestion sera également soumis à la CCAMLR pour examen. La Partie faisant la proposition s'arrangera pour que tout retour de la CCAMLR soit disponible avant que la proposition ne soit étudiée par le CPE. Il est important de tenir compte du calendrier en ceci qu'une révision initiale du projet de plan sera menée lors des réunions du Groupe de travail de la CCAMLR sur le contrôle et la gestion des écosystèmes, qui se tiennent en juin/juillet avant les réunions annuelles de la CCAMLR en octobre/novembre.

4.3 Examen par le CPE et la RCTA

Le CPE étudiera le Plan de gestion, et, le cas échéant, prendra les commentaires émanant de la CCAMLR en considération. Le CPE peut présenter le Plan de gestion à la CCAMLR pour examen et adoption, ou au Groupe subsidiaire sur les Plans de gestion (GSPG) pour une révision en période intersessions.

Conformément à son mandat (voir l'Appendice 1 au Rapport final du XIIIᵉ CPE), le GSPG étudiera chaque projet de Plan de gestion qu'on lui aura présenté, recommandera des modifications à la Partie initiatrice, examinera toute version révisée des Plans de gestion préparée au cours de la période intersessions et fera un rapport de son analyse au CPE. Le Plan de gestion révisé et le rapport du GSPG au CPE seront par la suite examinés à la réunion du CPE et, s'ils sont approuvés, seront présentés à la RCTA pour examen et adoption.

Si la RCTA approuve le Plan de gestion, une mesure est adoptée conformément à l'article IX.1 du Traité sur l'Antarctique. Sauf avis contraire spécifié dans la Mesure, le Plan sera considéré comme approuvé 90 jours après la clôture de la RCTA qui l'a adopté, à moins qu'une ou plusieurs Parties consultatives notifient le dépositaire pendant cette période qu'elles souhaitent une prorogation de la période ou ne peuvent pas approuver la Mesure.

4.4 Examen et révision des Plans de gestion

Le Plan de gestion sera révisé tous les cinq ans conformément à l'article 6.3 de l'Annexe V au Protocole environnemental, et mis à jour, au besoin. Les Plans de gestion mis à jour suivront par la suite le même processus d'approbation.

Lors de la révision du Plan de gestion, il conviendra de réfléchir à une augmentation ou une extension de la protection du site si des changements sont survenus dans les valeurs à protéger, l'environnement ou les activités à gérer.

Notes d'orientation pour l'élaboration de cartes à inclure dans les Plans de gestion, comprenant une liste de vérification des caractéristiques pouvant y être incluses

Les Plans de gestion doivent inclure une carte générale de localisation montrant l'emplacement de la Zone et des autres Zones protégées à proximité, de même qu'au moins une carte détaillée du site indiquant les caractéristiques indispensables pour la réalisation des objectifs du Plan de gestion.

1. Chaque carte indiquera la latitude et la longitude ainsi qu'une échelle. Il faut éviter les indications d'échelles de type 1/50 000 que l'agrandissement ou la réduction des images les rend inutiles. La projection cartographique, ainsi que les données horizontales et verticales utilisées, doivent être indiquées.

2. Il est important d'utiliser des données à jour sur les Zones côtières comme les barrières de glace, les langues de glace et les glaciers. Le recul et la progression de la glace continuent de toucher de nombreuses régions et les limites des Zones changent en conséquence. Si une caractéristique glaciaire est utilisée comme limite, la date de la source dont proviennent les données (ex. topographie ou image satellite) devra être indiquée.

3. Les cartes doivent présenter les caractéristiques suivantes : tous les itinéraires mentionnés ; toutes les aires à accès limité ; les sites d'atterrissage et points d'accès des hélicoptères et des navires ; les sites de campement ; les installations et cabanes ; les principales concentrations d'animaux et les sites de reproduction ; toute étendue importante de végétation. Elles doivent également établir une démarcation nette entre la neige/la glace et le sol libre de glace. Il est souvent utile d'inclure une carte géologique de la Zone. Dans la plupart des cas, il est conseillé d'indiquer les courbes de niveau sur toutes les cartes de la Zone, à des intervalles appropriés. Ces courbes ne doivent pas être trop rapprochées, de manière à pouvoir indiquer d'autres caractéristiques ou symboles sur la carte.

4. Les courbes de niveau doivent figurer sur les cartes à des intervalles adaptés à l'échelle de ces cartes.

5. N'oubliez pas, lors de l'élaboration de la carte, qu'elle sera réduite à une dimension de 150 x 200 mm afin d'être intégrée dans le rapport officiel de la RCTA. Cela revêt de l'importance lorsque sont choisis la taille des symboles, la proximité des courbes de niveau et le recours aux hachures. La reproduction des cartes est toujours monochrome, n'utilisez donc pas de couleurs pour distinguer les caractéristiques dans l'original. Il peut y avoir d'autres versions disponibles de la carte de la Zone mais, pour ce qui est du statut juridique du Plan de gestion, c'est la version publiée

dans le Rapport final de la Réunion consultative du Traité sur l'Antarctique qui constitue la version définitive à inclure dans la législation nationale.

6. Si la Zone doit faire l'objet d'une évaluation par la CCAMLR, l'emplacement des sites du PCE doit être indiqué. La CCAMLR a demandé que l'emplacement des colonies d'oiseaux et de phoques, de même que les voies d'accès depuis la mer soient indiqués sur la carte dans la mesure du possible.

7. D'autres données peuvent faciliter l'utilisation du Plan de gestion sur le terrain :

    *   Pour les photographies, les épreuves offrant un bon contraste sont essentielles pour obtenir une reproduction adéquate. La sélection ou la numérisation des photographies améliorera la reproduction lorsque le plan est photocopié. Si une image (photographie aérienne ou image satellite) est utilisée dans la carte, sa source et sa date d'acquisition doivent être indiquées.

    *   Quelques plans ont déjà utilisé des modèles de terrain à trois dimensions qui peuvent fournir d'importantes informations sur l'emplacement d'une Zone lorsqu'on l'approche, en particulier par hélicoptère. Ces dessins doivent être soigneusement établis si l'on veut éviter qu'ils ne créent une confusion lorsqu'ils sont réduits.

Liste de vérification des caractéristiques à prendre en considération à des fins d'inclusion sur les cartes

1. Caractéristiques essentielles

1.1 Titre

1.2 Latitude et longitude

1.3 Barre d'échelle numérique

1.4 Légende détaillée

1.5 Noms adéquats et approuvés

1.6 Projection cartographique et modification sphéroïde

1.7 Flèche indiquant le Nord

1.8 Intervalles entre les courbes de niveau

1.9 Si des données sur les images sont incluses, date de la collecte de ces images

2. Caractéristiques topographiques essentielles

2.1 Trait de côte, roches et glace

2.2 Pics et crêtes

2.3 Bordures de glace et autres caractéristiques glaciaires

2.4 Courbes de niveau (marquées le cas échéant), repères et points côtés

3. Caractéristiques du milieu naturel

3.1 Lacs, étangs, cours d'eau

3.2 Moraines, pierriers, falaises, plages

3.3 Aires de plage

3.4 Végétation

3.5 Colonies d'oiseaux et de phoques

4. Caractéristiques anthropiques

4.1 Station

4.2 Cabanes, refuges

4.3 Campements

4.4 Entrecroisements de routes et pistes pour véhicules et de sentiers

4.5 Zones d'atterrissage pour aéronefs à voilure fixe et hélicoptères

4.6 Quais, jetées

4.7 Approvisionnement en énergie, câbles

4.8 Antennes aériennes

4.9 Aires de stockage du carburant

4.10 Réservoirs et canalisations d'eau

4.11 Dépôts d'urgence

4.12 Bornes, signaux

4.13 Sites ou objets historiques, sites archéologiques

4.14 Installations scientifiques ou aires d'échantillonnage

4.15 Contamination ou modification du site

5. Limites

5.1 Limites de la Zone

5.2 Limites des superficies des zones subsidiaires. Limites de la Zone protégée contenue

5.3 Signaux et bornes (y compris les cairns)

5.4 Voies d'approche des navires et aéronefs

5.5 Balises et bornes de navigation

5.6 Repères et bornes cartographiques

La même approche est bien entendu requise pour les cartes reprises dans des encadrés.

Une fois la carte terminée, il conviendra d'en vérifier la qualité pour assurer :

• Un équilibre entre les éléments.

- Des nuances d'ombres appropriées, pour mettre en relief les caractéristiques, qui ne permettront aucune confusion lorsque la carte est photocopiée, l'intensité du grisé devant refléter l'importance.

- Un texte correct et approprié sans chevauchement de caractéristiques.

- L'utilisation, dans toute la mesure du possible, de symboles cartographiques approuvés par le SCAR.

- Un texte en blanc, estompé de manière appropriée, sur toutes les données des images.

Code de conduite du SCAR pour l'exploration et la recherche dans des environnements aquatiques sous-glaciaires

Les Représentants,

Rappelant l'article 3 du Protocole au Traité sur l'Antarctique relatif à la protection de l'environnement en Antarctique (« le Protocole »), qui exige que les activités menées dans la Zone du Traité sur l'Antarctique soient organisées et conduites de manière à limiter leurs incidences négatives sur l'environnement en Antarctique et sur les écosystèmes dépendants et associés ;

Reconnaissant que les environnements aquatiques sous-glaciaires de l'Antarctique peuvent abriter des communautés microbiologiques exceptionnelles et potentiellement uniques et diversifiées, et par conséquent se révéler d'une grande valeur scientifique ;

Reconnaissant également l'intérêt scientifique croissant relatif aux recherches sous-glaciaires ;

Reconnaissant que ces environnements peuvent être menacés par les impacts associés aux activités de recherche, notamment via l'introduction d'espèces microbiennes non indigènes ou le rejet des contaminants ;

Accueillant favorablement l'élaboration, suite à une large consultation, et avec la contribution du Conseil des directeurs des Programmes antarctiques nationaux (« COMNAP »), par le Comité scientifique pour la recherche en Antarctique (« SCAR ») du Code de conduite du SCAR pour l'exploration et la recherche dans des environnements aquatiques sous-glaciaires que les Parties peuvent appliquer et utiliser, le cas échéant, afin de leur permettre de respecter leurs obligations dans le cadre du Protocole ;

Recommandent que leurs gouvernements :

1. soutiennent le Code de conduite facultatif pour à l'exploration et la recherche dans des environnements aquatiques sous-glaciaires (« le Code de conduite ») du SCAR comme reflétant les bonnes pratiques actuelles en matière de planification et de conduite d'activités dans des environnements aquatiques sous-glaciaires en Antarctique ; et

2. encouragent à tenir compte du Code de conduite au cours du processus d'évaluation de l'impact environnemental pour les activités qui seront menées dans des environnements aquatiques sous-glaciaires, et encouragent leurs chercheurs à parfaitement maîtriser et respecter le contenu du Code de conduite lorsqu'ils mènent des activités de recherche dans ces environnements.

Code de conduite du SCAR pour l'exploration et la recherche dans des environnements aquatiques sous-glaciaires

Contexte

1. Le présent Code de conduite (CdC) du Comité scientifique pour la recherche antarctique (SCAR) établit les lignes directrices pour la communauté scientifique intéressée par l'exploration et la conduite de recherches sur et dans les environnements aquatiques sous-glaciaires (EAS) en Antarctique.

2. Le CdC fut à l'origine préparé par un Groupe d'action du SCAR* en coopération avec des spécialistes des EAS provenant d'un vaste éventail de disciplines, notamment le Conseil des directeurs de Programmes antarctiques nationaux (COMNAP).

3. Le CdC a été élaboré afin de tenir compte de la valeur de ces environnements, du besoin d'exercer une gestion environnementale et de l'intérêt scientifique croissant pour la recherche sous-glaciaire.

4. Le CdC s'appuie sur des documents publiés, avec une attention toute particulière pour les rapports du programme de recherche pour l'exploration de lacs sous-glaciaires antarctiques (SALE) du SCAR (voir *http://www.sale. scar.org/*) et pour le rapport des académies nationales des États-Unis sur la gestion environnementale des EAS.**

5. Le rapport des académies nationales des États-Unis sur la gestion environnementale des EAS a été présenté par les États-Unis à l'occasion de la XXXIᵉ RCTA/XIᵉ CPE en tant que IP 110.

6. Le CdC fut soumis en tant que document d'information (IP 33) par le SCAR à l'occasion du XIVᵉ CPE, en 2011. Le SCAR a coordonné un examen de ce CdC en 2017 avec le concours d'experts et de la communauté élargie du SCAR, et la version révisée fut présentée lors du XXᵉ CPE. Il continuera à être mis à jour et amélioré dès que de nouveaux résultats scientifiques et des rapports sur les activités seront disponibles grâce aux campagnes

---

* Membres du Groupe d'action du SCAR : Warwick Vincent (Président - CAN), Irina Alekhina (RUS), Peter Doran (USA), Takeshi Naganuma (JPN), Guido di Prisco (ITA), Bryan Storey (NZ), Jemma Wadham (UK), David Walton (UK).
** National research Council, "Exploration of Antarctic Subglacial Aquatic Environments,; Environmental and Scientific Stewardship", National Academies Press ISBN -13: 978-0-309-10635, 152 pp. (2007).

d'exploration des EAS planifiées. Les avancées de la recherche dans ce domaine sont résumées dans deux volumes publiés :[*][**]

Introduction

7. Le glacier continental antarctique est largement reconnu comme étant un élément clé du système terrestre de formation des courants océaniques et du climat mondial, et comme ayant une forte influence sur le niveau de la mer à l'échelle mondiale.

8. Les premiers modèles concernant le flux de glace partant de l'intérieur du continent vers l'océan supposaient une friction considérable entre la partie inférieure des banquises et les roches sous-jacentes.

9. La découverte du lac sous-glaciaire Vostok et, par la suite, de plus 400 autres entités semblables à un lac en dessous de la glace a changé notre vision des environnements sous-glaciaires.

10. Les forages réalisés à travers la glace vers le substrat rocheux rencontrent souvent de l'eau au point d'interface roche/glace, et des changements dans la hauteur de la surface de glace présente au-dessus des lacs suggèrent que de l'eau coule activement en dessous de la glace.

11. Ces observations, et bien d'autres encore, ont mené à la conclusion que dans la plupart des cas, le point d'interface roche/glace libèrera l'eau présente, l'eau se regroupera souvent en lacs dans les bassins et les activités scientifiques qui contaminent une zone pourraient contaminer des environnements sous-glaciaires en aval.

12. De nombreuses études scientifiques ont été consacrées à la possibilité que les eaux sous-glaciaires contiennent des écosystèmes actifs, parmi lesquels des communautés microbiennes qui survivent et/ou prospèrent dans ces environnements. La recherche a également montré que des microbes sont effectivement présents près des bords du glacier continental et que les lacs sous-glaciaires peuvent constituer des écosystèmes microbiens actifs.[***]

---

[*] Siegert, M.J., Kennicutt, M, Bindschadler, R. (eds.). Antarctic Subglacial Aquatic Environments. AGU Geophysical Monograph 192, 246 pp. (2011).

[**] Siegert, M.J., Priscu, J. Alekhina, I., Wadham, J. et Lyons, B. (eds.). Antarctic Subglacial Lake Exploration: first results and future plans. Transactions of the Royal Society of London, A. 374, Issue 2059. (2016).

[***] Christner, B.C., Priscu, J.C., Achberger, A.M., Barbante, C., Carter, S.P., Christianson, K., Michaud, A.B., Mikucki, J.A., Mitchell, A.C., Skidmore, M.L.,Vick-Majors, T.J.. A microbial ecosystem beneath the West Antarctic ice sheet. Nature, 512 Publication 7514, pp 310-313 (2014).

13. Afin de préserver ces lacs exceptionnels, ainsi que l'environnement aquatique sous-glaciaire dans son ensemble, il est essentiel de disposer d'un CdC reconnu à l'échelle internationale.

14. Dans le cadre de l'élaboration et de l'examen du présent CdC, le SCAR s'est appuyé sur les discussions internationales des réunions du SCAR sur l'exploration des lacs sous-glaciaires antarctiques et sur les recommandations des académies nationales des États-Unis sur la gestion environnementale des EAS.

Principes directeurs

15. Une gestion responsable au cours de l'exploration des environnements aquatiques sous-glaciaires devrait procéder de manière cohérente avec le Protocole au Traité sur l'Antarctique relatif à la protection de l'environnement, qui réduit au maximum les dommages et contaminations possibles, et qui protège leur valeur pour les générations à venir, non seulement en termes de valeur scientifique, mais également en termes de conservation et de protection de ces environnements vierges.

16. Conformément au Protocole au Traité sur l'Antarctique relatif à la protection de l'environnement, toutes les activités proposées doivent faire l'objet d'une évaluation sur d'impact environnemental avant qu'une activité ne soit lancée.

17. Les projets visant à pénétrer dans les milieux aquatiques sous-glaciaires sont très susceptibles de nécessiter une évaluation environnementale initiale (EEI), et une évaluation globale d'impact sur l'environnement (EGIE) ultérieure pourrait constituer le niveau approprié d'évaluation compte tenu des impacts potentiels attendus d'une telle activité.

18. Toute EGIE veillera à ce que toutes les informations pertinentes soient disponibles au niveau international, que les propositions soient soumises à un large éventail de commentaires d'experts et que la communauté scientifique utilise les meilleures pratiques disponibles.

19. Conformément au principe de la coopération scientifique consacré dans le Traité sur l'Antarctique, la participation multinationale à l'exploration des EAS est encouragée.

20. L'exploration devrait adopter une approche prudente, progressive, pour laquelle les données et les leçons apprises à chaque étape sont archivées et utilisées afin d'orienter la gestion environnementale, les recherches

scientifiques et le développement technologique à venir. Ces informations devraient être diffusées librement dans le domaine public, y compris, par l'intermédiaire des autorités nationales, au Comité pour la protection de l'environnement.

21.   Il est recommandé que chaque éventuel site d'exploration soit évalué dans le contexte des ensembles de données géophysiques et de la modélisation de l'écoulement glaciaire qui identifie des lacs et autres régions où il y a fonte basale. Cela pourrait contribuer à préciser le caractère unique de chaque site et à sélectionner des lieux de forage. Des considérations supplémentaires relatives à l'emplacement incluent la profondeur de l'eau, l'accessibilité, les liens avec les milieux aquatiques sous-glaciaires non locaux, les contraintes logistiques, le coût et les impacts environnementaux du campement de surface.

22.   Des registres précis devraient être collectés, tenus à jour et librement disponibles, au profit de tous les efforts futurs d'échantillonnage sous-glaciaire.

23.   L'Annexe V au Protocole permet de désigner des zones comme Zones spécialement protégées de l'Antarctique (ZSPA), soit pour les gérer à des fins de recherche ou pour les conserver comme exemplaires vierges pour les générations futures. Lorsque suffisamment d'informations seront disponibles sur les caractéristiques des lacs sous-glaciaires, une attention particulière devrait aussi être apportée à la sélection et la désignation d'environnements aquatiques sous-glaciaires comme ZSPA pour la préservation à long terme, conformément à l'article 3 de l'Annexe V au Protocole.

Forage et entrée EAS

24.   Sauf preuves contraires spécifiques au site, percer à la base de la couche de glace antarctique devrait supposer que la glace basale est sous-tendue par l'eau liquide, et que cette eau fait partie d'un réseau de drainage sous-glaciaire nécessitant un niveau élevé de protection environnementale. En général, les sites en aval, en particulier les sites les plus proches de la mer, peuvent être considérés comme courant un risque environnemental moins élevé que les sites en amont.

25.   Des protocoles d'exploration devraient aussi supposer que les environnements aquatiques sous-glaciaires contiennent des organismes vivants et des précautions devraient être prises pour prévenir toute modification permanente

de la biologie (y compris l'introduction d'espèces non indigènes) ou des propriétés de l'habitat de ces milieux.

26. Les fluides et l'équipement de forage qui pénètreront le milieu aquatique sous-glaciaire devraient, dans la mesure du possible être nettoyés, et les essais de stérilité devraient êtres consignés (p. ex., numération bactérienne par microscopie de fluorescence sur le site de forage). Comme ligne directrice provisoire pour la propreté générale, ces objets ne devraient pas contenir plus de micro-organismes que ceux présents dans un volume équivalent de glace étant percée pour atteindre le milieu sous-glaciaire. Cette norme devrait être réévaluée lorsque de nouvelles données sur les populations microbiennes aquatiques sous-glaciaires seront disponibles.

27. Les concentrations de contaminants chimiques introduits par les fluides de forage et le matériel d'échantillonnage devraient être documentées et des technologies de forage propres (p. ex., de l'eau chaude) devraient être utilisées dans la mesure possible.

28. La quantité totale de tout contaminant ajouté à ces milieux aquatiques ne devrait pas modifier les propriétés chimiques mesurables de l'environnement.

29. Les pressions d'eau et pressions partielles des gaz dans des lacs devraient être évaluées avant le forage afin d'éviter la contamination de flux ou la déstabilisation des hydrates de gaz, respectivement. Des mesures préparatoires devraient aussi être prises pour les éventuelles situations de soufflage.

Déploiement d'échantillonnage et d'instruments

30. Des plans et protocoles d'échantillonnage devraient être optimisés pour garantir qu'un seul type de recherche n'influe pas accidentellement sur d'autres enquêtes de façon négative, que les régimes d'échantillonnage prévoient l'utilisation interdisciplinaire maximale des échantillons, et que toute les informations recueillies soient partagées afin de promouvoir une meilleure compréhension.

31. Des protocoles devraient être conçus pour minimiser la perturbation de la structure chimique et physique et les propriétés des milieux aquatiques sous-glaciaires au cours de l'exploration et de l'échantillonnage de l'eau et des sédiments.

32. Des systèmes et autres instruments d'échantillonnage immergés dans les milieux aquatiques sous-glaciaires devraient être méticuleusement nettoyés

afin d'assurer une contamination chimique et microbiologique minimale, conformément aux recommandations au titre du point 26.

33. L'introduction de certains objets et matériaux dans les milieux aquatiques sous-glaciaires aux fins de surveillance pourrait se révéler nécessaire. Cette opération aurait pour but de mesurer les impacts à long terme des activités humaines sur l'environnement sous-glaciaire et serait définie dans l'évaluation des incidences environnementales du projet, ou pourrait servir à des fins scientifiques, par exemple la surveillance des processus géophysiques ou biogéochimiques à long terme. Ces ajouts devraient suivre les contraintes microbiologiques décrites dans le point 26, et s'agissant des utilisations scientifiques devraient inclure une analyse des risques environnementaux (par exemple, la probabilité et les conséquences de la non-récupération des objets) par rapport aux avantages scientifiques décrits dans les documents d'évaluation environnementale.

Dans la mesure du possible, les objets et matériaux introduits dans les milieux aquatiques sous-glaciaires devraient être récupérés une fois que les objectifs visés ont été atteints.

Régions de conservation biogéographiques de l'Antarctique révisées

Les Représentants,

Rappelant l'article 3 de l'Annexe V du Protocole au Traité sur l'Antarctique relatif à la protection de l'environnement qui prévoit la désignation de Zones spécialement protégées de l'Antarctique ;

Rappelant que le paragraphe 2 de l'article 3 de l'Annexe V prévoit que les Parties s'efforceront d'identifier ces zones dans un « cadre environnemental et géographique systématisé » ;

Rappelant également que le préambule à la Résolution 6 (2012) saluait « la classification des zones libres de glace du continent antarctique et des îles avoisinantes de la zone du Traité sur l'Antarctique en 15 régions de conservation biogéographiques de l'Antarctique biologiquement distinctes » ;

Saluant le conseil du Comité pour la protection de l'environnement selon lequel les régions de conservation biogéographiques de l'Antarctique devraient être révisées pour tenir compte des analyses les plus récentes en matière de répartition spatiale de la biodiversité terrestre en Antarctique, et notamment de l'identification d'une ~~ème~~ région biologiquement distincte ;

Recommandent à leurs gouvernements que :

1. les régions de conservation biogéographiques de l'Antarctique révisées annexées à la présente Résolution (RCBA Version 2) soient utilisées de concert avec l'Analyse des domaines environnementaux et les autres outils convenus au sein du système du Traité sur l'Antarctique pour soutenir les activités utiles aux intérêts des Parties, notamment en tant que modèle dynamique pour l'identification de zones susceptibles d'être désignées comme zones spécialement protégées de l'Antarctique, dans le cadre environnemental

et géographique systématisé dont il est fait mention à le paragraphe 2 de l'article 3 de l'Annexe V du Protocole relatif à l'environnement ; et

2. que le Secrétariat indique clairement sur son site Internet que le texte de la Résolution 6 (2012) est caduc.

Régions de conservation biogéographiques de l'Antarctique (Version 2)

L'utilisation des analyses quantitatives pour combiner les données spatialement explicites sur la biodiversité terrestre de l'Antarctique et les autres cadres spatiaux pertinents a identifié 16 régions libres de glace biologiquement distinctes, qui englobent le continent antarctique et les îles avoisinantes de la zone du Traité sur l'Antarctique (voir le tableau 1). Une description complète des méthodes utilisées est fournie dans Terauds et al. (2012) et Terauds et Lee (2016). Les régions de conservation biogéographiques de l'Antarctique, illustrées au graphique 1, représentent la meilleure classification de la biodiversité terrestre antarctique fondée sur les données et les couches spatiales actuellement disponibles.

La couche des données spatiales représentant les régions peut être téléchargée par le public, auprès du Centre des données antarctiques de l'Australie : *http://dx.doi. org/10.4225/15/5729930925224.*

Références

Terauds, A., Chown, S., Morgan, F., Peat, H., Watts, D., Keys, H., Convey, P. & Bergstrom, D. (2012) Conservation biogeography of the Antarctic. Diversity and Distributions, 22 May 2012, DOI: 10.1111/j.1472-4642.2012.00925.x.

Terauds, A. & Lee, J.R. (2016) Antarctic biogeography revisited: updating the Antarctic Conservation Biogeographic Regions, Diversity and Distributions, 1–5, DOI:10.4225/15/5729930925224.

Tableau 1 – Description des régions de conservation biogéographiques de l'Antarctique

Région	Nom	Superficie (km²)
1	Nord-est de la péninsule antarctique	1215
2	Îles Orcades du Sud	160
3	Nord-ouest de la péninsule antarctique	5183
4	Sud central de la péninsule antarctique	4962
5	Terre Enderby	2188
6	Terre de la Reine-Maud	5523
7	Antarctique oriental	1109
8	Terre Victoria du Nord	9431
9	Terre Victoria du Sud	10038
10	Chaînes transantarctiques	18480

Région	Nom	Superficie (km²)
11	Monts Ellsworth	2859
12	Terre Marie-Byrd	1128
13	Terre Adélie	178
14	Terre Ellsworth	217
15	Sud de la péninsule antarctique	2875
16	Montagnes du Prince Charles	5992

Schéma 1 – Carte de l'Antarctique reprenant les 16 régions de conservation biogéographiques de l'Antarctique

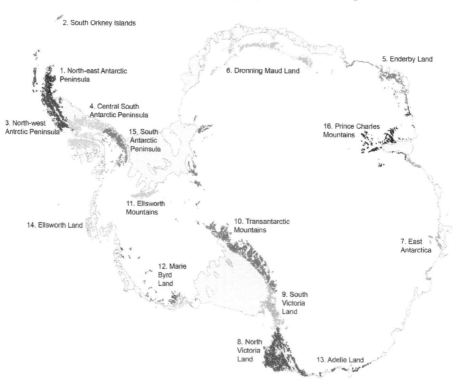

Expédition verte en Antarctique

Les Représentants,

Rappelant que le Protocole au Traité sur l'Antarctique relatif à la protection de l'environnement (« le Protocole ») désigne l'Antarctique comme une « réserve naturelle consacrée à la paix et à la science » et énonce les principes environnementaux qui fournissent des orientations pour la conduite des activités scientifiques, soutenus et perçus comme priorités par le Traité sur l'Antarctique et son Protocole sur la protection de l'environnement ;

Reconnaissant les réalisations des recherches scientifiques menées par les programmes antarctiques nationaux des Parties, généralement au nom de l'expédition antarctique, contribuent grandement à la compréhension de l'Antarctique et de son rôle dans les processus naturels mondiaux ;

Reconnaissant les exigences légales et les avantages qui peuvent être tirés de la réalisation d'une évaluation d'impact sur l'environnement (« EIE ») appropriée qui indique la manière d'améliorer l'efficacité environnementale de l'activité et d'éliminer les effets cumulatifs ;

Notant que les intérêts et les besoins scientifiques en Antarctique vont croissant, ce qui pourrait entraîner des recherches complémentaires et des activités associées de soutien logistique, et également une augmentation des pressions sur l'environnement local, et qu'il faudrait tenir compte de l'équilibre entre la protection de l'environnement et les activités scientifiques ;

Rappelant que les Parties s'engagent à protéger l'environnement en Antarctique et les écosystèmes dépendants et associés ;

Reconnaissant que le Protocole environnemental et ses annexes en vigueur, les Mesures efficaces qui sont des outils contraignants et quelques Résolutions actuelles adoptées à la Réunions consultatives du Traité sur l'Antarctique (« RCTA ») par consensus, contribuent ensemble à protéger l'environnement en Antarctique ; et que le CPE et la RCTA travaillent en permanence à améliorer le présent règlement afin d'atteindre les objectifs du Traité sur l'Antarctique et du Protocole ;

Reconnaissant que les activités respectueuses de l'environnement en Antarctique sont très appréciées et encouragées ;

Désireux de construire un concept d'expédition verte basé sur des idéaux d'harmonie, d'efficacité et de durabilité et visant à utiliser toutes les méthodes disponibles (y compris celles énoncées dans les Résolutions actuelles et nouvelles de promotion de gestion et de technologie modernes) pour réduire l'impact humain ;

Recommandent que leurs Gouvernements :

1. réaffirment leur engagement à protéger l'environnement en Antarctique et les écosystèmes dépendants et associés et à encourager les efforts de collaboration à cet effet ;

2. soutiennent le concept d'expédition verte en encourageant leurs Programmes antarctiques nationaux à mener leurs recherches scientifiques d'une manière respectueuse de l'environnement en Antarctique ;

3. encouragent leurs Programmes antarctiques nationaux à travailler plus étroitement avec d'autres Parties, notamment par le biais de la participation et de l'interaction avec des organisations telles que le Comité scientifique pour la recherche antarctique (« SCAR ») et le Conseil des directeurs des Programmes antarctiques nationaux (« COMNAP »), à développer davantage de projets collaboratifs ; et à promouvoir le partage d'expériences et la technologie de pointe ; et

4. lorsque de nouvelles activités sont prévues, procèdent à des évaluations d'impact sur l'environnement de haute qualité qui incluent, dans la mesure du possible, les bonnes pratiques destinées à éviter et minimiser l'impact sur l'environnement.

Création de l'aire marine protégée de la région de la mer de Ross

Les Représentants,

Rappelant la Résolution 1 (2006), dans laquelle les Parties consultatives, conscientes que la Convention sur la conservation de la faune et de la flore marines de l'Antarctique fait partie intégrante du système du Traité sur l'Antarctique, encourageaient une coopération accrue sur le plan concret entre la Réunion consultative du Traité sur l'Antarctique (« RCTA ») et la Commission pour la conservation de la faune et la flore marines de l'Antarctique (« CCAMLR ») ;

Reconnaissant les contributions exceptionnelles de la RCTA dans la désignation et la mise en œuvre de Zones spécialement protégées et de Zones gérées spéciales en Antarctique, et de celles de la CCAMLR dans la désignation et la mise en œuvre d'aires marines protégées destinées à préserver des régions importantes de l'environnement marin antarctique ;

Notant l'accord conclu lors de la 35e réunion de la CCAMLR en vue de la mise en place de l'aire marine protégée de la région de la mer de Ross (« RSRMPA »), prévue pour le 1er décembre 2017 ;

Rappelant la liberté de la recherche scientifique en Antarctique tel que consacrée à l'article II du Traité sur l'Antarctique et reconnaissant l'importance de la recherche scientifique et de la surveillance pour soutenir et évaluer les progrès accomplis dans la réalisation des objectifs de la RSRMPA, ainsi que la collaboration internationale dans ces recherches et cette surveillance ;

Notant que la Mesure de conservation 91-05 de la CCAMLR prévoit la révision régulière de la RSRMPA ;

Notant l'aspect crucial d'une collaboration entre la RCTA et la CCAMLR ;

Recommandent que leurs gouvernements :

1. saluent la création de l'aire marine protégée de la région de la mer de Ross (« RSRMPA ») comme une étape cruciale dans la conservation des écosystèmes et de la biodiversité de l'océan Austral ;

2. encouragent les Parties au Traité sur l'Antarctique qui ne sont pas membres de la Commission pour la conservation de la faune et la flore marines de l'Antarctique (« CCAMLR ») à se familiariser avec la Mesure de conservation 91-05, y compris le Plan de gestion et le Plan de recherche et de suivi à venir pour la RSRMPA, et encouragent, le cas échéant, à se conformer aux mesures de gestion pertinentes de la RSRMPA ;

3. invitent le Comité pour la protection de l'environnement à envisager les actions appropriées, relevant de la compétence de la Réunion consultative du Traité sur l'Antarctique, pour contribuer à la réalisation des objectifs spécifiques définis dans la Mesure de conservation 91-05 de la CCAMLR, et en particulier en ce qui concerne la désignation et la mise en œuvre de Zones spécialement protégées et de Zones gérées spéciales de l'Antarctique dans la région de la mer de Ross et la gestion des activités humaines pertinentes ; et

4. identifient les manières de conduire et soutenir les activités de recherche et de suivi qui s'alignent sur les objectifs et sur le Plan de recherche et de suivi à venir pour la RSRMPA, en particulier grâce à des collaborations internationales.

Directives pour les plans d'urgence à établir, les assurances et autres questions relatives aux activités touristiques et non gouvernementales dans la zone du Traité sur l'Antarctique

Les Représentants,

Saluant l'entrée en vigueur du Code international de sécurité pour les navires opérant dans les eaux polaires (Code Polaire) ;

Demeurant préoccupés par les impacts potentiels, y compris les coûts supplémentaires, que les activités touristiques ou non gouvernementales pourraient entraîner pour les Programmes antarctiques nationaux, et par les risques posés à la sécurité des personnes impliquées dans les opérations de recherche et de sauvetage ;

Souhaitant faire en sorte que les activités touristiques ou non gouvernementales conduites en Antarctique soient effectuées de façon sécurisée et autonome ;

Souhaitant en outre s'assurer que les risques liés aux activités touristiques ou non gouvernementales soient entièrement identifiés au préalable et réduits au minimum ;

Rappelant les « procédures à suivre pour les organisateurs et les opérateurs », telles qu'établies dans les lignes directrices pour les visiteurs de l'Antarctique et le guide destiné à ceux qui organisent et effectuent des activités touristiques et des activités non gouvernementales dans l'Antarctique, annexées à la Recommandation XVIII-1 ;

Prenant acte de la Mesure 4 (2004) portant sur les assurances et la planification d'urgence pour les activités touristiques et non gouvernementales dans la zone du Traité sur l'Antarctique, et désireux de prendre, avant son entrée en vigueur, certaines mesures visant à promouvoir ses objectifs et à recommander d'autres lignes directrices aux entités organisant ou menant des activités sans la supervision ou le soutien d'un autre opérateur ou d'un programme national ;

Recommandent que :

1. les Parties exigent des entités opérant dans leur juridiction et organisant ou conduisant des activités touristiques et non gouvernementales dans la zone du Traité sur l'Antarctique, pour lesquelles une notification préalable est requise, conformément au paragraphe 5 de l'article VII du Traité sur l'Antarctique, qu'elles suivent les lignes directrices annexées à la présente Résolution ; et

2. le Secrétariat du Traité sur l'Antarctique publie le texte de la Résolution 4 (2004) sur les directives pour les plans d'urgence, les assurances et les autres questions pour les activités touristiques et non gouvernementales dans la zone du Traité sur l'Antarctique sur son site Internet d'une manière qui indique clairement que le texte est caduc.

Directives pour les plans d'urgence à établir, les assurances et autres questions relatives aux activités touristiques et non gouvernementales dans la zone du Traité sur l'Antarctique

1. Ceux qui organisent ou conduisent des activités touristiques ou autres activités non gouvernementales dans la zone du Traité sur l'Antarctique doivent veiller à ce que :

    a. aient été établis et soient en place avant le début de l'activité des plans d'urgence appropriés et des mécanismes suffisants de santé, de recherche et de sauvetage, de soins médicaux et d'évacuation médicale. Ces plans et mécanismes ne doivent pas être tributaires du soutien d'autres opérateurs ou Programmes nationaux sans leur accord explicite par écrit ; et

    b. soient en place des mécanismes adéquats d'assurance ou autres mécanismes pour couvrir tous les coûts associés aux opérations de recherche et de sauvetage, de soins médicaux et d'évacuation médicale.

2. Les autorités compétentes peuvent préciser sous quel format elles souhaitent recevoir les informations afférentes au paragraphe 1a de ces directives et aux exigences équivalentes reprises dans la Mesure 4 (2004).

3. Sur demande d'une autorité compétente, un opérateur de tourisme de croisière peut fournir une copie du Manuel d'exploitation dans les eaux polaires conformément au Code international de sécurité pour les navires opérant dans les eaux polaires (Code Polaire), ou toute section appropriée, pour prouver sa conformité avec les composantes maritimes des exigences mentionnés au paragraphe 2 ci-avant.

4. Les directives suivantes doivent également être observées, en particulier par ceux qui organisent et conduisent des activités sans la supervision ou le soutien sur le terrain d'un autre opérateur ou d'un programme national :

    a. veiller à ce que les participants aient une expérience suffisante et démontrable qui convient à l'activité envisagée dans un environnement polaire ou son équivalent. Cette expérience peut inclure un entraînement à la survie dans des régions froides ou isolées, l'utilisation d'aéronefs, la navigation ou l'exploitation d'autres véhicules dans des conditions et sur des distances similaires à celles qui sont proposées au titre de l'activité ;

    b. veiller à ce que tout le matériel, y compris les vêtements, la communication, les aides à la navigation, le matériel d'urgence et de logistique, soit en bon ordre de marche, avec un nombre de pièces de rechange suffisant et convenant à un fonctionnement efficace dans des conditions antarctiques ;

    c. veiller à ce que tous les participants sachent bien utiliser ce matériel ;

  d. veiller à ce que tous les participants soient médicalement, physiquement et psychologiquement aptes à entreprendre l'activité dans l'Antarctique ;

  e. veiller à ce que des trousses de premiers soins soient disponibles durant l'activité et à ce qu'un participant au moins sache bien dispenser ces soins.

28454664R00204

Printed in Great Britain
by Amazon